BASTEI
LÜBBE

Edna Buchanan
Laß sie niemals deine Tränen sehen

Ins Deutsche übertragen
von Bernhard Willms

**TRUE CRIME
Der wahre Kriminalfall**

BASTEI-LÜBBE-TASCHENBUCH
Band 13 626

Erste Auflage:
März 1995

© Copyright 1992
by Edna Buchanan
All rights reserved
Deutsche Lizenzausgabe 1995
by Bastei-Verlag Gustav H. Lübbe
GmbH & Co., Bergisch Gladbach
Originaltitel:
Never Let Them See You Cry
Lektorat: Anke Schäfer/
Dr. Edgar Bracht
Titelbild: Bastei-Archiv
Umschlaggestaltung:
Quadro Grafik, Bensberg
Satz: KCS GmbH,
Buchholz/Hamburg
Druck und Verarbeitung:
Brodard & Taupin, La Flèche,
Frankreich
Printed in France

ISBN 3-404-13626-8

Der Preis dieses Bandes
versteht sich einschließlich der
gesetzlichen Mehrwertsteuer.

EINFÜHRUNG

Ich habe noch nie zuvor ein Verbrechen geplant. Ich komme in der Regel immer erst dann ins Spiel, wenn es schon passiert ist oder während es noch im Gange ist.

Schnelligkeit und Überraschung sollten dann die wichtigsten Elemente sein: schlage schnell zu, gib Zeugen keine Zeit zu reagieren. Such keine Zustimmung bei den Leuten, die von Amts wegen mit der Sache befaßt sind — frag die Bürokraten um Erlaubnis, alles tun zu dürfen, auch wenn es abseits des Normalen liegt. Sie sagen entweder ja oder berufen Versammlungen ein, um die Frage so lange zu beratschlagen, bis du ohnehin schon alles erledigt hast.

Anläßlich meiner Beurlaubung vom *Miami Herald* mit der Absicht, zwei Bücher zu schreiben, hatte ich begonnen, eine Klasse Kriminalreporter an der *Florida International University* zu unterrichten. Anfangs machte mir das Unterrichten keinen Spaß. Ich war eher zufällig zum Journalismus gekommen, hatte niemals dieses Fach studiert oder sonst irgendein College besucht. Meine einzigen Qualifikationsnachweise waren ein Pulitzerpreis aus dem Jahr 1986, ein Buch mit dem Namen *The Corps Had a Familiar Face*, das 1987 publiziert wurde und jetzt in einigen Journalistenschulen als Unterrichtsmaterial benutzt wird, und Tausende von Geschichten über die Patrouillengänge der Polizei von Miami. Aber das Angebot zu lehren konnte ich einfach nicht ausschlagen. Der Journalismus hatte es gut mit mir gemeint, und die Zeit war gekommen, einen Teil meiner Schuld abzutragen.

Ich brauchte nur an einem Abend in der Woche zu unterrichten — kein Problem, das würde mir Zeit genug lassen, meine Bücher zu schreiben.

Falsch.

Ich hing schließlich an der Lehrtätigkeit wie der Fisch an der Angel. Das Thema war aufregend, die Studenten großartig. Wir unterhielten uns mit Experten vom Streifendienst der Polizei und unternahmen auch einen Ausflug in das Leichenschauhaus der County. Wir posierten neben den mit Kalk auf den Boden gezeichneten Umrissen einer Leiche, umgeben von einem ganzen Polizeiaufgebot, während Brian Smith, der den Pulitzerpreis für Fotografie gewonnen hatte, unser Klassenfoto schoß.

Und ich entwarf ein perfektes Verbrechen.

Keine Schußwaffen, entschied ich. Es war unwahrscheinlich, daß einer meiner eifrigen Studenten bewaffnet zum Unterricht erscheinen würde, aber dies war Miami, eine Stadt wie keine andere, unberechenbar und fremdartiger als jede Fiktion.

Ann und D. P. Hughes, die Freunde, die ich dafür hatte gewinnen können, als Darsteller in diesem Stückchen Straßentheater mitzuwirken, fühlten sich gar nicht wohl in ihrer Haut. »Ich möchte nicht, daß irgend jemand zu Schaden kommt«, murmelte D. P., der hartgesottene und über alle Maßen tüchtige Chef der Sezierabteilung im *Broward Country Medical Examiner's Office*; Daniel P. Hughes ist Rechtsanwalt und gleichzeitig fest bestallter Polizeioffizier. Seine Frau heißt Ann. Sollten Sie einmal ernstlich krank werden oder verletzt sein und ihr süßes Gesicht über ihrem Bett entdecken, dann sind Sie in ernsthaften Schwierigkeiten. Mit ihrem sanften und einschmeichelnden südlichen Akzent wird sie Ihnen oder Ihren nächsten Anverwandten Ihre lebenswichtigen Organe abzuschwatzen versuchen. Zumindest wird sie ihre Augen, Ihre Haut und Ihre Knochen haben wollen. Herz, Leber, Lunge und Nieren wären geradezu ideal. Es ist nun einmal ihr Job, für die *University of Miami* oder das *Jackson Memorial Hospital* eine möglichst reiche Ernte an menschlichen Orangen und Bestandteilen einzufahren. Sie ist eine Frau, die gern lächelt und oft lacht, betreibt aber ihre Arbeit mit großem Ernst. Sie ist genauso entschlossen, die richtigen Einzelteile für irgendwelche Leute zu beschaffen, die diese brauchen, wie es D. P. ist, zu ermitteln, wie und warum irgendein Fremder gestorben ist.

Während wir uns verabredeten, erklärte ich meinen unsicher gewordenen Freunden, daß diese Seminare nicht für angehende Polizisten oder Marines abgehalten würden, sondern für angehende Journalisten. In Augenblicken höchster Spannung machen sie sich Notizen, unternehmen aber nichts. Aber ich versprach ihnen zu rufen: »Niemand bewegt sich! Bleiben Sie auf Ihren Plätzen!« sobald D. P. durch die Tür ins Klassenzimmer stürzte. »Macht euch keine Sorgen«, beharrte ich, »es wird alles so schnell ablaufen, daß sie gar nicht wissen werden, was passiert ist. Sie werden wie festgefroren in ihren Sitzen bleiben.«

Wieder falsch.

Mitten in meinem Vortrag über gute Polizisten und schlechte Polizisten hatte Ann wie geplant ihren Auftritt und kam durch die Tür hinter mir in den Klassenraum. Wutentbrannt starrte sie in die Gesichter der Studenten. »Wo ist mein Sohn? Ist das hier nicht die Journalisten-Klasse? Sie müssen mir helfen. Es hat einen schrecklichen Unfall gegeben, ich muß meinen Sohn finden und ihn mit nach Hause nehmen.«

Sie war gut. Sehr gut. Tränenüberströmt zerrte sie an meinem Arm, drehte mich nachdrücklich zu sich herum und zog mich zu der Tür, durch die sie hereingekommen war. Erinnern Sie sich, dies ist eine Frau, die Ihnen glattweg Ihre lebenswichtigen Organe abzuschwatzen versteht. Sie war so überzeugend, daß selbst ich, die ich diese Szenerie schließlich entworfen hatte, beeindruckt war.

Ich verpaßte mein Stichwort.

D. P. kam durch eine andere Tür hereingestürmt, schnappte sich meine schwarze Lederhandtasche vom Schreibtisch und rannte davon. Ich habe ihn überhaupt nicht gesehen. Als ich mich endlich umdrehte, war er durch die Tür, mit zwei Studenten auf den Fersen. Schlurfende Geräusche hinter mir ließen mich wieder zu Ann herumwirbeln. Auch sie war geflohen – oder versuchte es zumindest. Doch bevor sie entkommen konnte, hatte eine kleine Studentin ihren Gürtel von hinten gefaßt und zog sie jetzt hinter sich her wie einen Sherpa, der den Mount Everest besteigt. Außerhalb des Klassenzimmers langte D. P. nach seiner Polizeiwaffe, die in seinem Gürtel steckte. Seine Verfolger blieben sofort zurück. An die Gepflogenheiten hier in Miami gewöhnt, nahmen sie sofort an, er werde seinen Revolver ziehen. Der Rest der Klasse stürmte vorwärts, eine Menschenmenge, die alles in ihrem Weg niederzuwalzen drohte.

Endlich erinnerte ich mich wieder an meine eigenen Vorgaben.

»Stehenbleiben! Niemand bewegt sich!« Ich riß den Arm hoch und deutete auf die Uhr an der Wand. »Jetzt sind Sie dran. Sie haben fünfzehn Minuten Zeit. Schreiben Sie nieder, was gerade passiert ist. Geben Sie mir eine Beschreibung der Vorgänge, nennen Sie Einzelheiten der beteiligten Personen, Größe, Gewicht, Kleidung.«

Vierunddreißig erstaunte junge Männer und Frauen blieben wie erstarrt und ungläubig stehen. Nervöses, adrenalinangereichertes Gelächter erfüllte den Raum. Einige der Studenten blickten mich anklagend an. Sie waren völlig überrascht worden. Ein massiger junger Mann, so groß wie ein Preisboxer, war schlicht zu erschüttert, um noch einen Bleistift halten zu können.

Diese Lektion sollte natürlich die totale Wertlosigkeit der Beschreibungen durch Augenzeugen verdeutlichen, beliebt bei den Jurys, aber mit trauter Regelmäßigkeit ungenau.

Die schriftlichen Berichte dieser aufgeweckten jungen Beobachter, die alles unter exzellten Bedingungen gesehen hatten, variierten erheblich.

Ann ist schlank und groß wie ein Fotomodell und hat schulterlanges dunkles Haar. Sie trug bei dieser Aktion einen grün gemusterten Overall. Ein ernstzunehmender Möchtegern-Reporter beschrieb sie als ›kleine Blonde in einem Minirock‹. Die Größe von D. P. wurde zwischen fünf Fuß sechs Inches und sechs Fuß zwei Inches angegeben. Anns Kleidung wurde als Leoparden-Look beschrieben, D. P. war in angeblicher dunkler Kleidung ›à la FBI‹ ausgemacht worden. Nichts davon war korrekt.

Eine hervorragende Lektion. Da bleibt zu hoffen, daß sie sie nie vergessen werden, wenn sie es mit Augenzeugenberichten zu tun haben. Es war eine entlarvende Erfahrung. Zwei oder drei derjenigen Studenten, die schnell und couragiert genug gewesen waren, die ›Kriminellen‹ zu verfolgen, waren junge Frauen. Daß eine von ihnen ohne Zögern begriff, daß man zuerst Ann verfolgen mußte, erstaunte mich.

Die Reaktion der Studenten demonstrierte, wie Gewalt und Verbrechen die Menschen verändert haben, seit ich vor zwanzig Jahren angefangen hatte, die Polizeistreifen zu begleiten. Wir reagieren heute schneller und aggressiver. Vielleicht ist das der Grund, warum Fernseh-Shows über ungeklärte Mysterien und flüchtige Verbrecher so erfolgreich sind. Die Zuschauer stürzen sich auf die Telefone, um Hinweise zu geben, die sich mitunter auch auf die eigenen Nachbarn beziehen. Wir sind mit ungeklärten Kriminalfällen und mit Berichten über vermißte Kinder, die nie gefunden wurden, einfach überfüttert.

Der Kampf gegen das Verbrechen ist zu einer Art Breitensport geworden.

Wer hätte sich wohl vor wenigen Jahren vorstellen können, daß es im Journalismus einmal einen speziellen Ausbildungsgang für Polizeireporter geben werde? Dieses Fach zu unterrichten, bleibt mir eine liebe Erinnerung, aber ich werde es nie wieder tun. Ich habe am Ende meine Studenten viel zu sehr gemocht, um sie durch einen Raum voller Fremder zu ersetzen. Meine Zeit wird besser beim Verfassen von Reportagen und Berichten genutzt.

Der Kurs endete schließlich, und bevor ich meinen Studenten auf Wiedersehen sagte, ließ ich mir von ihnen das Versprechen geben, stets die drei wichtigsten Regeln des Journalismus zu bedenken:

1. Trau niemals einem Herausgeber.
2. Trau niemals einem Herausgeber.
3. Trau niemals einem Herausgeber.

Es fiel schwer, sich von ihnen zu trennen, ja, es war ungleich härter, als sich mit Vergewaltigungen, Überfällen, Flugzeugabstürzen und mehr als fünftausend gewaltsamen Todesfällen zu befassen. Das gleiche gilt für PR-Touren. Ein Leben voller Polizisten und Verbrecher war nichts verglichen mit *Oprah, Late Night with David Letterman* und der *Today*-Show oder damit, sich in endlos lange, frierende Menschenansammlungen auf den Flugplätzen in fremden Städten mit sonnenlosem Klima einzureihen. An dem Abend, als ich in Boston anlangte, blies ein eisiger Wind, und es herrschten zwanzig und mehr Grad unter null; es war die kälteste Nacht in Boston seit hundert Jahren. »Wo ist Ihr Mantel?« schrie der Journalist, der mich am Flughafen abholte.

Miami zu verlassen, das ist, als würde man einen Liebhaber auf dem Höhepunkt der Romanze verlassen. Diese Stadt ist ein Rätsel, das sich ständig weiter entwickelt, und ich möchte nicht einen einzigen Augenblick dort missen. Aber jeder Autor, so wurde mir bedeutet, muß seine Bücher der Welt vorstellen. Ich fragte meinen Freund, den Kriminalschriftsteller Charles Willeford, was ich über diese Reise zu Zwecken der Werbung für meine Bücher wissen müßte. Er antwortete ohne Zögern: »Verpaß nie eine Gelegenheit zum Pinkeln.« *Männer*, dachte ich, seufzte ungeduldig und blickte Charles leicht angewidert und stirnrunzelnd an. *Warum müssen Männer immer so rüde sein?*

Als ich wenig später auf meiner Werbetour in Pittsburgh von einer Radio-Show kam, sagte ich der Publizistin, die mich im Schlepptau hatte, daß ich noch die Toilette aufsuchen wollte, bevor wir gingen. »Auf gar keinen Fall«, sagte sie mit Nachdruck und schob mich in den Aufzug. »Wir haben unseren Zeitplan schon überschritten.« Charlie hatte recht.

Eine weitere Radio-Show und eine Fernseh-Show später konsultierte mein Wachhund den Zeitplan. »Jetzt können Sie gehen«, verkündete sie, »aber bleiben Sie nicht zu lange.« Autoren auf einer Werbekampagne für ihre Bücher geht es wie Kriegsgefangenen, nur daß ihre Betten weicher sind.

Die Hotels sind nicht schlecht, aber ich hasse Flugzeuge.

Nachdem ich mich viel zu viele Jahre mit Flugzeugunfällen befaßt habe, bin ich stets ganz sicher, daß der Mann im Cockpit unter Kokaineinfluß steht, gleich einen schweren Herzanfall erleidet oder schlicht Selbstmord begeht. Schneestürme ließen mich fünf Stunden zu spät in Minneapolis landen. Die Publizistin hatte schon ungeduldig auf meine Ankunft gewartet und fuhr uns mit neunzig Meilen pro Stunde um ein Uhr nachts in ihrem kleinen Auto über vereiste Straßen durch Schnee und Matsch. In ganz Minneapolis schien es um diese Zeit nichts mehr zu essen zu geben, und obwohl der Empfangschef des Hotels sagte, er habe die Heizung in meinem Zimmer angestellt, funktionierte sie nicht. Ich packte alle meine Sachen auf das Bett und kuschelte mich, so gut es ging, daneben. Ich war völlig erschöpft, aber ich fror viel zu sehr, um schlafen zu können. Ich glaubte erfrieren zu müssen. Meine einzige Hoffnung war, lange genug zu überleben, um irgendwann fliehen zu können.

Die Publizistin kam bei Morgengrauen. Ihre erste Frage lautete: »Wie kann man nur in Miami *leben*?« Wie? Meine Zahnpasta war gefroren, es war zu kalt, um zu duschen, und sie fragte sich, wie ich in Miami leben könne? Ich betete, der herannahende Schneesturm werde noch lange genug auf sich warten lassen, bis ich wie vorgesehen am späten Nachmittag wieder im Flugzeug saß. Zum ersten Mal in meinem Leben hatte ich es eilig, an Bord eines Flugzeuges zu gelangen.

Am Flughafen stieg ich so hastig aus ihrem Auto, daß der Ärmel meines geborgten Mantels durch eine Dreckpfütze auf dem Parkplatz schleifte.

Der Flughafen der Zwillingsstadt hatte etwas Irreales an sich. Während ich noch wartete, wurde mir klar, was das war. Die einzige Sprache, die man hier hörte, war Englisch, und alle Fremden schienen hellhäutig, blond und sogar höflich zu sein.

Nach einer einstündigen Verzögerung starteten wir direkt in den Schneefall hinein. Vor mir wurde ein kleiner Junge von vielleicht acht Jahren ernstlich luftkrank. Er schrie und jammerte und übergab sich, bis wir in Washington landeten. Niemand kann derart krank sein und trotzdem leben. Ich fürchtete wirklich, er werde den Flug nicht überstehen. Die ganze Zeit fragte ich mich, ob wir einen Arzt an Bord hätten, oder ob wir am Ende sogar zu einer Notlandung gezwungen sein würden, um sein Leben zu retten. Als ich schließlich mit zitternden Knien in Washington das Flugzeug verließ, hörte ich den Jungen, der noch Minuten vorher dem Tode nahe schien, sagen:

»Und wann bekommen wir etwas zu essen?« Er stehe kurz davor, Hungers zu sterben, verkündete er seinen Eltern. Ach ja, Kinder sind ja so widerstandsfähig. Ich brauchte drei Tage, um mich zu erholen.

Nach meinem Terminplan sollte ich zwanzig Minuten später in einer Radio-Show auftreten. Bis zum Sender waren es dreißig Minuten, gute Verkehrsbedingungen vorausgesetzt. Ein Fremder dirigierte mich zu seinem Wagen, raste wie ein Irrer durch Eis und Schnee und lieferte mich kurz vor Beginn der Sendung ab. Meine Knie zitterten noch immer.

Erst in den frühen Morgenstunden langte ich in meinem Hotel an, hundemüde, abgespannt und mitgenommen vom Wetter, das Make-up in irgendeiner weit entfernten Stadt verlorengegangen, meine Habseligkeiten zusammengeknautscht und unordentlich in der Reisetasche. Eine Nachricht erwartete mich: ein Zeitungsreporter wollte frühmorgens kommen, um ein Bild von mir zu schießen.

Es gab noch viele andere unvergeßliche Augenblicke, wie etwa den routinemäßigen Start vom Kennedy-Airport in New York, dem gleich darauf die Notlandung auf La Guardia, zehn Meilen weiter weg, folgte.

Wen mag es da noch wundern, daß mir der Anblick des weichen pinkfarbenen und grauen Nebels über den Everglades Tränen in die Augen trieb, als das Flugzeug zur Landung in Miami ansetzte. Es wundert wohl auch niemanden, daß die übliche Kakophonie aus einem halben Dutzend exotischer Dialekte Musik in meinen frostzerfressenen Ohren war. Und es wundert sicher auch niemanden, daß ich hocherfreut war, wieder nach Hause zu den Polizeistreifen zu kommen, die sich um das Leben und Sterben auf den dunstigen Straßen der Stadt kümmern, die ich liebe.

Ein paar Tage später erlebte ich bei der Ausübung meines Berufes den perfekten Augenzeugen eines Mordes. Intelligent, gesprächig und hartgesotten, war er an Gewalttätigkeiten gewöhnt. Das Problem war nur, er war erst drei Jahre alt.

Als ich eines der rauhen Viertel Miamis zur Rekonstruktion der Geschichte eines brutalen Mordes durchstreifte, klopfte ich irgendwann auch an eine fremde Tür. Michael blinzelte hinter dem Rock seiner Mutter hervor. Er trug kurze rote Shorts und ein weißes T-Shirt mit einem Marathonläufer darauf. Er hatte den toten Touristen niemals gesehen, einen Millionär, der den Sommer in einer Villa in Montreal verbrachte und auf Nassau überwinterte. Eine größere Herzoperation hatte dem Mann vor drei Monaten neuen Auftrieb gegeben.

Dieser Auftrieb hatte in Miami ein Ende gefunden.

Der Millionär war wegen einer Reparatur an seiner Yacht aus Kanada gekommen. Auf dem Weg zu einer Bootsschau, einer von Miamis Großveranstaltungen während des Winters, verirrte er sich und hielt seinen Leihwagen an, um sich nach dem Weg zu erkundigen.

Von allen Fremden auf den Straßen der ganzen Stadt wählte er sich ausgerechnet einen zwanzig Jahre alten Burschen mit einer Kanone, einem Hang zum Raubüberfall und ohne Gewissen aus.

Der Tourist hielt am Bordstein an und kurbelte das Fenster herunter. Der jüngere Mann ergriff die Gelegenheit beim Schopf, riß die Beifahrertür auf, schob sich auf den Sitz, schlug dem Touristen ins Gesicht und zog die Kanone. »Fahr los«, sagte er.

Der völlig verdatterte Kanadier gehorchte. Der unerwünschte Beifahrer nahm ihm sein Geld und seine goldene Rolex ab und schoß ihm dann eine Kugel in die Brust. Dann setzte sich der Revolverheld ans Steuerrad, fuhr den Wagen eine der Alleen hinunter, schoß noch viermal auf den verwundeten Mann, warf ihn aus dem Wagen und fuhr davon.

Michael, der im Hof gespielt hatte, beobachtete alles durch das schmiedeeiserne Gatter. Eine junge Polizistin kam an den Ort des Verbrechens. Er beobachtete, wie sie sich neben den Sterbenden kniete und ihn auszufragen versuchte. Michael schien perplex, aber plötzlich, während das Opfer starb, verstand er. »Mama«, schrie er und klammerte sich an ihren Rock an. Er deutete auf den Kanadier. »Das ist Toby!«

Sie fuhr unbeirrt fort, die frischgewaschene Wäsche von der Leine zu nehmen. »Nein, Baby, Toby ist letzte Woche umgebracht worden.«

Toby hatte in dem Eckhaus gleich nebenan gelebt und war auch dort gestorben. Der Mann, der ihn erschossen hatte, war ebenfalls davongefahren. Michaels Verwirrung war verständlich. Der Dreijährige hatte gerade seinen zweiten Mord in zwei Wochen beobachtet.

Kurz danach langte ich an auf der Suche nach Augenzeugen. Michael war schüchtern, bis er das Gesicht auf meiner Armbanduhr erkannte. »*Charlie the Tuna!*« rief er. Seine Wimpern waren lang und gebogen, sein Lächeln gewinnend. Wir hatten eine angenehme Unterhaltung.

Der Killer kreuzte durch das ganze Stadtviertel und zeigte seinen Freunden das blutverschmierte Mietauto, bis die Polizei ihn schnappte. Die 15 000-Dollar-Rolex des toten Mannes hatte er für 95 Dollar verscheuert, aber vergeblich versucht, sein kanadisches Geld auszugeben.

Die Leute von der Mordkommission wollten eine Erklärung hören. »Ich hab' ihn einfach erschossen«, sagte der Verdächtige und lächelte dümmlich. Für ihn ergab das irgendwie einen Sinn.

Es folgten einige Monate mit noch mehr Geschichten, mehr Morden, mehr Zeugen. Ich habe Michael nicht wiedergesehen, obwohl ich ihn noch einmal hatte besuchen wollen. So freundlich und so hübsch anzusehen gehört er in eine Montessori-Schule, aber nicht in dieses Beirut, in dem er lebt. Einer der Gründe, warum ich nicht zurückkehrte, war das Verlangen, ihn einfach zu schnappen und mit ihm irgendwohin zu rennen, in eine behütete und sichere Zukunft. Aber in meinem Beruf gibt es eindeutige Regeln:

Misch dich nicht ein.
Bleib immer objektiv und professionell.
Bewahre stets die Haltung.
Mach dir Notizen.
Und vor allem – laß niemals deine Tränen sehen.
Ich berichte über die Aktivitäten der Polizei für den *Miami*

Herald, eine Tageszeitung mit einer Auflage von 427 954 Stück. 18 Jahre lang habe ich Tausende von Gewaltverbrechen bearbeitet und mit Tausenden von Zeugen gesprochen: Polizisten und Sträflingen, kleinen Kindern und alten Damen. Einige wurden verurteilt, manche sogar zum Tode. Einige wenige, wie etwa Michael, kann ich einfach nicht vergessen.

Dieses Buch setzt die Geschichte vom Leben und Sterben in Miami fort — dem Ort und den Menschen meiner Welt als Polizeireporterin in dieser betrügerischen, betörenden und gefährlichen Stadt.

TEIL 1

DER JOB

1. Kapitel

Es in die Zeitung bringen

*Die Wahrheit ist ein so selten Ding,
und es ist schön, sie zu sagen.*

Emily Dickinson

Die Menschen fragen mich oft, ob ich nach Jahren der Polizeiberichterstattung nicht verkrustet und eiskalt geworden bin. Ganz im Gegenteil. Man kann sein Herz nicht mit einer Kruste überziehen.

Wenn ich irgend etwas geworden bin, dann sehr viel sensibler, weil ich jetzt die Wahrheit kenne: das Opfer wird, und das liegt im System, immer wieder und immer mehr zum Opfer.

Wie kann ich diesen Job nur Jahr für Jahr ausüben? fragt man mich. Warum sollte ich ihn sogar wollen? Diese Frage überrascht mich immer wieder aufs neue. Wie könnte ich es wohl nicht wollen?

In einer Welt voller Bürokratie, roter Plastikabsperrungen und unwilliger Sozialstationen kann dieser Job eine Freude sein. Eine Story in den Zeitungen kann die Absperrungsstreifen wie eine Rasierklinge zerschneiden. Manchmal kann sie sogar dort Gerechtigkeit bringen, wo diese andernfalls niemals triumphiert hätte. Den Polizisten sind oft genug die Hände gebunden. Richter sind häufig unfähig, korrupt oder inkompetent.

Manchmal sind wir das einzige, was einem Opfer noch geblieben ist.

Eine halbe Million aufgeklärter Leser kann eine weitaus

effektivere Macht im Dienste des Guten sein als ein paar überarbeitete, uninteressierte oder überlastete Polizisten.

Manchmal kommt man sich wie die Märchenfee oder wie Supermann vor, der zur Rettungstat schreitet. Reporter können vermißte Kinder wiederfinden, verlorengegangene Großmütter und irgendwo abgelegte Leichen. Wir spüren Leute auf, die durch den Raster fallen. Publizität rettet Menschen, die sich hoffnungslos in den Maschen von Regierung und Bürokratie verfangen haben. Wir finden gestohlene Autos und unschätzbare Familienerbstücke. Eine Geschichte in der Zeitung kann Blutspenden sicherstellen, Geld und öffentliche Unterstützung – und mitunter auch die seltenste Wohltat von allen: Gerechtigkeit.

Eine brutale Tatsache von Leben und Tod ist, daß ein Verbrechen, für das sich die Medien interessieren, besser untersucht wird – und strafrechtlich besser verfolgt. Polizei-Stories bewirken oft einen Unterschied – den Unterschied dazwischen, ob ein Verbrechen aufgeklärt wird oder nicht.

Ein guter Reporter kann der beste Freund eines Opfers sein. Wie könnte da jemand diesen Job *nicht* gern tun, selbst wenn er unerfreulich ist?

Wir alle müssen Dinge tun, die wir nicht mögen. Mit Beklommenheit nähere ich mich leidtragenden Partnern oder Eltern. Die Ankunft eines Reporters bekräftigt oft die Tragödie und gibt ihnen die Gewißheit, daß das schreckliche Ereignis, das sie heimgesucht hat, von Bedeutung ist und daß es den Rest der Welt sehr wohl interessiert.

Ein junger Mann, der bei seiner Großmutter lebte, wurde ermordet, während ich auf Werbetour für ein Buch war. In der Zeitung war darüber nur eine kurze Meldung erschienen. Als ich Wochen später zufällig in der Gegend war, besuchte ich die Hinterbliebene, um mehr zu erfahren. Ich klopfte, stellte mich vor und sagte, ich würde zu gern mit ihr über den Tod ihres Enkels sprechen. Die Frau trat einen Schritt zurück, riß die Tür weit auf und lud mich in ihr Haus ein. »Ich habe mich schon gefragt, warum Sie nicht gekommen sind«, sagte sie.

Niemand sonst hatte sich das gefragt, außer dem Polizisten,

der ihr mitteilte, daß der Junge, den sie großgezogen hatte, tot sei.

Wie könnte jemand diesen Job *nicht* tun?

Allein es in der Zeitung zu bringen ist bereits eine gute Nachricht — selbst für mich. Meine Englischlehrerin in der siebten Klasse, Edna Mae Tunis, war der Lichtblick meiner trostlosen Kindheit gewesen. Sie veränderte mein Leben, als sie sagte: »Versprich mir, daß du mir eines Tages ein Buch widmen wirst.« Jahrzehnte später habe ich mein Versprechen eingelöst. Sie hat es nie erfahren; sie starb, als ich in die achte Klasse kam. Aber ich wollte, daß jemand wußte, daß ich mich daran erinnert hatte. Mrs. Tunis hatte ein kleines Mädchen, aber ich hatte kein Glück bei der Suche nach ihr. Kleine Mädchen wachsen auf, heiraten und ändern ihren Namen.

Während meiner Werbetour für das Buch erzählte ich diese Geschichte einem Reporter in New Jersey. Er verwendete sie für einen Artikel, den er schrieb. Die Zeitung wurde ausgeliefert. Sein Telefon klingelte. Mrs. Tunis' Tochter rief an, und sie weinte. Erwachsen, verheiratet und, wie ich vermutet hatte, eine Englischlehrerin wie ihre Mutter.

Es in die Zeitung zu bringen funktioniert immer.

Als sein Bild im *Miami Herald* erschien, bedeutete das ein Problem für Maurice Edwin Darden.

Die Überschrift lautete: VERDÄCHTIG.

Eine Überwachungskamera in der Bank hatte das Foto während eines Überfalls geschossen. Darden war der Mann mit der dunklen Brille, der den Revolver hielt. Mein Artikel zitierte das FBI insofern, als sie dort davon ausgingen, daß es sich um denselben Mann handle, der Banken und Schnellrestaurants überall im Dade- und Broward-County überfallen hatte. Darden, 34 Jahre alt, starrte sein eigenes Gesicht an, das ihm aus dem *Miami Herald* entgegenblickte, und überlegte, was jetzt zu tun sei. Er dachte sogar daran, sich zu stellen. Noch während er versuchte, zu einem Schluß zu kommen, löste das FBI dieses Problem für ihn. Die Beamten umstellten sein Haus.

Nachdem Dardens Bild in der Zeitung erschienen war, liefen die Drähte zum FBI heiß. Auch seine Mutter und seine drei Schwestern wollten ihn endlich von der Straße haben. Seine Schwestern gesellten sich vor dem Haus zu den FBI-Agenten und redeten ihm gut zu, mit erhobenen Händen herauszukommen. Auch seine Freundin erschien, unter dem Arm ein Exemplar des Zeitungsartikels, das sie einem der Detectives aushändigte.

Jeder hatte es gelesen. Sie alle versuchten, ihm gut zuzureden, jeden Widerstand aufzugeben.

Es in die Zeitung zu bringen, funktioniert.

Manche Leute merken gar nicht, daß sie vermißt werden oder in Schwierigkeiten stecken, bevor sie eine Zeitung lesen.

Ein pensionierter Captain der New Yorker Polizei, Alexander Kneirim, 95 Jahre alt, zusammengeschlagen von zwei Jugendlichen, wurde wegen seiner Kopfverletzungen im Miamis *Jackson Memorial Hospital* behandelt und wieder entlassen. Noch immer ohne rechte Orientierung, lief er sechs Stunden später direkt vor einen Streifenwagen und wurde in die Notaufnahme zurückgebracht. Vier Tage später stolperte er und fiel, als er hinter einem Bus herrannte. Wieder kam er in eine Notaufnahme und wurde wieder nach Hause geschickt. Am nächsten Morgen war er wieder zurück, und die Ärzte stimmten überein, daß er in eine Pflegeanstalt müsse. Doch kaum hatten sie ihm den Rücken gewandt, verschwand der Captain. Für einen Neunzigjährigen noch recht rüstig, war er schlicht aus der Ambulanz herausspaziert, um diverse Bankgeschäfte zu erledigen. Er kehrte mehrere Stunden später in das Krankenhaus zurück und durfte dann in das *Happy Home Care Center* gehen.

Das war Freitag.

Als er nicht nach Hause kam, alarmierte seine beunruhigte Vermieterin die Verwandten. Diese riefen die Polizei an. Meine Freundin, Detective Sandy Weilbacher, zuständig für vermißte Personen, überprüfte die Krankenhäuser, das Gefängnis und das Leichenschauhaus. Sie fand keine Spur von ihm. Am Dienstag rief sie fünfzehn verschiedene Nummern im Jackson

Hospital an und verlangte nach den einzelnen medizinischen Stationen, der Notaufnahme, der Intensivstation, der Ambulanz und einigen anderen Abteilungen, weil sie dachte, sein Name sei vielleicht falsch geschrieben worden. Immer noch nichts. Seine Verwandten schluchzten. Sandy befürchtete das Schlimmste.

Sechs Tage später brach die Polizei von Miami die Suche nach einem alten Mann ab und begann, in Straßen und unter Eisenbahnbrücken nach einem Leichnam zu suchen. Dann erschienen die Geschichte und ein Bild des vermißten Captains in der Zeitung. Das Pflegepersonal des *Happy Home Care Center* erkannte ihn natürlich sofort und rief die Polizei an, die ihn fand, wie er gerade in den Fernseher starrte. »Ich habe Stunden damit verbracht, unter Brücken nach einem Leichnam zu suchen«, stöhnte Sandy, und ihre Sommersprossen und das rote Haar pulsierten, weil ihr Blutdruck so sehr angestiegen war. »Der ganze Zeitaufwand und alle Bemühungen waren vergeblich.«

Der Captain war ebenfalls verärgert. Niemand war ihn besuchen gekommen. Er hatte überhaupt keine Idee, daß er vermißt wurde und man ihn für tot hielt. Wäre sein Bild nicht in der Zeitung erschienen, er würde wahrscheinlich noch immer als vermißt gelten.

Menschen schlüpfen nun einmal durch die Maschen. Die Sache in die Zeitung zu bringen, funktioniert.

Mitunter ist es die einzige Möglichkeit, die Wahrheit herauszufinden. Eine junge Frau, im siebten Monat schwanger, hatte monatelang befürchtet, sie habe Krebs. Geschäftstüchtige Ärzte hatten Tests durchgeführt und alle möglichen anderen Untersuchungen. Sie sagten ihr nur, daß eine Behandlung unmöglich sei, solange sie nicht entbunden habe. Überzeugt, sie leide an einer Krankheit, die ihr ungeborenes Kind gefährde, wurde sie hoffnungslos depressiv. Ihr Ehemann versuchte, sie zu beruhigen, aber nachdem er eines Nachts eingedöst war, schluckte sie ein paar Pillen und verschwand dann. Zwei Nächte und einen ganzen Tag lang wanderte sie halb benommen umher.

Sie kehrte schließlich wohlbehalten zurück, nachdem sie in

einer Zeitung gelesen hatte, ihre Familie suche verzweifelt nach ihr. Auch verschiedene Leute aus dem Krankenhaus lasen ihre Story, überprüften noch einmal die Untersuchungsergebnisse und sagten ihr, ihr medizinisches Problem sei nicht Krebs. Angesichts der guten Neuigkeiten seufzte sie. »Sind Sie sicher?« fragte ich sie. »Ich war so deprimiert. Immer wieder haben sie neue Tests gemacht. Sie haben eine Biopsie vorgenommen. Sie sagten mir, ich solle wiederkommen. Weiter wollten sie mir nichts sagen. Und daher wußte ich, ich hatte Krebs.«

Aber sie hatte keinen.

Völlig Fremde schickten ihr Briefe, in denen sie ihr Unterstützung zusagten und neue Hoffnung vermitteln wollten. »Die Leute haben sich Sorgen um mich gemacht«, sagte sie und kämpfte mühsam die Tränen hinunter. »Das hat mir so gut getan. Und ich hatte gedacht, niemand kümmere sich um mich.«

Erzählt man nur die richtige Geschichte, dann kümmern sich die Leute sehr wohl um einen.

Krank und gebrechlich, rief eine ältere Witwe im Büro des Steueramtes des Dade-County an und beschwerte sich tränenreich über ihre erhöhte Vermögenssteuerrechnung und legte den Beamten dort ihre Probleme dar. Nicht nur, daß sie arm sei, sagte sie, sie sei sogar seit Wochen schon zu schwach, auch nur ihre Bettlaken zu wechseln.

Vickie Nevins, eine Schreibkraft, nahm den Anruf entgegen. »Ich kann hinsichtlich Ihrer Steuerschulden nichts tun«, sagte sie, »aber bezüglich Ihrer Bettlaken kann ich sehr wohl etwas tun.« Nevins, eine 34 Jahre alte, 89 Pfund leichte geschiedene Frau, bereitete ihren beiden Kindern das Abendessen und fuhr dann zum Haus von Minnie Wheeler, einer einsamen, siebzigjährigen, herzleidenden Frau, wechselte ihr das Bettzeug und blieb noch zweieinhalb Stunden bei ihr.

Die Witwe Wheeler war verblüfft: »Das ist, als sei ein Engel vom Himmel herabgestiegen.«

Ich schrieb über Vickie Nevins' freundliche Tat. Mrs. Wheeler hatte gesagt, sie besitze keinerlei Geld mehr, um die ständig steigenden Vermögenssteuern zu bezahlen. Ihr Mann war gestorben, und ›seine Krankheit hat alle unsere Ersparnisse aufgezehrt‹. Sie selbst sei in der letzten Zeit zweimal im Krankenhaus gewesen, und dabei habe sie entdeckt, daß das ›Leben eine furchtbare Sache für alte Leute‹ sei. Sie hatte keinerlei Transportmöglichkeiten, und so sah sie den Doktor erst, als sie als Notfall eingeliefert wurde. Von der Sozialversicherung bekam sie im Monat 176 Dollar. Ihr kleines Häuschen mußte dringend repariert werden. Die Rate für ihre Hypothek betrug 72 Dollar. Und jetzt waren auch noch ihre Steuern von 85 Dollar auf 112 Dollar gestiegen.

»Sie rief mich zehn Minuten vor fünf an und weinte herzzerreißend«, erzählte Nevins. »Es bricht mir das Herz, aber ich kann ihr finanziell nicht helfen. Ich bin selber in Schwierigkeiten. Aber ich will alles für sie tun, was ich sonst noch tun kann.« Minnie Wheeler hatte ihrer Besucherin stolz einen für sie sehr wertvollen Besitz gezeigt, eine Langspielplatte, auf der alle ihre Lieblingslieder waren und die ihr von ihrem Pfarrer anläßlich ihres letzten Aufenthalts im Krankenhaus geschickt worden war. Sie hatte sie niemals gehört. Sie besaß keinen Plattenspieler.

»Ich suche jetzt nach einem kleinen Plattenspieler«, erzählte Nevins mir. »Sie tut mir ja so leid. Sie ist eine wirklich liebenswerte, kleine, alte Dame, die alles versucht, sich allein und ohne fremde Hilfe durchzuschlagen.«

Die kurze Story über die Leiden einer Fremden zeitigte umgehend ihre Resultate: drei Geschäftsleute erboten sich, Minnie Wheelers Steuerschulden zu begleichen. Leser schrieben Schecks aus. Eine Klinik bot kostenlose Behandlung an. Die Leute überschlugen sich mit ihren Angeboten von Plattenspielern, und von überallher schlugen ihr Freundschaft und Beistand entgegen.

Es in die Zeitung zu bringen funktioniert.

Ich wollte, ich könnte über alle armen und einsamen alten Damen schreiben, aber wenigstens einer zu helfen ist besser als nichts.

Es in die Zeitung zu bringen funktioniert besonders dann, wenn man nach einer lange vermißten Person sucht. Geschichten über verlorengegangene Menschen haben mich schon immer angezogen, und so schrieb ich einmal über vier Schwestern und einen Bruder, die vor vierzig Jahren auf tragische Weise voneinander getrennt worden waren. Ihr Vater war ums Leben gekommen, als er 1932 als verdeckter Ermittler der Polizei bei einem Einsatz gegen einen Schmugglerring tätig war. Die Witwe hatte wieder geheiratet. Die Kinder hatten sehr gute Erinnerungen an ihren Stiefvater, aber eine böswillige Verwandte schmiedete ein Komplott gegen das Paar und erzählte dem örtlichen Sheriff, die beiden seien nicht legal verheiratet. Die Polizei verhaftete den Stiefvater. Seine Frau nahm daraufhin ihre vier jüngsten Kinder mit ins Gefängnis, um herauszufinden, warum er verhaftet worden war. Dabei wurde sie selbst verhaftet, und die Kinder, damals zwischen fünf und elf Jahre alt, blieben allein zurück. Das älteste Mädchen nahm sie alle mit zu einem Verwandten, wo die Behörden sie entdeckten und sie in ein Waisenhaus brachten.

Sämtliche Anklagen wurden zwei Monate später fallengelassen, und die Eltern kamen wieder frei. Zu spät. Die Dreizehnjährige war zu einer Tante gekommen, aber die beiden jüngsten Mädchen waren verschwunden. Sie waren bereits von Fremden adoptiert worden. Auch der Junge war verschwunden und ebenfalls bei Adoptiveltern untergekommen. Das elfjährige Mädchen war in ein Waisenhaus außerhalb der Stadt gebracht worden und verlebte die nächsten fünf Jahre bei Familien in Sankt Petersburg und Fort Myers. Mit sechzehn riß sie aus und schlug sich zu ihrer Mutter und ihrer Schwester durch. Das Trio gab die Suche nach den anderen Kindern nie auf. Sie brauchten elf Jahre, um den Jungen zu finden. Kurz nachdem sie alle wieder vereint waren, ging er zur Navy und kam bei einem Autounfall in der Nähe von Jacksonville ums Leben. Damals war er 21 Jahre alt. Dann ertrank ihr Stiefvater bei einem Bootsunfall vor Tarpon Springs. Die Suche nach den beiden jüngeren Mädchen wurde fortgesetzt.

Die Beamten in den Waisenhäusern stimmten schließlich zu,

Einblick in die Berichte zu gewähren, wenn die neuen Eltern damit einverstanden waren. Die Adoptivmutter eines der Mädchen lehnte dies ab. Die andere Familie konnte nicht festgestellt werden.

Die Schwestern betrieben die Suche mit noch größerer Entschlossenheit, da ihre Mutter im Sterben lag. Sie starb, ohne ihre fehlenden Kinder noch einmal gesehen zu haben, aber die Schwestern gaben trotzdem nicht auf. Die widerstrebende Adoptivmutter ließ sich schließlich erweichen, nachdem sie ein zweites Mal von einem Sozialarbeiter aufgesucht worden war. Als das lange vermißte kleine Mädchen, inzwischen zu einer Frau von 45 Jahren herangewachsen, an diesem Abend nach Hause zurückkehrte, sagte ihr Ehemann zu ihr: »Deine Schwestern haben schon achtmal angerufen.« Die glückliche Vereinigung setzte neue Kräfte frei, auch Dorothy, die letzte der vermißten Schwestern, zu finden.

Ich schrieb, Dorothy müsse nun etwa siebenundvierzig Jahre alt sein. Als sie zum letzten Mal gesehen worden war, war sie sieben Jahre alt gewesen und hatte das hellbraune Haar zum Bubikopf frisiert getragen.

»Wenn sie unser Bild sieht oder von uns hört«, sagte eine ihrer Schwestern, »dann möchten wir, daß sie, falls sie nicht zu uns kommen kann, uns um Gottes willen wissen lassen soll, wo sie ist. Wir kommen dann zu ihr.«

Zunächst tat sich nichts. Doch irgendwie geriet die Geschichte aus der Zeitung von Miami nach Detroit. Und dort fanden wir Dorothy, eine Witwe mit fünf Kindern. Nach vierzig Jahren verschwendeten die Schwestern keine Zeit mehr. Das Wiedersehen fand am Florida Airport statt, 24 Stunden nach dem ersten Telefongespräch.

Es in die Zeitung zu bringen funktioniert.

Einige Ergebnisse sind unerwartet, aber oft genug weiß man von Anfang an, wie die Leser reagieren werden.

Als ich einmal in einer ganz anderen Angelegenheit im Hauptquartier der Polizei von Miami Beach war, lernte ich

Rose Goldberg kennen. Es wäre unmöglich gewesen, sie zu übersehen. Sie saß schluchzend in einem unbequemen hölzernen Stuhl. »Ich habe kein Zuhause! Wohin kann ich gehen?« weinte sie.

Das ließ mich auf der Stelle aufmerksam werden.

Sie trug einen abgetragenen weißen Sweater und hatte zwei Ein-Dollar-Noten – das ganze Geld, das sie besaß – sauber in der Tasche gefaltet bei sich. Sie war obdachlos, aus ihrem Hotelzimmer in South Beach hinausgeworfen, weil sie mit ihrer Miete in Höhe von 150 Dollar pro Monat zehn Tage im Verzug war.

Es war Samstag, einen Tag vor Muttertag.

Ihre zitternden Hände umklammerten ihren Spazierstock und eine zerknitterte grüne Papiertüte, in der sie ihre Herztropfen und Haarnadeln verwahrte – alles, was sie vor einem Deputy der Stadtpolizei hatte retten können, der von dem Hotelbesitzer angeheuert worden war, um sie am Freitag gewaltsam aus ihrem Zimmer zu werfen. Sie flehte die Polizeibeamten an, ihr zu helfen, und versicherte ein ums andere Mal, sie sei lieber tot als ohne Zuhause.

Einst Ehefrau und Mutter, war sie jetzt allein. In Europa geboren, hatte sie hier weder Bruder noch Schwester. »Hitler hat sie alle umgebracht«, erzählte sie mir. Sie war in dieses Land gekommen und hatte hier geheiratet. Ihr einziger Sohn hatte die Tage gezählt, bis er alt genug war, um in die Navy einzutreten. Er war 1945 gefallen. Ihr Ehemann, ein Handwerker aus Brooklyn, war ein Jahr später, 1946, gestorben.

Am Samstag hatte sie dem Hotel-Manager versprochen, sie werde am Montag die Miete bezahlen. Das tat sie aber nicht. Der Scheck von der Sozialversicherung war nicht rechtzeitig eingetroffen. Lieutenant George Morgan von der Miami Beach Police hatte versucht zu intervenieren, aber der Vermieter hatte es abgelehnt, sie ihre hinterlegte Bürgschaft über 150 Dollar vollständig abwohnen zu lassen, da sie gegen den Mietvertrag verstoßen hatte, indem sie nicht pünktlich gezahlt hatte.

Ich stellte den Hotel-Manager zur Rede. Der Mann war nicht gerade herzlich. »Ich möchte Gäste dieser Art einfach nicht in meinem Hotel«, sagte er. »Sie will die Miete doch gar nicht bezahlen.«

Ich fragte ihn, ob er denn daran dächte, ihr die hinterlegte Kaution zurückzuzahlen. »Darüber reden Sie am besten mit meinen Anwälten«, erwiderte er.

Mitfühlende Polizeibeamte hatten Mrs. Goldberg am Freitagabend in ein anderes Hotel in South Beach gebracht. Aber schon am Samstag verließ sie das Hotel wieder wegen ihrer Regeln über eine koschere Ernährung, die sie ihr ganzes Leben lang beachtet hatte und die dort nicht akzeptiert wurden. In dem anderen Hotel hatte sie sich ihre eigenen Mahlzeiten in ihrem Zimmer bereiten können.

Da sie sie nicht einfach auf der Straße sitzen lassen wollten, hatten Morgan und die Officers Dennis Ward und Patricia Evans Stunden damit verbracht, Mrs. Goldberg zu trösten, mit dem Mann zu verhandeln, der sie hinausgeworfen hatte, und zu versuchen, eine Lösung ihres Problems zu finden. Das gelang ihnen auch, wenigstens fürs erste. Die *jüdische Familien- und Kinderfürsorge* erklärte sich einverstanden, ihr ein Weekend in einem koscheren Hotel zu bezahlen. Annie Lefkowitz, Besitzerin des Granada-Hotels, sagte, Mrs. Goldberg sei willkommen. Aber Rose Goldberg weinte noch immer. Dennis Ward, ein riesiger Ire, dessen Vater und Onkel ebenfalls Polizisten waren, versuchte, ihre Tränen zu stoppen. »Sie werden ein hübsches Bett und ein Zimmer haben. Und Sie werden drei koschere Mahlzeiten am Tag bekommen«, versprach er ihr.

»Ich schäme mich, daß ich so dastehe.« Sie blickte auf ihre roten Hausschuhe hinunter. »Ich habe meine besten Kleidungsstücke hergegeben, weil ich niemals mehr irgendwohin gehen werde.«

»Sie sehen gut aus«, sagte Officer Evans und faßte nach ihrer Hand.

Samstagnacht verbrachte Rose Goldberg in einem Zimmer im Granada. Am Sonntag morgen, am Muttertag, stand ihre Geschichte im *Miami Herald*.

Ich war gespannt wie am Weihnachtsmorgen und wartete darauf, welchen Effekt die Zeitung haben werde. Was würden die lieben Leser jetzt tun? Sie haben mich nie im Stich gelassen. Es ist beinahe, als hätten wir uns heimlich verschworen.

Man gratulierte Rose Goldberg zum Muttertag – zum ersten Mal seit 1946. Den ganzen Tag lang stand das Telefon im Granada-Hotel nicht still. Jemand brachte Blumen. Ein anderer brachte Parfum. Fremde kamen, um sie zu besuchen. Der Besitzer einer Boutique auf der Lincoln Road schickte zwei Kleider.

Am Sonntag nachmittag aß sie eine Gemüsesuppe und ein gegrilltes Hähnchen, und zum Nachtisch hatte sie Marmorkuchen und Tee. Für mich war es der schönste Muttertag, den ich je hatte.

Wie könnte man diesen Job etwa *nicht* tun? Er mag nicht immer Spaß machen, aber wenn es funktioniert, dann funktioniert es.

2. Kapitel

Nie zu jung, nie zu alt

Nur die Toten haben keine Probleme

Leonard Louis Levinson

Leute, die Ärger suchen, werden ihn auch immer finden. Vielleicht liegt es daran, daß die Menschen heute zu viele Seifenopern konsumieren, zu viel Testosteron im Blut haben oder einfach nach Aufmerksamkeit gieren. Andere Leute suchen niemals nach Unglück, Schmerzen oder anderem Ungemach, aber es trifft sie ganz genauso. Dabei ist das Alter kein Hindernis. Niemand, so scheint es, ist zu jung oder zu alt, um ganz plötzlich in die größten Schwierigkeiten zu stolpern.

Nehmen wir als Beispiel nur Lilly Pender, zurückhaltend und großmütterlich, 63 Jahre alt.

»Ich bin ein nervöser Mensch«, erzählte sie mir. Diese Neuigkeit war keine Überraschung für mich. Wir diskutierten gerade über einen Vorfall im Zusammenhang mit ihrem Job. Sie war angeheuert worden, um eine Müllkippe des County zu bewachen, und in Ausübung dieses Dienstes hatte sie den Anführer einer Pfadfindertruppe mit einem Revolver vom Kaliber .38 erschossen, weil dieser versucht hatte, illegal Müll abzuladen.

Warum in Miami bewaffnete Wachposten die Müllkippe kontrollieren müssen, ist eine andere Geschichte.

Buster McCrae, 69, lebte von der Sozialversicherung und bekochte, wusch und versorgte seine blinde Frau. Auch er arbeitete bei einem Sicherheitsdienst. Er geriet in Schwierigkeiten, weil er einen Vierzehnjährigen erschoß, der eine Avocado gestohlen hatte.

Es gibt eben Leute, die ihren Job einfach zu ernst nehmen.

Als Konsequenz aus diesen und anderen Fällen übernahm es der Staat, Sicherheitsdienste nur nach einem Lizensierungsverfahren zuzulassen, und rief ein Ausbildungsprogramm ins Leben, das auch eine Unterrichtsstunde zum Thema ›Wann darf man einen Revolver benutzen‹ umfaßte.

Am anderen Ende der Altersskala ist Miamis jüngster Mordverdächtiger zu finden, ein Bübchen von zweieinhalb Jahren. Auf mich machte er den Eindruck eines lieben kleinen Jungen, vielleicht ein wenig hypernervös. Er war ein hübsches Kerlchen mit glänzenden Augen und für sein Alter recht groß. Als ich kam, um ihn zu besuchen, trug er T-Shirt und Shorts und dazu rot-weiß-blaue Socken und Schuhe. Er raste mit einem Spielzeuglastwagen durch das überaus ordentliche Apartment seiner Mutter und schrie dauernd »Wumm, Wumm!«. Irgendwann schrie er: »Nacht-Nacht, Nacht-Nacht!«, warf ein Bettlaken auf den Boden und ließ sich darauf fallen. Sekunden später beschäftigte er sich bereits mit einem neuen Spiel. Er unterhielt sich gern mit Fremden und winkte mir überschwenglich nach, als ich wieder ging.

Er hatte einen zweiundzwanzig Monate alten Spielkameraden zu Tode geprügelt, sagte die Polizei, seinen Kopf auf den Boden gehämmert und ihm dann eine schwere Glasvase über den Schädel geschlagen.

»Er ist nicht bösartig«, sagte seine Mutter. »Er ist nur ein wenig grob.«

Ihr 38 Pfund schwerer Sohn hatte den kleineren Jungen mehrere Male zu Boden gestoßen, sagte sie, und deshalb habe sie die beiden getrennt und dann das Zimmer verlassen. Später fand sie ihren Sohn rittlings über seinem Opfer, wie er gerade eine große gläserne Blumenvase über dem zerschmetterten Kopf des Babys schwang und dazu sagte: »Böser Junge, böser Junge...«

Die Polizei nahm ihr das ab. Auch ihre beste Freundin, die Mutter des toten Kindes. Da sie berufstätig war, hatte sie ihr einziges Kind in der Obhut dieser Frau gelassen. »Ich bin nicht böse«, sagte die trauernde Mutter. »Sie waren gute Babys, alle beide. Mitunter waren sie ein Herz und eine Seele, küßten sich und umarmten sich, und in der nächsten Minute schlugen sie einander oder stritten um irgendein Spielzeug. Er ist zweieinhalb Jahre alt — ich glaube nicht, daß er es mit Absicht getan hat. Er ist ein guter Junge. Ich liebe ihn.«

Das Kind verfügte über keinen ausreichenden großen Wortschatz, um wirklich vernommen werden zu können. »Er begreift gar nicht, was passiert ist«, sagte ein Detective der Mordkommission, selbst Vater eines kleinen Jungen. »Wie kann man von einem Zweieinhalbjährigen erwarten, daß er weiß, daß er ein anderes Kind getötet hat? Er ist ein liebenswerter kleiner Junge — ein kleiner Tornado, aber liebenswert. Es ist ein sehr, sehr trauriger Fall.«

Die Strafverfolgungsbehörde lehnte es ab, den Kleinen anzuklagen, wies aber das Gesundheitsamt an, »festzustellen, ob das Kind kriminell veranlagt ist.«

Die Psychiater nannten das Baby den jüngsten Gewalttäter, mit dem sie es je zu tun gehabt hätten. Einer drängte darauf, das Kind regelmäßig zu untersuchen und durch einen Kinder-Psychiater feststellen zu lassen, ob es vielleicht von Zeit zu Zeit die Kontrolle über sich verliere.

»Die meisten zweieinhalbjährigen Kinder ermorden keine anderen Kinder oder schlagen ihnen mit solcher Kraft Blumenvasen über den Kopf«, sagte ein Doktor. »Ich bin sicher, irgend etwas stimmt mit diesem Kind nicht. Es ist im höchsten Maße aggressiv und hat keine Kontrolle über sich.«

Zum ersten Mal eine richtige Feststellung: die meisten Zweieinhalbjährigen ermorden keine anderen Kinder. Und dieses hatte es auch nicht getan.

Es war vorgeschoben worden. Die Polizei erklärte achtzehn Tage später, das Kind sei unschuldig, und teilte mit, sie habe einen neuen Verdächtigen.

Es war nicht schwer sich vorzustellen, um wen es sich dabei handelte.

»Sie glauben, ich hätte es getan«, erzählte seine Mutter mir. »Sie sollten die Polizei einmal fragen, warum.«

Das tat ich. Man hatte inzwischen festgestellt, daß ein anderes Kind unter ganz ähnlichen Umständen zu Tode gekommen war, das ebenfalls in der Obhut derselben Frau gewesen war. Das lag jetzt fünf Jahre zurück. Sie hatte damals behauptet, die schweren Verletzungen des Kindes rührten von einem Sturz her. Dafür konnte man niemanden verantwortlich machen. Ihr Sohn war damals noch gar nicht geboren.

Sergeant Mike Gonzales von der Mordkommission studierte die Fälle und kam zu dem Schluß, daß für beide sehr wahrscheinlich dieselbe Person verantwortlich sei.

Es gab jedoch nicht genügend Beweise, um die Mutter zu verhaften. Sie unterwarf sich einem Test mit dem Lügendetektor, der von dem international anerkannten Experten Warren Holmes vorgenommen wurde. Sein Fazit: »Diese Frau ist nicht zur Babysitterin geeignet.«

Die Neuigkeiten, die das Kleinkind entlasteten, waren eine Erleichterung. Damit wurde dann ein Fünfjähriger zum gefährlichsten Kind des Dade-County.

Der lächelnde Knabe stieß in voller Absicht einen drei Jahre alten Spielkameraden vom fünften Stock eines Hauses in Miami Beach zu Tode.

Die Polizei glaubte zunächst, der fatale Sturz sei ein tragischer Unfall, aber als sie sich mit dem Fünfjährigen unterhielten, legte dieser bereitwillig ein Geständnis ab. Sein sechs Jahre alter Cousin bestätigte seine Geschichte und erzählte, der Junge sei in das Apartment der Familie zurückgekehrt und habe gestanden, er habe das andere Kind gerade über eine Außentreppe hinuntergestoßen.

Der Junge schockierte die Detectives. »Er glaubt nicht, daß er irgend etwas Böses getan hat«, erzählte Detective Robert Davis mir.

»Er erzählte, er habe ihn gestoßen. Er sah ihn fallen. Er hörte ihn schreien, als er auf dem Boden aufschlug, und dann lief er hinunter, um ihm zu helfen. Es ist entsetzlich. Er zeigt keinerlei Reue. Er hat sogar gelächelt, als er uns die ganze Geschichte erzählt hat.«

Der untersetzte siebzehn Pfund schwere Vorschüler verschlang danach zwei Stücke Pizza, eine Knoblauchzehe und eine Banane.

Gewissenlose Kinder können erschreckende und mörderische Kreaturen sein. Ein Siebenjähriger, der in geradezu fataler Weise vom Feuer fasziniert war, verursachte einen Blitz, in dem eine junge Frau und ihr Baby verbrannten. Er hielt ein Streichholz an Alkohol, weil er die blaue Farbe der Flamme so liebte.

Oder nehmen wir den Lockenkopf aus der siebten Schulklasse, der hinter dem Steuer eines gestohlenen Wagens der Lebensrettungsgesellschaft erwischt wurde. Der Junge lebte direkt gegenüber dem Polizeihauptquartier und hatte genügend Ausrüstungsgegenstände gestohlen, um eine kleine Schutztruppe zu bewaffnen. »Ich wollte, er hätte uns in Ruhe gelassen«, jammerte ein Detective. »Wir haben doch nur so wenige Ausrüstungsgegenstände.«

Der Junge hatte drei Revolver gestohlen, alles teure Magnums, 398 Schuß Munition, Hohlmantelgeschosse, verschiedene Schachteln Patronen vom Kaliber .38, einen kleinen Computer, ein halbes Dutzend Walkie-talkies, jedes im Wert von ungefähr tausend Dollar, fünf elektronische Empfänger für Anrufe von der Zentrale mit den dazugehörigen Batterien, Handschellen, Schlagstöcke und anderes Gerät.

»Ich war dreimal vor Gericht, und jedesmal bin ich freigesprochen worden«, brüstete sich der Dreizehnjährige.

»Er ist nervös«, erzählte mir die Mutter des Jungen unter Tränen. Auf mich wirkte er keineswegs nervös. »Bringt mich doch in die Besserungsanstalt«, fauchte er einen Detective an. »Ich büchse wieder aus. Das mache ich immer.«

Seine bevorzugte Freizeitbeschäftigung bestand darin, große Steine durch die Glasscheibe der Eingangstür am Hauptquartier zu werfen und zu versuchen, den Sergeant an der Auskunft zu treffen.

Der Junge brach an einem Samstag abend in das Wasserwirtschaftsamt der Stadt ein, durchschnitt eine Kette mit einem Bolzenschneider, brach ein Tor und ein Vorhängeschloß auf, entfernte fünf Jalousien, brach in das Büro ein, stahl vier Walkie-talkies und die Schlüssel zu einem Plymouth. Bevor er davonfuhr, schloß er das Tor wieder, so daß das Verbrechen bis Montag unentdeckt blieb. Allerdings bemerkte in der Nacht zum Sonntag ein städtischer Angestellter die Diebstähle. Ein Polizeibeamter entdeckte gegen zehn Uhr morgens den heftig ramponierten Wagen auf einer Straße am South Beach. Der Dieb hatte die städtischen Siegel mit einer Spraydose unkenntlich gemacht und das städtische Kennzeichen durch ein gestohlenes Nummernschild ersetzt.

Polizisten, die das Fahrzeug beobachteten, sahen, wie eine kleine Gestalt sich mit einem Walkie-talkie auf den Fahrersitz setzte und davonfuhr. Der Knirps mußte den Sitz bis ganz nach vorne schieben, um überhaupt über das Steuerrad blicken zu können. Er schwor, jemand habe ihn geschickt, das Auto hier abzuholen. Die Polizei vermutete zunächst, ein Erwachsener sei in die Sache verwickelt, und forderte ihn auf, den Schuldigen zu nennen. Er führte die Polizisten zu einem Park und deutete auf einen völlig überraschten Fremden.

Der Junge, der eine gestohlene Polizeimarke in der Tasche trug, hatte den Wagen gestohlen, um aus der Stadt zu fliehen und so einem bevorstehenden Verfahren vor dem Jugendrichter zu entgehen.

So viele Geschichten, die von sehr jungen und sehr alten Menschen handeln, sind unbeschreiblich traurig. Wie könnte man die schäbig gekleidete grauhaarige Großmutter vergessen, die versuchte, eine Bank in Miami Beach auszurauben, indem sie damit drohte, in ihrer Handtasche befände sich eine Bombe? In der zerfledderten Handtasche befand sich keine Bombe — und auch kein Geld —, sondern nur eine Brille und ein Paar zerknüllte Taschentücher. Sie sagte, sie sei kurz vor dem Verhungern.

Häusliche Gewalt oder fehlgeleitete Liebe ist in jedem Alter traurig, aber für einige Senioren ist sie der tragische Abschluß eines ansonsten unbescholtenen Lebens. Die erste Ehe eines Mannes aus Miami hielt 62 Jahre. Seine zweite endete nach sechs Tagen, als er seine kleine Braut mit einem Hammer erschlug. Sie war 67. Er war 90.

Der greise Bräutigam, Großvater von zehn Enkeln, wurde

wegen Mordes angeklagt. Er war zum erstenmal im Gefängnis. Der tödliche Streit brach über der Frage aus, was aus der Hochzeitsreise werden solle. Die Koffer standen schon gepackt an der Tür. Sie wollte fahren; er hatte es sich anders überlegt.

Als eine neunundsechzigjährige Frau ihren 89 Jahre alten Ehemann voller Wut erschlug, da war die Mordwaffe eine Urinflasche. Sie waren seit 48 Jahren verheiratet.

Ein Pärchen wurde 1920 in Brooklyn verheiratet. 63 Jahre später erschlug er sie in Miami Beach nach einem heftigen Streit. »Ich hätte sie meinem schlimmsten Feind nicht gewünscht«, sagte er der Polizei.

Niemand ist jemals zu alt, um in der Liste von Amerikas meistgesuchten Verbrechern aufzutauchen. Alte Menschen sind oft grob und einfallsreich und die härtesten Desperados, vor allem wenn sie das Gefühl haben, sie hätten nichts mehr zu verlieren. Die Polizei von Miami hat bei einem Schußwechsel einmal einen dreiundachtzigjährigen Urgroßvater mit einem Herzschrittmacher erschossen und ein anderes Mal einen 79 Jahre alten Mann. Beide hatten als erste das Feuer auf die Polizisten eröffnet.

Joseph Thomas entzieht sich immer noch der Polizeigewalt. Er ist 85 und wird wegen Mordes gesucht.

Er beschuldigte Sadie Sheffield der Untreue und beendete ihre achtundzwanzig Jahre dauernde Beziehung mit einer Kugel. Sadie war 73 Jahre alt. Die Romanze war seit jeher sehr stürmisch verlaufen. »Sie stritten sich fast ständig«, sagte Detective Louise Vasquez von der Mordkommission in Miami. »Sie haben sich nie gut vertragen.«

Nach einer erbitternden Auseinandersetzung wegen seiner Verdächtigung, sie treffe sich mit einem anderen Mann, ging Thomas in sein Apartment, kam mit einem Revolver zurück und schoß Sheffield ins Gesicht. »Dann ging er seelenruhig hinaus, stieg in den Wagen und fuhr mit quietschenden Reifen davon«, erzählte Louise. Der Fall schien nicht besonders schwierig zu sein. Bei Mordfällen dieser Art erscheint der Schütze kurz darauf voller Reue bei der Polizei. Dieser nicht.

Als Joseph Thomas mit seinem alten und schäbigen grünen

Wagen davonfuhr, schrieb man Juli 1978. Er war 72. Die Suche nach Joseph Thomas wurde zu einer der längsten Jagden in Miamis Polizeigeschichte.

Norman David Mayer, 66, starb nicht wie der typische Pensionär von Miami Beach. Er starb auch nicht wie irgend jemand sonst, den Sie und ich kennen würden.

Er arbeitete als eine Art Page in einem Hotel am Strand und trug einen Pferdeschwanz, der von einem Gummiband gehalten wurde, eine Baseball-Kappe über seiner sich ausbreitenden Glatze und geblümte Hawaii-Hemden zu gelben Hosen.

Norman David Mayer hatte ein Anliegen. Er war Gründer – und einziges Mitglied – einer Organisation mit dem Namen ›Erste Priorität‹. Zweimal war er schon verhaftet worden, weil er Handzettel auf dem Universitätsgelände verteilt hatte. Er verkaufte Totenkopf-Embleme mit so sinnigen Aufschriften wie ›Kommt zur Vernunft – verbannt die Nuklearwaffen‹ oder ›Wir wünschen einen schönen Todestag‹. Als ruheloser Aktivist im Kampf gegen die Nuklearwaffen verfolgte er zehn Jahre lang seinen Ein-Mann-Kreuzzug gegen die Bombe.

Niemand hörte ihm zu.

Mayer kaufte sich einen gebrauchten Kleinbus und baute ihn zu einem rollenden Bunker um, verstärkte ihn mit Stahlstreben und stopfte ihn voll mit Konserven und strahlensicherer Kleidung. Wenn die Welt schon in Flammen aufging, dann wollte er wenigstens der einzige sein, der sich ansehen konnte, wie sie danach aussah.

Bevor Norman David Mayer Miami Beach verließ, erzählte er seinem einzigen Freund, dem Besitzer einer Autoreparaturwerkstätte, der ihn seit dreiunddreißig Jahren kannte, daß er nicht zurückkehren werde. »Es ist jetzt vorbei. Mir bleibt nichts mehr zu sagen. Ich habe genug.«

Der alternde Aktivist rief ihn später noch einmal an und brüstete sich damit, daß er in Washington an die fünftausend Handzettel verteilt habe, einige davon auf den Stufen des Capitols. 35 Tage lang protestierte er vor dem Weißen Haus von elf

Uhr vormittags bis sechs Uhr nachmittags. Er erzählte den Leuten, daß er im Zusammenhang mit seinem Anliegen schon zwölfmal verhaftet worden sei. Noch immer hörte ihm niemand zu. »Du mußt irgend etwas tun«, erklärte er.

Und das tat er. An seinem letzten Tag zog er sich einen dunkelblauen Jogginganzug und einen schwarzen Motorradhelm mit Visier an. Um 9 Uhr 15 vormittags fuhr er seinen Kleinlaster an der östlichen Seite auf das Washington-Monument hinauf und drohte, dieses mit eintausend Pfund Dynamit zu sprengen, falls seine Forderungen nicht erfüllt würden.

Jetzt hörte ihm jeder zu.

Er verlangte, daß sämtliche Regierungs-Dienststellen und alle privaten Organisationen sich zu einem nationalen Dialog über die Gefahren des Nuklearkrieges zusammenfänden. Er lehnte es ab, mit einem Team aus FBI-Agenten und örtlicher Polizei zu verhandeln.

Im *Miami Herald* hörten wir von dieser Drohung, und ich bekam den Tip, es könne sich bei dem Mann, der das Washington-Monument als Geisel genommen hatte, um Norman David Mayer handeln. Das FBI war noch nicht ganz sicher und zweifelte schlicht daran, dieser Terrorist in seiner sicheren Verschanzung könne ein älterer Mitbürger sein. Der abgeklärte, agile Kämpfer in dem dunklen Helm schien um die 30 Jahre alt zu sein, aber ein Sprecher des FBI mußte zugestehen: »Wir wissen nicht, wer er ist.« Er vermutete, es könnten mehr als eine Person in dem Kleinlaster sein.

Der Besitzer des Hotels in Miami Beach, in dem Mayer gearbeitet hatte, flog auf Bitten des FBI nach Washington, um bei den Verhandlungen zu helfen. Er kam zu spät. Gegen 20 Uhr 30, nach einer anstrengenden zehnstündigen Belagerung, beschloß Norman David Mayer, einen Ausbruch zu versuchen.

Der Schußhagel aus den Polizeiwaffen, der ihn tötete, stürzte auch den Kleinlaster am Fuße des Washington-Monuments um.

Es war niemand sonst im Innern — und auch kein Dynamit. Nur Norman David Mayer, 66 Jahre alt, und seine Flugblätter.

Er hatte ein Anliegen.

Falls Wayman Neal ein Anliegen hatte, dann jedenfalls keines, das irgend jemandem bekannt gewesen wäre. Dafür hatte er eine äußerst verabscheuungswürdige Angewohnheit.

Wayman Neal sah keinesfalls aus wie einer von Miamis gefährlichsten Männern. Er sah aus wie ein netter, liebenswerter, umgänglicher älterer Herr — irgend jemandes Großvater —, bis man ihm ein Messer in die Hand gab. Als die Polizei von Miami Wayman Neal zum letzten Mal verhaftete, besuchte er gerade einen Gottesdienst. Man beschuldigte ihn des Mordes — wieder einmal.

Das blutverschmierte Messer steckte in seiner Tasche.

Er lief nicht davon und leistete auch keinen Widerstand. Er konnte weder rennen noch Widerstand leisten. Er ging ganz langsam — mit einem Krückstock. Er war entweder 70 oder 74 Jahre alt, je nachdem, welche Berichte stimmten. Vor Gericht gab er sich freundlich, reuig und liebenswert. Er trug eine blaue Baseball-Kappe, ein Grateful-Dead-T-Shirt und eine Latzhose.

Die Legende von Wayman Neal ist eine Geschichte über unser Rechtssystem: wie es arbeitet, wie es versagt und was passiert, wenn ein Krimineller arm ist und schwarz und seine Opfer ebenso. Es ist eine Geschichte halbherziger Strafverfolgung, eingeschüchterter Zeugen und verzeihender Opfer.

Wayman Neals Strafregister beginnt im Jahre 1938 mit einem Mord in St. Petersburg, Florida. Zweiundvierzig Jahre später, 1980, war es in Miami wiederum ein Mord. Diesmal gab es einen Unterschied: das Opfer war ein Weißer. Alle anderen waren Schwarze gewesen, genau wie Wayman Neal selbst.

Niemand weiß genau, wie viele Opfer es gegeben hat. In nur vier Jahren wurde er in Miami zehnmal angeklagt.

»Er hat Fremde niedergestochen, die er nie zuvor in seinem Leben gesehen hat«, erzählte mir Detective Bruce Roberson von der Mordkommission in Miami.

Wayman Neal hat nie die Hauptschule geschafft. Schon als junger Mann verließ er die Farm seines Vaters in Quitman, Georgia, um sich nach Arbeit umzusehen. Bei seinen diversen Verhaftungen gab er sich entweder als stellungsloser Hilfsarbeiter oder als Maurer aus. Seine Familie hörte bis zu seinem

›Ärger‹ in St. Petersburg im Jahre 1938 nichts mehr von ihm.

»Wir erhielten die Nachricht, er habe einen Mann mit dem Messer verletzt, und dieser Mann sei dann gestorben«, sagte sein jüngerer Bruder, Peter Neal, 62 Jahre. »Er ist ein absolut ruhiger Kumpan, solange er nichts getrunken hat. Aber wenn er anfängt zu trinken...«

Von dem Mord aus dem Jahre 1938 gibt es nur noch wenige Aufzeichnungen. Eine Jury in St. Petersburg kam zu der Überzeugung, daß ›Wayman Neal am 16. Tage des Monats April im Jahre 1938 Willie Williams bei einem Streit mit einem Messer tödliche Wunden beigebracht‹ habe. Willie Williams war Schwarzer, unverheiratet, etwa 30 Jahre alt. Auf seiner Geburtsurkunde steht, sowohl Geburtsort wie auch Verwandte seien unbekannt.

Ein Richter verurteilte Wayman Neal zu zwanzig Jahren Haft. Richard Patrick Moore, das Opfer aus dem Jahre 1980, war zu dieser Zeit drei Jahre alt.

1943 wurde Neal begnadigt. Die Begnadigung wurde widerrufen, und 1947 landete er abermals im Gefängnis. 1955 wurde er wieder freigelassen, um dann 1958 wegen Diebstahls erneut hinter Gitter zu kommen. 1960 verbüßte er sechzig Tage wegen Beleidigung, wurde 1961 vom Vorwurf des Raubes freigesprochen und dann abermals eingesperrt, weil er einer 30 Jahre alten Frau in den Fuß geschossen hatte. »Weiter nichts als eine harmlose Balgerei«, erläuterte er.

Ein Polizist aus St. Petersburg schrieb damals in einem seiner Berichte: »Von ihm ist bekannt, daß er schon früher gemordet hat und sich auch nicht scheuen würde, es wieder zu tun.«

Wayman Neal heiratete nie, aber doch gab es da eine Frau. Ihr Name war Gladys Harris. Sie lebten gemeinsam in St. Petersburg bis zu einem Tag des Jahres 1966, als Gladys und ihre Freundin Beatrice Scott, 54, ihn nicht mehr in die Wohnung ließen. Wutentbrannt schlitzte er mit dem Messer eine Trennwand auf und drang ins Haus ein. Gladys entkam ihm.

Die Polizei fand später zerbrochene Möbelstücke, Blut an den Wänden und Beatrice Scott — neunmal in den Rücken gestochen.

Sie überlebte. Neal verbrachte drei Jahre im Gefängnis.

Am 19. Januar 1970 ging Neal nach Berichten der Polizei zu Willis Harvey und brachte ihm eine schreckliche, sechs Inches lange Schnittwunde an der Oberlippe bei. In Wayman Neals Schuh fand man später ein rasiermesserscharfes geschliffenes Messer.

Da Harvey später nicht vor Gericht erschien, wurde die Anklage fallengelassen.

Im Sommer desselben Jahres betrat Wayman Neal das Polizeipräsidium von St. Petersburg und bat darum, zu seiner eigenen Sicherheit inhaftiert zu werden. Er sagte, eine Frau namens Mary wolle ihn erschießen.

Ein verständnisvoller Polizeibeamter sperrte ihn wegen Landstreicherei ein und vermerkte, Neal sei ›jemand ohne Geld und ohne Bleibe — oder geistig krank‹.

Trotz zweiundvierzig Jahren voller Gewalttaten hat nie irgendein Richter eine psychiatrische Untersuchung für Wayman Neal angeordnet. 1971 betrat er wieder eine Polizeistation mit der Bitte, inhaftiert zu werden. Die Polizei tat ihm den Gefallen.

Am 18. Oktober 1975, um 16 Uhr 35, wurde Wayman Neal zum ersten Mal im Dade-County auffällig.

Peter Roy Rivers, 50 Jahre, schlürfte mit Neal zusammen auf einer Parkbank ein paar kühle Bier. Mit der Behauptung, er habe sich an seinem Drink vergriffen, erhob Wayman Neal sich und zog zwei Messer gleichzeitig.

»Er stach immer wieder zu, in jeder Hand ein Messer«, sagte ein Zeuge später.

Die Polizei fand Rivers blutend im Rinnstein liegen. Die Umstehenden sagten, der Angreifer habe eine blaue Mütze getragen und sei nach dem Vorfall in eine Bar auf der anderen Straßenseite gegangen. Drinnen stand auch tatsächlich Wayman Neal mit seiner blauen Kappe und hielt zwei blutbesudelte Messer in den Händen.

Ein Notfallwagen fuhr Rivers ins Krankenhaus, wo er in einem kritischen Zustand ankam. Er hatte zwei Messerstiche in der Brust und zwei im Rücken. Ein langer Schnitt an der Seite hatte seine Eingeweide getroffen, Leber, Bauchspeicheldrüse und Milz beschädigt.

Er überlebte.

Wayman Neal wurde des versuchten Mordes angeklagt. Rivers erschien dann bei der Voruntersuchung, aber nicht zum Verhör. Der Staatsanwalt sagte, der Mann habe das Krankenhaus bereits verlassen und sei benachrichtigt worden. Ein Richter ließ daraufhin die Anklage wegen unzureichender Beweise fallen.

Weniger als einen Monat später ergriff Wayman Neal wütend zwei Polizeibeamte an und verlangte, ins Gefängnis gebracht zu werden. Sie sagten, sie hätten keinen Grund, ihn zu verhaften, also gab er ihnen einen, indem er herumschrie und damit drohte, irgendwelche Leute zu verletzen.

Am 18. Mai 1977 schickte Neal einen Burschen zu einem Botengang. J. B. Williams kehrte mit einer Flasche Wein und dem Wechselgeld zurück. Er gab ihm auf fünf Dollar heraus. Neal behauptete jedoch, er habe dem Mann zwei Fünf-Dollar-Noten mitgegeben. Sie kämpften miteinander. Williams wurde niedergestochen und Neal einen Block weiter festgenommen. Die Sache wurde fallengelassen, nachdem Williams ein Papier unterschrieben hatte, laut dem er auf strafrechtliche Verfolgung verzichtete.

Am 3. April 1979 entwendete Neal vor Zeugen in einer Pension in Miami ein Tischmesser und stieß es seinem Mitbewohner William Fry, 56, in den Nacken. Ein anderer Gast, Curtis Driggers, 53, wollte ihm zu Hilfe eilen. Neal stach auch ihn nieder und schlug ihm einen Stuhl über den Kopf.

Die Verletzten kamen ins Krankenhaus. Wayman Neal kam ins Gefängnis — aber nicht für lange. Als ich den Staatsanwalt danach fragte, konnte er sich an den Fall gar nicht mehr erinnern, selbst dann nicht, nachdem er sich noch einmal die Akten hatte kommen lassen.

»Die Sache muß sehr unbedeutend gewesen sein«, sagte er, denn er hatte die Anklagen auf ungebührliches Betragen reduziert. Neal wurde zu sechzehn Tagen Gefängnis verurteilt.

Der nächste, der niedergestochen wurde, war Donald Darling, 39 Jahre. Neal zerfetzte laut Zeugenaussagen Darling am 13. Juli 1979 völlig grundlos mit einem rasiermesserscharfen Messer das Gesicht und den linken Arm. Darling benötigte plastische Chirurgie für seine fast völlig abgetrennte Lippe.

»Ich habe ihn nicht schwer genug verletzt, als daß er daran hätte sterben können«, erzählte Neal den Polizisten, die ihn festnahmen, mißmutig. »Ich wollte, ich hätte ihm die Kehle durchgeschnitten.«

Das verstümmelte Opfer erschien bei keiner der drei gerichtlichen Voruntersuchungen. Statt dessen rief er das Büro des Staatsanwalts an und hinterließ eine Nachricht. Er sei im Krankenhaus ›direkt neben dem Knast‹ und deshalb am Erscheinen gehindert. Der Staatsanwalt fand ihn aber nicht auf den Patientenlisten zweier Krankenhäuser in der Nähe des Gefängnisses. Sein Privattelefon war abgeklemmt worden, auf zwei Telegramme erfolgte keine Reaktion. Daraufhin wurden die Anklagen fallengelassen.

Wayman Neal erschien am 7. September 1979 um acht Uhr erneut auf der Anklagebank. Sein Opfer diesmal: Moses Shands, 76. Die Messerklinge hatte ihm eine achtzehn Inches lange klaffende Wunde am Schenkel beigebracht. Shands beschrieb Neal der Polizei. Sie fanden ein Messer in seiner Tasche. Shands kam ins Krankenhaus, Wayman Neal ins Gefängnis – vorübergehend. Drei Wochen später: Klage fallengelassen. Das Opfer »erschien auch nach dreimaliger Aufforderung nicht in unserem Büro«, erklärte ein Staatsanwalt.

Am 3. November, vormittags neun Uhr, stand Wayman Neal in einem Vorort von Miami an einer Straßenkreuzung und zeterte lauthals wegen seines Schecks von der Sozialversicherung. Er sei verlorengegangen, sagte er. Er beschuldigte James Yancey, 54, ihm den Scheck gestohlen zu haben. Er stach ihn in den Rücken und schnitt ihm den linken Arm und das rechte Handgelenk auf.

Wieder wurde die Anklage von Mordversuch auf rüpelhaftes Betragen reduziert und später fallengelassen.

In jenem Dezember wurde Wayman Neal viermal wegen Übernachtens auf öffentlichem Gelände und Herumlungerns in einem Park verhaftet. Die Richter ließen ihn jedesmal wieder frei, oft genug noch am selben Tag.

Zwei Monate vergingen, ohne daß Wayman Neal verhaftet wurde, weil er irgend jemanden niedergestochen hatte.

Als es dann doch wieder passierte, war das Opfer ein Weißer. Die Anklage lautete dieses Mal: Mord ersten Grades.

Downtown-Miami im Nebel, 22. Januar 1980. Wayman Neal hatte getrunken. Vor der Mission von Miami beschuldigte er einen Wildfremden: »Du hast meinen Mantel an!«

»Nein, das ist mein Mantel«, sagte der überraschte Mann. Er sagte die Wahrheit. Neal schlug zweimal mit seinem Krückstock auf den Mann ein.

Auf einem Gartenmäuerchen direkt vor der Mission saß Richard Patrick Moore, 54. »Er war ein guter Mensch, er hatte nur kein Glück im Leben«, sagte sein Bruder Jack später. »Er wollte immer nur Frieden stiften.«

Moore wuchs auf einer Tabakfarm in Marlboro, Maryland, auf. Einst hatte er dort hart gearbeitet, aber sein Vater hatte einen Schlaganfall erlitten und die Farm verkauft, dann hatte sich seine Frau von ihm scheiden lassen, und Richard Moore griff zur Flasche und rutschte langsam immer weiter ab.

Auf einer düsteren Straße in Miami, weit von der Farm und der Familie entfernt, die er seit acht Jahren nicht mehr gesehen hatte, schlug Richard Moore, der Friedensstifter, Wayman Neal den Krückstock aus der Hand, als dieser ihn hochhob, um abermals auf den Mann im Mantel loszugehen.

Moore nahm den Krückstock mit um die Ecke, um Neal vom Gegenstand seiner Wut abzulenken. Neal folgte ihm, wobei er mit seiner fröhlichen Baseball-Mütze einen fast großväterlichen Eindruck machte. Moore gab ihm friedfertig den Krückstock zurück und ging dann weiter. Er trat vom Bürgersteig auf die Straße und wollte auf die andere Seite hinüber.

Es war ja alles vorüber. Alles war wieder in Ordnung. Dann passierte es.

Wayman Neal warf den Krückstock zu Boden und sprang auf die Straße. Die Polizei sagte später, Moore habe ihn erst gesehen, als es zu spät war.

Zeugen sagten aus, sie hätten beobachtet, wie Wayman Neal die Hand hob und zweimal auf Moore einstach. Das Messer durchdrang sein Herz.

Richard Patrick Moore, der Möchtegern-Friedensstifter, taumelte die Straße hinunter und brach vor einer kleinen Pension zusammen.

Wayman Neal schlenderte die Straße zurück, ging in das Missionsgebäude und nahm weiter an der Andacht teil.

Ein Zeuge rannte zu der benachbarten Feuerwache, um Hilfe zu holen. Ein paar Sanitäter arbeiten verzweifelt und schlossen Moore an eine Herz-Lungen-Maschine an — sie preßten sein Herz gegen das Rückgrat, wobei sie das Blut herauspumpten und Sauerstoff in die Lungen zwangen. Um 19 Uhr 17 wurde Moore in das Krankenhaus eingeliefert, um 19 Uhr 30 für tot erklärt.

Ein Zeuge begleitete die Polizei in die Mission, wo 50 Männer an der Andacht teilnahmen — eine Voraussetzung, um ein Bett für die Nacht zu bekommen. Er deutete auf Wayman Neal, der in der vierten Reihe saß. Seine Gebete wurden jäh unterbrochen.

»Ich habe auf ihn eingestochen, aber ich weiß nicht, warum«, erzählte er den Detectives. Das blutige Messer war in seiner Tasche.

Das Geschworenengericht beschloß eine Anklage wegen Mord ersten Grades. Vorsätzlichkeit schien evident zu sein; die Konfrontation zwischen den beiden Männern hatte geendet, bevor der Angriff erfolgte. Und doch reduzierte ein Richter die Anklage zu einer Anklage wegen Mord zweiten Grades.

»Dieser letzte Mord war ein unnötiger Tod, ein Mord der nicht hätte passieren dürfen«, sagte Daniel Insdorf, ein Detective, der aus Enttäuschung über das Rechtssystem den Dienst quittiert hatte. »Ich glaube, es ist nicht allein Waymans Schuld. Er ist nicht verschlagen. Was könnte ein Mensch sonst eigentlich noch anstellen, um hinter Gitter zu kommen? Alle Fälle wurden irgendwann fallengelassen, weil sich niemand die Zeit nahm oder die Mühe machte, die Opfer zu beraten oder ihnen beizustehen. Sie waren arm, sie hatten keinen besonders guten

Ruf und sie wußten nichts über das Strafrechtssystem. Sie besitzen nicht einmal das Fahrgeld und wissen nicht, wo sich das Gerichtsgebäude befindet.«

»Wenn keiner kommt und aussagen will, dann können wir auch niemanden verurteilen«, konterte der Staatsanwalt.

»Wayman Neal hätte nicht frei auf den Straßen herumlaufen dürfen«, sagte Jack Moore, der seinen toten Bruder heim nach Maryland holte. »Wenn er wieder auf die Straße darf, wird er jemand anderen niederstechen. Er wird irgend jemand anderen töten. Er sollte an einen Ort gebracht werden, von wo er nie mehr weglaufen kann.«

Der Termin für das Strafverfahren wurde angesetzt, widerrufen und vertagt, Monat für Monat. Neal nahm hinter Gittern kontinuierlich zu. Er schien robust und gesund. Ein Nachbar brachte ihm jeden Monat pünktlich seinen Renten- und Fürsorgescheck ins Gefängnis des Dade-County.

Viele dieser Vertagungen hatten ihren Grund in der Suche nach einer außergerichtlichen Einigung. Ein öffentlich bestellter Verteidiger sagte, er würde auf schuldig plädieren, suche aber noch nach einer anderen Institution als dem Gefängnis für Neal. Entsprechende Einrichtungen für Alkoholiker lehnten es angesichts des vorgeschrittenen Alters seines Klienten ab, diesen bei sich aufzunehmen.

Schließlich wurde als Termin für das Gerichtsverfahren der 15. Dezember angesetzt.

Aber es fand keine Verhandlung statt.

Die Zeugen waren verschwunden. »Es handelt sich nicht um Leute von der Art, die jederzeit greifbar sind«, sagte der Staatsanwalt. »Außer der Leiche gibt es keinen physisch greifbaren Beweis.«

Die Anklagen wurden fallengelassen.

Wayman Neal verließ das Gefängnis des Dade-County als freier Mann.

Nach elf Monaten erzwungener Enthaltsamkeit schien er wieder klar denken zu können. Er gab zu, Probleme in Miami zu haben, und war damit einverstanden, nach Georgia zurückzukehren, wo sein Bruder lebt. Sein Pflichtverteidiger beschaffte genügend Geld für ein Bus-Ticket — Einzelfahrschein, keine Rückfahrkarte. Wayman Neal dankte ihm höflich und verschwand.

»Ich hoffe nur, er bleibt in Georgia«, sagte der junge Anwalt. »Ich hoffe, er bleibt dort und geht zum Fischen, wie er es versprochen hat.«

Der Neffe des Toten in Marlboro, Maryland, verstand die Welt nicht mehr. »Das bestätigt das ganze Zeug, das ich in den Zeitungen über Miami gelesen habe«, sagte er.

Aus Interesse daran, wie es Wayman Neal jetzt ging, rief ich seinen Bruder Robert, der in Quitman lebt, an. Wayman, sagte er, sei weggezogen, nach Valdosta.

Das letzte Mal, daß Robert Neal seinen Bruder Wayman Neal gesehen hatte, war dieser betrunken gewesen.

3. Kapitel

Liebe tötet

Mord ist stets ein Fehler; man sollte niemals etwas tun, über das man nach dem Dinner nicht reden kann.
Oscar Wilde

Die Person, die am ehesten als ihr Mörder in Frage kommt, sitzt Ihnen am Frühstückstisch gegenüber.

Ihr Liebster und Teuerster, derjenige, der auf dem Kissen direkt neben Ihrem schläft und Ihr Konto mit Ihnen teilt, kann ungleich tödlicher sein als jeder feindselig gesinnte Fremde, der in den Schatten lauert.

Liebe tötet.

Als sie ihn mit einer anderen erwischte, stritt ein Mann aus Miami mit seiner Frau und schrie sie an: »Ich werde uns beide umbringen!« Er fuhr seinen Wagen mit fünfundfünfzig Meilen pro Stunde gegen einen Betonpfeiler. Sie überlebte, er nicht.

Ein ortsansässiger Elektriker befestigte sorgfältig Drähte an Handgelenken und Knöcheln seiner schlafenden Frau und tötete sie durch einen Stromschlag.

In ihrer Ehe sprang der Funke nicht mehr über.

Haben diese Leute eigentlich nie etwas von Scheidung gehört?

Üblicherweise verdächtigt man die Männer, wenn die Liebe in mörderischen Haß umschlägt. Frauen mögen ähnliche Pein empfinden, aber sie neigen seltener zu tödlicher Gewalttätigkeit.

Es gibt allerdings Ausnahmen. Eine Hausfrau aus Miami hörte am Ostermorgen auf, Eier zu färben, und schoß ihrem Ehemann mitten ins Herz, als er mit einer anderen Frau am Telefon flüsterte.

Eine vorzeitig pensionierte Schullehrerin heuerte zwei gedungene Mörder an, um ihren 43 Jahre alten Ehemann zu beseitigen.

Eine Polizistin erschoß die Geliebte ihres Ehemannes und kam selber ums Leben, als sie mit ihm um die Waffe kämpfte.

Aber meistens sind es die Männer, die verwunden, quälen, terrorisieren und morden. Sie verfolgen Menschen, die sie einst zu verehren und zu schützen gelobt hatten, mit Macheten, Gewehren, Revolvern, Schmiedehämmern und Brandsätzen. Sie versuchen sogar, sie in vorgetäuschten Unfällen umzubringen. Einige dieser Fälle sind derart explosiv, daß Anwälte und Richter sich im Gerichtssaal flach auf den Boden legen mußten, während vor Wut rasende Eheleute vor dem Scheidungsrichter die Revolver zogen. Was stimmt mit diesen Menschen nicht?

Mit einem Revolver herumzufuchteln wird niemanden animieren, einen anderen zu lieben. Ganz im Gegenteil.

Wo ist er geblieben, der Traummann? Was geschah mit dem immerwährenden Glück? Wie kommt es, daß ein Mann, der unglücklich mit einer Frau ist – ein Mann, der sie vernachlässigen, sie mißbrauchen oder sie als überflüssig empfinden mag –, daß ein solcher Mann es nicht ertragen kann, sie allein oder mit jemand anderem glücklich zu sehen? Diese Art des Macho ist im höchsten Maße unattraktiv.

Kein Wunder, daß ich eine aufmerksame Beobachterin des Krieges der Geschlechter geworden bin.

Andere ziehen es vor zu kämpfen. Wochenlang verfolgte José Umberto Mejia, 57, seine Ex-Frau mit einem Fernglas. Niemand weiß mit Gewißheit zu sagen, wann er die .357 Magnum gekauft hat.

Maria Estelita Mejia Kossakowski, 43, und ihr Ex-Ehemann prozessierten gegeneinander. Mejia hatte sie vier Jahre zuvor verlassen und war in sein Heimatland Mexiko zurückgekehrt. Sie ließ sich kurz darauf von ihm scheiden. Estelita hatte José geheiratet, als sie vierzehn Jahre alt gewesen war, und ihm sechs Kinder geboren; als Gegenleistung hatte sie fünfundzwanzig stürmische Jahre durchlebt.

Nachdem er sie verlassen hatte, brachte sie die Kinder mit ihrem kleinen Schulbus-Service durch.

Zwei Jahre später heiratete sie den IRS-Agenten Ronald Michael Kossakowski. Ihre Kinder nannten ihn Daddy. »Er war ihnen mehr Vater als Stiefvater«, erzählte mir eine Nachbarin. »Die Kinder beteten sie und ihren derzeitigen Ehemann an. Sie waren eine wundervolle Familie voller Herzenswärme und gegenseitiger Aufopferung.«

Zum ersten Mal im Leben waren sie alle glücklich.

Dann kehrte Mejia nach Miami zurück und war überhaupt nicht glücklich über das, was er dort vorfand. Er behauptete, ihm seien niemals entsprechende legale Papiere vorgelegt worden, und er habe gar nicht gewußt, daß er geschieden sei. Er war schockiert, behauptete er, seine Frau mit einem IRS-Agenten verheiratet zu sehen.

Er verlangte, daß die Scheidung rückgängig gemacht werde. Er verlangte die Hälfte des Hauses und die Hälfte von ihrem Schulbus-Service.

Seine Ex-Frau bestand darauf, er habe von der Scheidung gewußt.

»Sie schien besorgt«, sagte ihr Anwalt. »Sie machte sich nicht so sehr Gedanken um die eigene Person als vielmehr um das Glück und die Sicherheit der Kinder.« Sie bat einen Richter, Mejia vom Haus und den jüngsten Töchtern im Alter von acht und vierzehn Jahren fernzuhalten.

Der Richter schickte sie zu Eheberatern.

»Er war wütend, daß der Fall nicht schneller vorangetrieben wurde«, sagte sein Anwalt. »Er hatte ein sehr heißblütiges Temperament. Ich denke mir, er war verwirrt angesichts der Tatsache, daß er seine beiden jüngsten Kinder nicht sehen konnte.«

»Mejia wollte die Tatsache nicht akzeptieren, daß er seine Familie verloren hatte«, erklärte Detective Rickey Mitchell von der zentralen Mordkommission später.

Diverse Familienmitglieder entdeckten Mejia mehrere Male dabei, wie er sich in der Nähe ihres Hauses herumtrieb. »Ein Verwandter beobachtete, wie er sich in den Bäumen jenseits des Hauses versteckt hielt«, sagte Mitchell. »Sie waren alarmiert.«

Eines Abends sah sich die Familie im Fernsehen *Fatal Vision* an, einen Film über einen Arzt, der wegen der Ermordung seiner ganzen Familie verurteilt worden war. Eines der Kinder sagte danach voller Angst über den Vater: »Er könnte etwas ganz Ähnliches tun.« Die Frau betrat das Zimmer, und Kossakowski schaltete den Fernseher aus.

Am Dienstag erzählte er ihrem Anwalt, er und seine Frau seien begierig, den Rechtsstreit mit Mejia endlich zu einem Ende zu bringen.

Estelita Kossakowski übte drei Berufe gleichzeitig aus: sie fuhr den Schulbus, war Teilzeitbeschäftigte in einer Reiseagentur und arbeitete zusätzlich noch für ein Steuerberatungsunternehmen.

An jenem Dienstagabend telefonierte sie von ihrer Dienststelle aus mit ihrem Ehemann, um ihm zu erzählen, wo sie eine bestimmte Puppe bekommen konnten, die sich die acht Jahre alte Tochter zu Weihnachten gewünscht hatte. Er ging, um die Puppe zu kaufen, und versteckte sie in dem gelben Schulbus, der draußen parkte.

Es geschah, als Estelita Kossakowski aus dem Steuerberatungsbüro kurz nach Mitternacht nach Hause zurückkehrte. Die Polizei vermutet, Mejia habe sich in ihrem weißen Kleinbus versteckt und sie dann entführt. Sie glaubt nicht, daß sie freiwillig mit ihm gegangen ist.

Der Kleinbus fuhr davon. Kurz darauf hielt er vor einer Ampel. Estelita wurde gesehen, wie sie versuchte zu entkommen. Mejia sprang aus dem Kleinbus und jagte hinter ihr her. Sie fiel und wurde angeschossen — mehrmals.

Der Killer fuhr den Kleinbus dann zum Haus der Familie in Hialeah, das nur zwei Minuten entfernt lag. Kossakowski, 41 Jahre alt, war nach den Aussagen von Freunden ein sportlicher Typ. Vielleicht hätte er etwas vorsichtiger sein sollen, als er den Kleinbus seiner Frau sah und die Fahrertür öffnete.

»Er wurde auf der Stelle niedergeschossen«, sagte Detective Mitchell.

Dreimal aus kürzester Entfernung angeschossen, fiel Kossakowski sterbend zu Boden. Seine Leiche lag dort bis zur Dämmerung hingestreckt in der Eingangstür. Nachbarn hatten die Schüsse um halb eins in der Nacht gehört. Niemand hatte die Polizei gerufen. »Sie wissen ja, wie die Leute sind«, erläuterte Detective Lorenzo Trujillo von der Mordkommission in Hialeah.

Der Killer fuhr in dem weißen Kleinbus davon.

Während der Nacht untersuchten die Detectives der Innenstadt den Mord an der nicht identifizierten Frau, die tot auf der Straße aufgefunden worden war. Ihren Namen erfuhren sie durch Fingerabdrücke, die ihr einst abgenommen worden waren, als sie sich um einen Job beworben hatte. Im Morgengrauen fuhren sie nach Hialeah, um die traurigste Pflicht zu erfüllen, die einen Polizeibeamten treffen kann. Sie gingen, um Estelita Kossakowskis Ehemann zu berichten, seine Frau sei ermordet worden.

Die vierzehnjährige Tochter war um 6 Uhr 24 am Morgen wach geworden. Sie hatte verschlafen. Sie rannte hinaus, um zu sehen, warum ihr Stiefvater sie nicht wie sonst üblich geweckt hatte.

Er lag in einer Blutlache tot im Hausflur. Sie weckte ihre siebzehnjährige Schwester. Die beiden starrten wie versteinert auf die Leiche. Schließlich riefen sie um Hilfe.

Die Detectives aus der Innenstadt und aus Hialeah befragten die Kinder mit aller Behutsamkeit. Dabei erfuhren sie von Mejia.

Die Detectives entdeckten Estelitas weißen Kleinbus vor dem Steuerberatungsunternehmen. Im Innern lag ihre Handtasche. Sie gaben eine Suchmeldung heraus und setzten eine Belohnung auf die Ergreifung des Mörders aus. Es endete schnell. Passanten riefen die Untersuchungsbeamten zu einer Leiche in einem Wagen auf einem nahegelegenen Parkplatz auf. Es war José Mejia.

Er hatte sich selbst in den Kopf geschossen. Sie fanden die .357 Magnum, große Munitionsvorräte und das Fernglas. Er hatte keine Nachricht hinterlassen – nur einige Papiere auf dem Rücksitz. Mejia und seine Ex-Frau hatten sich am nächsten Tag im Büro seines Anwalts treffen wollen. Das Treffen wurde natürlich abgesagt. Alle Teilnehmer waren tot.

»Er wollte das Gerichtsurteil wohl nicht abwarten, denke ich mir«, sagte sein Anwalt.

Liebe tötet.

Ein anderer rachedürstiger Killer floh aus Miami, um der Verhaftung zu entgehen, und kehrte dann zurück, um die entsetzte Familie seiner Frau weiter zu drangsalieren.

Wütend darüber, daß sie ihn verlassen hatte und die Scheidung verlangte, pochte Francisco Serra, 27 Jahre, an die Tür des Hauses ihrer Eltern und verlangte, seine Frau zu sprechen. Die Polizei verhaftete ihn. Er trug eine kugelsichere Weste, war bewaffnet mit einer Smith and Wesson vom Kaliber .38 und hatte die Taschen voller Hohlmantelgeschosse.

Nichts von alledem schien die Behörden sonderlich zu interessieren, die ihn auf der Stelle gegen Kaution wieder frei ließen. Serra bestand darauf, seine Frau zu sprechen. Sie lehnte ab. Also nahm er eine Schrotflinte mit zu dem Gemüseladen, in dem ihr jüngerer Bruder einer Teilzeitarbeit nachging. Er schoß den sechzehnjährigen High-School-Studenten nieder, schleppte den blutenden Jungen zu seinem Wagen und zwang ihn, in den Kofferraum zu steigen.

Das alles geschah vor den Augen der Kunden.

Serra fuhr davon und rief die Familie seiner Frau an. Er drohte der Mutter: »Ich habe deinen Sohn. Du siehst ihn erst wieder, wenn ich mit meiner Frau sprechen kann.« Die Polizei veranstaltete eine Großfahndung in der Hoffnung, den verletzten Jungen noch retten zu können. Am darauffolgenden Tag fanden sie den Wagen verlassen vor, der Junge steckte noch immer im Kofferraum. Er war verblutet.

Der gewissenlose Killer quälte die Familie achtzehn Monate lang und führte die Polizei die ganze Zeit an der Nase herum. Endlich wurde er verhaftet, während er in seinem Wagen schlief.

Selbst wenn das System und die Individuen, die ihm unterliegen, miteinander im Einklang sind, ist es oft unmöglich, jemanden zu schätzen, der von einem besessenen Liebhaber drangsaliert wird. Oft werden andere Menschen hinein verwickelt und sind am Ende froh, die eigene Haut retten zu können.

Haasen Zock, 25, im Libanon geborener Auszubildender eines Schnellrestaurants, und seine deutsche Frau, Heide Marie, 21, hatten ernsthafte Eheprobleme. Allein in diesem Land und unfähig, sich selbst zu helfen, lebte sie weiter im selben Haus mit Zock, obwohl sie sich einander entfremdet hatten. Eines Nachts band er ihr Arme und Beine an der Couch fest, auf der sie schlief. Dann vergewaltigte er sie, wobei er ein Messer an die Kehle ihres dreijährigen Sohnes Mohammed hielt. Sie rief die Polizei, nachdem er mit dem Kind geflohen war. Zock drohte am Telefon, den Jungen zu ermorden, wenn seine Frau nicht mit ihm reden werde. Das lehnte sie ab.

Die Polizei konnte den Anruf bis zu einer Telefonzelle im Broward-County zurückverfolgen und ihn dort stellen. Er beschimpfte die Beamten, schob den Lauf seiner geladenen Waffe in den Mund des Kindes und fuhr weg. An der wilden Verfolgungsjagd beteiligten sich Polizeibeamte aus zwei Counties. Zock hielt schließlich lange genug an, um eine weitere Geisel zu nehmen, einen Polizei-Sergeant aus Miramar, der versucht hatte, mit Zock zu verhandeln und ihn zur Aufgabe zu bewegen. Statt jedoch aufzugeben, hielt Zock den geladenen und entsicherten Revolver an den Kopf seines kleinen Jungen und zwang den Sergeant, ihn mit einem Streifenwagen wegzufahren.

An einer anderen Telefonzelle nahm der Vater den Revolver gerade so lange vom Kopf des Jungen, um die Nummer seiner Frau zu wählen. Das schluchzende Kind konnte gerettet werden, als der Polizei-Unterhändler und andere Beamte Zock den Revolver entrissen — eine Waffe, die er für einhundertneununddreißig Dollar und fünfundneunzig Cent gekauft hatte.

Der *Miami Herald* veröffentlichte ein Foto von Haasen Zock, wie er von Polizeibeamten umringt war und man ihm erlaubte, seinen kleinen Mohammed ein letztes Mal zu küssen. Aber einmal im Gefängnis, blieb Zock nicht sehr lange dort.

Richter Ralph Person beauftragte den Psychiater Lloyd Miller, den Gefangenen zu untersuchen. Zwei Tage später befand der gute Doktor Zock im Gefängnis des Dade-County für ›vernünftig, geistig gesund ... und klug‹. Er hielt ihn für nicht gefährlich.

Zocks Anwalt, Louis Jepeway, beantragte die Freilassung seines Klienten gegen Kaution.

Staatsanwalt David Markus widersprach. Er wollte ein weiteres Gutachten und verlangte die Anhörung der Polizeibeamten. Der Staatsanwalt sagte, er sei nie benachrichtigt worden, daß später eine Anhörung stattfand, in deren Verlauf Zocks Anwalt die Vorgänge, die zur Inhaftierung seines Klienten geführt hatten, ›eine reine Familienangelegenheit‹ nannte.

Richter Person entließ Zock gegen fünftausend Dollar Kaution.

Beide Elternteile trafen sich vier Tage später beim Jugendamt zwecks Anhörung wegen des Sorgerechts für den kleinen Mohammed.

Markus, 24, und ein anderer Staatsanwalt, Gregory Victor, 26, waren wegen einer anderen Sache ebenfalls beim Jugendamt. Heide Marie Zock ging auf Markus zu. Sie war schwankend in ihrer Absicht geworden, ihren Ehemann wegen Vergewaltigung verurteilen zu lassen. Jetzt war sie verschreckt. Ihr Ehemann hatte das Gebäude bereits verlassen. Er hatte sich eine neue Waffe gekauft, sagte sie, und sie erneut bedroht. Das ängstigte sie genug, um das Verfahren doch noch durchführen zu lassen.

In dem Bemühen, Zock von der Straße zu bekommen, erklärte Markus sich einverstanden, Heide Marie direkt mit in sein Büro im Justizgebäude zu nehmen, um einen Antrag auf Verhaftung zu unterschreiben.

Sie stiegen in Victors zwei Jahre alten Toyota. Victor wußte gar nicht, worum es ging. Als Markus und eine Frau, die er noch nie getroffen hatte, in sein Auto stiegen, nahm er schlicht an, es handle sich um jemanden, der einfach nur zum Justizgebäude mitgenommen werden wollte. Während er seinen Toyota vom Parkplatz herunterfuhr, schloß hinter ihnen Zock in seinem altersschwachen Chevrolet Impala auf. Er entdeckte seine Frau in dem Wagen mit den beiden Staatsanwälten.

»Ich wußte in dem Moment, als ich ihn dort sah, daß es Ärger geben würde« erzählte Markus mir später.

Heide Marie zog den Kopf ein und schrie: »Mein Ehemann! Bringt mich von hier weg!«

»Greg!« rief Markus. »Laß uns von hier verschwinden. Er hat einen Revolver und wird uns töten.«

Victor wollte seinem Kollegen im ersten Augenblick gar nicht glauben. »Warum sollte irgend jemand einen Revolver haben, und warum sollte er es auf uns abgesehen haben?«

Er glaubte es, als die junge Frau auf dem Rücksitz hysterisch zu schreien begann.

Zock schwenkte einen Revolver, rief irgend etwas, das sie nicht verstehen konnten, und versuchte, sie von der Straße abzudrängen. Keiner der beiden Staatsanwälte war bewaffnet. Victor gab Gas und fuhr mit fünfzig Meilen pro Stunde durch den dichten Berufsverkehr, um so schnell wie möglich zum Polizeipräsidium zu kommen. Der Staatsanwalt fuhr halsbrecherisch, aber ein langsam dahin zockelnder Bus blockierte ihre Flucht und zwang sie schließlich zu einem Halt. Zock rammte die Fahrerseite des Toyota, beschädigte den kleineren Wagen und zwang ihn dann auf den Parkstreifen vor einem Geschäft für Kaffee und kubanische Zigarren.

Zock rannte zu der Beifahrertür, zwang Markus mit vorgehaltener Waffe auszusteigen, lehnte sich in den Wagen und richtete den Revolver auf Victor. Der junge Staatsanwalt hob die Hände. Er sagte nichts.

»Raus hier! Raus hier!« schrie Zock, während er mit seiner Frau kämpfte und versuchte, sie vom Rücksitz nach draußen zu zerren.

Sie schrie ununterbrochen. »Lassen Sie nicht zu, daß er mich mitnimmt. Ich will nicht mit ihm gehen!« Voller Angst stemmte sie die Füße gegen den Türrahmen.

Als er sah, daß er sie nicht aus dem Wagen zerren konnte, schoß Zock auf sie. Er traf sie aus allerkürzester Entfernung zweimal direkt ins Gesicht. Sie starb auf der Stelle. Zock wandte sich um, deutete mit dem Revolver auf Markus und sah ihm direkt in die Augen.

»Bringen Sie mich nicht um«, sagte der junge Staatsanwalt, der in zehn Tagen heiraten wollte. »Ich habe nicht vor, Ihnen in irgendeiner Weise im Weg zu sein.«

Zock wandte sich ab, setzte sich den Revolver auf die linke Schläfe, zog den Abzug durch und stürzte tot auf das Pflaster.

Ray Cullinan, 57, betrieb auf der anderen Straßenseite einen Eisenwarenhandel. Er sah, wie die jungen Staatsanwälte ihre Dienstmarken in der Luft schwenkten und riefen, irgend jemand solle die Polizei anrufen. »Es waren zwei Männer in völliger Panik«, sagte Cullinan, der dann auch die Notrufnummer 911 anrief. »Aber ich wäre selbst auch panisch gewesen.« Cullinan hatte drei Jahre während des Zweiten Weltkrieges den gewaltsamen Tod im Südpazifik täglich vor Augen gehabt. »Aber das«, erzählte er mir, »hatte doch noch irgendwo einen Sinn. Diese Leute hier sind verrückt. Ich wäre froh, wenn diese Stadt ein Waffengesetz erließe — vielleicht auch der ganze Staat. Ich habe Verständnis dafür, wenn jemand zu Hause oder im Geschäft eine Waffe hat, aber nicht ständig bei sich oder im Wagen. Es ist zu leicht, danach zu greifen und anzufangen zu schießen.«

Seltsam genug, Haasen Zock stimmte zu.

Als ich die Detectives routinemäßig fragte, was sie in Zocks Auto gefunden hätten, tauschten sie Blicke aus. Einen Abschiedsbrief? Nicht eigentlich. Er hatte zwei handgeschriebene Briefe hinterlassen. An wen adressiert?

An den *Miami Herald*.

Da ich nun diese Zeitung am Ort des Geschehens vertrat, wollte ich meine Post haben — *jetzt* — vor Redaktionsschluß. Detectives sind sehr viel entgegenkommender, wenn der Schuldige tot ist und sie sich nicht im Geiste in einem Gerichtssaal sehen, wo sie sich mit seinem Anwalt auseinandersetzen müssen.

Die Briefe waren zornig, wie so viele andere an den *Herald* auch. In einem verdammte Zock das amerikanische Scheidungsrecht. »Wo ist der Richter, der trennen durfte, was Gott zusammengefügt hat?« fragte er pietätvoll. Die Ehe, so schrieb er, bedeutet, »zu geloben, den Rest seines Lebens mit seinem Partner zu verbringen. In guten wie in schlechten Zeiten. Und man leistet einen Eid, ›bis daß der Tod uns scheidet...‹« Er rief eine ganze Reihe von Leuten als Zeugen an: Freunde, Nachbarn, frühere Arbeitgeber. Er drängte den *Miami Herald*, diese Leute nach ihm zu befragen. Er nahm vorweg, was sie alle sagen würden: »Ich bin ein ganz außergewöhnlicher Mensch, der sich stets bemüht, das beste für seine Familie zu tun.«

Bis jetzt hatten seine Anstrengungen lediglich seinen einzigen Sohn im Alter von drei Jahren zur Waise gemacht.

Sein zweiter Brief an den *Herald* hob hervor, daß die ganze Geschichte, über die zu schreiben ich mich anschickte, nur durch die Waffengesetze des Broward-County − beziehungsweise deren völliges Fehlen − möglich geworden war. »Zweimal war ich in der Lage, mir ohne Verzug neue Waffen zu beschaffen.« Er beklagte sich lauthals:

> Wenn es eine Periode der Beruhigung gegeben hätte, ich hätte mich wieder beruhigt und wäre in meiner Aufregung nicht so impulsiv vorgegangen.
>
> Im Broward-County kann man einfach in ein Waffengeschäft gehen und eine Handfeuerwaffe kaufen. Warum? Wozu soll es wohl gut sein, außer dazu, einem Verrückten oder einem Kriminellen den Besitz einer Waffe in der kürzest möglichen Zeit zu verschaffen...?

Ja − warum wohl.

> Manche Menschen werden halt von Zeit zu Zeit wütend und verlieren die Selbstbeherrschung. Es solchen Leuten leicht zu machen, sich Schußwaffen zu verschaffen, das ist bereits ein Verbrechen für sich.

Der Brief des toten Mannes endete mit einer flehentlichen Bitte:

> Stoppt das Morden. Helft den Leuten, tötet sie nicht. Ihr hättet Leben retten können. Aber noch ist es nicht zu spät. Es liegt alles nur an euch.

Für mich machte das Sinn.

Liebe, die zur Besessenheit wird, kann unschuldige Zaungäste töten. Manchmal sind sie nicht einmal im Weg — sie sind weiter nichts als ein Mittel zum Zweck.

Die Polizei von Miami nahm ein braungebranntes, gutaussehendes Paar in Empfang, als es gerade vom Kreuzfahrtschiff *Sun Viking* kam. Der freundliche, typisch amerikanische Boy und das hübsche Kleinstadt-Girl, das er seit den Tagen der Mittelschule liebte, hatten erster Klasse die blitzenden Gewässer der Karibik gekreuzt — nach Jamaika, den Kaiman-Inseln und Cozumel in Mexiko.

Die Detectives behaupteten, die romantische Sieben-Tage-Odyssee sei neun Tage zuvor durch eine Mordnacht finanziert worden, die das verschlafene Golf-Städtchen Destin in Florida aufgerüttelt hatte.

Junge liebte Mädchen, Junge versprach Mädchen Kreuzfahrt — und Junge mußte liefern.

Schon lange hatte er versucht, sie zu beeindrucken, aber er war ein wenig knapp bei Kasse und schon mit drei Raten für seinen gebrauchten Lieferwagen im Rückstand. Daher überfiel er ein bekanntes Fischrestaurant, nachdem es schon geschlossen hatte. Das leugnete er auch nicht. Als der Nachtwächter ihn ertappte, verließ ihn jedoch seine Überheblichkeit, und er schoß auf den Mann. Das ließ die Kassiererin, die auch als Buchhalterin tätig war, laut losschreien und davonrennen, also erschoß er sie ebenfalls. Dann fuhren er und seine zweiundzwanzigjährige Freundin — sie hatte keine Ahnung von den vorangegangen Morden — hinüber nach Miami zu der verabredeten Kreuzfahrt. Selbst die an Gewalt gewöhnten Polizisten aus Miami, die die ländlichen Polizeibeamten unterstützten, konnten es nicht glauben.

»Er ist so ganz der typische amerikanische Boy«, sagte Lieutenant Robert Murphy, »so ein höflicher junger Mann. Seine Liebe zu diesem Mädchen muß überwältigend gewesen sein. Ich blicke in dieses hübsche, absolut glatt rasierte junge Gesicht, und das läßt mich schaudern. Man spürt förmlich, wie einem das Blut kalt wird.«

Das hat Liebe von Zeit zu Zeit so an sich.

Liebe und Haß vermengen sich und tun den Leuten dann seltsame Dinge an. Starke Männer werden schwach, und schwache Männer werden zu rasenden Monstern.

Ein Mann tauchte mit einer Geburtstagstorte auf, um seine Liebste zu überraschen, erwischte sie mit jemand anderem und brachte beide um.

Ein Busfahrer, der wegen besonderer Umsicht und Vorsicht im Verkehr hoch dekoriert war, leerte das ganze Magazin seines Revolvers auf seine Frau und seine drei Töchter, weil diese sich weigerten, ihm ein Frühstück zu machen.

Eine verletzte und wütende Kellnerin griff sich ein Gewehr und machte sich auf die Jagd nach ihrem Freund, der sie mißbraucht und zusammengeschlagen hatte. Die Polizei fand sie, bevor sie ihn fand. Als sie das Gewehr nicht niederlegen wollte, erschossen sie sie.

Wenn das Liebe ist, dann verstehe ich nichts davon.

Manche Menschen werden von der Liebe verzaubert; andere wieder erleben sie als nacktes Entsetzen. Am erschreckendsten sind die Liebenden, die den anderen nicht gehen lassen wollen. Pärchen wie aus der Hölle, die das Zusammenleben hassen, es aber auch nicht ertragen können, allein zu leben. Ein jeder nährt einige verdrehte Bedürfnisse in der Psyche des anderen. Ihrer beider Leben sind unentwirrbar miteinander verknüpft, und jeder quält den anderen, bis daß der Tod sie endlich scheidet.

Maria Papy Cunard und ihr Ex-Ehemann Joseph liebten und haßten einander zur selben Zeit. Sie, blond und schön, war früher einmal Stewardeß bei einer Fluggesellschaft gewesen. Einer ihrer Onkel war ein prominenter Politiker im südlichen Florida.

Nur drei Monate verheiratet, lebten sie jetzt schon seit drei Jahren als Geschiedene. Sie hatten keine Kinder, nichts hielt sie zusammen, und doch konnten sie irgendwie einer vom anderen nicht lassen.

Maria, 30 Jahre alt, wurde eines Morgens um vier Uhr zum letzten Mal von ihrem Ex-Ehemann gesehen. Er hatte sie, wie er aussagte, nach einer ihrer vielen Streitereien aus seinem

Wagen gezerrt, wobei sie wie eine Wildkatze gekratzt und gespuckt hatte. Er fuhr davon und ließ sie etwa drei Meilen von ihrer Wohnung entfernt einfach stehen. Anwohner erinnerten sich später an die wütende Stimme eines Mannes und die Schreie einer Frau.

Joseph, ebenfalls 30, sagte, er habe seine einhundertundzehn Pfund schwere Ex-Frau die Straße hinunter und in die Dunkelheit gehen sehen. Niemand hatte sie seither wiedergesehen.

Eine Suche in den umgebenen Wäldern ergab nichts. Cunard, ein sehr tüchtiger Techniker in einem Krankenhaus, der für ein Operationsteam die Herz-Lungen-Maschine bediente, weigerte sich, sich einem Test auf dem Lügendetektor zu unterziehen. »Wir sind überaus enttäuscht«, sagte Sergeant Mike Gonzales mit wohl überlegter Untertreibung, weil wir ein wenig das Feld abstecken möchten, in dem wir unsere Ermittlungen weiterführen sollen.« Sie fragten Cunard, ob er einverstanden sei, daß Experten der Polizei seinen Wagen, einen Lincoln Continental Mark IV, seinen weißen Triumph-Sportwagen und ein dreiundzwanzig Fuß langes Segelboot mit Hilfsmotor untersuchen dürften.

Cunards Anwalt ließ wissen, sein Klient ›denke darüber nach‹.

Ein Staatsanwalt verweigerte der Polizei einen Durchsuchungsbefehl mit der Begründung, es gebe keinen plausiblen Grund zu der Annahme, hier liege ein Verbrechen vor.

Sein Klient gab zu, er sei der letzte gewesen, der Maria gesehen habe, sagte Cunards Anwalt. Wenn sie in jener Nacht in irgendwelche Schwierigkeiten geraten wäre, wenn sie etwa vergewaltigt oder von einem Fremden angegriffen worden sei, dann solle sie sich melden. Er deutete etwas ganz anderes an: daß diese Frau ihr eigenes Verschwinden ›aus Boshaftigkeit oder Rache‹ inszeniert haben könnte.

Die Polizei ließ nichts unberücksichtigt. Ein Streich, wenn es denn einer wäre, wäre besonders grausam gewesen. Maria, ein Einzelkind, hatte ihren Eltern immer sehr nahe gestanden. Sie waren krank vor Sorge über ihr Verschwinden.

Es gab noch weitere beunruhigende Anhaltspunkte.

Am Donnerstag hatte Maria die Schlösser ihres Apartments ausgewechselt und erzählt, zwei Jugendliche hätten in der Nacht zuvor versucht, bei ihr einzubrechen. Als ihr Vater sie an diesem Tag zur Arbeit fuhr, hatte sie ihm ihren Pelzmantel und wertvollen Schmuck zur Aufbewahrung mitgegeben.

Im Sommer davor hatte ein Serien-Vergewaltiger die ganze Gegend heimgesucht. Maria war auch von einem Fremden belästigt worden, auf den die Beschreibung paßte. Sie hatte der Polizei geholfen, ein Phantombild des Verdächtigen zu zeichnen, der noch immer nicht gefaßt worden war. Die Polizei beobachtete alles und jeden, einschließlich ihres Ex-Ehemannes.

Maria arbeitete als Bedienung in einem leicht anrüchigen Prviatclub. Am Donnerstag abend hatte sie nach Arbeitsschluß eine Kollegin gebeten, sie zur Wohnung ihres Ehemannes zu fahren, einem Gästehaus seines Arbeitgebers, des Herzchirurgen. Maria war aufgeregt und bestand darauf, sofort ihren Ex-Ehemann zu sehen. So sagte es jedenfalls die Kollegin. Sie sagte, sie habe die beiden zusammen wegfahren sehen.

Am Freitag abend hatte Maria eine Verabredung mit einem Apotheker. Aber sie kam nicht zu dieser Verabredung. Am Samstag abend erschien sie ebenfalls nicht zur Arbeit. Freunde, Kolleginnen, Nachbarn und der Hausmeister machten sich langsam Sorgen. Schließlich brachen sie die Tür ihres Apartments aus den Angeln.

Die Lichter waren an, die Stereoanlage spielte, und die beiden verhätschelten Katzen, die sie so sehr geliebt hatte, waren seit mehreren Tagen nicht gefüttert worden und dementsprechend hungrig. Maria hatte ihre Haustiere niemals vernachlässigt, zu denen auch eine große Schildkröte gehörte, die im Apartment frei umherlief. Von ihrem persönlichen Besitz fehlte nichts.

Die Kollegin sagte, Maria und ihr Ex-Ehemann seien in seinem weißen Triumph-Sportwagen fortgefahren. Cunard bestand darauf, er habe Maria in seinem Lincoln weggefahren. Noch immer weigerte er sich, die Polizei seine beiden Wagen untersuchen zu lassen.

Ich unterhielt mich mit dem Mann. Warum er sich denn nicht

einem Test auf dem Lügendetektor unterziehen wolle, fragte ich. »Ich weiß, das macht keinen guten Eindruck«, sagte er, »aber es sieht noch viel schlimmer aus, wenn man auf den Lügendetektor geht und den Test dann nicht besteht.« Das machte Sinn. Aber warum nur kam er auf den Gedanken, er könne den Test nicht bestehen?

»Der einzige Grund, warum ich mich nicht dem Test unterziehen will, ist, daß ich eine panische Angst davor habe, sie könnte irgendwo in irgendeinem Straßengraben gefunden werden, und daß dann ein Leben lang der Verdacht an mir hängen bleiben könnte.«

Warum wollte er der Polizei nicht erlauben, seine Wagen zu untersuchen?

»Meine Anwälte haben mir geraten, ich solle gar nichts tun«, erzählte er mir, ganz offensichtlich unwillig, die Angelegenheit weiter zu diskutieren. Dagegen war er außerordentlich begierig darauf, seine kurze und stürmische Ehe mit Maria zu diskutieren. Seine Ehe mit Maria habe ihn in den Bankrott geführt, und jetzt habe er fünfundzwanzigtausend Dollar Schulden, sagte er.

Er sei einmal zu Unrecht verhaftet worden, nachdem sie eine falsche Anschuldigung gegen ihn erhoben hatte, sagte er. Die Polizei behauptete, er habe ihr den Arm gebrochen.

Vor Monaten, sagte er, habe Maria ihm ihre teure goldene Armbanduhr gegeben und ihn dann bei der Polizei angezeigt, er habe ihr die Uhr, ein Geschenk ihrer Eltern, gestohlen. Die Polizei hatte die Uhr bei Cunards Schwester sicherstellen können.

Er sagte, Marias Telefonanrufe und ihre sonstigen Störungen hätten alle seine Liebesromanzen zerstört — einschließlich einer über zehn Monate gehenden Liaison mit einer Stewardeß, die sogar bei ihm gewohnt habe.

»Meine ganze Beziehung mit ihr war ein einziges Durcheinander gewesen«, erzählte er mir. Über jene Nacht sagte er: »Ich weiß nicht, warum ich ihr die Tür geöffnet habe. Ich weiß auch nicht, warum ich ihr nicht einfach ein Taxi gerufen habe.«

Statt dessen, sagte er, »zog ich mich an und wir stiegen in meinen Wagen. Ich fuhr rückwärts auf die Straße hinaus, und sie fing an zu schreien, zu toben und zu rasen, weil es mir nicht eingefallen sei, sie anzurufen und ihr ein gutes neues Jahr zu wünschen, und daß ich ihr auch kein Weihnachtsgeschenk geschickt habe.«

Er hielt den Wagen und wies sie hinaus, sagte er. Das lehnte sie ab. »Ich hab' den Schlüssel aus dem Zündschloß geholt, bin um das Auto herumgegangen, habe die Tür aufgemacht, sie an den Armen herausgezogen, die Tür zugeschlagen und abgeschlossen, bin um den Wagen herumgelaufen, wieder eingestiegen und nach Hause gefahren.«

Zum letzten Mal sah er Maria »wie sie auf der Straße stand, tobte und schimpfte und mit dem Finger auf ihn deutete, wobei sie rief: ›Das wird dir noch leid tun!‹.«

Er fuhr nach Hause, sagte er, schloß seinen Wagen und seine Apartmenttüren ab und »wartete darauf, daß jetzt ein Ziegelstein durch mein Fenster geflogen kommt.«

Aber das passierte nicht.

Er hatte sich ausführlich mit Marias Mutter unterhalten. »Sie hat mir sehr viel Zuversicht gegeben«, sagte er. »Ihre Mutter glaubt, Maria lebt irgendwo anders. Ich habe ihr jedenfalls nichts getan. Ich bin unschuldig. Ich weiß, ich bin unschuldig. Ich habe Angst. Ich habe schreckliche Angst. Ich befinde mich in einer sehr ernsten, gefährlichen Lage. Ich mache mehr durch, als man einem Mann normalerweise zumuten sollte. Sie hat gedroht, mich ins Gefängnis zu bringen. Zuerst habe ich ja gedacht, dies sei wieder nur eine ihrer Intrigen. Ich habe gespürt, daß sie noch am Leben ist und Verstecken mit mir spielt. Aber langsam fange ich an, daran zu zweifeln. Es sieht ganz übel für mich aus, solange sie nicht wieder auftaucht. Wenn das ihre Vorstellung von einem Scherz ist, dann ist es jedenfalls ein arg makaberer Scherz.«

Er klang ernsthaft, aber Männer haben mich schon bei früheren Gelegenheiten angelogen.

Marias Mutter blieb unbeugsam. »Ich glaube fest daran, daß sie irgendwann nach Hause zurückkommt.«

Mütter haben immer diesen Glauben, ob er nun begründet ist oder nicht.

Die Suche nach Maria wurde fortgesetzt. Wegen der schlechten Publicity kamen Cunard und sein Arbeitgeber überein, daß er umziehen solle. Nachdem er ein paarmal umgezogen war, fragte der Doktor Cunard, was er für Pläne mit seinem Triumph habe. Der Sportwagen stand, eingepackt in eine spezielle Plane, noch immer etwa einhundert Fuß vom Haus des Chirurgen entfernt und nur dreißig Fuß von dem Gästehaus entfernt, in dem Cunard gewohnt hatte.

An einem Samstag morgen im Februar, sechs Wochen nach Marias Verschwinden, erschien Cunard im Haus des Doktors. Er sagte, er werde am Nachmittag wiederkommen, um den Triumph abzuholen, der dort seit Januar geparkt sei.

Kurze Zeit später bemerkten zwei hübsche junge Frauen, eine von ihnen die Tochter des Doktors, die andere deren Freundin, einen üblen Geruch. Lachend und scherzend riefen sie: »Und wenn das Maria ist? Was, wenn das Maria ist?«

Eine von ihnen hob spielerisch den nicht verschlossenen Kofferraumdeckel des Triumph in die Höhe und begann zu keuchen. Es war Maria. Sie war die ganzen sechs Wochen dort gewesen. Sie war erwürgt worden, ihr Leichnam in Plastik eingewickelt und unter Werkzeugen und Reserverad und etlichem Gerümpel versteckt worden. Der Plastiksack, das kühle Wetter und die Tatsache, daß der Wagen keiner direkten Sonneneinstrahlung ausgesetzt gewesen war, hatten verhindert, daß der Geruch früher wahrgenommen wurde. Man entdeckte sie um 12 Uhr 45.

Um 14 Uhr kam Cunard, um seinen Wagen abzuholen.

Die Polizei erwartete ihn bereits.

Nach Liebe zu suchen, kann ebenso tödlich sein, wie sie zu finden. So viele von uns sind inmitten überfüllter Städte einsam.

Anita Babette Greenstein war ein Mensch, der nie fremde Hilfe in Anspruch nahm. Sie führte sogar ihr eigenes Pannenwerkzeug in ihrem Wagen mit sich. Obwohl sie allein lebte, besuchte sie niemals Bars oder sprach mit Fremden. Als vorsichtige Karrierefrau schrieb sie sich lieber in einen Computer zur Partnersuche ein.

Die Polizei vermutet, daß auf diese Weise ein Killer den Weg zu ihr fand.

Sie nimmt an, daß der Mann, der die weithin bekannte Werbefotografin ausraubte und erwürgte, ihre Leiche dann einhundertsiebzig Meilen weit über die Autobahn nach Norden fuhr und sie nahe Yeehaw Junction im Osceola-County wie eine Ladung Müll neben die Straße kippte, ihr von einer Partnerschaftsvermittlung empfohlen wurde, die mit Computern arbeitet.

»Sie tut mir ja so leid«, erzählte mir Detective Andrew Sundberg von der Mordkommission im Miami. »Sie war einfach nur auf der Suche nach dem Richtigen.«

Mit vierzig hatte sie es da schon ein wenig eilig.

Eines Dienstags im August aß Anita Babette mit ihren Eltern gemeinsam zu Abend. Bei dieser Gelegenheit erwähnte sie keinerlei Verabredung. Sie sagte vielmehr, sie beabsichtige, noch bis in die späte Nacht hinein in ihrer Dunkelkammer zu arbeiten, um ein größeres Projekt fertigzustellen. Unter ihren Rechnungen befanden sich solche von Restaurant-Ketten und Schuhgeschäften.

Die Polizei glaubt, daß Anita Babette am nächsten Tag, während ein unidentifizierter Mann mit ihrem beigefarbenen Wagen bei Drive-In-Schaltern verschiedener Banken vorfuhr und dort Schecks kassierte, die auf ihr Geschäftskonto lauteten, bereits gefesselt und geknebelt hilflos in ihrer Wohnung lag.

Als ihre besorgten Eltern sie weder am Dienstag abend noch am Mittwoch, noch am Donnerstag telefonisch erreichen konnten, gingen sie zu ihrer Wohnung. Sie fanden diese völlig verwüstet vor, die Bilder waren von den Wänden gerissen und sogar die Küchenschubladen waren durchwühlt worden. Wenn der Killer irgend etwas Besonderes gesucht hatte, steht jedenfalls nicht fest, ob er es auch gefunden hat. Teure Kameras, fotografische Ausrüstungsgegenstände und andere Wertsachen blieben zurück. Nur ein paar kleinere Kameras und ein Fernsehgerät fehlten, nebst ihrer Handtasche, der Brieftasche und den Kreditkarten.

Am selben Tag bemerkte in Yeehaw Junction im Norden Floridas ein Streckenarbeiter der Autobahn etwas, das wie ›ein Knäuel farbiger Tücher‹ aussah. Es lag etwa dreißig Fuß neben der Fahrbahndecke. Als dieses Bündel auch am nächsten Tag noch dort lag, hielt er an, um es zu untersuchen, und entdeckte die Leiche einer barfüßigen Frau, bekleidet nur mit Unterwäsche und einem gestreiften Bademantel. Die nicht identifizierte Frau war fünf Fuß zwei Inches groß und wog neunzig Pfund. Bei der Polizei durchsuchte man sämtliche Listen von vermißten Personen und fand auch eine Vermißtenanzeige aus Miami.

Anita Babette war gefunden worden.

Ihr kleiner Lieferwagen wurde in Miami entdeckt; sauber und unbeschädigt stand er direkt neben dem Palmetto Expressway. Die Polizei war verwirrt. Warum fuhr der Mörder Anita Babette, gefesselt und geknebelt und womöglich immer noch lebend, wahrscheinlich jedoch bereits tot, an die zweihundert Meilen nach Norden zur Yeehaw Junction? Es wäre einfacher und ungleich sicherer gewesen, sie in ihrem Haus zurückzulassen. Und wenn der Mörder die Polizei auf eine falsche Fährte locken wollte, warum fuhr er dann den Wagen der toten Frau zurück nach Miami?

In ihrem großen Haus — gleichzeitig Wohnung und Arbeitsstätte — fanden die Detectives Listen mit Namen von mehr als 100 Männern, die Anita Babette von einem halben Dutzend Partnerschaftsagenturen mitgeteilt worden waren.

»Frauen wie sie gibt es viele hier im Dade-County«, sagte Sergeant Mike Gonzalez von der Mordkommission. »Ihre Anzahl übertrifft die der Männer bei weitem. Es sind einsame Frauen.«

Er hoffte, eine andere einsame Frau werde ihm helfen, den Killer zu fangen.

»Wir glauben, wenn der Mann in diesem Fall schon so weit gegangen ist, sie als seine Gefangene zu halten, ihren Wagen zu benutzen und ihre Schecks zu kassieren, daß ihm dann auch schon andere Frauen zum Opfer gefallen sein müßten. Wir möchten gern mit jeder Frau sprechen, die jemals ein Problem mit einem Mann gehabt hat, den sie durch eine solche Computer-Vermittlung kennengelernt hat und der Geld von ihr — in welcher Form auch immer — haben wollte.«

»Ich glaube, wir kennen auch seinen Namen«, behauptete Gonzalez von dem Killer. »Aber es gibt einfach zu viele, um jeden einzelnen von ihnen genauer unter die Lupe nehmen zu können.«

Viele der Männer weigerten sich, mit der Polizei zusammenzuarbeiten.

»Sie sind alle ein wenig besorgt«, sagte Gonzalez. »Ich glaube, sie wollen einfach nicht, daß bekannt wird, daß sie überhaupt eine solche Agentur in Anspruch genommen haben.«

Sundberg sagte, viele von ihnen seien »schüchterne, introvertierte, stockkonservative Burschen. Sie weigern sich einfach, mit uns zu reden.« Die Detectives fanden heraus, daß der durchschnittliche Typ von Mann, der in solchen Partnerschaftsagenturen registriert ist, der ›typische bürgerliche, zurückgezogen lebende Mensch ist. Es handelt sich um absolut durchschnittliche Personen. Sie sind in der Regel keine Gehirnchirurgen, aber auch keine Penner. Vielleicht sind sie nur ein wenig schüchtern. Einen Dale Carnegie findet man unter ihnen kaum.‹

Anita Babette, eine bekannte Erscheinung in der Welt der Fotografie, war begierig gewesen, Männer ihres Bildungsgrades kennenzulernen. Freundinnen hatte sie erzählt, sie sei enttäuscht. Viele der Männer, die ihr von den Begleitagenturen angeboten worden waren, seien nicht das gewesen, was sie erwartet habe. Viele von ihnen hätten nicht einmal einen High-School-Abschluß gehabt. Einige von ihnen hatten sogar ein Vorstrafenregister. Einige wenige waren auch verheiratet gewesen.

Die meisten sagten, sie hätten mit Anita Babette telefoniert, sie aber nie persönlich getroffen. Einige sagten, sie hätten sich mit ihr getroffen. Ein paar erklärten sich einverstanden, daß ihnen die Fingerabdrücke abgenommen wurden.

Gefragt, wie mögliche Verabredungen registriert würden, sagte der Sprecher einer entsprechenden Firma in Miami: »Überhaupt nicht.«

Seine Firma hatte einfach nur die Namen vieler Männer an Anita Babette weitergegeben. »Ich weiß nichts von ihr. Ich bin auch nicht daran interessiert, über sie oder uns zu diskutieren«, ließ der Sprecher am Telefon verlauten und legte auf.

Die Mitglieder eines Single-Clubs erinnerten sich noch an sie, aber für die meisten war sie auch nur ein Name und eine Nummer. Auch die Betreiber eines Clubs, der gemeinsame Ausflüge für Singles organisierte, erinnerten sich noch an sie. Sie hatte einmal an einer vom Club organisierten Fahrradtour teilgenommen und war ein anderes Mal mit auf einen Segeltörn gegangen. Der Mann, der sich um die Leute gekümmert hatte, die die freie Natur liebten, beschrieb sie als »eine vorsichtige Person. Wir waren erschüttert, als wir davon erfuhren. Wir würden es sehr begrüßen, wenn derjenige, der das getan hat, gefaßt würde.«

Während einer langen und intensiven Untersuchung entwickelten die Detectives immer mehr Verständnis für Anita Babette und andere Frauen wie sie.

»In früheren Jahren hat sie die ganze Welt bereist und überall fotografiert«, sagte Sundberg. »Ihr größtes Ziel war ihre Karriere. Sie war eine Freiheitsfanatikerin und schien an nichts mehr Interesse zu haben als an ihrer Kamera. Dann wurde sie langsam vierzig und dachte, ›ich habe meine Karriere gehabt, aber nichts dafür bekommen‹. Jetzt wollte sie den richtigen Mann für sich.«

Wir hofften, irgendeine andere einsame Frau irgendwo in der City könnte uns eine Antwort geben, aber das war nicht der Fall.

Der letzte Fehlgriff, der Mann, der Anita Babette ermordet hat, läuft noch immer frei herum.

Irgendwo.

Ein anderer Unschuldiger, der an der Liebe starb, war ein in Miami geborener Mann. Er wurde gekidnappt, ausgeraubt und brutal ermordet, als er bei Mondschein die Straße entlangging, um ein Geburtstagsgeschenk für seine Frau zu kaufen. Als die Killer versuchten, die Leiche in einem Hinterhof zu verbrennen, riefen Anwohner die Polizei. Ein Jahr später, fünf Tage bevor sich der Todestag ihres Mannes zum ersten Mal jährte – und ihr sechsundzwanzigster Geburtstag –, warf die Witwe ihren Sohn, zwei Jahre alt und nach seinem Vater benannt, vom Dach des Gerichtsgebäudes. Dann sprang sie selbst hinunter.

Selbst kindlich anmutende Liebe kann von Zeit zu Zeit schrecklich enden. Zwei verliebte Teenager von der High-School erzählten Freunden, sie könnten den Gedanken nicht ertragen, einen ganzen Sommer getrennt zu sein. Das Mädchen sollte nach Italien geschickt werden, der Junge die Sommerschule beginnen. Beide waren 16. Die Reise nach Italien sollte dazu dienen, das Paar zu trennen, das seit drei Jahren ineinander verliebt war. Sie hatten schon um die Erlaubnis gebeten, heiraten zu dürfen, aber man hatte ihnen gesagt, dafür seien sie noch zu jung. Sie wollten sich verloben, aber man sagte ihnen, dazu seien sie noch zu jung. Sie waren auch zu jung, um zu sterben, aber als das Mädchen sagte »ich wäre lieber tot als in Italien«, da glaubte der Junge ihr. Er nahm ein Gewehr aus dem Haus, wo sie Babysitterin war, und schoß fünfmal auf sie. Dann erschoß er sich selbst.

»Sie waren so süße, kleine Kinder, ein kindliches Liebespaar«, erzählte mir ein schockierter Nachbar.

Manche Leute macht die Liebe wahnsinnig.

Der Tod von Lance Christian Anderson ist dafür ein schlagendes Beispiel. Er war Flugkapitän und gutaussehend wie ein Filmstar. Eines Tages steuerte er seinen brandneuen champagnerfarbenen Mercedes-Benz auf die kreisrunde Einfahrt seines Hauses, wo ein maskierter Killer bereits im schattigen Gebüsch auf ihn wartete.

Dies ist die Geschichte einer Dreiecksliebe und eines plötzlichen Todes. Das Szenarium könnte direkt in Hollywood erfunden worden sein, es ist der Stoff, aus dem die Filme gemacht werden. Gutaussehende Leute, verbotene Romanzen, Geld und Mord – und sogar, wenn auch nicht unmittelbar beteiligt, ein Oscargewinner. Der Mörder war ein Pilot der Eastern Airlines. Dasselbe galt für Lance Christian Anderson, sein Opfer. Beide liebten sie dieselbe Frau. Sie war Stewardeß bei der Eastern Airlines und mit dem Opfer verheiratet.

Der ermordete Pilot, 42 Jahre alt, wurde mit seiner eigenen Waffe erschossen.

Opfer und Killer kannten einander kaum, obwohl sie vieles gemeinsam hatten. Beide stammten sie aus New England, beide hatten sich in Miami niedergelassen, beide liebten die Fliegerei, und beide wollten dieselbe Frau haben, die 39 Jahre alte Stewardeß Kathleen K. Anderson.

Ihr Ehemann Lance war auf dem besten Wege, Millionär zu werden. Geschäftstüchtig wie er war, besaß er eine Bootsfirma, eine Handlung für Marineausrüstung und eine Firma für Wasserfahrzeuge. Ein wahrer Athlet, ein Draufgänger und hervorragender Segler, fühlte er sich auf dem Wasser wie am Himmel gleichermaßen zu Hause.

»Lance war nicht nur nach außen so«, sagte Jeane Kates, die mit ihrem Ehemann Jack direkt neben Andersons ranchartig angelegtem Anwesen lebte. »Er war so, wie er sich gab.« Lance hielt es für ›schrecklich‹, einen Vogel in einem kleinen Käfig zu halten. Einmal fuhr er den kleinen Hund seiner Eltern den ganzen Weg von Miami bis zu deren Heim in Bradenton, nur um dem Tierchen das Fliegen zu ersparen.

»Er war einfach Klasse und dachte ständig über Möglichkeiten nach, es sich und anderen leichter zu machen«, sagte der im Ruhestand lebende Commander Richard Jaffee, Lances Vorgesetzter in der Coast Guard Reserve, über ihn. »Er war ein so verdammt gutaussehender Bursche, er hätte ein Filmstar sein können.«

Lance war zweimal eingeladen worden, die Bewerberinnen um den Titel der Miss USA bei ihrem Auftritt in Miami Beach zu begleiten. Das war, bevor er verheiratet war – und bevor sich ein anderer Mann in seine Frau verliebte.

Dieser Mann war Gerald John Russell, 39, ein jungenhaft wirkender vormaliger Captain der Airforce, der zwei Tapferkeitsmedaillen in Vietnam verliehen bekommen hatte, davon eine dafür, daß er ein brennendes Flugzeug sicher gelandet hatte. Er hatte an der Universität von New Hampshire das

Staatsexamen in Psychologie abgelegt und arbeitete nebenbei als Therapeut. Er ist der Sohn eines berühmten Mannes, des einzigen Schauspielers, der jemals zwei Oscars für dieselbe Rolle bekommen hat.

Sein Vater, Harold Russell, 77, ein Veteran des Zweiten Weltkrieges, der beide Hände verloren hatte, gewann die Auszeichnungen für seinen Klassiker von 1946 *The Best Years of Our Lives*. Er wurde dann ein erfolgreicher Produzent und Vorsitzender der Kommission für die Beschäftigung Behinderter.

Einst vertraute er der Hollywood-Klatschkolumnistin Louella Parsons an, er habe den kleinen Sohn seiner Frau aus einer früheren Ehe adoptiert. »Jetzt ist er unserer«, erzählte er Louella voller Stolz.

Lance und Kathi heirateten im Juli 1966. Ihr einziges Kind, Lisa, war, als der Mord geschah, sieben Jahre alt. Kurz vor seinem Tod kaufte Lance zwei Mercedes-Autos; für sich selbst einen Kombi, für sie eine viertürige Limousine mit dem persönlichen Kennzeichen KATHI-K.

Die Ehe überstand eine Trennung im Jahre 1980. Etwa zur selben Zeit wurden Jerry Russell und seine Frau, seine alte Sandkastenliebe, geschieden. Sein berühmter Schauspieler-Vater flog ein halbes Dutzend Mal nach Miami, um das Paar zu überreden, sich nicht zu trennen. »Das war einer der großen Fehler meines Lebens«, sagte der Vater.

Die Romanze zwischen Jerry Russell und Kathi Anderson begann 1978 und dauerte auch noch fort, nachdem ihr Ehemann wieder in das gemeinsame Haus zurückgekehrt war. Obwohl Kathi mit Lance lebte, besuchte sie mit Jerry zusammen Konzerte und Theateraufführungen und dinierte mit ihm in den feinsten Restaurants. Am Valentinstag sandte Jerry Kathi und ihrer Tochter Rosen und lud sie zum Essen ein. Das Kind signierte Kathis Valentinskarte für Russell. Während Lance an Thanksgivings für die Eastern Airlines flog, kochte Jerry für Kathi und ihre Tochter einen Truthahn.

Bei diesem Familienessen traf Russells Vater Kathi. »Sie wirkte wie eine Stewardeß im Flugzeug, ein Mädchen in Uniform, das den Leuten ihre Drinks serviert und weiter nichts als nett und höflich ist.« Auf Bitten seines Sohnes signierte er für Kathi ein Exemplar seines jüngsten Buches *The Best Years of My Life*.

Jerrys Freunde wußten Bescheid über seine Besessenheit für Kathi. Vielleicht wußte es auch ihr Ehemann. Verwandte sagten später, eine Zeitlang habe Lance einen Privatdetektiv beauftragt, die Beziehung seiner Frau zu Jerry zu beobachten.

Während Lance eheliche Probleme hatte, florierten seine Geschäfte. Sein Bruder Erik, 47, hatte sein Begräbnisinstitut in Alamoute Springs verkauft und hatte vor, nach Miami zu ziehen, um dort Partner seines Bruders zu werden. Erik bewunderte die nüchterne Art seines Bruders. Im Januar waren sie zusammen in einem kleinen Flugzeug, als der Motor ausfiel. Lance brachte die Maschine in einen Gleitflug, reparierte eine gebrochene Treibstoffleitung, und schon konnten sie wieder weiter mit Motorkraft fliegen.

Nachdem am 16. Februar sein neuer Mercedes ausgeliefert worden war, entschloß sich Lance, zu Selbstschutzzwecken einen Revolver im Wagen zu deponieren. Dabei entdeckte er, daß seine .357 Magnum aus seinem Arbeitszimmer verschwunden war. Ein Angestellter sagte: »Er dachte sich, Kathi könne ihn sich vielleicht ausgeborgt haben oder er hätte ihn womöglich auch verlegt.«

Diese Waffe war der dritte von Lances Revolvern, die in den letzten Wochen auf wundersame Weise verschwunden war. Die erste, ein Revolver vom Kaliber .38, den er schon seit Jahren besaß, war anscheinend aus seinem Auto verschwunden, während dieses auf dem Parkplatz für die Angestellten der Eastern Airlines stand. Er meldete die abhanden gekommenen Waffen nicht als gestohlen, weil er glaubte, er habe sie einfach nur verlegt. Er besorgte sich die zweischüssige Derringer, die er für Kathi gekauft hatte, und legte die Waffe ins Handschuhfach.

Am Mittwoch, dem 24. Februar 1982, dem Tag des Mordes, hatte eine Freundin von Kathi eine Auseinandersetzung mit ihrem Ehemann, einem Piloten der Delta Airlines. Er riß die Telefonleitung aus der Wand und ging zur Arbeit. Nach einem Besuch beim Zahnarzt fuhr Kathi mit ihrem neuen Mercedes-Benz in Jerry Russells Stadtwohnung, und gemeinsam fuhren sie zum Haus des Piloten der Delta Airlines. Jerry reparierte das Telefon und führte Kathi dann zum Essen aus. Lance war auf der Arbeit. Er stellte Bootszubehör auf einer Ausstellung in Miami Beach vor.

Von 19 Uhr bis 21 Uhr spielte Jerry wie jeden Mittwochabend mit alten Freunden Tennis im Biltmore Hotel in Coral Gables. Zusammen mit dem Versicherungsagenten Alex Soto, einem Immobilienmakler und einem Reiseagenten spielte Jerry gemeinsam sein übliches Doppel.

»Er ist ein Schlagedrauf«, sagte Soto, 33 Jahre, »aber für seine Verhältnisse machte er ein recht gutes Spiel.« Jerry schien getrunken zu haben, aber nicht soviel, daß es sein Spiel nachteilig hätte beeinflussen können. »Er alberte herum, war sehr ruhig und entspannt und eigentlich wie immer. An diesem Abend hat er mit Sicherheit keinen Mord geplant – oder ich verstehe nichts mehr von der menschlichen Natur.«

Nach der Bootsschau nahm Lance den einundzwanzigjährigen Frank Armstrong mit. Armstrong war erst kürzlich von Bradenton nach Miami gezogen, um für Lance zu arbeiten. Er hatte ein eigenes Büro in einem Anbau hinter Lances Haus. Sie fuhren nach Hause. »Wir haben gescherzt und uns unterhalten und waren bester Dinge«, sagte Armstrong. »Lance erzählte mir noch, wie gut die Bootsschau für ihn gelaufen sei.«

Am selben Abend war Jerry schon früher in seinem eigenen Haus mit seiner sechzehnjährigen Tochter Wendy. Sie hörte, wie ihr Vater bei geschlossener Tür in seinem Arbeitszimmer ein Telefongespräch entgegennahm. Danach ging Jerry Russell hinaus. Den Fernseher ließ er an. Auch den Gartenschlauch stellte er nicht ab, der die ganze Nacht lief und den schönen grünen Rasen überflutete, auf den er so stolz war. »Das paßte so gar nicht zu einem Piloten, der gewohnt ist, ständig irgendwelche Checklisten zu überprüfen«, sollte sein Vater später dazu sagen.

Um 23 Uhr 20 waren Lance und sein Begleiter fast zu Hause. Ein Holzzaun im rustikalen Stil erstreckt sich etwa 166 Fuß quer über die Front des Anwesens. Als sie an diesem Zaun vorbeifuhren, bemerkte Lance aus den Augenwinkeln etwas Ungewöhnliches. Ein blaues Fahrrad lehnte am östlichen Ende des Zauns. Lance hielt den Mercedes mitten auf der Straße an und setzte ein Stück zurück, so daß er das Fahrrad und die Vorderseite seines Gartens im Scheinwerferlicht hatte.

»In dem Augenblick sahen wir den Burschen im Hof«, sagte Armstrong. Irgend jemand lag im Schatten direkt neben einem großen Busch. Direkt neben ihm war etwas Silbriges, das wie eine Schachtel aussah. »Vielleicht handelt es sich nur um einen Radfahrer, der dort schlafen will«, vermutete Armstrong.

Lance langte auf den Rücksitz nach der Derringer. Er wußte, daß seine Frau zu Hause war. Vielleicht fürchtete er, ihr könne irgend etwas zugestoßen sein. Lance fuhr durch das Tor auf die Einfahrt und von da direkt auf den Rasen, »und umrundete den Busch, wo eigentlich der Bursche auf der Erde liegen sollte. Aber der war nicht mehr da«, sagte Armstrong.

»Lance parkte dann den Wagen, und wir wollten gerade aussteigen, um nach dem Fremden zu suchen, als er um den Busch herumkam.«

Der Mann trug einen burgunderfarbenen Jogginganzug und eine Skibrille. »Die linke Hand hatte er an der Brille. Ich glaube, er hatte sie sich gerade aufgesetzt«, sagte Armstrong. »In der rechten Hand hielt er einen stahlblauen Revolver.«

Drei Fuß vom Wagen entfernt eröffnete der Revolverschütze das Feuer. Eine Kugel zerschlug einen Knochen in Lances linkem Oberarm.

»Oh, großer Gott!« sagte Lance und schoß zurück. Es waren seine letzten Worte. Der Mann kam näher.

Er war kaum einen Fuß von der Autoscheibe entfernt, als er Lance zweimal ins Gesicht schoß. Armstrong sah, wie Lances Unterkiefer zum Teil davonflog. Eine andere Kugel traf Lance unter dem Auge und warf seinen Kopf zurück.

Dann »richtete der Killer wortlos seine Waffe direkt auf mich«, sagte Armstrong. Eine Kugel streifte Armstrongs Schulter.

Er kam davon. »Ich wußte, daß Lance tot war. Ich konnte an nichts anderes mehr denken als daran, meine Haut zu retten.«

Drei weitere Schüsse schlugen in den Boden hinter ihm, während er über einen Zaun kletterte und in den Büroraum kroch, den Lance für ihn hergerichtet hatte. Keuchend durchsuchte er den Schreibtisch nach seiner eigenen Waffe und saß dann, vor Schreck fast bewegungsunfähig, in der Dunkelheit und wartete. Der Motor von Lances Auto heulte auf. Er hörte, wie jemand ihn abstellte. Über den Kies näherten sich keine Schritte, und so sprintete er aus der Tür, übersprang drei Zäune und konnte ins Dunkel entfliehen. Besudelt von Lances und seinem eigenen Blut, die Kleider an den verschiedenen Zäunen zerrissen, die er überwinden mußte, hämmerte er schließlich mit beiden Fäusten gegen die Tür eines Nachbarn auf der Suche nach Hilfe, während er noch immer den eigenen Revolver umklammert hielt.

Die entsetzte Familie weigerte sich, ihm die Tür zu öffnen, rief aber die Polizei.

Die Schüsse hatten den Nachbarn John Kates aus dem Bett geholt. Er hörte Sirenen und sah, wie sich Polizeifahrzeuge in der Auffahrt des Nachbarn versammelten. Er und seine Frau eilten zum Haus der Andersons.

Lance saß tot hinter dem Steuer seines Mercedes, in der Hand noch immer die kleine zweischüssige Derringer. Die aus kürzester Entfernung in sein Gesicht abgefeuerte Kugel hatte Pulverspuren an seiner Stirn hinterlassen. Kathi kam die ganze Zeit nicht nach draußen, um zu sehen, was passiert war. Sie war nicht allein. Ihre Tochter schlief, und fünfzehn Minuten vor dem Anschlag war ein anderer von Lances Geschäftspartnern, Thomas Sloat, von der Bootsschau aus zu Besuch gekommen.

Sloat hörte die Schüsse, fand die Leiche, stellte den Motor ab und sagte Kathi, sie solle die Polizei rufen.

Nahe dem Zaun fanden sie die Mordwaffe. Es war der schwere Revolver, den Lance vermißte. Die silbrige Schachtel lag ebenfalls auf dem Hof. Es handelte sich um einen selbstgebastelten Schalldämpfer, der aus einem Stück Rohr von einer Klimaanlage gefertigt worden war.

Sechs Minuten nach der Schießerei krachte Jerry Russells Kombi gegen einen Laternenpfahl acht Häuserblocks vom Ort des Verbrechens entfernt. Er blieb bewußtlos über das Lenkrad gelehnt liegen und blutete aus einer Schußwunde. Die Kugel vom Kaliber .22, die Lance noch kurz vor seinem Tod aus seiner Derringer hatte abgeben können, hatte Jerry in die Brust getroffen.

Auf dem Sitz neben ihm lag eine Skibrille. Auf dem Boden befanden sich Handschellen und einige leere Banknoten-Banderolen, in die einst Tausender und Fünftausender eingeschlagen gewesen waren. Die Detectives vermuteten, Russell habe vorgehabt, den Mord wie einen Drogenkrieg aussehen zu lassen. Auf der Ladefläche des Kombis lag ein mit Blut besudeltes Zehn-Gang-Fahrrad, das seiner heranwachsenden Tochter gehörte. Seine schwere Schußverletzung erklärte Russell der Polizei gegenüber damit, daß er niedergeschossen worden sei, während er spazierenging.

Die Polizei fragte Kathi, ob sie Russell kannte. Das bejahte sie. Die ermittelnden Beamten fuhren sie noch am selben Abend ins Polizeipräsidium von Miami, damit sie dort eine formelle Aussage machen konnte.

»Ich weiß, wer Lance umgebracht hat«, erzählte sie den Beamten. »Es war Jerry Russell.«

Sie erzählte der Polizei, sie habe Russell vor drei Jahren bei einem Flug kennengelernt. Er war aushilfsweise bei der Fluglinie eingestellt worden. Schon bald begann er, auf der anderen Seite der Straße ein Haus zu bauen. Sie lud ihn zu sich ein. Solange sie noch von ihrem Ehemann getrennt war, willigte sie in intime Beziehungen mit ihm ein, aber sie schwor, sie habe diese Beziehung seit der Aussöhnung mit ihrem Mann lediglich »auf einer rein freundschaftlichen Basis«, fortgesetzt.

»Was empfand Jerry Russell für Sie?« fragte ein Detective.

»Er liebt mich. Meine und seine Freunde erzählten mir ständig, er sei völlig verrückt nach mir. Und das werde ihn eines Tages umbringen. Für ihn sei das absolut vernichtend.« Sie gab auch eine Unterhaltung wieder, die sie mit ihm gehabt hatte, nachdem er das Telefon ihrer Freundin repariert hatte.

RUSSELL: Nun, wie sind deine Pläne bezüglich einer Scheidung?
KATHI: Keine Pläne. Ich habe keine Pläne für eine Scheidung.
RUSSELL: Ist dir Geld so wichtig?
KATHI: Ich bin nicht sicher, daß Geld der eigentliche Grund ist.
RUSSELL: Geld muß aber der entscheidende Grund sein. Du kannst doch nicht, so wie du immer redest — so wie du über ihn gedacht hast, während ihr getrennt wart, da kannst du doch nicht ... der Mensch ändert doch seine Gefühle nicht so einfach ...
KATHI: Nun, er ist mein Ehemann und, doch, ich kann meine Gefühle ändern.
RUSSELL: Ich kann es einfach noch immer nicht glauben, daß ihr beide noch etwas aus eurem Leben machen könntet. Ich bin absolut davon überzeugt, daß Geld das einzige ist, was dich noch dort hält.

Sie sagte, sie hätten an diesem Abend gegen 21 Uhr 15 oder 21 Uhr 30 noch einmal miteinander telefoniert. Zwei Stunden später lauerte Russel dann seinem Nebenbuhler im Schatten außerhalb des Hauses auf. Kathi leugnete, irgend etwas davon gewußt zu haben, daß ihr Ehemann ermordet werden sollte. Ruhig und gelassen, so berichtet die Polizei, sagte sie aus, sie und Sloat, der Teilhaber ihres Ehemannes, hätten sich die Elf-Uhr-Nachrichten auf dem Großbild-Fernseher angesehen, den Lance ihr zu Weihnachten geschenkt hatte. Sie sahen die Scheinwerfer von Lances neuem Mercedes-Kombi — dann hörten sie die Schüsse.

Harold Russell schlief im Haus seiner Tochter in Cape Cod, als gegen 1 Uhr 18 das Telefon klingelte. Sein Sohn war am Telefon. Er war auf dem Weg ins Krankenhaus und sagte: »Auf mich ist geschossen worden.« Noch bevor sie das nächste Flugzeug nach Miami bestiegen, hatten sein Vater und seine Schwester erfahren, an der Schießerei sei auch ein Mann namens Anderson beteiligt gewesen.

Während des Fluges erinnerte sich der Vater wieder, daß Anderson der Name jener Frau gewesen war, die er am Thanksgiving Day kennengelernt hatte. »Es ist so widersinnig und unglaublich«, sagte er später. »Es passieren so viele verrückte Sachen. Ich hasse Schußwaffen. Ich habe Schußwaffen schon immer gehaßt.«

Lances Mutter war voller Bitterkeit. »Als ich die drei entsetzlichen Worte ›Lance ist tot‹ gehört habe, da konnte ich es einfach nicht glauben«, sagte Erika Anderson. »Es ist zu schrecklich. Mir wäre es lieber gewesen, wenn Lance bei einem Flugzeugunglück ums Leben gekommen wäre.«

Die Detectives der Mordkommission besorgten sich einen Durchsuchungsbefehl und fanden in Jerry Russells Haus 78 leere Patronenhülsen, mehr als einhundertfünfzig Schuß Munition, Scheren, Fasern, Garn, zwei Rollen Pflaster und Fotografien. Sie fanden ebenfalls Papiere in einem weißen Umschlag mit der Aufschrift KATHI und eine Valentinskarte.

Russell, an ein Krankenhausbett gefesselt, wurde wegen Mordes ersten Grades angeklagt.

Anwälte schätzten den Verkehrswert von Lances Anwesen auf eine Million Dollar. Er selbst war für über zweihunderttausend Dollar versichert. Die Begünstigte war seine Witwe.

Kathi nahm sich einen Anwalt und lehnte es ab, sich einem Test mit dem Lügendetektor zu unterwerfen. »Sie ist in keiner Weise verdächtig«, erläuterte ihr Anwalt.

Der stellvertretende Staatsanwalt Roy Kahn pflichtete dem bei. »Die arme Frau«, sagte er, »hat genug gelitten.«

Kathi änderte später ihre Meinung und unterwarf sich einem privaten Lügendetektor-Test, ohne der Polizei davon Mitteilung zu machen. »Sie hatte das Gefühl, als gebe es da verschiedene Unterstellungen und Andeutungen«, sagte ihr Anwalt. »Sie hat den Test glänzend bestanden.« Über die Fragen, die man ihr gestellt hatte, wußte er zwar nicht Bescheid, aber er sagte: »Was auch immer man für relevant halten mag, sie hat den Test bestanden.«

Der Spitzen-Strafverteidiger von Miami, den Russells Vater engagiert hatte, war nicht beeindruckt. »Ich habe schon gesehen, wie Leute den Lügendetektor-Test bestanden haben, die ihn niemals hätten bestehen dürfen«, sagte Joel Hirschhorn, »und ich habe andere Leute gesehen, die diesen Test nicht bestanden haben, aber zweifelsfrei die Wahrheit sagten. Die Ergebnisse des Lügendetektor-Tests haben vor Gericht keine Beweiskraft, weil hierbei zu viele Faktoren eine Rolle spielen, die nur mit dem Unterbewußtsein zu tun haben.« Er fragte sich vielmehr, ob die ersten Ermittlungen der Staatsanwaltschaft wohl auch »so sorgfältig gewesen waren, wie sie hätten sein sollen.«

Doch der Hilfsstaatsanwalt Kahn erklärte den Fall für gelöst.

Neben dem Anwesen kassierte Kathi auch noch Lances Lebensversicherung in Höhe von zweihunderteintausendvierhundertfünfundachtzig Dollar und beschuldigte ihren früheren Liebhaber, ihren Ehemann erschossen zu haben. Sie verlangte Wiedergutmachung, Übernahme der Beerdigungskosten, Schmerzensgeld und einiges mehr.

Jerry Russells Ex-Frau klagte gleichfalls und beantragte, sein Vermögen einzufrieren, um ihrem Kind eine monatliche Rente in Höhe von sechshundert Dollar zu sichern. Die Eastern Airlines entließ ihn wegen ›Ermordung eines Kollegen‹ und weil er ›negative Publicity‹ verursacht habe, die sich auf die Reputation der ganzen Fluglinie auswirken müsse.

Russell wehrte sich gegen seine Entlassung mit der Begründung, sein ›erwiesenermaßen ungehöriges Betragen‹ habe er ›außerhalb der Dienstobliegenheiten‹ und auch nicht auf dem Gelände der Eastern Airlines an den Tag gelegt. Kathi, Präsidentin einer Stewardessen-Organisation, wurde nicht entlassen.

Die Offiziellen der Eastern Airlines übten sich in Schweigen. »Wir äußern uns nie zum Privatleben unserer Angestellten«, sagte ein Sprecher. Russell vergrößerte das Mißvergnügen der Fluggesellschaft dann noch, indem er auf geistige Unzurechnungsfähigkeit plädierte. Drei Tage bevor er Lance Anderson niedergemacht hatte, hatte er noch einen Jumbo geflogen, und jetzt baute er seine Verteidigung ausgerechnet darauf auf, daß er schwere Alkoholprobleme habe, die sein Gehirn bereits in

Mitleidenschaft gezogen hatten. Hirschhorn sagte, sein Klient habe getrunken und könne sich nicht erinnern, warum er in jener Nacht zum Haus der Andersons gegangen sei. Er sagte weiter, Russell sei hoffnungslos sowohl dem Alkohol als auch Kathi verfallen gewesen, die noch am Tage des Verbrechens zum Lunch eine Flasche Wein mit ihm getrunken habe.

Einer von Russells Freunden, ein wichtiger Mitarbeiter des stellvertretenden Polizeipräsidenten von Miami, hatte versucht, Russell diese aussichtslose Romanze mit einer verheirateten Frau auszureden. Russell hatte ihm nicht einmal zugehört. »Er war absolut unzugänglich, völlig dieser Frau verfallen«, sagte Donald Warshaw. »Das ging so weit, daß er sich, wie ich glaube, gelegentlich selber Sorgen darüber machte. Er belog seine Freunde und sagte, er sei daheim, wenn er sich in Wirklichkeit mit ihr traf.«

»Ich glaube, die meisten Menschen, die schon einmal ernsthaft verliebt waren, verstehen die Macht dieses Gefühls«, sagte Anwalt Hirschhorn. »Das alles geht zurück auf den Augenblick, als Eva Adam jenen ersten Apfel reichte.«

Die Mutter des Toten redete nicht mehr mit ihrer Schwiegertochter, die sich geweigert hatte, die fünftausendvierhundertundachtzehn Dollar für Lances Begräbnis zu bezahlen. Die Mutter schrieb an den seinerzeitigen Chef der Eastern Airlines, Frank Borman: »Ihre Angestellten sind dafür verantwortlich, daß wir Lance verloren haben. Er schied gegen seinen Willen aus seiner Stellung bei ihnen, genauso wie aus dem Leben auch.« Borman beantwortete diesen Brief nicht.

An die Staatsanwältin des Dade-County, Janet Reno, schrieb sie: »Mein schöner junger Adler sollte noch immer fliegen.«

Reno beantwortete diesen Brief nicht.

Erika Anderson wollte eine Verurteilung wegen Mordes ersten Grades erreichen und damit die Todesstrafe – nichts weniger. »Ist Lance etwa zweitgradig tot? Wie etwa nur übers Wochenende?« fragte sie. »Er ist zu einhundert Prozent tot.«

Das eine Woche dauernde Verfahren im vierten Stock des Justizgebäudes lief vor einem überfüllten Gerichtssaal ab wie eine Fernsehshow. Ein Schild draußen vor dem Gerichtssaal verkündete KEINE SITZPLÄTZE MEHR FREI. Die Menge wartete geduldig darauf, nach der Unterbrechung zur Mittagszeit als erste in der Reihe zu stehen.

Der amtierende Richter Joseph P. Farina, ein jungenhaft wirkender, arbeitsbesessener Mann, drängte die Geschworenen, im Sweater zu erscheinen, da die Klimaanlage des Gebäudes nicht richtig funktionierte, möglichst oft aufzustehen und sich mal zu recken und zu strecken; er nannte sie ›Leute‹ und nahm sie hart ran. Bis auf kurze Unterbrechungen in der Cafeteria eines nahegelegenen Krankenhauses mußten sie oft zehn, zwölf oder dreizehn Stunden pro Tag anwesend sein.

Hilfsstaatsanwalt Kahn verlangte die Todesstrafe. Der Verteidiger Hirschhorn erinnerte die Geschworenen daran, daß in diesem Fall ›Herzen voller Leidenschaft, Eifersucht und Haß‹ die Hauptrollen spielten. Ein jeder, der in eine solche Dreiecksbeziehung verstrickt sei, sagte er, müßte bloße Zeugenaussagen ›allzu unbefriedigend‹ finden. Er schlug vor, sie sollten sich zu diesem Thema äußern.

Niemand folgte dieser Aufforderung.

Russell, bleich und abgemagert, lauschte aufmerksam und machte sich gelegentlich in einem gelben Büchlein Notizen mit roter Tinte. Seine Schwester, seine Stiefmutter, seine sechzehn Jahre alte Tochter Wendy und sein Vater, sie alle waren im Gerichtssaal anwesend. Der ältere Russell sagte gramgebeugt, der Mord schmerze ihn mehr als der Verlust seiner beiden Hände im Zweiten Weltkrieg.

»Da fliegt jemand über vierzig Jahre für dieselbe Fluggesellschaft«, sagte er. »Wie sorgfältig werden eigentlich die Piloten von den Fluggesellschaften psychiatrisch untersucht, um sicherzustellen, daß die Männer, die diese Flugzeuge mit ihren Millionen von Passagieren fliegen, auch über die seelische und geistige Kapazität verfügen, die dafür erforderlich ist?«

Die trauernden Eltern und der Bruder von Lance Anderson waren ebenfalls anwesend. Die Mutter, eine stattliche Blondine, kam jeden Tag, und immer war sie ganz in Schwarz.

»War dies ein geplanter Mord, ein Mord ersten Grades?« fragte der stellvertretende Staatsanwalt Kahn. Er sagte ja, genau das sei es gewesen, und daß Russell weder verrückt noch Alkoholiker sei, sondern einfach nur kaltblütig. »Dieser Mann war entschlossen zu töten. Er hatte die eindeutige Absicht.«

Hirschhorn sagte, daß Kathi Anderson, eine »Frau, die von zwei Piloten geliebt wurde, das beste aus zwei Welten haben wollte. Sie hatte einen Ehemann, der es hervorragend verstand, das gemeinsame Vermögen zu vermehren, und einen Liebhaber, der ihre sexuellen Bedürfnisse zu befriedigen wußte.« Während ihr Ehemann ihr einen neuen Mercedes kaufte und ihre gemeinsame Zukunft plante, fuhr sie fort, sich mit Russell zu treffen, der sie heiraten wollte. »Wie eine Karotte vor dem Kaninchen, so schwenkte sie ihre Persönlichkeit und ihren Körper vor Jerry Russell hin und her.«

Von Eifersucht und Enttäuschung zum schieren Wahnsinn getrieben und manipuliert von der Frau, die er liebte, sei sein Klient, so sagte er, am Tatort angekommen, betrunken, auf einem Fahrrad und ausgestattet mit einem unförmigen Rohr aus irgendeiner Klimaanlage, das die Polizei später als selbstgebastelten Schalldämpfer identifizierte.

Kathi trat als Zeugin der Anklage auf. Sie trug eine dezente hochgeschlossene weiße Bluse, das blonde Haar kurzgeschnitten, und gestand ein, vor der Polizei und dem Staatsanwalt gelogen zu haben. Bei früheren Vernehmungen hatte sie gesagt, sie habe Russell 1979 kennengelernt. Unter der Befragung durch Hirschhorn gab sie zu, daß sie ihren Liebhaber schon getröstet hatte, als dessen Mutter gestorben war – und das war 1978 gewesen. Sie waren beide verheiratet gewesen, als sie sich kennenlernten. Früher hatte sie ausgesagt, sie habe ihre Affäre mit Russell begonnen, während sie und ihr Ehemann getrennt gelebt hatten, und sie beendet, als sie sich mit ihrem Mann wieder versöhnt hatte. Jetzt gab sie zu, daß ihr intimes Verhältnis mit ihm lange vor der Trennung von ihrem Mann begonnen und auch darüber hinaus fortgedauert hatte.

»Warum haben Sie denn Ihre Beziehung zu Russell nicht abgebrochen, als Ihr Ehemann wieder nach Hause zurückgekehrt war?« fragte Hirschhorn.

»Das hatte ich vor«, erwiderte die Witwe kühl. Unbeeindruckt von einem stundenlangen Kreuzverhör blickte sie mit trockenen Augen auf ihren früheren Liebhaber, der ihren Blick erwiderte.

Russell sei für sie der Freund gewesen, der ihr Ehemann nie war, aber ihm habe der Ehrgeiz gefehlt. Sie hatte keine Ahnung, sagte sie, daß er Lance umbringen wollte.

»Sie haben nichts Falsches darin gesehen, mit Ihrem Ehemann zusammenzuleben und ausgerechnet am Valentinstag mit Russell zu Mittag zu essen?« fragte Hirschhorn.

»Was soll daran falsch sein?«

Sie gab zu, mit ihm in nahezu zwanzig vornehmen Restaurants gespeist und ihn auf Reisen nach Boston, Cape Cod und Toronto begleitet zu haben. Ihre Tochter Lisa, sagte sie, ›mochte Jerry sehr, er machte ihre Mutter glücklich, und sie hatte ihre Mutter auch schon unglücklich gesehen‹.

Sie sei vernachlässigt worden, sagte sie. Lance war ›niemals zu Hause‹, da er ständig in Geschäften unterwegs war. Sie fügte noch hinzu, sie habe nichts Ungewöhnliches an Russells Trinkgewohnheiten gesehen, obwohl er einmal auf den Rücksitz seines Wagens geklettert und auf der Stelle eingeschlafen war, nachdem sie ein Restaurant verlassen hatten.

Hirschhorn fragte sie über Russells frühere Frau Judy, die Kathi vor der Scheidung angerufen und sie gebeten hatte, ihre Ehe zu retten.

Er fragte Kathi, ob sie auch nur die geringste ›moralische Verantwortung für die Gefühle dieser Frau hinsichtlich ihrer Ehe‹ hege. Kathi bat ihn, die Frage zu wiederzuholen. Sie sagte zweimal, sie verstehe diese Frage nicht.

Das, so sagte der Anwalt, bedürfe keines weiteren Kommentars.

Kathi hatte einmal einen Anwalt wegen ihrer Rechte für den Fall einer Scheidung von Lance befragt, sagte sie. »Ich habe mir Gedanken darüber gemacht, was dann noch mir gehören würde.«

»Und jetzt verklagen Sie Mr. Russell auf jeden Penny, den er besitzt?« fragte Hirschhorn.

»Korrekt«, sagte die Witwe spröde.

Gerald Russell trat als Zeuge in eigener Sache in den Zeugenstand.

»Haben Sie Lance Anderson erschossen?« fragte Hirschhorn.

Russell hatte Schwierigkeiten, auch nur ein Wort herauszubringen, und begann zu weinen. »Ja«, flüsterte er schließlich.

»Warum haben Sie ihn erschossen?«

»Ich weiß es nicht«, sagte Russell, wobei er so sehr schluchzte, daß seine Schultern für alle sichtbar bebten.

»Wie sind Ihre Gefühle für Kathi Anderson jetzt?«

»Mein Verstand sagt mir, daß ich ausgenutzt worden bin«, ließ er unter Tränen vernehmen. »Aber als ich sie neulich sah, sagte mir mein Herz, daß ich noch immer genauso fühle. Ich hatte einige sehr sehr starke Gefühle, als sie hier hereinkam.«

Die Augen von fünf weiblichen Geschworenen wurden feucht. Eine von ihnen, eine geschiedene Frau, wischte sich die Tränen weg.

An dem Tag, an dem Kathi gegen Russell aussagte, sah sie ihn zum ersten Mal seit dem Tag des Mordes wieder. Sie war am Morgen des Mordtages zu ihm ins Haus gekommen, sagte er, und sie hatten sich geliebt.

Am Abend kehrte er in ihr Haus zurück und machte sie zur Witwe.

Alles begann damit, daß er sie einmal auf einen Drink eingeladen hatte, sagte er. Er war nervös. »Ich hatte mich nie zuvor an eine der Stewardessen herangemacht.« Nach und nach vernachlässigte er seine Geschäfte, ließ sich von seiner Frau scheiden und baute sich rund um Kathi ein neues Leben auf.

Ihren Ehepartnern gegenüber bewahrten sie ihr Geheimnis. Nachdem Kathi und Lance sich getrennt hatten, verbrachten sie noch mehr Zeit miteinander. Doch dann kehrte Lance, erfolgreich mit vier florierenden Firmen, wieder in sein Haus zurück.

»Unsere Beziehung erlitt einen Rückschlag«, sagte Russell aus. »Wir mußten uns einen festen Terminplan machen, wenn er anwesend war.«

Er wartete, sagte er, frustriert und unglücklich. »Kathi sagte, sie wolle die Familienfinanzen schützen. Sie war sehr darauf bedacht, ihren Anteil an dem Geld zu bekommen, das sie mit in die Ehe eingebracht hatte.« Sie fürchtete, Lance könne ihr Teile seines Vermögens unterschlagen. Wenn er daher zu Flügen unterwegs war, durchsuchten die beiden Liebenden regelmäßig Lances Wagen auf dem Parkplatz für die Angestellten der Eastern Airlines nach Papieren, die sich mit Kathis oder ihres Ehemannes Geld befaßten. Bei einer dieser Gelegenheiten fanden sie Lances .38er Revolver in dem Wagen, und Kathi steckte ihn ein. »Hier, nimm du ihn, dann können wir wenigstens nicht erschossen werden«, sagte sie laut Russell. Er nahm ihn an sich.

Russell kannte sogar die geheime Kombination von Lances Aktentasche: 7-2-7. Während dieser Zeugenaussage bedeckte der Bruder des toten Piloten seine Augen. Die Kombination war richtig.

Russell wollte unbedingt heiraten, aber Kathi bestand darauf, daß sie warteten, ›bis die Zeit reif‹ sei.

Als Beweisstücke wurden auch ganze Stapel von Grußkarten von Kathi vorgelegt, einschließlich ihrer letzten: *Wir beiden vereint... das ist alles, was ich mir wünsche. Viel Liebe zum Valentinstag und stets die Deine, Kathi.*

Russell las laut eine dreiseitige Aufzeichnung vor, die er knapp ein Jahr vor dem Mord angefertigt hatte. Darin hatte er alle Fakten und alle Alternativen ihrer schmerzlichen Affäre aufgelistet. Mord als eine Möglichkeit kam darin nie vor. Er wurde von seinen Emotionen fast überwältigt, als er in dem Teil, der sich mit seinen Gefühlen befaßte, las ›schrecklich verliebt in sie. Ich bete sie an.‹

Während er sich noch erinnern konnte, daß er Kathi und Lance gesehen hatte, wie sie Arm in Arm an Bord eines Festwagens der Eastern Airlines anläßlich von Miamis Neujahrsparade gestanden hatten, konnte er sich nicht erinnern, daß er in der Nacht des Mordes zu ihrem Haus gefahren war. Er hatte nur noch alptraumhafte Bildfetzen vor Augen − »Scheinwerfer, die mich blendeten, einen schrecklichen Schmerz« −, als auf ihn geschossen wurde. »Ich meine mich zu erinnern, dreimal mit einem Revolver geschossen zu haben.« Dann wollte er sich wieder erinnert haben, wie er am Steuer seines Kombis saß und laut gesagt hatte: »Ich falle gleich in Ohnmacht.« Das soll nur wenige Augenblicke vor seinem Zusammenstoß mit dem Laternenpfahl gewesen sein.

Er gab zu, daß er sich wegen seiner Affäre und wegen Lisa schuldig gefühlt habe. Seit sie vier Jahre alt war, hatte sie ihr Geheimnis geteilt. »Kathi hatte ihr gesagt, sie solle ihrem Vater nichts davon erzählen. Ich dachte, was immer sie über dieses Doppelleben erfahren würde, es müsse schlecht für sie sein.«

Bei der Zeugenaussage seines Sohnes zitterte Harold Russell. »Sie legte den Revolver in seine Hand und die Idee in seinen Kopf. Sie hat Lance Anderson getötet, auch wenn sie selbst nicht den Finger am Abzug hatte. Ich bin voller Bitterkeit. Ich habe Lance Anderson nie gesehen, aber mir ist klar, daß er ein feiner Mann gewesen ist. Wenn es einen Weg gibt, sie auf jeden einzelnen Penny zu verklagen, den sie besitzt, dann werde ich das tun, um der Kinder willen. Sie hat so viele Leben vernichtet.«

Außerhalb des Gerichtssaales schluchzte Wendy Russell in den Armen einer Freundin. »Ich habe versucht, nicht zu weinen«, sagte sie, »aber dann begann er zu weinen ... er ist doch mein Dad.«

Mehrere Geschworene weinten während des Plädoyers der Verteidigung. »Er war Kathi Anderson verfallen«, erzählte Hirschhorn ihnen. »Er hätte genausogut heroinsüchtig sein können.«

Hilfsstaatsanwalt Kahn blieb unbeeindruckt. »Nirgendwo in diesem Land ist das Erwachsensein oder die Liebe ein geeignetes Verteidigungsmittel gegen den Vorwurf des Mordes ersten Grades. Man mag eine Lizenz zum Fliegen besitzen, aber niemand hat eine Lizenz zum Töten.« Kathi Anderson, gestand er zu, »ist keine nette Lady«, aber, so führte er aus, sie stand nicht vor Gericht. »Kathi Anderson, die Ehebrecherin – selbst wenn sie die schlimmste Person auf der Welt wäre, so hatte sie doch mit dem Mord nichts zu tun.« Er wies die Geschworenen an, sich zusammenzunehmen und sich nicht von ihren Emotionen überwältigen zu lassen.

Sie hörten ihm zu. Nach sechs Stunden oft laut und wütend geführter Beratungen kehrten sie mit noch mehr Tränen in den

Augen und einem Verdikt zurück: Schuldig des Mordes ersten Grades.

Russell stand in stoischer Ruhe da und sah einer lebenslangen Freiheitsstrafe entgegen, was fünfundzwanzig Jahre hinter Gittern bedeutete. Wenn er zum ersten Mal einen Antrag auf Begnadigung stellen kann, wird er alt genug sein, seine Rente einzureichen.

»Für mich war es ein Alptraum«, sagte die Geschworene Juanita Wilson. Es tut ihm so leid, daß das passiert ist, aber er kann es nicht ungeschehen machen. Ich habe getan, was ich tun mußte.«

»Einige der Geschworenen haben wirklich geweint«, sagte die Geschworene Bertha Mustafa. »Wir mußten uns gegenseitig beruhigen. Sich stur an den Buchstaben des Gesetzes zu orientieren ist hart. Wir mußten uns ständig daran erinnern, Gefühle beiseite zu lassen. Jeder wollte die richtige Entscheidung treffen.«

»Die Männer nahmen es etwas leichter als die Frauen«, sagte der Sprecher der Jury, Howard Dorfeld. »Wir waren nur drei Männer in der Jury und mußten so gewissermaßen die Frauen stabilisieren.«

»Vorsatz ist und bleibt nun einmal Vorsatz«, sagte der Geschworene Robert Matthewman. »Er ist kein Krimineller. Die Frau hatte viel damit zu tun, aber er tat es aus Vorsatz. Einige Frauen plädierten stark für Mord zweiten Grades, aber ihre Argumente waren unlogisch. Wir überzeugten sie davon, sich an das Gesetz zu halten.«

Matthewman, jüngerer Bruder zweier Polizeibeamter, war so verständnisvoll, wie ein Geschworener nur eben sein kann. Er war einmal in eine ähnliche Dreiecksgeschichte verwickelt gewesen. Er verbarg das Gesicht in den Händen, als sie das Urteil verlasen. »Mein Herz begann zu rasen. Ich bekam kaum noch Luft, und der Magen drehte sich mir um. Ich weiß, was er für sie empfunden hat. Ich weiß, was eine Frau einem antun kann.«

Matthewmans eigene Dreiecksgeschichte endete ohne Gewalt.

Alle versicherten, sie würden sich nie wieder als Geschworene zur Verfügung stellen.

Die Verurteilung war eine Formalität. Es gab gar keine Wahl. Hirschhorn nannte es eine Todesstrafe. »Wir werden das Jahr 2007 schreiben, wenn er begnadigt wird. Die Aussichten, daß er diese fünfundzwanzig schrecklichen Jahre überleben wird, sind minimal. Sein Leben ist zu Ende.«

Während des ganzen Verfahrens hatten die Familien der beiden Piloten die gegenüberliegenden Seiten des Hohen Gerichtsgebäudes eingenommen. Anfangs vermieden sie es, einander in die Augen zu sehen. Aber schon Mitte der Woche wechselten sie erste zögernde Worte. Als es vorüber war, hatten sie ihre Kräfte vereint.

»Wir arbeiten an einem Plan«, sagte der ältere Russell. »Die Andersons sind feine Leute. Wir werden zusammenarbeiten, um sicherzustellen, daß man sich um die Kinder kümmert, daß man sich vor allem um Lisa kümmert.«

Die Anderson engagierten Privatdetektive, um die Witwe auszuspionieren.

Bevor Jerry Russell ins Staatsgefängnis gebracht wurde, besuchte ich ihn im Gefängnis des County. Er versuchte zu scherzen, aber er konnte nicht lächeln. Er fühle sich wie Rodney Dangerfield, sagte er. »Ich werde nicht respektiert.« Als er ihnen erzählte, er sei ein Mörder, und ein wenig Platz für sich reklamierte, hatten ihn seine Zellengenossen ausgepfiffen. Die Wächter machten sich nicht einmal die Mühe, ihn nach den Besuchsstunden zu durchsuchen.

Selbst die Frau, die er liebte, beachtete ihn nicht.

Kathi erklärte sich einverstanden, sich mit mir zu unterhalten, nachdem sie dies monatelang abgelehnt hatte. »Ich will nur hoffen, mich wird nie wieder ein Mann derart lieben«, schmollte sie.

Beide fragten sich noch immer nach dem Warum.

»Wenn Jerry Russell nicht verwundet und nicht gefaßt worden wäre, dann gäbe es keine Möglichkeit, mich je davon zu überzeugen, daß er es getan hat«, sagte sie. »Sie haben ja keine Vorstellung davon, wie oft ich des Nachts in meinem Wohnzimmer auf und ab gegangen bin in dem Versuch, mir vorzustellen, was Jerry in dieser Nacht geplant haben könnte. In Wirklichkeit glaube ich nicht, daß Liebe irgend etwas damit zu tun hatte. Es konnte nur zwei Gründe dafür geben: Habgier oder Rache.«

Jerry schien hinsichtlich seiner Motive ebenfalls im dunkeln zu tappen. »Ich habe einen Mann getötet, den ich nicht kannte. Wenn ich das geplant und durchgeführt hätte, wäre es jetzt einfacher zu akzeptieren, daß ich ins Gefängnis muß. Aber ich weiß wirklich nicht, warum ich das getan habe. Ich bin irgendwie neben mir hergelaufen und habe alles vergessen, woran ich bis dahin geglaubt habe, und etwas Monströses getan – und ich wußte nicht einmal, warum.«

Er hoffte, ein letztes Mal mit Kathi reden zu können. Die Affäre war vorüber, »aber ich hätte noch gerne alle Ungereimtheiten geklärt.«

»Er hat es auf grandiose Weise verstanden, alles selber zu klären«, knurrte Kathi. »Ich habe eine Todesangst vor ihm. Wenn ich ihn jetzt in einer Meile Entfernung sähe, würde ich sofort zur nächsten Polizeistation rennen. Der Gedanke, daß er je wieder als freier Mann durch die Straßen läuft, macht mich schaudern.«

Die mindestens fünfundzwanzig Jahre dauernde Haftstrafe ist ihrer Meinung nach nicht hart genug. Er hätte ihrer Meinung nach den Tod verdient. »Es war ein kaltblütiger, brutaler Mord. Sie können sich ja gar nicht vorstellen, wie sehr ich Lance vermisse«, sagte sie mit unsicherer Stimme.

Die Liebenden beschuldigten sich gegenseitig der Lüge.

»Warum hat er gesagt, ich sei an diesem Tag mit ihm im Bett gewesen?« Sie beharrte darauf, daß alles, was sie am Tag des Mordes geteilt hätten, das Abendessen und ein Glas Wein gewesen seien. Sie hatte Russells Zeugenaussage eines Abends am Fernsehschirm gehört. »Sie können sich ja gar nicht vorstellen, wie wütend ich geworden bin. Ich habe sogar mit etlichen Gegenständen nach dem Fernseher geworfen.«

Beiden mißfiel die Behandlung der Sache in den Nachrichten. Sie ließen ihre ›zärtliche und liebevolle‹ Affäre dreckig und gemein erscheinen, klagte er.

Kathi beschuldigte die Reporter, sie unsympathisch erscheinen zu lassen. Sie war wütend auf Hirschhorn, weil der gesagt hatte, sie hasse Lance. Sie sei glücklich gewesen, sagte sie, und sie habe ihn geliebt. Ich fragte sie, ob sie geglaubt habe, ihre Ehe werde ewig dauern. »Was heißt schon ewig?« antwortete sie. »Ich habe mein Vertrauen in die Ewigkeit verloren. Ich fange ja schon an, mir selbst zu mißtrauen. Wie könnte ich je wieder einem anderen Mann trauen? Sie wissen ja nicht, wie oft ich in der Hitze des Tages, umgeben von ganzen Moskitoschwärmen, am Grab meines Ehemannes gesessen habe.«

Russell machte sich um seine zukünftige Begnadigung Gedanken. »Ich weiß nicht, wie oder wer ich sein werde, wenn ich vierundsechzig bin. Ich weiß nicht, welchen Job ich dann noch bekommen kann. Ich möchte nicht gerne meiner Schwester oder meinen Kindern zur Last fallen, wenn ich wieder herauskomme.«

Kathi machte sich Sorgen, wie sie »einem kleinen Mädchen ein annehmbares Leben bereiten kann. Ich weiß nicht, wie ich die Geschäfte meines Ehemannes weiterführen, das Haus in Ordnung halten und Mutter sein soll.« Da sie Drohbriefe bekommen hatte, sagte sie, verbrachte sie jede Nacht während der Dauer des Verfahrens bei anderen Freunden. Sie hatte es als Überraschung empfunden, als die Verteidigung sie beschuldigte, sie habe ihren Körper vor Jerry Russell geschwenkt wie eine Karotte vor einem Kaninchen.

»Sie brauchen dies mehr als ich«, erklärte ihr daraufhin eine Kellnerin an diesem Abend und setzte Kathi eine riesige Karotte vor.

»Das war vielleicht lustig«, sagte Kathi. »Sie werden zugeben, das war sehr lustig.«

Acht Jahre später, 1990, begegnete mir ein bekanntes Gesicht in einer Bibliothek in Florida. Erika Anderson, noch immer ele-

gant und ansehnlich. Ich fragte sie, wie sie sich fühle.
»Wütend«, sagte sie.

Alle gerichtlichen Schritte hatten nichts bewirkt. Erika Anderson hat ihre Enkelin Lisa seit Jahren nicht gesehen.

Lance ist tot.

Jerry ist hinter Gittern.

Aber für die, die zurückgeblieben sind, ist es niemals wirklich vorbei.

4. Kapitel

Die Zone des Zwielichts

*Auf der Mitte zwischen dem Licht und dem Schatten...
dort liegt die Gegend, die wir die Zone des Zwielichts nennen.*

Rod Serling

Im Leben von Reportern und Polizisten, die nur nach Fakten suchen, geschehen gelegentlich Dinge, die sich jeder rationalen Erklärung entziehen. Sie flößen mehr Angst ein als ein Mann mit einem Schießeisen.

Wie erklärt man Vorahnungen, Träume, innere Stimmen und überirdische Ereignisse? Wie vor allem erklärt man sie einem Herausgeber in seinem hellerleuchteten, mit allen technischen Raffinessen ausgestatteten Elfenbeinturm? Seine Augen werden unweigerlich schmaler, wenn man ihm erzählt, die Geschichte, an der man gerade schreibt, umfasse auch einen Voodoo-Fluch, der sich erfüllt hat, oder einen toten Mann, der ganz offensichtlich aus dem Grab zurückgekehrt ist?

Mamie Higgs öffnete ihre Tür und stieß einen Schrei aus. Der Besucher draußen war Alex Monroe, ihr Vater. Als sie ihn zum letzten Mal gesehen hatte, hatte er in einem Sarg gelegen. Er war vor vier Monaten ermordet worden, und sie hatte die Leiche selbst identifiziert. Sie hatte auch seine Beerdigung bezahlt. Die ganze Familie hatte am offenen Sarg Totenwache gehalten. Und jetzt stand er lebendig vor ihrer Tür.

Selbst als sie sich schon umarmt hatten, blickte sie noch einmal hin, um zu sehen »ob ihn nicht irgendein Grabeshauch umwehte.« Der Mann im Grab ihres Vaters war irgendein anderer gewesen.

Der Mann im Grab ihres Vaters war Alex Monroe — der *andere* Alex Monroe.

Es gab Alex Monroe zweimal — beide waren sie 62 Jahre alt, beide fünf Fuß, neun Inches groß, beide einhundertundvierzig Pfund schwer. Jeder dieser Männer mit Namen Alex Monroe hatte eine Narbe auf der linken Gesichtshälfte. Sie lebten sechs Blocks voneinander entfernt in Miami.

Sie waren einander nie begegnet.

Mrs. Higgs hatte jenen Alex Monroe, der bei einer Schießerei in einem der ärmeren Stadtviertel ums Leben gekommen war, als ihren Vater identifiziert. »Die Narbe befand sich an derselben Stelle und reichte von der Stirn bis in den Nacken. Er hatte dieselben kleinen Ohren, dieselbe Haarfarbe.«

Und jetzt war ihr Vater Monate später von einem Aufenthalt in North Carolina zurückgekehrt. Als er durch Miamis Straßen stolperte, trat eine zufällig vorüberfahrende Freundin in die Bremsen und schrie: »Aber du bist doch tot!«

Das leugnete er. »Ich bin nicht tot«, sagte er. »Ich komme gerade aus North Carolina zurück.«

Mamie Higgs hatte sich das Geld für die Beerdigung ihres Vaters zusammengeborgt. Jetzt, da er nicht tot war, wollte sie ihr Geld zurückhaben.

Das machte für mich irgendwie Sinn.

Ich versuchte zu vermitteln und rief für sie bei dem Beerdigungsinstitut an. Der Direktor war äußerst zugeknöpft. »Wir haben nur ihren Auftrag ausgeführt.«

Schließlich wurde eine Art Kompromiß ausgehandelt. Mrs. Higgs wurde ein kostenloses Begräbnis zugesagt, wenn ihr Vater wirklich einmal stirbt.

Menschen kehrten nicht von den Toten zurück, aber wenn sie es nicht tun, wie erklärt man sich dann den Fall Earl Allen?

Earl Allen fühlte sich nicht besonders gut. Seit zwei Wochen litt er an gelegentlichen Bewußtseinsstörungen und hatte schlimme Kopfschmerzen, aber diese waren nicht stark genug, um ihn zu Hause zu halten. Statt dessen ging er lieber mit Charlie Fletcher und zwei anderen Kumpels nachts fischen. Gemeinsam fuhren sie mit Charlies Zweiundzwanzigfußboot hinaus in den Küstenkanal.

Allen klagte noch über seine furchtbaren Kopfschmerzen, stand dann plötzlich auf und kippte kopfüber über Bord. Seine Begleiter waren nicht sicher, ob er gefallen oder gesprungen war.

Sie sahen, wie er schwimmend wieder an die Oberfläche kam, aber plötzlich etwa dreißig Fuß von ein paar Mangroven entfernt unter der Wasseroberfläche verschwand. Da begannen sie, um Hilfe zu schreien.

Ein Mitarbeiter der Küstenwache hörte auf einem in der Nähe liegenden Hochsitz ihre Schreie und rief die Polizei. Es war kurz vor ein Uhr in der Nacht. Officer Bart Cohen und sein Partner kamen eine Minute später an. Sie riefen über Funk die Küstenwache. Als erstes traf ein Polizeiboot ein, um die Gegend abzusuchen, wo Earl Allen zuletzt gesehen worden war. Das dunkle Wasser, das nur von den Suchscheinwerfern und einem im letzten Viertel stehenden Mond erleuchtet wurde, offenbarte ihnen nichts.

»Niemand schwamm dort herum, keine Hilfeschreie«, sagte Officer Chen später. Anderthalb Stunden später kam ein Achtzehnfußboot der Küstenwache an. Cohen kletterte an Bord, und ganz in der Nähe, wo er zuletzt gesehen worden war, entdeckten sie Earl Allen, 59 Jahre alt, wie er mit dem Gesicht nach unten in etwa einhundertfünfzig Fuß Entfernung auf der Wasseroberfläche trieb. Cohen kündigte über Funk an, daß sie mit Wiederbelebungsversuchen beginnen wollten. Als das Küstenwachboot längsseits kam, schien der ›Leichnam‹ sich dem Boot zuzuwenden. Der Polizist hielt es zunächst nur für eine Wellenbewegung. Einer der Küstenwächter packte die Rückseite von Earl Allens Hemd und bugsierte ihn dorthin, wo Officer Cohen seine Arme fassen und ihn ins Boot ziehen konnte. Das tat er, und dann begann der ›tote Mann‹, sich zu bewegen.

»Er lebt!« keuchte der Polizist ungläubig, während sein eigener Puls zu rasen begann. »Niemand konnte es glauben«, sagte

Cohen, ein alter Polizeiveteran und früherer Rettungsschwimmer. »Das Ganze war völlig überraschend für mich. Er hatte definitiv mit dem Gesicht nach unten auf dem Wasser gelegen.«

Earl Allen spie Wasser ›wie eine Fontäne‹.

Als sie ihn den wartenden Sanitätern übergaben, saß Earl Allen aufrecht auf der Trage und blickte sich um. »Es ist unglaublich«, sagte Polizei-Sergeant John Cini. »Niemand kann sich anderthalb Stunden unter Wasser befinden und dann immer noch leben.«

Seine Theorie war, daß Earl Allen betrunken gewesen war und ihm dieser Umstand wahrscheinlich das Leben gerettet habe. Er war vermutlich so vergiftet, daß ›er ins Koma fiel und nicht mehr so viel Sauerstoff zum Überleben brauchte‹.

Das ergab keinen Sinn für mich. In der Regel macht die Polizei Alkoholkonsum für Tod durch Ertrinken verantwortlich.

Die offiziellen Sprecher des Krankenhauses lehnten es ab, irgendwelche Theorien zu äußern. »Im allgemeinen«, erklärte der stellvertretende Leiter der Gesundheitsbehörde im Dade-County, Dr. Erik Mitchell, »dauert es nur wenige Minuten, wenn ein Mensch unter Wasser ist, bis das Gehirn ernsthaften Schaden nimmt und der Tod eintritt.«

Earl Allen wurde dann im Militärkrankenhaus untersucht, wo man feststellte, daß er keinerlei Krankheitssymptome aufwies, weshalb man ihn auch zwölf Stunden später wieder entließ. Da er keine andere Fahrgelegenheit hatte, fuhr ich ihn heim. Unterwegs unterhielten wir uns.

Earl Allen hatte keinen Hirnschaden davongetragen, wenn er auch etwas unzusammenhängend redete und ein wenig überdreht schien. Er sagte, er habe sich in dem Boot hingestellt, seine Füße hätten sich in dem Fußbodenbelag verfangen, und er sei über Bord gekippt. Er erinnerte sich noch, ›auf das Wasser aufgeschlagen‹ zu sein. Das nächste, woran er sich erinnerte, war, daß der Polizist ihn in das Boot zog, wo er verwundert fragte: »Wo bin ich?« An die Behandlung durch die Sanitäter erinnerte er sich nur noch ganz vage.

Earl Allen leugnete, betrunken gewesen zu sein. Er habe während der ganzen Zeit des Angelausfluges nur acht Bier konsumiert, sagte er, und diese Angeltour habe bereits am späten Nachmittag begonnen. »Das reicht nicht, um mich betrunken zu machen«, sagte er. Er hatte auch keine langen Tunnel oder helle Lichter gesehen, noch schien er über seine eigene Wiedererweckung zum Leben überrascht. Im zweiten Weltkrieg war er bei der Navy gewesen, wo er dreizehn größere Gefechte überlebt hatte einschließlich eines Torpedos, der direkt auf das Schiff zugerast war, und Angriffe von Kamikaze-Flugzeugen. »Als die Japse anfingen, sich auf unser Schiff zu stürzen, ja, das war nervenzerfetzend«, sagte er ganz obenhin.

Zu dem Zeitpunkt befanden wir uns auf dem Expressway, und plötzlich gab mein Wagen den Geist auf und blieb am Straßenrand stehen. Als er sich nicht wieder starten ließ, schoben wir ihn zu einem nahegelegenen Haus, um dort Hilfe herbeizutelefonieren. Während wir noch warteten, versuchte ich es erneut. Diesmal sprang der Motor an, und ich brachte meinen Passagier nach Hause. Als er dann so in der hellen Sonne des Nachmittags stand und mich angrinste, winkte er mir noch einmal lässig zu, als sei das, was sich zugetragen hatte, nichts Ungewöhnliches.

Einfach nur ein Tag im Leben des Earl Allen.

Und was hat es nun mit den prophetischen Träumen auf sich? Wie zum Beispiel mit dem Alptraum des jungen Polizisten, der so schnell zur Realität wurde.

Rick Trado, zweimal ausgezeichnet als der herausragendste Polizist von Miami Beach, wurde gefeiert als ein Held, weil er den bewußtlosen Fahrer eines umgestürzten Lastwagens, der Benzin geladen hatte, aus dem Führerhaus befreite.

Der Traum kam achtzehn Monate später.

»Ich wurde schweißgebadet wach«, erzählte er seinem Kollegen Thomas Moran, als sie sich an jenem Sonntag morgen in der ersten Dämmerung auf dem Parkplatz des Polizeihauptquartiers trafen. Ich hatte einen Traum. Ich habe einen Wagen angehalten, und der Bursche stieg aus und schoß auf mich.« Annähernd eine Stunde später stoppte Trado einen Wagen.

Der Bursche stieg aus und schoß auf ihn.

Officer Trado hatte auf dem *Julia Tuttle Causeway* zwischen Miami und Miami Beach einen Raser angehalten. Der verhinderte Motorsportler stieg aus und nahm den Streifenwagen mit einer .357er Magnum unter Feuer. Als Trado nach seinem Dienstrevolver griff, traf eine Kugel seine rechte Hand, zerschmetterte den hölzernen Griff seines Revolvers und jagte in seinen Bizeps. Der Revolverheld zerschoß anschließend die Vorderreifen des Streifenwagens und floh.

Praktisch gleichzeitig wurde über das Radio des verwundeten Beamten ein Bericht über einen Raubüberfall verbreitet, der sich gerade erst ereignet hatte. Es wurde auch eine Beschreibung des Verdächtigen gegeben. Die Polizeibeamten wurden gewarnt, außerordentlich vorsichtig zu Werke zu gehen, da der Räuber bewaffnet sei.

Das wußte Trado zu dem Zeitpunkt bereits.

Wie immer, wenn auf einen Polizisten geschossen wird, brach ein Chaos aus. Der Schütze war entkommen. Es wurde ein Kesseltreiben auf den Mann angesetzt. Ich jagte an den Ort des Geschehens und von dort in die Notaufnahme des Krankenhauses. Die Atmosphäre war entspannt. Die Wunde war nicht lebensgefährlich. Trado mußte sich einer Operation unterziehen, aber jeder fand, er habe alles in allem noch Glück gehabt.

Ich fand Rick Trado auf einem Tisch in der Notaufnahme, bleich vor Schmerzen, den rechten Arm in blutgetränkten Bandagen. Es ist immer schockierend, wenn auf einen Polizisten geschossen wird, und das um so mehr, wenn es sich um einen Polizisten handelt, den man kennt, einen Polizisten mit einem Sohn im Krabbelalter und einer schwangeren Frau.

»Ich komme mir so hilflos vor«, sagte er. »Als die Kugel mich traf, konnte ich die Finger nicht mehr kontrollieren.« Er senkte die Stimme. »Edna, Sie werden es bestimmt nicht glauben. Genau das habe ich heute morgen geträumt. Ich habe geträumt, ich hätte einen Wagen angehalten, und der Fahrer hätte auf mich geschossen.«

Wieder auf der Straße angekommen, sah ich, daß eine Armee von einhundertfünfzig Polizisten aus mindestens elf verschiedenen Wachen ein acht Häuserblocks umfassendes Areal absperrte und mit Hunden und Helikoptern absuchte, auf der Suche nach dem Verdächtigen. In dem ganzen Durcheinander entdeckte ich Tommy Moran. Seine ersten Worte lauteten: »Edna, Sie werden es nicht glauben. Auf dem Weg zum Revier hat Rick mir erzählt, er sei heute morgen schweißgebadet aufgewacht. Er hatte geträumt, er habe einen Wagen angehalten und der Fahrer habe auf ihn geschossen.«

Die Schußwunde erwies sich dann doch als ernster, als es zunächst den Anschein gehabt hatte. Hunderte von kleinen Splittern, vornehmlich aus dem zerschmetterten Holz des Griffs der Dienstwaffe, waren in Nervenbahnen eingedrungen, in die Knochen und Muskeln seiner Hand und hatten so eine schwere Infektion und etliche andere Komplikationen verursacht. Er hätte um ein Haar die Hand verloren. Selbst intensivste chirurgische Behandlungen konnten seine Hand nie wieder voll funktionsfähig machen.

Die Verletzung beendete seine Karriere vorzeitig, ein Verlust für uns alle. Der Mann, der auf ihn geschossen hatte, wurde gefaßt, für geistig unzurechnungsfähig erklärt und ins Krankenhaus geschickt, dort ›geheilt‹ und wieder entlassen.

Dann und wann werden Träume wirklich wahr. Unglücklicherweise sind viele von ihnen angsteinflößend.

Connie Thomas wurde von Alpträumen geplagt und flehte ihren Ehemann Meldren an, das blaue Boot, das er *Meeresbrise* genannt hatte, am nächsten Morgen nicht zu benutzen. Er beruhigte sie wieder und verschob sogar seine Abfahrt so lange, bis sie ihm ein heißes Frühstück bereitet hatte. Dann fuhren er und sein Schwager, W. L. Gavins, zum Fischen hinaus auf das Meer. Es war der Samstag vor Ostern. Als die Männer bei Einbruch der Dunkelheit nicht zurückgekehrt waren, wußten ihre Frauen, daß etwas nicht stimmen konnte. Gavins sollte beim ersten Gottesdienst am nächsten Morgen singen.

Seine besorgte Frau fuhr zur Bootsanlegestelle von Crandon Park, wo sie seinen alten Lieferwagen vorfand. Sie rief die Polizei an, die ihre Suchmeldung aufnahm und ihr versicherte, die Sache an die Küstenwache weiterzugeben. Als sie und ihre Schwester bis fünf Uhr am nächsten Morgen noch immer nichts gehört hatten, rief sie die Küstenwache an. Ihr Anruf war für diese der erste Hinweis darauf, daß ein Boot vermißt wurde. Der Polizeibeamte hatte den Bericht auf seinem Schreibtisch liegengelassen, damit ihn ein Sergeant am folgenden Montagmorgen weiterbearbeiten sollte. Wenn es sich bestätigen würde, daß das Boot vermißt war, wäre der Bericht dann durch die offiziellen Kanäle der Küstenwache zugänglich gemacht worden. Nachgeordnete Beamte waren wieder einmal am Werk gewesen, verblendet durch ihre eigene bürokratische Routine. In jedem Fall frustrierend, war der Effekt ihrer Nachlässigkeit diesmal tödlich. Jetzt war es zu spät.

Am Nachmittag des Ostersonntags entdeckte die Besatzung eines Fischerbootes Gavins, wie er mit dem Gesicht nach unten im Meer trieb. Der zweite Leichnam wurde Stunden später gefunden. Die Männer hatten Schwimmwesten bei sich gehabt, aber keiner von ihnen trug eine. Was immer mit ihnen geschehen war, es war schnell geschehen, wie etwas aus einem schlechten Traum.

Manche Träume erweisen sich als glückliche Vorahnung, vorausgesetzt, man schenkt ihnen die gebührende Beachtung.

Henry Sims, 72 und mehrfacher Großvater, schlief in seinem Haus in Miami und träumte von einem Feuer, das vor fünfundzwanzig Jahren in Live Oak, Florida, gewütet hatte.

Sein Schwager war auf dem Feld bei der Arbeit gewesen. Seine Frau hatte sich zu ihm gesellt, um Erbsen zu sammeln. Als sie sich umblickte, brannte das Haus. Das Herdfeuer hatte eine der Wände in Brand gesetzt. Andere Männer mußten Henry Sims' Schwager mit Gewalt zurückhalten, als das lodernde Haus in sich zusammenfiel. Der älteste Sohn und das Baby waren noch im Inneren gewesen.

Fünfundzwanzig Jahre später durchlebte Henry Sims diese Nacht in seinen Träumen noch einmal. »Ich habe davon geträumt. Ich habe niemals etwas Ähnliches geträumt.« Der Traum hatte ihn so bewegt, daß er darüber erwachte und feststellte, daß er bereits im Schlaf zu schluchzen begonnen hatte. Er öffnete die Augen und konnte noch immer den Rauch riechen. Es war 4 Uhr 20 in der Frühe. Er setzte sich im Bett auf und merkte, daß der Rauch real war.

Er sprang auf, und sein erster Gedanke galt den Kindern. Er öffnete eine Tür und sah weiter nichts als schwarzen Rauch. Er legte die Hand über Mund und Nase und kämpfte sich zu ihrem Zimmer vor. Dann führte er seine behinderte Tochter Marie, 45, und die Enkelinnen Sheila, 13, Kim, 12, und Jaklin, 16, in Sicherheit. Seine Schreie weckten seine Enkelsöhne Nathaniel Williams, 22, und Antohny Sims, 14, und einen Besucher, Bobby McGredy, 22, in einem anderen Schlafzimmer. Williams konnte nur mit Krücken gehen. Sein Cousin Anthony nahm ihn auf die Arme und trug ihn nach draußen.

Henry Sims Frau war noch immer in dem Krankenhaus, wo auch er den Abend mit einer achtzehn Jahre alten Enkelin verbracht hatte, einer Dialyse-Patientin. Um zehn Uhr abends hatte er beschlossen, nach Hause zu gehen. Ihr Haus und ihr ganzer Besitz waren verloren, aber wären die Sims nicht dagewesen, der Verlust wäre ungleich größer gewesen.

Manchmal ist die Warnung sehr viel weniger deutlich, aber nicht weniger merkwürdig.

Drei junge Frauen und ein Junge im Teenageralter starben bei einem blutigen Überfall auf der Autobahn Nummer 27. Zwei andere Jungen wurden dabei schwer verletzt. Zwei der toten Frauen waren Grundschullehrerinnen. Die dritte hatte sich in letzter Minute angeschlossen, um Maria Zarabozo, 26, zu ersetzen, die sich plötzlich geweigert hatte mitzufahren. Sie hatte eine Vorahnung.

Sie war Sekretärin an der Schule, wo die beiden anderen Frauen als Lehrerinnen tätig waren, war gut mit ihnen befreundet und hatte sie auch schon auf vielen Urlaubsreisen begleitet. Alle drei trugen identische Silberringe, Souvenirs von einer Reise nach Peru. Doch dieses Mal, so erzählte sie mir, hatte ein Traum in der Nacht zuvor ihre Pläne geändert. Denselben Traum hatte sie schon in der Vergangenheit gehabt, und jedesmal hatte er Tod und Tragödie angekündigt. In diesem Traum geht sie einen Weg hinunter und begegnet einem seltsamen kleinen Jungen ganz in Weiß. »Jedesmal, wenn er in meinen Träumen aufkreuzt, weiß ich, daß irgend etwas Schlimmes passieren wird, entweder mir selbst oder jemandem, der mir sehr nahe steht.«

Das erzählte sie ihren Freundinnen. Doch diese bestanden darauf, daß sie sie begleiten solle. Sie hatte abgelehnt.

»Nun miß doch solchen Vorahnungen nicht soviel Bedeutung zu«, hatte eine von ihnen sie gescholten. »Wenn irgend etwas passieren soll, dann wird es auch passieren.«

Sie verabschiedete sich von ihnen. »Ich umarmte und küßte eine jede von ihnen zum Abschied«, erzählte sie mir unter Tränen. Die anderen hatten gelacht.

»Glaubst du etwa, du wirst uns nie wieder sehen?« fragte eine von ihnen.

Sie hob die Schultern. »Vielleicht.«

Die Frau, die statt ihrer starb, hatte erst im letzten Augenblick zugestimmt, die anderen zu begleiten und sich mit ihnen am Steuer abzuwechseln. Neun Meilen nördlich von Andytown und fünf Meilen südlich von Bean City im County von Palm Beach rammte ein von Süden kommender Lastzug mit tiefgekühltem Gemüse für Supermärkte einen Personenwagen, der ein Boot auf einem Anhänger hinter sich herzog. Der riesige Lastwagen geriet außer Kontrolle, überquerte die nach Norden führende Fahrbahn, raste in die Leitplanken, wurde auf die Fahrbahn zurückgeworfen und stieß dann frontal mit dem Wagen der jungen Lehrerinnen zusammen, der sofort in Flammen aufging. Die verbrannten Leichen wurden anhand der identischen silbernen Ringe identifiziert.

Der kleine Junge in Weiß hatte Maria Zarabozo zum ersten Mal in Kuba im Traum heimgesucht, als sie sieben Jahre alt war – vor einem schweren Unfall, den ihre Tante erlitten hatte. Sie wünschte sich, sie hätte niemals sein kleines, bleiches Gesicht gesehen. »Ich wollte, dies wäre nie geschehen«, sagte sie unter Tränen. Ich glaubte ihr, aber sie war noch am Leben.

Andere Alpträume sind von Anfang an eindeutig und bedürfen keinerlei Interpretation. Der Traum eines Mannes aus Miami klärte seinen eigenen Mord auf und führte die Polizei auch gleich zu seinem Mörder. Rafael Gonzalez, Besitzer einer Fisch- und Geflügelhandlung, hatte an einem Freitag einen schrecklichen Alptraum. Er erzählte seinen Angestellten, in seinem Traum sei er von einem früheren Angestellten namens Roberto Alvarez ausgeraubt und erschossen worden. Der Traum war so lebendig und so aufregend gewesen, daß Gonzalez sich weigerte, die Tür zu öffnen, als am Sonntag sein früherer Angestellter erschien und ein paar Shrimps kaufen wollte.

Am Dienstag abend klopfte es wieder. Am nächsten Morgen sah ein Kunde Blut unter der geschlossenen Tür des Ladens hervorquellen. Auf Gonzalez war dreimal geschossen worden. Die Geldkassette war leer. Die Polizei hatte keinerlei Verdächtige. Ein schockierter Angestellter erzählte den ermittelnden Beamten von dem Traum, den der Tote gehabt hatte. Polizisten und Reporter sind Träumen, Vorahnungen und physischen Phänomenen gegenüber überaus skeptisch, doch das geschah damals auf dem Höhepunkt der Mord-Epidemie von Miami im Jahr 1981, und die Detectives waren hoffnungslos überarbeitet.

»Es ist gespenstisch« erzählte Sergeant Richard Napoli mir, »aber ich nehme Hilfe an, woher sie auch immer kommen mag.«

Zweifelnde Detectives, die keine anderen Spuren hatten, besuchten Alvarez, der auch einverstanden war, sich die Fingerabdrücke abnehmen zu lassen. Dann fand die Polizei einen Zeugen, einen Nachbarn, der gesehen hatte, wie der frühere Angestellte Roberto Alvarez etwa zur Zeit des Mordes den Laden verlassen hatte. Experten der Spurensicherung stellten fest, daß die Fingerabdrücke von Alvarez genau zu jenen paßten, die auf der Geldkassette und an dem Wagen des toten Mannes gefunden worden waren. Mit diesen Beweisen konfrontiert, gestand er.

Manche Menschen wissen, daß sie bald sterben werden.

James Edward Jenrette, 18 Jahre alt, erzählte seinem Bruder, er habe geträumt, er sei von der Polizei erschossen worden. Er wurde es.

Schon kurz nach dem Traum beschwerte sich Jenrettes Freundin, ein anderer Mann habe sie geschlagen. Jenrette nahm den Revolver seines Bruders, um Selbstjustiz zu üben. Er und der andere Mann kämpften gerade, als die Polizei, alarmiert von einem anonymen Anrufer aus der Nachbarschaft, am Ort des Geschehens eintraf. Jenrette sah sie und rannte davon, aber er hatte noch immer den Revolver in der Hand. Sie riefen ihm zu, er solle stehenbleiben. Das tat er dann auch, aber als er sich umdrehte und noch immer die Waffe in der Hand hielt, schossen sie ihn nieder.

»Ich werde dich wohl nie wieder besuchen kommen«, sagte ein Stammkunde zu einer Bardame in Miami. Er sagte, er habe gerade eine Grabstätte gekauft, und bat sie, ›einen Kranz auf mein Grab‹ zu legen. Dummes Bar-Geschwätz, dachte sie, als er ihr zuwinkte und zur Tür hinausging.

Augenblicke später war er tot, an die einhundert Fuß von einem Auto mitgeschleift, als er die Straße überqueren wollte.

Das Gefühl, dieses oder jenes sei schon einmal dagewesen, ist förmlich mit den Händen zu greifen, wenn ich mir so unendlich viele Vorgänge aus der Geschichte ansehe, die sich stets aufs neue wiederholt haben. Es ist fast, als gäbe es da irgendeine grausame Lektion zu lernen, ein schicksalhaftes Muster, welches, würde es nur gebührend beachtet, auf jeden Fall einen Sinn ergäbe.

Im Alter von siebzehn Jahren überlebte Ruth Betty Porven, die die Musik liebte und Piano spielte, den Autounfall, der ihren Freund tötete. Sie selbst trug erhebliche Verletzungen davon. Zehn Monate später traf sich Ruth Betty Porven, inzwischen achtzehn Jahre alt geworden, und noch immer nicht vollständig von ihrem Unfall erholt, mit einem netten Jungen in einem neuen Wagen. Und wieder gab es einen Unfall. Diesmal wurden Ruth Betty Porven und ihr Freund getötet.

Räuber ermordeten Serafin Lopez, dreiundsiebzig Jahre, sie schossen ihm in den Kopf und stahlen das Geld aus dem Supermarkt der Familie. Ich berichtete über den Mord und interviewte seine Schwiegertochter. Fast genau auf den Tag vier Jahre später ermordeten Räuber den Sohn des Toten, Jorge Lopez, neunundvierzig, schossen ihn in den Kopf und stahlen das Geld aus dem Supermarkt der Familie. Ich berichtete über den Mord und interviewte dieselbe Frau, die nunmehr zur Witwe geworden war.

Ein zweiundzwanzigjähriger Insasse des Gefängnisses im Dade-County starb in seiner Zelle, wo er sich mit einem Strick erhängte, den er sich selbst aus den Streifen seines Bettlakens gedreht hatte. Acht Jahre später starb sein zweiundzwanzig Jahre alter Bruder, ebenfalls Insasse des Gefängnisses im Dade-County, in seiner Zelle, wo er sich mit einem Strick erhängte, den er sich selbst aus den Streifen seines Bettlakens gedreht hatte.

Milton Facen wurde niemals dafür zur Rechenschaft gezogen, daß er einen Mann bei einem Streit am Spieltisch ermordet hatte. In der Woche, bevor sein Verfahren beginnen sollte, wurde er selbst bei einer Streiterei am Spieltisch ermordet.

Eine Jury sprach Glenn Watkins, 22, von dem Vorwurf frei, betrunken am Steuer gesessen zu haben. Er ging hinaus, um seinen Freispruch zu feiern und starb anschließend bei einem Autounfall. Er saß betrunken am Steuer.

Ich glaube nicht an den Schneemenschen, das Bermudadreieck oder UFOs, aber wie erklärt man sich die Sache mit dem Helikopter, der kopfüber in ein riesiges, mit Wasser gefülltes Felsbecken im Nordwesten des Dade-County stürzte — genau an derselben Stelle, wo zwei Wochen vorher auf höchst mysteriöse Weise ein Frachtflugzeug verunglückt war?

Was ist das? Was um alles in der Welt geht dort vor?

Und wie kommt es, daß es Menschen gibt, die anscheinend einfach nicht umzubringen sind?

Ein zum Selbstmord entschlossener Jugendlicher, 19 Jahre alt, drohte, sich vom Dach eines neunstöckigen Apartmenthauses in Miami Beach zu stürzen. Als zwei Polizisten aus Miami Beach in einem verzweifelten Rettungsversuch zu ihm emporstiegen, stürzte er sich über die Dachkante hinunter in den sicheren Tod. Er stürzte neun Stockwerke tief und fiel direkt in den kleinen Swimmingpool des Gebäudes, wobei er eine riesige Wasserfontäne emporschickte. Danach tauchte er aus dem tieferen Teil des Beckens wieder auf und taumelte direkt in den wartenden Ambulanzwagen. Er hatte den gepflasterten Innenhof nur um Zentimeter verfehlt, ein Kunststück, das kein trainierter Stuntman gewagt hätte.

Der Revolverheld, der King Dixon fünfmal aus kürzester Entfernung in den Kopf schoß, war erstaunt. Er hatte seinen ganzen Revolver in Dixons Schädel leergeschossen, aber Dixon, 46 Jahre alt, stand noch immer da und starrte ihn schockiert und voller Überraschung an. Der völlig verwirrte Revolverheld hatte in dem Versuch, Dixon niederzustrecken, endlich dadurch Erfolg, daß er ihm die leere Waffe über den Kopf haute. Dann rannte er davon und mit ihm alle anderen aus der Bar. Ein zufällig vorüberkommender Streifenpolizist beobachtete die dahinrennende Menschenmenge und fragte, warum sie alle so rannten. »In der Bar ist ein Mann niedergeschossen worden!« schrie irgend jemand.

»Wer hat ihn denn erschossen?« fragte der Cop.

»Ich!« brach es aus dem noch immer völlig entnervten Schützen heraus.

Der Cop schloß den Mann in seinem Streifenwagen ein und rannte in die Bar. Dixon lag auf dem Fußboden und blutete aus mehreren Schußwunden am Kopf. Der Cop warf nur einen kurzen Blick auf ihn und rief über Funk die Mordkommission. Doch dann setzte sich der verwundete Mann plötzlich auf, taumelte schließlich sogar auf die Füße und fing an, dem Cop laut lamentierend zu erklären, was gerade passiert war. Nicht eine einzige Kugel vom Kaliber .22 hatte seinen Schädel durchschlagen. Dixon wurde in einem Krankenhaus behandelt und dann nach Hause geschickt, wo ich ihn am nächsten Tag interviewte. »Meine Ohren klingeln noch immer«, sagte er. »Der Revolver war ja direkt an meinem Ohr. Die verdammten Schüsse waren wirklich laut.« Ansonsten aber fühlte er sich prächtig. »Ich glaube, Sie werden wohl den lieben Gott fragen müssen, warum ich noch immer am Leben bin.«

Aber die Kugeln töteten ihn doch. Ich fand King Dixon acht Jahre später im Leichenschauhaus wieder. Seit der Schießerei hatte er mehrere Schlaganfälle erlitten, und einer von ihnen tötete ihn schließlich.

Der Gerichtsmediziner machte die alten Schußwunden dafür verantwortlich und nannte seinen Tod schlichtweg Mord.

King Dixon wurde im Jahre 1984 zu Miamis einzigem Mordopfer, das durch Kugeln ums Leben gekommen war, die 1976 abgefeuert worden waren.

Drei Tage vor Weihnachten schoß ein Räuber dem College-Studenten Barry Williams an der Tankstelle, wo er nachts arbeitete, mitten ins Gesicht; kaltblütiger Mord, aber Williams starb nicht. Er fiel nicht einmal zu Boden. Der überraschte Räuber zog abermals den Abzug durch. Diese Kugel zerfetzte Williams die Hand. Als der Räuber den Revolver ein drittes Mal hob, wehrte Williams sich. Der Revolverheld flüchtete. Die erste Kugel hatte die Haut durchschlagen und war dann stecken geblieben — keinerlei Brüche, nur entsetzliche Kopfschmerzen.

»Es ist ein Wunder«, sagte Detective Luis Albuerne von der Mordkommission, ein Mann, der ansonsten durch nichts zu beeindrucken ist. »Die Munition muß uralt gewesen sein.«

Manche Leute sind offenbar nicht umzubringen, während unschuldige Zeugen ganz plötzlich sterben, getroffen von Querschlägern, die aus heiterem Himmel zu kommen scheinen.

Solche Anomalien erinnern mich immer an meinen Freund D. P., Ex-Polizist und Chef des Einsatzteams des *Broward Medical Examiner's Office*. Von ihm stammt die Theorie mit dem Schwarzen Brett: »Irgendwo im Himmel muß ein großes schwarzes Brett hängen. Falls dein Name darauf steht, wirst du noch heute sterben. Falls nicht, dann eben nicht.« Nehmen wir doch den Feuerwehrmann aus Chicago, der nach seiner Pensionierung nach North Miami zog, um sich noch ein paar schöne Jahre zu machen, und der von einer Kugel getötet wurde, die wie aus heiterem Himmel auf ihn herunterfiel, als er gerade vor seinem Haus stand. Die Polizisten vermuteten, das Geschoß könnte etwa eine Dreiviertelmeile entfernt in die Luft gefeuert worden sein. Sie bekamen nie heraus, wer diese Kugel oder jene andere abgefeuert hatte, die einen 55 Jahre alten Zimmermann während eines Spaziergangs traf. Die Kugel schlug in den oberen Teil seines Rückens ein. »Sie kam von nirgendwo her«, sagte er, während er nervös Miamis weiten und unschuldig blauen Himmel musterte.

Auch Gegenstände, die um einiges größer sind als Kugeln, scheinen gelegentlich aus dem Nichts und an völlig unerwarteten Orten aufzutauchen. Der merkwürdige Fall der Sevanda Margarita Hernandes Pacheco wäre selbst für Rod Serling ein ewiges Mysterium geblieben.

Ihr letzter Nachmittag verlief überaus glücklich. Mit zwei Freundinnen zusammen redete, fischte und kochte sie auf Watson Island, bis ein Wolkenbruch ihr fröhliches Weekend-Picknick beendete. Die drei Frauen flüchteten sich in ihr Auto, als der Regen einsetzte. Sevanda saß auf dem rechten hinteren Sitz des zweitürigen Chevrolet. Die anderen Frauen saßen vorn. Als sie nach links abbogen, um Watson Island wieder zu verlassen, gerieten sie direkt vor einen schweren Lincoln, der von einem Mann aus Miami gesteuert wurde. Sein Wagen rammte den ihren direkt hinter der Fahrertür.

Ein städtischer Angestellter aus Miami Beach sah den Unfall. Um 19 Uhr 42 informierte er die Polizei von Miami und den Rettungsdienst und leistete den beiden Frauen in dem Chevrolet Erste Hilfe. Der Fahrer des Lincoln sah ebenfalls nur zwei Frauen. Diese erzählten ihren Rettern, ihre Freundin habe auf dem Rücksitz gesessen. Die völlig verwirrte Polizei konnte sie nicht finden.

Um 19 Uhr 58 — sechzehn Minuten später — rief jemand bei der Polizei von Miami Beach an und berichtete, ›irgendwas‹ liege auf der Straße herum. Eine unidentifizierte Frauenleiche lag auf der Kreuzung Lenox Avenue und Fourth Street.

Ein Wagen hatte ihren Leichnam überrollt und dabei den Auspuff verloren.

Am Tag nach dem Unfall auf Watson Island meldete Sevandas Nichte sie als vermißt. Ihre Tante wurde im Leichenschauhaus entdeckt, wo sie als Opfer eines Unfalls in Miami Beach geführt wurde. Rätselhaft ist nun, wie sie vom Ort des Unfalls bis zu dem Ort gekommen ist, an dem sie Minuten später gefunden wurde — in einer anderen Stadt, mehr als zwei Meilen entfernt. Der Leichnam wies keinerlei Schleifspuren auf. Wo starb sie wirklich? War sie Miamis 46. Verkehrsopfer in diesem Jahr oder Miami Beachs 24.?

Vielleicht wurde sie bei dem Zusammenstoß aus dem Fenster geschleudert.

Vielleicht hat sie ein vorbeikommender Autofahrer mitgenommen und sie schließlich in Panik aus dem Auto geworfen, als sie ohnmächtig wurde oder gar starb. Aber warum sollte irgend jemand ein Unfallopfer an der Unfallstelle auflesen und es wegfahren?

Vielleicht landete sie direkt auf einem vorüberfahrenden Wagen oder Lastwagen, der Richtung South Beach unterwegs war, wo sie dann wieder von dem fahrenden Fahrzeug fiel. Aber müßte nicht jeder Fahrer bemerken, daß ein menschlicher Körper auf seinen Wagen gefallen ist?

Vielleicht wurde sie auch vom Fahrgestell eines großen Lastwagens erfaßt, verklemmte sich dort und fiel an dem Ort wieder herunter, an dem man sie später fand.

Keine dieser Theorien ergibt irgendeinen Sinn.

»Es ist völlig absurd«, sagte der ermittelnde Beamte in Miami.

»Es ist über alle Maßen sonderbar«, sagte der ermittelnde Beamte in Miami Beach.

»Wir haben nicht vor, irgend jemanden wegen irgend etwas anzuklagen. Wir wollen nur einfach wissen, wie sie dorthin gelangen konnte«, sagte einer der Beamten und veröffentlichte einen Aufruf an die Bevölkerung. Niemand meldete sich.

So viele Rätsel bleiben ungelöst.

Wer ist beispielsweise in James E. McCoys Militär-Grab begraben worden? Und wer kassierte die Versicherungsprämie? McCoy starb in einem Krankenhaus in Miami eines natürlichen Todes. Die Versuche seiner Witwe, ihn auf einem Militärfriedhof beizusetzen, wurden indes zurückgewiesen. Die Grabstätte war bereits belegt, und seine Versicherungsprämie schon acht Jahre zuvor ausgezahlt worden. Name, Soldbuchnummer, Nummer der Sozialversicherung und alle Daten seiner militärischen Laufbahn waren identisch. Der erste Mann war ganz offenkundig nicht der wirkliche McCoy. Aber wer war es dann?

Und warum sollte ein Feuerwehrmann aus Miami Beach sich nackt ausziehen und auf seinem schweren Motorrad mit fünfundachtzig Meilen pro Stunde um 10 Uhr 45 durch eine Mautstation und auf den Expressway hinaus rasen, eine rote Ampel mißachten und dann so schwer verunglücken, daß seine Leiche von vier entsetzten Autofahrern überrollt wurde? Er hatte nicht einmal einen Helm getragen.

Was geht da vor?

Eine gewaltige Explosion mit grünen Blitzen, einem grellweißen Glühen und einem grünen Feuerball vernichtete die Etagenwohnung eines Grundstücksmaklers in Miami und tötete dabei um ein Haar seine beiden Söhne im College-Alter. Teppiche wurden davongeblasen, die Eingangstür auf den Rasen geschleudert und die Fenster, noch immer in den Rahmen, landeten in den umstehenden Baumkronen. Zunächst glaubte man, die Ursache in einer defekten Gasleitung gefunden zu haben, doch die Wahrheit war, daß sich die Explosion in dem Augenblick ereignet hatte, als einer der Jungen den Fernseher einschalten wollte. Dabei verlor er sein rechtes Bein und ein

Auge, und sein Körper wurde zu neunzig Prozent verbrannt. Sein schwerverletzter Bruder hatte den Fernsehapparat aus einem geparkten Wagen gestohlen. Der Fernseher war präpariert gewesen.

Die Ermittler mutmaßten zunächst, irgend jemand müsse es wohl leid gewesen sein, ständig bestohlen zu werden, und habe hier eine Falle für einen Dieb aufgebaut, doch diese Theorie erwies sich als unhaltbar angesichts der komplexen Konstruktion der Bombe, einer ausgeklügelten Kombination verschiedener Sprengstoffe, die einen nie genau identifizierten silbernen Staub über das zerstörte Gerät legte. War diese tödliche Falle vielleicht gebaut worden, um sich an irgendwelchen Dieben zu rächen? Oder hatte der Junge das Gerät gestohlen, bevor ein Bombenleger ihn bei dem an sich vorgesehenen Ziel abgeben konnte? Waren vielleicht die Pläne internationaler Terroristen durch einen kleinen Dieb durchkreuzt worden?

Wir sind alle schon einmal in Gebäuden gewesen, wo wir uns sofort wohl gefühlt haben, zufrieden und irgendwie zu Hause, und wir sind alle schon einmal an Orten gewesen, wo wir dieses Gefühl nicht hatten. Vielleicht liegt es an der Ausstattung, dem Dekor — oder vielleicht auch an der Geschichte eines solchen Gebäudes. Wie dies etwa bei einem Hochhaus in Miami Beach der Fall ist, das auf geschichtsträchtigem und unheilverkündendem Boden errichtet wurde. In einer relativ jungen Stadt, die erst fünfundsiebzig Jahre alt ist, finden sich nur unter wenigen Adressen solche Geheimnisse und Geschichtchen. Karl Fisher, der exzentrische, weitblickende Millionär, der einst die Stadt gründete, wählte einen Platz mit Blick auf den Ozean, um dort ein Heim für seine noch im Teenageralter befindliche Braut Jane zu bauen. Fertiggestellt im Jahre 1915, war ihr elegantes Zuhause, genannt *The Shadows*, umgeben von grünem Rasen und blauer See, der Treffpunkt der High Society. Während Fishers Arbeiter gewissermaßen aus einem wertlosen Stück Morast eine Stadt erstehen ließen, war das schönste Haus am Platz voller Musik, Gelächter und großer Gesellschaften.

Aber die Dinge entwickelten sich nicht gerade positiv, und der Glanz schwand dahin. Jane verließ ihn. Fisher starb als gebrochener Mann, von seinem Vermögen waren ihm noch ganze vierhunderttausend Dollar geblieben. Jane starb völlig mittellos in New York.

Sie hatten niemals erfahren, daß das verlassene Stück Küste, wo Fisher aus Liebe ihr Zuhause gebaut hatte, blutige Vorgeschichte hatte. Entsetzte Arbeiter entdeckten das Geheimnis, als Fishers Traumhaus im Jahre 1965 abgerissen wurde, um an seiner Stelle ein zwölfstöckiges Apartmenthaus zu errichten. Die Bagger legten einen uralten Kanal frei und Teile eines alten Segelschiffs. Andere Fundstücke, darunter Teile eines Achters, waren den Berichten zufolge von Bauarbeitern beiseite geschafft worden. Die Schreie ertrinkender Seeleute und der Tod eines Schiffes, das an einer tückischen Küste gestrandet war, waren lange von den treibenden Sandbänken verschüttet gewesen. Statt die Gegend abzuriegeln und das Schiff zu bergen, war es für immer verloren. Die Baufirma lehnte es ab, mit den Arbeiten zu warten, und schüttete statt dessen über alles Beton.

Aber wieder wendeten sich die Dinge zum Schlechten. Ende 1967 begann ein zwei Jahre andauernder Wirrwarr, als die Stadtverwaltung entdeckte, daß das Projekt zu viele Wohneinheiten und zu wenige Parkplätze aufwies. Fast täglich wurden neue Versammlungen einberufen. Die Besitzer wurden vom Stadtgericht verurteilt, aber ein übergeordnetes Gericht machte die Verurteilung wieder rückgängig. Der Hausverwalter wurde aus seinem Job, der Bauherr, ein Mitglied des Stadtrates von Miami Beach, aus seinen politischen Ämtern gedrängt.

Die Apartments in dem Gebäude waren schnell vermietet, doch dann ereigneten sich die seltsamsten Dinge. Benjamin Weinstock, 75 Jahre alt, machte den Anfang. Er wurde nahe dem Swimmingpool aufgefunden, nur mit seiner Unterwäsche bekleidet, den Schädel so zerschmettert, daß niemand ihn wiedererkannte, bis seine Frau aus ihrem Apartment im zehnten Stock anrief, um ihn als vermißt zu melden. Er sei guter Dinge gewesen, sagte sie, und habe darauf gewartet, daß sie vom Einkaufen zurückkehrte.

Vielleicht war er betrunken, sagte die Polizei, und sei unglücklicherweise über das Balkongeländer gefallen.

Dann kam der Fall Tola Lishner, 51 Jahre alt. Ihr Ehemann und einer der Pförtner waren in dem Apartment im sechsten Stock, als es passierte. Sie fing plötzlich an, zwischen dem Wohnzimmer und dem Schlafzimmer hin und her zu laufen. Als sie dann irgendwann nicht mehr aus dem Schlafzimmer zurückkehrte, folgten sie ihr. Sie war nicht mehr länger im Zimmer. Sie stand draußen auf einem schmalen Sims. Sie rannten zum Fenster — zu spät.

Ann Ganz, 63, folgte vom achten Stock kaum einen Monat später. Sie ließ einen Küchenstuhl neben ihrem offenen Schlafzimmerfenster zurück. Ihr entsetzter Ehemann sagte aus, alles sei in Ordnung gewesen. Sie hätten gerade zusammen zu Mittag gegessen, und er sei zur Arbeit zurückgekehrt.

Sechs Monate später gesellte sich Dolly Raz, 70, zu ihnen. Eine Angestellte eines nahegelegenen Hotels sah sie gegen 7 Uhr 30 in einem pinkfarbenen Bademantel, wie sie auf dem Geländer des sechsten Stockwerks stand. Dann ließ sie los, schrie und griff wieder nach dem Geländer. Eine Minute später ließ sie erneut los und wurde zum vierten Bewohner innerhalb von sechzehn Monaten, der aus diesem Gebäude abstürzte. Ich weiß von keinem anderen Haus in Miami Beach mit einem solchen Rekord — oder einer solchen Geschichte.

Viele Bürger Miamis nehmen Voodoo-Hexen und alte Flüche sehr ernst. Ein Mann im Alter von dreißig Jahren, den der Glaube, ein Voodoo-Fluch habe ihn impotent gemacht, fast um den Verstand brachte, leerte ein ganzes Revolvermagazin in den Mann, den er beschuldigte, diesen Fluch über ihn verhängt zu haben.

Vielleicht hat es ihn geheilt, aber dafür erleidet er jetzt den Fluch eines Lebens im Gefängnis.

Hinweise auf Santeria-Rituale finden sich überall. Schüsseln voller Blut, geopferte Tiere und Grabschändungen durch Leute, die sich auf das Recht der Religionsfreiheit berufen. Als ein

Polizeibeamter einmal ein Pärchen anhielt, das nach Einbruch der Dunkelheit aus einem Friedhof schlich, fiel dem Mann ein menschlicher Schädel aus dem Hemd.

Manchmal begleite ich Detectives der Mordkommission auf ihrer mitternächtlichen Routinetour, und das ist eine Zeit, die sich wie keine andere eignet, sich die Stadt anzusehen, die ich liebe. Eines Nachts erreichte uns ein routinemäßiger Anruf betreffend den natürlichen Tod eines Mannes in den Vierzigern. Das Opfer arbeitete nachts in einem Restaurant. Er war nach Hause gekommen und zusammengebrochen, während er die Eingangsstufen zu seinem Apartment emporstieg. Der Tod kam ganz plötzlich, ohne jede Vorwarnung. Bis zu diesem Tag schien sein Abend reine Routine zu sein. Er hatte ein Sandwich und eine Zeitung bei sich.

Sein Apartment allerdings, absolut bar jeder Möblierung, war keine Routine. Ein von einer Frauenhand auf spanisch verfaßter Brief lag vor einem dekorativen goldgerahmten Spiegel im Foyer. Über die einzelnen Seiten waren lauter Pennystücke ausgebreitet worden.

Die Freundin des Mannes war in der vergangenen Woche nach einem Streit wutentbrannt ausgezogen. Sie hatte die Möbel mitgenommen und den Brief zurückgelassen. Ein junger, Spanisch sprechender Polizeibeamter übersetzte. Sergeant Mike Gonzales, Detective Louise Vasquez und ich starrten uns an, als er laut vorlas. Die Briefschreiberin war voller Bitterkeit gewesen und hatte gegen ihren früheren Liebhaber einen Santeria-Fluch ausgesprochen.

»Du wirst sterben«, hatte sie als Postskriptum geschrieben.

Und genau das tat er innerhalb weniger Tage.

Rod Serling hätte die beiden kleinen Mädchen geliebt, beide zwölf Jahre alt, eine davon ein Weekend-Gast — allein daheim um Mitternacht —, die sich gegenseitig Gespenstergeschichten erzählten. Sie jagten einander dabei solche Angst ein, daß sie aus dem Haus mit all seinem seltsamen Knacken und Quieken und seinen Schatten flohen. Als die verschreckten Kinder davonrannten, um Zuflucht bei einem Nachbarn zu suchen, sahen sie dicken schwarzen Rauch aus dem Haus direkt nebenan quellen. Sie pochten und traten gegen die Tür, bis sie die schlafenden Bewohner geweckt hatten. Das Haus war voller Rauch. Die Anschlußschnur einer neuen Klimaanlage hatte sich überhitzt und Gardinen und Teppiche in Brand gesetzt. Das Pärchen, das hier lebte, wäre wohl nie mehr aufgewacht, hätten sich nicht die beiden kleinen Mädchen mitten in der Nacht gegenseitig dermaßen in Panik versetzt.

Die Zone des Zwielichts – manchmal ist mir, als sei ich dort gewesen.

5. Kapitel

Besser als das wirkliche Leben

*Realität scheint mehr und mehr zu dem zu werden,
was man uns mit Hilfe von Kameras zeigt.*

Susan Sonntag

Von Kugeln durchlöcherte Leichen, verwaiste Babys, eine unerbittliche Polizei, die das Chaos mit gelben Bändern einzugrenzen versucht: Mord in Miami — wie üblich.

Aber dieser eine Mord hatte etwas, das keine andere Mord-Szenerie in Miami je zuvor hatte: einen Filmstar.

Hollywood war zum *Miami Herald* gekommen, um *The Mean Season* zu drehen, einen Film, in dem Kurt Russell und Mariel Hemingway mitspielten, wobei Russell einen Polizei-Reporter darstellte. Einige Szenen davon sollten im Redaktionsgebäude abgedreht werden, und der Direktor hatte mich gebeten, Russell mit zu meinen Besuchen bei der Polizei zu nehmen, um ihn auf seine Rolle einzustimmen.

Es sollte zu einer lehrreichen Erfahrung für uns beide werden.

Ich war nicht besonders aufgeregt. Ich arbeite am liebsten allein. Das ist keine Unterhaltung, sagte ich mir, das ist das wirkliche Leben, ernsthaftes Geschäft. Zudem hatte ich kein sonderliches Vertrauen in Hollywoods Suche nach Authentizität. Als Jahre zuvor Szenen des Films *Absence of Malice* im *Miami Herald* gedreht worden waren, hatte Sally Field eine Reporterin begleitet, um sich auf ihre Rolle vorzubereiten. Sally langweilte sich damals sehr bald und reiste wieder ab. Wir sahen sie nie wieder, außer auf der großen Leinwand.

Daher war ich überrascht und auch ein wenig verunsichert,

als Kurt Russell mich eines Nachmittags anrief und fragte, ob er vielleicht in die Redaktion kommen könne. Natürlich, sagte ich, und warnte ihn auch gleich, falls sich eine neue Story ergeben sollte, würde ich sicher wieder weg sein, noch bevor er da sei.

Wenig später erschien ein Fremder an meinem Schreibtisch. »Hi«, sagte er, »ich bin Kurt Russell.« Er sah verlottert genug aus, um ein Reporter sein zu können: goldgeränderte Brille, verwaschene Jeans, Tennisschuhe und ein T-Shirt von einer kleinen Bar irgendwo in Colorado.

Bisher hatte ich erst einen seiner Filme gesehen, und zwar *Silkwood*, und ich erinnere mich noch an die Szenen, wo er kein Hemd getragen hatte, aber jetzt hätte ich ihn nicht wiedererkannt. Nicht nur, weil er völlig bekleidet war, sondern auch, weil sein ganzes Auftreten so unaufdringlich war, daß niemand auch nur aufblickte. »Wo ist denn Ihr Gefolge?« fragte ich. Er hatte keines.

Minuten später ergab sich wie aufs Stichwort eine Story: ein Doppelmord. Der Filmstar war überrascht, daß er sich trotz nahendem Redaktionsschluß mit mir in meinem neun Jahre alten Wagen durch den Berufsverkehr bis zum Tatort voranquälen mußte. »Mir ist nie in den Sinn gekommen, daß Sie sich ja mit so stupiden Alltagsdingen herumschlagen müssen wie den Stoßzeiten des Berufsverkehrs.«

Er hatte recht. An den Tatort zu gelangen ist keineswegs eine Freude.

Es handelte sich um eine reine Wohngegend. Ein junges Ehepaar war erschossen worden, ermordet im eigenen Heim. Es gab einen Augenzeugen: den fünfzehn Monate alten kleinen Sohn. Die Waise war entdeckt worden, wie sie sich an die Leiche ihrer Mutter klammerte, durchnäßt von ihrem Blut und in Tränen aufgelöst. Ein älterer Bruder im Alter von drei Jahren war zu dem Zeitpunkt sicher in einem Kindergarten verwahrt. Niemand hatte das Kind aus dem Kindergarten abgeholt, und daher hatte die Leiterin einen Verwandten benachrichtigt, der dann die Leichen entdeckte.

Die Menschenmenge rings um den Tatort setzte sich vorwiegend aus Nachbarn zusammen. Wir mischten uns unter die Neugierigen, die Polizei und die Presse. Der Mörder war unerkannt entkommen, aber Kurt Russell wollte das nicht gelingen. Da ich den Schauspieler niemals in einer größeren Menschenmenge erkannt hätte, hatte ich auch nicht erwartet, daß ihn sonst jemand erkennen würde. Falsch.

Als der Star das lebensnahe Drama in sich aufgenommen hatte, begann die Atmosphäre sich zu verändern. Ein Mann in der Menge starrte herüber. Ein paar junge Mädchen gluksten und kicherten. Eine wütende junge Frau, die gerade die Tür zuschlagen wollte, um meinen Fragen zu entgehen, hielt inne und richtete die Augen auf das Gesicht, das über meine Schulter blickte. Ihr Gesichtsausdruck wurde auf der Stelle sanfter, und ihre Lippen öffneten sich. Eine Frau mittleren Alters in Gesundheits-Sandalen vergaß den Horror des Verbrechens, bat um ein Autogramm und wich uns nicht mehr von der Seite.

Er hatte gehofft, unerkannt zu bleiben, hatte sogar überlegt, sich zu verkleiden — »struppiges Haar, dicker Schnurrbart, großgeränderte Hornbrille«, erzählte er mir später. Er konnte nicht verstehen, warum die Leute immer Autogramme haben wollen. »Es ist doch kein Gemälde, das man bewundern kann, es ist doch nur so eine Art Trophäe.«

Er unterdrückte eine unfreundliche Reaktion und erfüllte ihr ihren Wunsch nach einem Autogramm, woraufhin die Frau eine größere Lobeshymne über *Silkwood* losließ. Anschließend umklammerte sie ihre kleine Trophäe. Sie hatte das Eis gebrochen.

Ein Schrei ging wie ein Echo durch die Menschenmenge. »Wißt ihr, wer das ist?« Nachbarn, die in ihrem eigenen Haus hingeschlachtet worden waren, waren plötzlich vergessen. Ein Nachrichtenteam des Fernsehsenders wurde aufmerksam. Die Kamera schwenkte um 180 Grad. Leichen und Babys waren vergessen, das Fernsehteam stapfte hinter dem Star her und bettelte um ein Interview. Die übrige Menge folgte.

Die Polizeibeamten, die die Menschenmenge am Tatort unter Kontrolle halten sollten, blickten überrascht drein. Nur Augenblicke vorher hatten sie die Leute noch mit Gewalt daran hindern müssen, die gelben Absperrungsseile nicht zu durchbrechen. Jetzt waren sie nicht mehr länger notwendig. Die Menge hatte sich bei der Verfolgung eines Fremden verlaufen. Wir stürzten uns ins Auto und machten, daß wir wegkamen.

Ich war überrascht. Kurt Russell ging es nicht anders. Er hatte seinen Bekanntheitsgrad unterschätzt. Selbst für den Fall, daß er erkannt werden sollte, hatte er erwartet, er werde ignoriert werden wegen der sensationellen Ereignisse am Tatort. Wieder falsch.

Ich hatte immer gedacht, mein Job sei das einzig Wahre, ein echtes Drama von Leben und Tod, aber für die meisten Menschen ist das, was sie in abgedunkelten Filmtheatern und mit 20 Bildern pro Sekunde zu sehen bekommen, ungleich aufregender. Sie sind fasziniert von einer Nachbildung des Lebens, die irgendwie größer, besser und ungleich anregender zu sein scheint als die Wirklichkeit.

Russell erklärte später gegenüber dem anderen Star, Mariel Hemingway: »Ich garantiere Ihnen, falls irgend jemand blutend auf der Straße gelegen hätte und Sie wären vorbeigekommen, die Leute hätten glatt vergessen, den Rettungswagen anzurufen. Das Opfer hätte mit Sicherheit geschrien: ›Großer Gott! Ruft Hilfe herbei! Meine Beine sind mir abgerissen worden ... wartet doch, wartet eine Minute. Sie sind doch Mariel Hemingway!‹«

Spätere Ereignisse sollten ihm recht geben.

Bei Einbruch der Dunkelheit drehte das Filmteam eine Mordszene unten am Strand. Rein zufällig ereignete sich noch am selben Abend und am selben Strand ein wirklicher Mord. Das Szenario dazu hatte schon in der Nacht zuvor begonnen: ein junges Pärchen hatte Wein getrunken und sich in einem Wagen zusammengekuschelt, der nahe dem Wasser geparkt war. Ein Fremder war aus dem Schatten erschienen, behauptete, er sei Polizeioffizier, und befahl dem jungen Mann, aus dem Wagen auszusteigen. Als er dies tat, schlug der Fremde ihn mit einem Baseballschläger tot. Der Killer entführte das Mädchen. Sie wurde vergewaltigt, ziellos durch die Stadt gefahren und schließlich in einer ihr fremden Gegend ausgesetzt.

Die Polizei brachte sie zum Tatort zurück in einem Versuch, den Ablauf der ganzen Geschichte zu rekonstruieren. Der Teenager schluchzte aus gutem Grund unaufhörlich. Ihr Freund war brutal ermordet, sie selbst entführt und vergewaltigt worden. Ein Polizist hatte zufällig erwähnt, daß das Filmteam ganz in der Nähe arbeitete. Das Schluchzen des Teenagers legte sich nach und nach. Sie fragte, ob die Polizisten eine Möglichkeit für sie sähen, Kurt Russell vorgestellt zu werden. Die Cops sagten, sie wollten es versuchen. Der Schauspieler erklärte sich einverstanden, nachdem man ihm die Geschichte erzählt hatte. Er setzte sich eine Zeitlang mit dem Mädchen zusammen und beriet es.

Beriet? Wer braucht schon eine Beratung nach einer Vergewaltigung, wenn man Kurt Russell haben kann?

Wir redeten viel miteinander. Wir machten uns beide Notizen.

Zuerst hatte ich mit der Filmerei nichts zu tun. Der *Herald* erlaubte Hollywood nur, die Redaktionsräume nach Mitternacht zu benutzen, und um diese Zeit bin ich im allgemeinen schon nicht mehr da. Aber eines Nachts arbeitete ich noch spät an der Aufklärung eines Vorfalls, der die Polizei betraf. Ein führender Polizeibeamter hatte offensichtlich auf dem Schulhof einer Grundschule die Hosen heruntergelassen und sich vor den kleinen Mädchen entblößt.

Während ich noch an der Story formulierte, blieb mir gar nichts anderes übrig, als die geschäftigen Filmleute zu beobachten. Sie waren dabei, Schienen zu verlegen, so daß der Chefkameramann und der Regisseur durch die ganze riesige Redaktion fahren konnten, während sie eine Verfolgungsjagd filmten, und zwar jene, in der der Reporter, dargestellt von Kurt Russell, über Schreibtische springt und mit einem Laufjungen zusammenstößt, wobei der gutaussehende Detective der Mordkommission, Andy Garcia, versucht, ihn aufzuhalten.

Das Team arbeitete schnell und effizient. Die Leute wußten, was sie taten. Es war bemerkenswert, wie schnell sie ihr Projekt entwarfen, konstruierten und vollendeten. Genial. Ich mußte unwillkürlich an Metrorail denken, das Massentransportsystem, an dem die führenden Köpfe des Dade County schon seit Jahren arbeiteten. Offenbar werden sie nie damit fertig, da es nicht funktioniert. Die angesetzten Kosten wurden bei weitem überschritten. Das System kostet uns noch immer viel Geld. Präsident Ronald Reagan sagte einst dazu, es wäre billiger gewesen, jedem Einwohner Miamis einen Cadillac zu kaufen. Vielleicht hatte er recht.

Und doch baute diese kleine, bescheidene Mannschaft eine Miniatur-Metrorail in Nullkommanichts, und sie funktionierte perfekt. Der Unterschied lag natürlich darin, daß hier die Steuerzahler nicht für die Rechnung geradestanden. Anders als die meisten Politiker verlangten diese Filmproduzenten Leistung für ihr Geld. Es war aufregend, Effizienz und Kreativität in Aktion zu sehen bei etwas, das von Anfang an richtig funktioniert. Wenn man erst einmal lange genug mit Regierungsstellen zu tun hatte, vergißt man allzu leicht, daß so etwas möglich ist.

Ich schrieb meine Geschichte zu Ende und blieb die ganze Nacht über. Am nächsten Morgen beantragte ich meinen gesamten Resturlaub, und so konnte ich die nächsten vier Wochen damit verbringen, dem Film-Team bei der Arbeit zuzusehen. Sie verfügen über die unglaubliche Fähigkeit und das Know how, um die Nacht zum Tag und den Tag zur Nacht machen zu können. Sie produzieren ihren eigenen Donner und ihre eigenen Blitze — und ihren Regen. Wirklicher Regen läßt sich nicht gut filmen, und ihr Regen ist besser, er sieht realistischer aus als der wirkliche Regen. Und sie können ihn abstellen, wann immer ihnen danach ist.

Zum Teufel, Hollywood *ist* besser als das wirkliche Leben.

Randbemerkung

Romanze

Liebe ist ein Verbrechen, das einen Komplizen erfordert.

Charles Baudelaire

Man ergreife einen Job und vergesse sofort alle Annehmlichkeiten des Lebens wie etwa menschliche Beziehungen, Romantik und so etwas wie soziale Kontakte.

An Wochenenden zu arbeiten ist sinnvoll für die Polizei, und daher sind meine freien Tage Montag und Dienstag. Eine Zeitlang traf ich mich regelmäßig mit einem Anwalt. Das war nicht ganz ohne Risiko, denn ich arbeitete bis sieben Uhr, aber ich dachte, es würde schon klappen.

Wieder falsch.

Kurz vor sieben erklangen die Alarmsirenen auf dem Internationalen Flughafen von Miami: ein Flugzeug mit Problemen bei der Hydraulik setzte gerade zur Landung an. Ich schnappte mir ein Notizbuch und raste zum Flughafen. Der riesige Jet kreiste eine Zeitlang über der Landebahn, dann bekam er Bodenberührung. Eine perfekte, wenn auch atemberaubende Landung, mit den Bergungsmannschaften in Bereitschaft. Ich eilte zurück zum *Herald*, schrieb einen kurzen Bericht und ging müde, aber glücklich, nach Hause. Es war elf Uhr.

An meiner Wohnungstür fand ich die Visitenkarte des besagten Anwalts. O nein, stöhnte ich. Wie konnte ich das nur vergessen? Auf der Rückseite stand nur ein einziges Wort: *Warum?*

Ich weiß nicht, warum.

Ich habe keine Erklärung dafür, warum alles an Bedeutung verliert, sobald irgendeine neue Story am Horizont auftaucht, oder warum ein Flugzeug voller Menschen in Not immer wieder meine ungeteilte Aufmerksamkeit auf sich lenkt und persönliche Angelegenheiten wie Liebe und Sex noch im selben Augenblick zur Bedeutungslosigkeit herabsinken läßt.

Klügere Leute als ich, Leute, deren Prioritäten besser ausbalanciert sind, haben so etwas im Griff. Ich glaube, ich werde es nie in den Griff bekommen.

Ein Mann, den ich einmal liebte, rief mich einen Nachmittags an. Hoffnungslos im Zeitdruck und in meinem ersten Job bei einer Zeitung, griff ich nach dem Telefon, die Augen auf die Uhr geheftet und voller Panik hin und her gerissen zwischen den drei Stories, die ich innerhalb der nächsten 40 Minuten zu Ende schreiben mußte.

Der Anrufer säuselte wie nebenbei: »Hi, meine Süße.«

»Wer ist denn dran!« rief ich barsch. In dem nun folgenden Schweigen fiel mir natürlich sofort ein, um wen es sich handelte, aber mir blieb keine Zeit mehr für irgendwelche Erklärungen, und die bereits ausgesprochenen Worte waren nicht mehr zurückzurufen. Ganz augenscheinlich gibt es nur wenig Romantik in diesem Job, und je schneller die Jahre davoneilen, immer weniger, doch das macht nichts. Es gibt kurze, ganz spezielle Augenblicke, die einen dafür entschädigen.

So beispielsweise, als ich einen jungen, aus Lateinamerika stammenden Detective der Mordkommission anrief, um mit ihm über einen Mord zu reden, den er untersuchte. »Wollen Sie darüber eine Story schreiben?« fragte er.

Ich sagte ja.

»Gut«, sagte er. »Ich lerne immer etwas Neues über meine Fälle, wenn Sie darüber schreiben.«

Nett.

Ein Detective der zentralen Mordkommission, groß, barsch, mitunter ausgesprochen widerwärtig, rief mich an, um lauthals mit seinen Bemühungen, einen verwickelten Mordfall zu lösen, zu prahlen. »Was meinen Sie?« knurrte er schließlich. »Wie würden Sie vorgehen?«

Man sollte solche Anrufe möglichst bald vergessen, aber mir bedeuten sie trotzdem eine ganze Menge.

Dann gibt es da auch noch den Polizeilieutenant Arthur Beck, einen Mann, mit dem ich glatt durchbrennen würde — falls es mir gelänge, Beruf und Vergnügen miteinander zu verbinden und er nicht zufällig glücklich verheiratet wäre. Aber ich kann es nicht, und er ist es. Außerdem hat er mich nie gefragt, und wenn er es täte, könnte ich am Ende doch nicht gehen. Arthur Beck ist anders als die meisten Cops. Er ist ein angenehmer, gefühlvoller Mann mit einem ausgeprägten Sinn für Humor, er liebt Disney World, wohin er häufig mit seiner Familie fährt, und jede Art von Spaß, wo immer er ihn findet — außer wenn er an einem Fall arbeitet. Dann ist er so ernst wie ein Buchhalter.

Als wir uns zum ersten Mal begegneten, war er gerade erst als Sergeant der Mordkommission zugeteilt worden und hatte noch nie mit der Presse zu tun gehabt. Es war gerade Wochenende, und ich unterhielt mich im Hauptquartier mit ihm, als über Funk die Meldung von einer Schießerei in Overtown eintraf. Wir hetzten beide zu unseren Wagen. Ich setzte mich direkt hinter seinen Plymouth und fuhr hinter ihm her zum Ort des Verbrechens, einer alten, aus Holz erbauten Pension.

Mattie Davis, eine einundsiebzig Jahre alte Frau mit Brille, hatte geschossen. Der Mann, den sie getroffen hatte, lag auf dem Fußboden, und die Sanitäter kümmerten sich um ihn. Ihre Nichte war ebenfalls anwesend, blutüberströmt, auf der Stirn eine weit klaffende Wunde.

Mattie Davis besaß und betrieb diese alte Pension. Müde und abgearbeitet, ganz das Bild einer Frau am Ende ihres Weges, erläuterte sie, was sich zugetragen hatte: Einer ihrer Gäste, Edward Leon Dukes, 30 Jahre alt, hatte sich zu einem alptraumhaften Monstrum entwickelt. Sie hatte keine Möglichkeit gehabt, die Geschichte der Gewalt kennenzulernen, die sein Leben beherrschte, als er das Zimmer mietete, aber schon bald begann er, sie und die anderen Gäste zu terrorisieren und zu quälen. Er weigerte sich, wieder auszuziehen.

Das Problem schien gelöst, als die geschundenen Mitbewohner auf der Straße das Gerücht hörten, er werde wegen Mordes gesucht, weil er angeblich einen Mann am Spieltisch erschossen hatte. Irgend jemand gab dann eines Abends der Polizei einen Tip, nachdem Edward Leon Dukes nach Hause gekommen war. Sergeant Beck selbst verhaftete Dukes.

Zur allgemeinen Erleichterung der friedliebenden Gäste war er fort. Aber sie hatten nicht mit den verschlungenen Wegen unseres Rechtssystems gerechnet. Edward Leon Dukes wurde für unzurechnungsfähig erklärt und in die Staatsklinik von Südflorida geschickt. Vier Monate später erklärten ihn die Ärzte für geheilt, und ein Richter befand ihn wegen Unzurechnungsfähigkeit für unschuldig.

Die erste Station für den so plötzlich wieder freien Edward Leon Dukes war seine alte Pension. Noch immer schäumend vor Wut wegen seiner Verhaftung beschimpfte und beleidigte er wiederholt Mattie Davis und ihre Gäste. Mattie Davis verklagte ihn wegen Beleidigung und Bedrohung. Als er davon erfuhr, kehrte er rasend vor Wut zurück. Er erwischte sie auf der zweiten Etage, schlug sie nieder und trat sie in den Bauch. Als ihre Nichte Bea Moore, 40 Jahre alt, versuchte, ihn zu bremsen, schlug er ihr eine Flasche quer über die Stirn. Noch während er ihre Nichte zusammenschlug, marschierte Mattie Davis nach unten, um ihren Revolver zu holen. Noch nie zuvor hatte sie den Revolver vom Kaliber .38, den sie zu Zwecken des Selbstschutzes vor einem Jahr gekauft hatte, abgefeuert.

Sie kam die Treppen empor, in der Hand einen Revolver. Edward Leon Dukes sah es und verschwand in einem anderen Zimmer, das von zwei anderen Gästen bewohnt wurde. Mattie Davis zog den Abzug durch. Eine Kugel durchschlug die massive Holztür, während sie den erschreckten Bewohnern zurief, sie sollten herauskommen. Diese erschienen auch und rannten fluchtartig die Treppen hinunter. Dukes spähte hinaus, sah Mattie Davis, die noch immer den Revolver in der Hand hielt, und schlug die Tür wieder zu. Dann stand er mit dem Rücken an sie gelehnt da. Ihre nächste Kugel durchlug die Tür und fuhr ihm in den Rücken.

Sie reichte dem ersten Polizeibeamten, der am Tatort anlangte, den Revolver.

»Ich bin froh, ihn erwischt zu haben. Er ist ein übler Mensch«, erzählte Mattie Davis uns. Voller blauer Flecken und Schrammen seufzte sie auf und ließ sich schwer in einen Sessel sinken, wo sie eine aufgeschlagene Bibel zur Hand nahm. Eine gute Frau, die regelmäßig in die Kirche ging und sich noch nie etwas anderes hatte zuschulden kommen lassen, als bei Rot über die Straße zu gehen.

Die blutüberströmte Nichte stellte Sergeant Beck zur Rede. »Sie sollten sich schämen, einen Mann wie Dukes auf die Straße zu lassen. Ich hoffe, er stirbt.«

Beck war nicht für Dukes Entlassung verantwortlich, aber er repräsentierte das System. Es war nur natürlich, ihn dafür verantwortlich zu machen.

Ich fragte Sergeant Beck, was er nun zu tun gedenke.

»Mattie Davis verhaften«, erwiderte er.

»Wie könnten Sie das?« flüsterte ich entsetzt, obwohl mir natürlich klar war, daß ich nicht ganz objektiv blieb.

»Es widerstrebt mir ja selbst«, sagte er, und auf seinem Gesicht lag ein entschuldigender Ausdruck, »aber ich muß sie anzeigen.« Er hatte sich bereits telefonisch mit dem stellvertretenden Staatsanwalt in Verbindung gesetzt, der ihn angewiesen hatte, die Frau zu verhaften.

Dukes war ein gewalttätiger Mann mit einer gewalttätigen Vergangenheit. Neben Mord war er ein halbes Dutzend andere Male wegen Körperverletzung verhaftet worden. Ein Streifenpolizist aus Miami erzählt mir, Dukes sei in mindestens sieben Schießereien verwickelt gewesen.

Arthur Beck verhaftete Mattie Davis. Die Anklage: Körperverletzung mit Tötungsabsicht. Ich war sehr besorgt. Falls Edward Leon Dukes starb, sah sie einer Anklage wegen Mordes entgegen. Aber wenn er nicht starb? Dann würde er bestimmt zurückkommen, rasend vor Wut wie zuvor.

Ich sympathisiere selten mit Leuten, die verhaftet wurden, vor allem dann nicht, wenn sie wegen Gewaltverbrechen inhaftiert wurden, aber dieser Fall war etwas anders.

Mattie Davis wurde wegen ihrer Verletzungen in demselben Krankenhaus behandelt, in dem die Ärzte um Edward Leon Dukes Leben kämpften, des Mannes, der diese Verletzungen verursacht hatte.

Die gute Nachricht war dann, daß ein Richter Mattie Davis vorerst auf freien Fuß gesetzt hatte. Es bestand keinerlei Fluchtgefahr.

Die schlechten Neuigkeiten waren, daß ihre Freiheit in dem Augenblick enden würde, wo die gegen sie erhobene Anklage auf Mord erweitert werden würde.

Ich fragte einen Arzt nach Dukes Chancen. Er hatte nicht viele Hoffnungen. Edward Leon Dukes starb, weniger als vierundzwanzig Stunden nachdem auf ihn geschossen worden war. Sergeant Becks hartgesottener Vorgesetzter zeigte wenig Sympathie für Mattie Davis. »Die wird wegen Mordes angeklagt werden«, kündigte er der Presse gegenüber an.

Die Zeitungsmeldung wurde nun auch über Radio verbreitet. Sergeant Arthur Beck, der gutmütige Cop, der zuvor wenig Kontakt mit der Presse gehabt hatte, erhielt haßerfüllte Post sogar aus Kannada, von den Jungferninseln und aus England. Er solle sich doch schämen, schrieben ihm die Leute, daß er Mattie Davis verhaftet habe. Die weitreichende Macht der Presse erstaunte ihn vor allem deshalb, weil so viele Briefe an ›Sergeant Arthur Beach Beck‹ adressiert waren. Ich wußte, wie das passieren konnte. Die Reporter schrieben ihre Geschichten damals auf speziell vorbehandeltem Papier, dem gleich drei Durchschläge angeheftet waren. Die pinkfarbenen Durchschläge gingen an die Radiostationen. Als ich mich das erste Mal auf den Sergeant berief, hatte ich Beach getippt, nicht Beck. Reine Gewohnheit. Ich hatte fünf Jahre lang für eine kleine Lokalzeitung gearbeitet, wo sich alle Geschichten auf Miami Beach beschränkten. Ich fand es damals nahezu unmöglich, zuerst ein großes B und dann ein kleines E zu tippen, ohne automatisch ein kleines A, ein kleines C und ein kleines H folgen zu lassen. Meine später angefügte handschriftliche Korrektur drückte sich dann oft nicht bis auf die pinkfarbene Kopie durch.

Die Staatsanwaltschaft, höchst sensibel gegenüber der öffentlichen Meinung, fing an, über die Anklage gegen Mattie Davis ganz neu nachzudenken. »Wenn die Tatsachen, die ich erfahren habe, sich als richtig erweisen«, kündigte Staatsanwalt Richard Gerstein an, »dann war es ein schwerer Fehler meines Büros, sie verhaften zu lassen. Hier handelte es sich um einen offenkundigen Fall von Selbstverteidigung, und sie sollte unter gar keinen Umständen angeklagt werden.« Er unterschrieb eine Anweisung, die im *Herald* veröffentlichten Berichte nachzuprüfen. Tage später, während noch immer wütende Briefe beim Polizeihauptquartier eintrudelten, traf Gerstein seine Entscheidung. Nachdem er fünf Augenzeugen gehört hatte, entschied er, es sei gerechtfertigt gewesen, von der Waffe Gebrauch zu machen. Mattie Davis mußte nicht mehr länger mit einer Anklage wegen Mordes rechnen.

Sergeant Beck, auf den sich der ganze Zorn wegen der Verhaftung, die er ja schließlich nur auf Anweisung des Büros dieses Staatsanwaltes vorgenommen hatte, entladen hatte, war verstimmt. Er bestand darauf, daß Edward Leon Dukes, der mit abgewandtem Rücken auf der anderen Seite der Tür gestanden hatte, keine physische Bedrohung mehr für Mattie Davis dargestellt habe und sie kein Recht mehr hatte, ihn niederzuschießen.

Der Sergeant warf Gerstein vor, eine ›politische‹ Entscheidung getroffen zu haben. Pflichtgemäß notierte ich mir seine wütende Schmährede in meinem Notizbuch, als er die Aktion des Staats auf ›die öffentliche Aufnahme zurückführte, die der Fall in der Presse gefunden hatte‹. Mit anderen Worten, auf meine Berichterstattung.

Mattie Davis saß, erleichtert und entspannt vor Freude, im Schaukelstuhl auf der Veranda ihrer Pension. »Es tut mir leid. Es tut mir leid. Aber es ist für mich und für meine Gäste eine große Erleichterung, daß er gestorben ist. Ich habe alles unternommen, was mir nur möglich war, um ihn wieder loszuwerden«, erzählte sie mir. »Ich habe dreimal dafür gesorgt, daß er verhaftet wurde, und sie haben nie etwas Besseres zu tun gehabt, als ihn wieder laufenzulassen. Er lebte von seinem

Revolver. Hier ging es nur darum, er oder ich. Er war nicht verrückt. Er war nur einfach bösartig.«

Das machte Sinn für mich.

Obwohl nunmehr alles in Ordnung war, ausgenommen natürlich für Edward Leon Dukes, hatte dieser Fall ganz offenkundig eine Freundschaft beendet. Das geschah nicht zum ersten Mal, aber Beck war ein guter Cop und ein anständiger Mensch. Ich werde ihn und seine lustigen Geschichten von seinen mißglückten Abenteuern in Disneyland sehr vermissen.

Überraschenderweise war der Sergeant keineswegs feindselig gestimmt, als wir uns das nächste Mal am Schauplatz eines Mordes trafen. Wenig später lud er mich auf eine Tasse Kaffee ein. Wir hatten einen kleinen Tisch für uns allein. »Ich habe hier ein Geschenk für Sie«, sagte er ein wenig schüchtern. Geradezu feierlich strahlend vor Erwartung, holte er eine kleine viereckige Schachtel aus seiner Jackentasche und reichte sie mir. Ich wußte nach einem Blick auf die Inschrift auf dem Deckel sofort, worum es sich handelte. Arthur Beck ist für einen Cop arg sentimental. Und ich ebenfalls — für eine Reporterin. Die schmale Schachtel steht noch immer auf meinem Schreibtisch. Die Kugel darin ist plattgedrückt, nachdem sie zunächst Mattie Davis' massive Holztür durchschlagen hatte. Ich würde dieses Stück Blei gegen keinen der Diamanten aus Elizabeth Taylors Besitz eintauschen.

Wer sagt eigentlich, es gebe im Polizeialltag keine Romantik?

TEIL 2

DIE STADT

6. Kapitel

Home, sweet home

Daß ich in Paterson, New Jersey, geboren wurde, war ganz offenkundig ein Fehler, denn ich war von Anfang an für Miami bestimmt.

Als ich die Stadt zum ersten Mal sah, war es wie eine Heimkehr für mich, und diese Liebesaffäre dauert fort. Der heißblütige Herzschlag dieser leidenschaftlichen und geschäftigen Stadt berührt meine Seele zutiefst. Palmen, die sich gegen den ständig wechselnden Himmel und das Wasser abzeichnen, hoch sich auftürmende Wolken, die mit voller Kraft dahinsegeln, Blitze, die über einen endlos scheinenden Horizont dahinzucken und die ungezähmte Gewalt plötzlich aufkommender Stürme — das alles läßt mich atemlos werden.

Vielleicht ist Hollywood dafür verantwortlich. Als kleines Mädchen nahm der Film *Sindbad, der Seefahrer* mit Douglas Fairbanks jun. mein ganzes Unterbewußtsein gefangen und bestimmte fortan meine Zukunft. Das wurde mir erst kürzlich wieder klar, als ich den Film noch einmal im Fernsehen sah. Sindbad segelt durch turbulente Technicolor-Wasser unter azurblauem Himmel auf der Suche nach der Heimat seines lange verlorenen Vaters, einer Insel namens Deryabar. Niemand glaubt, es könne etwas anderes als ein Mythos sein, aber Sindbad sucht die sieben Meere danach ab, und seine Welt ist bevölkert von Monstern und Verbrechern, Abenteurern und schönen Frauen, bis er schließlich Deryabar und damit sein Glück findet.

Als ich Miami sah, seine turbulenten Technicolor-Wasser und seinen leuchtend blauen Himmel, da hatte ich mein Deryabar gefunden. Farbe und Bewegung waren identisch, die Monster und die Verbrecher genauso übel, die Helden nicht weniger mutig.

Vielleicht hatte ich deshalb so wenig Respekt vor schlechtem Wetter, als ich zuerst nach Miami kam, weil Sindbad die schlimmsten Stürme auf See überstanden hatte. Ich erwartete voller Spannung den ersten Hurrikan und phantasierte davon, neue Stiefel zu tragen und mich mit anderen zu einer Hurrikan-Party zusammenzufinden, wo wir voller Lebensfreude unsere Gläser heben konnten, während Mutter Natur draußen das Schlimmste anrichtete.

Dann erlebte ich den ersten wirklichen Hurrikan. Bis dahin hatte ich immer geglaubt, die Natur sei auf meiner Seite. Ich hatte keine Angst vor Erdbeben, Stürmen, Flutwellen oder Haien. Nichts davon hatte ich bisher gesehen oder erlebt.

Als mein erster Hurrikan drohte, der von der Karibik hereinzog und Floridas Küste heimsuchte, beobachtete ich die Einheimischen: Sie nahmen den herannahenden Sturm ernst, vernagelten ihre Fenster, holten Boote und Wagen auf höher gelegene Landstriche, leerten die Regale der Supermärkte an Dosen, Wasserflaschen und Batterien.

Eifrig bemüht, mich an Vorbereitungen zu beteiligen, legte ich mir einen Vorrat an Suppen an und kaufte mir einen Schokoriegel. Mit acht Jahren hatte ich gelesen, wie die Bobbsey-Zwillinge einen Blizzard überlebt hatten, indem sie ein Feuer angezündet, einen Riegel Schokolade und etwas Schnee geschmolzen und die heiße Schokolade getrunken hatten.

Mein Vermieter war da schon realistischer. Er drängte mich, mir auf der Stelle eine andere Bleibe zu suchen. Mein Apartment, das ich stolz ›Penthouse‹ nannte, war im Grunde weiter nichts als eine freistehende Ein-Zimmer-Wohnung auf dem Dach eines Wolkenkratzers in Miami Beach. Es glich eher einem Werkzeugverschlag als einem Penthouse. Als ich mir Telefon legen lassen wollte, fragten die Leute von der Southern Bell nach der Nummer meines Apartments. Als ich von einem Penthouse sprach, versuchten sie, mir ein halbes Dutzend Zusatzeinrichtungen zu verkaufen.

Mein Zuhause war das perfekte Versteck. Man mußte drei Treppenfluchten emporsteigen, über ein flaches Kiesdach gehen, und schon war man bei meinem Penthouse mit seinem einem Bullauge nachempfundenen Türfenster. Ich liebte es.

Der Vermieter, meine Mutter und meine Freunde flehten mich an, es zu verlassen, als der Hurrikan Betsy mit seinen Ausläufern die Küste Floridas erreicht hatte. Ich lehnte das immer wieder standfest ab, bis der Wind ganz seltsam in den Halteseilen zu singen begann, die rund um das Penthouse gespannt waren. Ich floh und vergaß in meiner Eile meine schönen neuen Stiefel. Meine Katze Niña nahm ich mit mir in die Lobby eines stabilen Hotels am Strand. Meine Mutter und ein paar Freunde waren dort. Unter ihnen auch Billy, ein entfernter und verunsicherter Verwandter, den seine unglückliche Ehe ganz verstört gemacht hatte. Die Behörden — Schulbehörden, Gesetzeshüter und Psychiater — beschäftigten sich unausgesetzt mit seinem Fall. Ich hatte nie viel Zeit mit ihm verbracht, aber noch nie war er mir so verstört vorgekommen. Von meiner Katze schien er allerdings fasziniert zu sein. Ich fühlte mich geschmeichelt bis zum späten Abend, als Billy mit glasigen Augen murmelte: »Sie ist so hübsch, so rosafarben und weiß. Ich würde... ich würde sie so gerne drücken.« In diesem Moment verlöschten die Lichter.

Ich nahm Katze und Regenmantel und beschloß, nach dem Penthouse zu sehen. Wir fuhren über leere Straßen und durch schwere Regengüsse zurück. Kein Problem — der Hurrikan war für zehn Uhr abends angekündigt worden, und jetzt war es schon fast Mitternacht. Ganz offensichtlich kam Betsy wohl doch nicht. Wir hatten alle überreagiert.

Niña und ich stiegen empor, glücklich, sicher wieder zu Hause angekommen zu sein. Der Strom war überall ausgefallen, und so zündete ich Kerzen an, und wir legten uns schlafen. Ich erwachte wieder von einem Geräusch, das sich anhörte, als heule ein ganzer Frauenchor in meinem Zimmer. Das Penthouse wackelte. Überall drang Wasser ein. Niña suchte sich fluchtartig einen Weg auf das oberste Bücherregal, wobei sie ein halbes Dutzend Bücher zu Boden warf — mitten hinein in das drei Inches hoch stehende Wasser. Mein batteriebetriebenes Radio war noch trocken. Zwei Radioreporter, die sich mit einem mobilen Übertragungswagen in den Sturm hinausgetraut hatten, schrien gerade, soeben sei ein Dach mitten auf der 79. Straße gelandet, nur wenige Blocks entfernt. Rund um das Penthouse krachten unentwegt größere Objekte auf das Dach. Durch mein Bullauge konnte ich das Feuerwerk zerrissener Drähte im Wind sehen.

Das durchdringende Heulen wirkte betäubend. Niña jagte wie irre durch das Zimmer und versuchte ständig, den Gewalten von Wind und Wasser rund um uns zu entgehen. Schließlich hockten wir uns aneinander unter die Bettdecke. Meine Schallplatten schwammen vorüber. Die Kerzen flackerten und verlöschten. Das Telefon war tot.

Wir würden als nächste dran sein.

Ganz plötzlich gab es dann ein seltsames Schweigen. Ich wußte, was das war: die Halbzeit. Das Auge des Hurrikans ging über uns hinweg. Höchste Zeit, von hier zu verschwinden, bevor die zweite Hälfte des Sturms zuschlug. Ich hielt Niña fest, stürmte über das Dach — wobei ich aufpaßte, nicht in die ineinander verfilzten Drähte zu geraten, die überall wie Spaghetti herumlagen — und wollte die Tür zum Treppenhaus aufreißen. Sie öffnete sich nicht. Sie war fest verschlossen — von innen.

Mein mörderischer Vermieter versuchte, mich umzubringen. Natürlich hatte er früher am Abend beobachtet, wie ich das Penthouse verlassen hatte. Er hatte mich nicht mehr zurückkommen sehen und deshalb irgendwann nach meiner Rückkehr die Tür gesichert, so daß der Wind sie nicht aufdrücken konnte.

Ich war auf einem Dach in Miami Beach im Auge eines Hurrikans gefangen.

Seltsam genug, aber ich fühlte mich fast ruhig, wie ein Kapitän, der sich darauf vorbereitet, mit seinem sinkenden Schiff unterzugehen. Falls meine Katze und alle meine irdischen Besitztümer davongeweht werden sollten, konnte ich auch genausogut mit ihnen verschwinden — still und leise. Wir waren derartig erschöpft, daß wir während der wilden, heulenden zweiten Halbzeit des Sturms doch wirklich und tatsächlich einschliefen.

Um drei Uhr morgens wurde ich von einem erstaunten Ausruf meines Vermieters geweckt. »Das Penthouse ist immer noch da!« schrie er seiner Frau zu.

Er richtete den Strahl seiner Taschenlampe auf meine Tür. Ich öffnete sie, und er erbleichte. »Sie können unmöglich während des Sturms hier oben gewesen sein!« Er richtete den Strahl seiner Taschenlampe auf unsere Gesichter und wußte, daß wir sehr wohl hier oben gewesen waren.

Die darauf folgende Woche ohne Telefon oder Elektrizität war enttäuschend. Jener Hurrikan vermittelte mir aber einen ziemlichen Respekt vor Mutter Natur. Jedes Jahr, wenn die Zeit der Stürme vorbei ist, seufze ich erleichtert auf. Ich bin nicht darauf versessen, noch einmal einen Hurrikan unmittelbar mitzuerleben.

Neubürger Miamis und Besucher der Stadt legen eine notorische Mißachtung der Natur an den Tag. Vielleicht ist die gnadenlose Sonne, die geringere Ozonkonzentration oder eine wilde Entschlossenheit, es sich gutgehen zu lassen, die Ursache dafür.

Eines Tages zogen tückische Meeresströmungen, hervorgerufen durch schwere Winde, drei Touristen in die Tiefe und gaben einen vierten nur in äußerst kritischem Zustand wieder frei. Sie alle hatten die Warnungen in den Wind geschlagen. Einem war von den Rettungsschwimmern sogar persönlich gesagt worden, es sei viel zu gefährlich, sich jetzt ins Wasser zu wagen. Er bestand darauf, er sei jetzt seit zehn Tagen jeden Morgen zum Schwimmen gegangen und habe keinerlei Absicht, mit dieser Routine zu brechen.

Seine Leiche wurde wenig später angeschwemmt, womit seine Routine auf immer unterbrochen war. Nun sollte man denken, das würde die übrigen Schwimmer endgültig vor den tückischen Wassern warnen. Nicht in Miami. Fest entschlossen, Spaß zu haben oder zu sterben, rannten sie wie Lemminge ins Meer. Viele von ihnen in Sichtweite der am Strand abgelegten Leichen.

Zermürbte Rettungsschwimmer mußten neunzehn von ihnen wieder herausholen.

Miamis Hitze und Feuchtigkeit und der gewaltige Mond scheinen das menschliche Verhalten ganz grundlegend zu beeinflussen.

Wie sonst könnte man den vor Gesundheit strotzenden jungen Touristen aus Brasilien erklären? Er war ein exzellenter Schwimmer und Taucher und liebte es, unter Wasser den Atem anzuhalten, wobei er Freunde bat, auf der Uhr die Minuten abzulesen, die er in dem Versuch, seinen eigenen Rekord zu brechen, auf dem Boden des Hotelpools verbrachte. Ein Freund nahm an einem Nachmittag im August wieder einmal die Zeit für ihn, als ein Aufsichtsbeamter vorbeikam und ganz nebenbei fragte, wie lange denn der Mann diesmal unter Wasser gewesen sei. Als man sagte, sechs Minuten, sprang der Beamte sofort in den Pool und versuchte, ihn zu retten. Der Mann aus Brasilien hatte ganz offensichtlich das Absperrgitter entfernt und sich über den Abfluß gesetzt, um sich unten zu halten.

»Er wird sich keine realistische Vorstellung davon gemacht haben, wie stark der Ansaugdruck in diesen Pools ist«, sagte der Gerichtsmediziner Dr. Garry Brown später. »Es ist, als hielte man die Hand über den Ansaugstutzen eines Staubsaugers.«

Der verzweifelte Mann band einen Schlauch um den Taucher und versuchte, ihn aus dem Pool zu ziehen. Aber »das gesamte Gewicht des Wassers, dessen Tiefe hier acht Fuß betrug, drückte ihn in das Abflußrohr hinein«, sagte der Leiter der Gerichtsmedizin, Dr. Ronald Wright. Schließlich befreiten sie ihn, indem sie die Umwälzpumpe des Pools abstellten, um den Sog zu beenden.

Aber da war es bereits zu spät.

Was könnte wohl das Verhalten des Busfahrers erklären, der verhaftet wurde, nachdem er einem älteren Fahrer den Schädel bei einem Streit über die Frage gespalten hatte, ob er den Fahrpreis für Senioren oder den vollen Tarif bezahlen müsse? Der Tarif für die älteren Bürger der Stadt galt ab 18 Uhr 30. Der Fahrgast bestand darauf, es sei 18 Uhr 32 gewesen. Der Busfahrer behauptete, es sei 18 Uhr 29 gewesen. Der Anruf beim Rettungsdienst war um 18 Uhr 44 erfolgt. Während derselben Hitzewelle dieses Sommers lag ein nackter Leichnam unbeachtet zwei Wochen lang auf dem Rasen vor einem gepflegten Haus.

»Ich weiß nicht, wie man das übersehen konnte«, beklagte sich der Gerichtsmediziner Dr. Stanton Kessler, als er die skelettierten Überreste untersuchte. »Diese Häuser liegen doch nur 20 oder 30 Fuß voneinander entfernt.«

Eine ängstliche Frau von 65 Jahren hatte im August eine ganze Woche lang Probleme mit ihrem Auto vom Typ Chevrolet Nova. Irgend etwas hing unter dem Wagen. Ein weißes Kabel schaute unter dem Fahrzeug hervor. Ihr siebenundsechzig Jahre alter Lebensgefährte rupfte und zerrte auf dem überfüllten Parkplatz eines Supermarktes an dem Kabel. Als er das Stück Kabel nicht lösen konnte, fuhren sie gemeinsam zu einer Werkstatt.

»Eine Bombe«, verkündete der Kaugummi kauende Mechaniker. An der Hinterachse befestigt. Er war völlig gelassen und ganz geschäftsmäßig. »Soll ich sie entfernen?«

Das Paar entschied sich dagegen. Sie fuhren den Wagen sieben Blocks weiter zur Feuerwehr.

Der Mann, grauhaarig, schlank und mit einem kleinen Hut, ging hinein, um dem Pförtner zu erzählen, da sei eine Bombe an seinem Wagen befestigt. Der Pförtner empfahl ihnen, sich an die Polizei zu wenden. »Die sind für Bomben zuständig«, sagte er.

Das Paar fuhr zum Polizeihauptquartier. »Wir haben etwas unter unserem Wagen«, klagte der Mann.

Officer Randy Jaques blickte kurz hin. »Sieht aus wie eine Bombe!« schrie er.

Das Sprengkommando wurde herbeigerufen, der Berufsverkehr umgeleitet und alle Straßen rund um das Hauptquartier evakuiert. Sprengstoffexperten entfernten vorsichtig den Gegenstand, trugen ihn hinaus auf die leere Straße und brachten ihn mit einer Wasserkanone zur Explosion, während eine aufgeregte Menschenmenge zusah. Es gab wahrlich eine Explosion.

Hätte der Mechaniker versucht, die Bombe zu entfernen, dann hätte er die ganze Tankstelle verloren, sagten die Experten.

Das Paar hatte keinerlei Vorstellung davon, wer so etwas getan haben könnte. Die Detectives vermuteten, da müsse sich wohl jemand geirrt haben.

Die Polizei-Offiziellen waren schockiert. »Daraus muß man eine Lehre ziehen«, sagte der Polizeisprecher Dannis Koronkiewicz. »Hier gibt es Bomben. Und Leute, die diese an Autos befestigen. Und das ist alles andere als ein Scherz.«

Er wies allen Ernstes Leute mit Bomben an ihren Autos an, nicht mit diesen Wagen zu fahren ›nirgendwohin – überlassen Sie ihn der Polizei‹.

Die Handelskammer von Miami war möglicherweise noch weniger erfreut, als ein messerschwingender Räuber eine ganze Busladung auswärtiger Besucher als Geiseln nahm, alles Leute, die eigentlich nach Disney World wollten. Der Entführer nahm die distinguierte Gruppe zu einer wilden Neunzigminutenjagd mit.

Die Passagiere, einschließlich zehn Leute aus Spanien, sprachen kein Englisch. Der Geiselnehmer sprach kein Spanisch.

»Es sind schlimme Zeiten, schlimme Zeiten, o Mann«, murmelte der Räuber. Er sagte, er brauche Geld. Das Verbrechen wurde schließlich zu einem juristischen Alptraum für die Polizei, denn der Entführer raubte die Passagiere einen nach dem anderen aus, während er den Busfahrer anwies, Richtung Norden zu kreuzen, dann nach Süden, danach in die Richtung, dann wieder in eine andere, immer über die Grenzen verschiedener Polizei-Departments hinweg.

Irgendwann kämpfte der Fahrer mit dem Entführer um das Messer, während sich die Passagiere in aller Eile ihr Geld in die Socken und die Schuhe stopften und der Bus ständig an Geschwindigkeit zulegte.

Die Polizei fragte die geretteten Touristen später, ob sie zurückkehren würden, um gegen den Geiselnehmer auszusagen, falls er gefaßt würde. Nur, wenn die Vereinigten Staaten die Reise bezahlen würden, sagten sie wie aus einem Munde.

Noch frustrierender war für die Küstenpolizei die Jagd nach einem beinamputierten Mann, der — gewissermaßen — zu Fuß entfloh. Sein künstliches Bein war am Tatort zurückgeblieben; seine erboste Ehefrau hatte es ihm abgerissen, als er sie mit einer Eisenstange attackierte. Als Nachbarn einschritten, hüpfte er von der Veranda vor der Eingangstür und flüchtete. »Er mußte fünfzig oder hundert Fuß bis zu seinem Wagen hüpfen«, sagte Lieutenant James Butler. »Wenn sein Wagen dort nicht gestanden hätte, hätten wir ihn noch erwischt.«

Manche Leute mögen Miami nicht. Ein heimwehkranker Flüchtling wollte nach Kuba zurückschwimmen, und zwar vom Miami River aus. Die Polizei versuchte, ihn zu sich ins Boot zu holen. Als alle freundliche Überredungskunst nichts bewirkte, warfen sie Netze aus und schließlich Rettungsstangen. Eine große Menschenmenge säumte das Flußufer und feuerte die schwitzenden Polizisten an, die ihn schließlich mit einem Enterhaken aus dem Wasser fischten. Er kämpfte wie wild mit seinen Rettern und verlangte, nach Hause zu schwimmen. Als seine hiesige Adresse gab er an: »Wo immer ich mich gerade befinde.«

Miami ist auch außergewöhnlicher als jede Fiktion, eine Stadt, wo jeder die Steuergelder unterschlägt, die für den Kampf gegen das Verbrechen bestimmt sind, wo mit Äxten bewaffnete Diebe unzählige dreihundert Pfund schwere Aluminium-Laternen fällten, um sie als Schrott zu verkaufen und so den ganzen Expressway in Dunkelheit versinken ließen; eine Stadt, in der die Ärzte plötzlich ausbrechende Selbstmordwellen einem Luftdruckwechsel zuschreiben und wo einmal Halloween zu einer Horrorshow für die Polizei wurde, weil dreizehn Leute am selben Tag erschossen wurden. Beamte der sogenannten ›Pumpkin

Patrol‹ hatten es derweil mit Eierwerfern und randalierenden Teenager-Banden in Ninja-Kostümen zu tun.

Gewitzte Straßenkinder in Miami, einige nicht älter als sechs Jahre, lernten, wie man Parkuhren nur mit einem Schraubenzieher öffnen kann, und leerten auf diese Weise Tausende davon. Eine berüchtigte Bande von kubanischen Flüchtlingen bot bei der Versteigerung alter Polizeifahrzeuge mit. Sie kauften Uniformen, Revolver, Halfter, Gummiknüppel, Handschellen, Abzeichen und Funkgeräte in Läden, die Ausrüstungsgegenstände für die Polizei führten, und bildeten dann ihre eigene ›Polizei‹.

Die so ausstaffierten ›Officer‹ raubten, kidnappten und schossen auf schockierte Bürger, die sie für echt hielten. Sie begingen fünf Morde und wurden vier weiterer Morde verdächtigt, bevor die aufgescheuchten echten Cops gegen die Kameraden von der anderen Feldpostnummer vorgingen.

Hoch zu unseren Häuptern scheint die Venus, der hellste aller Planeten, Stern des Sommers, so hell, daß die Polizei von Miami ständig von Berichten über Ufos heimgesucht wird. Andere Beobachter glauben, sie sähen die Explosion eines Sterns, und einmal erteilte ihr ein völlig verwirrter Fluglotse sogar Landeerlaubnis.

Miami ist voller seltsamer und wundervoller Menschen – und einige von ihnen sind außer Kontrolle geraten. Als Anfängerin berichtete ich bei meinem ersten Job als Reporterin in Miami Beach über die Erlebnisse einer jungen platinblonden Frau namens Peaches. Ihr wirklicher Name lautete Emily, aber niemand benutzte diesen Namen. Peaches war schön und gepflegt und stammte aus einer hochangesehenen und wohlhabenden Familie. Sie bestand darauf, nackt am Steuer ihres offenen Sportwagens durch die nächtliche Stadt zu brausen. Gott allein weiß, warum, aber Peaches gefiel es halt so.

Andere Autofahrer, vor allem Busfahrer und LKW-Fahrer mit genügend hohem Sitz, der eine entsprechende Aussicht erlaubte, ließen regelmäßig den Unterkiefer fallen, wenn sie neben ihnen auftauchte. Ganz ähnlich erging es einigen Polizeibeamten, die sie wegen Erregung öffentlichen Ärgernisses verhafteten. Sie erschien auch vor Gericht, ganz in Blau und Weiß gekleidet mit gesenkten Augenlidern, gefesselt an den gutaussehenden jungen Cop, der sie verhaftet hatte. Zu seiner größten Überraschung schickte sie ihm Rosen ins Polizei-Hauptquartier. Andere Beamte verhafteten sie erneut gegen fünf Uhr morgens aufgrund derselben Beschuldigung. Sie warfen ihr vor, nur einen durchsichtigen Schal getragen zu haben — ›der zudem noch viele Löcher hatte‹ — als sie durch Miami Beach fuhr.

»Ich versuche abzunehmen, und ich war gerade auf dem Weg von einem Gesundheitsstudio nach Hause«, erläuterte Peaches. »Ich trage immer weiter nichts als einen Schal, wenn ich nach Hause fahre.«

Das machte Sinn für mich.

»Ich glaube, diesmal stecke ich in Schwierigkeiten«, gestand sie, obwohl sie keineswegs übermäßig besorgt schien.

Peaches wohnte in Surfside, einer kleinen, acht Block langen Siedlung mit Blick auf den Ozean direkt nördlich von Miami Beach.

»Zu Hause würden sie mich niemals verhaften«, behauptete sie. »Dort lassen sie mich nachts sogar nackt schwimmen gehen. Sie bewachen den ganzen Strand entlang der 69. Straße für mich. Wegen ihnen bin ich ja nach Surfside gezogen.«

Die Polizei von Surfside leugnete, je von ihr gehört zu haben. Ich glaube Peaches. Es war undenkbar, daß sie in Surfside leben sollte, ohne den Beamten dort aufzufallen.

»Der einzige Grund, warum sie mich hier verhaften«, sagte sie, »ist, weil ich so viele Strafzettel bekomme. Ich tappe in jede Radarfalle«, seufzte sie. Sie schlüpfte hinter das Steuer ihrer Corvette, warf einer Gruppe wartender Polizeibeamter ein Kußhändchen zu und röhrte davon.

Ein Bezirksrichter ohne Sinn für Humor verurteilte sie zu einhundertzwanzig Tagen Gefängnis oder einhunderttausend Dollar Geldstrafe für vier Geschwindigkeitsübertretungen. Er empfahl ihr, sich in psychiatrische Behandlung zu begeben. Ich kann mir die freiheitsliebende Peaches einfach nicht hinter Gittern vorstellen. Ich habe sie nie wiedergesehen. Über all den vielen Stories und im ewigen Streß der Termine habe ich ihre

Spur verloren. Aber jedesmal, wenn ich einen dahinrasenden Sportwagen sehe, denke ich an Peaches. Sie schien irgendwie vom Antlitz der Erde verschwunden zu sein.

Ein Jahr später las ich gerade einige Agenturmeldungen über ein verheerendes Erdbeben in Italien. Die Story nannte Namen, Alter und Heimatort der Amerikaner, die bei diesem Erdbeben ums Leben gekommen oder verletzt worden waren. Ein Name sprang mir sofort ins Auge: eine junge Frau namens Emily aus Miami. Dabei mußte es sich um Peaches handeln. Erstens waren der mittlere und der letzte Name dieselben. Weiter stimmte auch ihr Alter, 22. Sie war unter den Verletzten gewesen, die in eine Klinik in Rom eingeliefert worden waren. Aber weder waren ihr Zustand noch die Schwere ihrer Verletzungen erwähnt worden.

Unsere Zeitung war so klein und so arm, daß wir nicht einmal Ferngespräche führen durften, geschweige denn Überseegespräche nach Rom.

Ich weiß nicht, warum sie in Italien war, wie schwer sie verletzt worden war oder ob sie überhaupt noch am Leben ist. Falls doch, muß sie jetzt im mittleren Alter sein und hat womöglich schon eigene goldblonde Töchter. Sie bleibt mir als ein Symbol für Miami in seiner jungen, unschuldigen Zeit auf immer in Erinnerung.

Ich hoffe nur, Peaches hat den Sturm überlebt und gefunden, wonach sie stets so intensiv gesucht hat: ihr eigenes Deryabar. Und mir wird klar, wie glücklich ich mich schätzen darf, meine eigene Insel gefunden zu haben, umgeben von turbulenten Technicolor-Wassern unter azurblauem Himmel.

7. Kapitel

Miami, alt und neu

Es gibt nichts Neues unter der Sonne

Ecclesiastes 1;9

Miami ist — und war stets — eine Stadt voller Intrigen und Spannungen.

Hitzköpfige Autofahrer ziehen im Verkehr Miamis auch schon mal einen Revolver. Für ein paar Dollar kann man sich hier eine Uzi kaufen, und in den Sümpfen proben Möchtegern-Krieger für den nächsten Krieg.

Meine uniformierten Begleiter beklagen den Verlust eines Paradieses. Wie traurig, sagen sie, daß ein so großartiger Ort zu solcher Gewalttätigkeit verkommen ist — dabei ist Gewalttätigkeit in Miami nichts Neues.

Eine Frau und ihr treuloser Liebhaber räkelten sich vor gar nicht so langer Zeit auf einer Decke unter den hohen, flüsternden australischen Kiefern am Cape Florida, wo sie dem Vogelgezwitscher und den Geräuschen der See lauschten. Sie wartete ab, bis er eingedöst war, dann schoß sie ihm in den Kopf.

Ich fuhr hinaus zum Ort des Mordes, ganz oben an der Spitze von Key Biscayne, einem schmalen Sandstrand mit einem alten Leuchtturm, Dschungel und Pinienwald. Ein Detective der Mordkommission behauptete, dies sei der erste Mord auf Cape Florida. Von wegen. Der erste überlieferte Mord am Cape Florida fand schon 1836 im Leuchtturm statt. Randalierende Seminole-Indianer verwundeten den Leuchtturmwärter und kesselten ihn in seinem Turm ein. Überwältigt, umzingelt, davon überzeugt, er sei ein toter Mann — die Angreifer hatten seinen Gehilfen bereits massakriert – tat der Leuchtturmwärter das einzige, das ihm in dieser Situation sinnvoll schien. Er schleuderte eine Dose voller Schießpulver die schmale Treppe hinunter, obwohl er genau wußte, daß sie explodieren würde. Er beging praktisch Selbstmord, und er hoffte, wenigstens ein paar der Indianer mit in den Tod zu nehmen. Zu seiner größten Überraschung aber überlebte er. Die Gewalt der Explosion richtete sich nach außen. Die Indianer rannten schreiend davon. Einige von ihnen hatten sogar Feuer gefangen und brannten. Das erinnert an eine Samstagnacht in Miami im Jahre 1991.

Der Geist des Leuchtturmwärters lebt noch fort. Moderne Einwohner Miamis, erfindungsreich, wenn schon sonst nichts, wehren sich nach Kräften gegen marodierende Banden, die sie zu überwältigen drohen. In derselben Woche tötete ein Geschäftsmann einen Einbrecher mit einer raffiniert aufgebauten elektrischen Falle, ein anderer Geschäftsmann erschoß einen Räuber, nachdem er ihn eine halbe Meile mit seinem Wagen verfolgt hatte, und eine Frau mittleren Alters auf Miami wachte um 1 Uhr 15 in der Nacht von dem Geräusch brechenden Glases auf und entdeckte einen Mann, der schon halb durch ihr Wohnzimmerfenster eingestiegen war. Er kam nicht mehr weiter voran. Sie schlug ihm einen Axtstiel über den Schädel – zweimal. Die Polizei fand ihn im Fensterkreuz hängend.

Schlagzeilen und Leitartikel beleuchten die gegenwärtigen, erstaunlich unfähigen oder korrupten Vertreter von Dade-County, die in ihrer großen Mehrheit inkompetent, unwissend, unfähig oder gleich alles drei auf einmal sind.

Und das ist auch nichts Neues hier – sie leben durchaus in der Tradition des Majors der US-Army, Francis Langhorn Dade.

Der Gründungsvater unseres County war ein Angeber und Besserwisser, der seine Truppen in ein Desaster führte. Sein einziger Anspruch auf Ruhm ist der Umstand, daß er massakriert wurde.

Dade stammte aus Virginia. Seine Mutter war über einige Ecken mit George und Martha Washington verwandt. Er diente im Krieg von 1812 und unter Andrew ›Old Hickory‹ Jackson in Pensacola 1821. Als Spanien Florida an die Vereinigten Staaten abtrat, lebten überall auf der Halbinsel Seminolen-Indianer. Jackson zwang sie in ein Reservat mitten in Florida.

Als sein alter Boß Präsident wurde, war Dade Commander in Key West. Schon bald besetzten weiße Siedler die Territorien, die den Indianern zugesprochen worden waren. Präsident Jackson, ein ehemaliger Indianer-Kämpfer, ließ die alten Versprechen Versprechen sein und befahl Floridas Indianern, nach Arkansas zu gehen. Die Indianer weigerten sich, und ein Häuptling namens Osceola schwang sich zum Wortführer in diesem Disput auf. Old Hickory blieb hart, und so war der Ärger vorprogrammiert. Den Indianern wurde ein Ultimatum gestellt. Die Seminolen sollten am 1. Januar 1836 an einem bestimmten Punkt zusammengetrieben werden. Die Indianer, die bis dahin immer an Verträge und Gerechtigkeit geglaubt hatten, hofften, Washington werde einlenken. Als die Regierung es aber ablehnte, ihre Pläne zu ändern, machten die Indianer ihre eigenen.

Fort King nahe Ocala wurde von einer kleinen Garnison unter dem Kommando von General Wiley Thompson verteidigt. Im Dezember, als der Stichtag immer näher heranrückte, wurden frische Truppen geschickt, um Thompsons Männer zu verstärken. Daß dieses Kontingent ausgerechnet von Major Dade geführt wurde, war eher zufällig. Die Frau eines Captains war schwer erkrankt, und Dade wurde abkommandiert, um den Platz dieses Mannes einzunehmen.

Dade hatte sich damit gebrüstet, er könne hundert Leute quer durch das Indianerland führen; jetzt konnte er das beweisen. Sie marschierten am 23. September 1835 von Bort Brouke, dem heutigen Tampa, los. Der Einhundertsechsmeilentreck führte sie durch das Herz des Indianerlandes, über Flüsse und Bäche, durch Sümpfe und Pinienwälder. Die Indianer beobachteten sie von Anfang an. Sicher hätten sie schon früher angegriffen, aber Osceola, der den Angriff organisierte, und Micanopy, ein anderer Häuptling, waren in anderen Geschäften unterwegs.

Osceola war nach Fort King geeilt, um dort General Thompson zu töten. Dafür hatte er einen persönlichen Grund: Thompson hatte ihn im Sommer zuvor in Eisen legen lassen. Osceola wollte außerdem seine junge Frau retten, die Tochter einer Sklavin. Abkömmlinge von Sklavinnen wurden selbst ebenfalls als Sklaven angesehen, und Weiße hatten sie geraubt. Der Häuptling war ganz versessen darauf, Dade und seine Männer zur Hölle zu schicken, aber die Sache mit General Thompson hatte für ihn Vorrang.

Als Soldat in Florida hatte Dade 1824 geholfen, die Straße zwischen Fort Brouke und Fort Kind zu bauen. Er kannte das Land, und er kannte die Indianer. Er bildete eine Vor- und eine Nachhut und ließ auch die Flanken gegen die Seminolen schützen, aber nachdem er die einzelnen Arme des Witlacoochee River überquert hatte und in offene Pinien- und Palmwälder kam, ließ Dade in seiner Wachsamkeit nach. Er zog seine Kundschafter zurück. Indianer hatten noch nie bei Tageslicht in offenem Gelände angegriffen. Der Major schlug wiederholte Warnungen eines scharfäugigen Sklaven in den Wind, der immer wieder Hinweise auf die Anwesenheit von Indianern entdeckte.

Am 28. Dezember marschierte die Kolonne gegen acht Uhr morgens über offenes Land. Es war kalt, und es regnete. Entsprechend Majors Dukes Instruktionen hatten die Soldaten ihre Jacken über den Musketen und den Pulverhörnern zugeknöpft, um sie trocken zu halten. Es wurden keine Kundschafter in das niedergedrückte Büffelgras geschickt, wie das sonst bei solchen Märschen üblich war. Die Seminolen, die in den Büschen zwischen den Palmen und Pinien versteckt waren, beobachteten die Soldaten, die wie Enten in der Schießbude an ihnen vorbeizogen. Sie müssen sich halb totgelacht haben.

Die Soldaten hatten etwa zwei Drittel der Wegstrecke zu ihrem Bestimmungsort zurückgelegt, als Micanopy ankam. Er und zwei andere Häuptlinge, Alligator und Jumper, sammelten alle Krieger im Wahoo-Sumpf, fünf Meilen westlich des Weges, den Dade nahm, und beschlossen, jetzt mit dem Angriff zu beginnen.

Gerüchten zufolge, die ein ganzes Jahrhundert überdauert

haben, hatten die Soldaten ihre Rumrationen ausgetrunken und litten an diesem Tag an den Folgen ihres Alkoholkonsums. Bestimmte Berichte weisen darauf hin, daß auch Major Dade eine Vorliebe für den Rum hatte und einer Anklage vor dem Militärgericht wegen Trunkenheit und Nachlässigkeit im Dienst nur dadurch entgangen war, daß er seinen Vorgesetzten den Aufwand nicht wert schien.

Dade ignorierte die Warnungen seines Dolmetschers weiterhin, denn jetzt fühlte er sich sicher. Sie hatten das Indianerland verlassen und befanden sich auf dem Territorium des weißen Mannes. Was er nicht bedachte, war, daß Indianerland überall da war, wo die Indianer es haben wollten. Major Dade verließ die Marschkolonne — nur Offiziere waren hoch zu Pferde —, um sich an die Spitze zu begeben. Während er an seinen Leuten vorbeiritt, redete er fröhlich mit ihnen und stellte ihnen drei Tage Ruhe und ein opulentes Weihnachtsfest in Fort King in Aussicht.

Das waren seine letzten Worte. Noch während er sie aussprach, nahm Micanopy ihn aufs Korn. Als Dade die Spitze der Marschkolonne erreicht hatte, wurde er vom Pferd geschossen. Bei der ersten Angriffswelle wurde die Hälfte seiner Mannschaft getötet oder verwundet. Die Soldaten fielen, bevor sie ihre Schießgewehre unter den zugeknöpften Jacken hervorzerren konnten.

Die Indianer zogen sich zurück, um sich neu zu formieren. Der Captain, der bei seiner schwerkranken Frau geweilt hatte, schloß zu der Marschkolonne auf und übernahm das Kommando. Während einer halbstündigen Feuerpause wies er die Überlebenden an, Pinien zu fällen und daraus eine Art Fort zu bauen — statt sich in die Wälder zu flüchten, was vielleicht sinnvoller gewesen wäre. Die Baumstämme lagen nur kniehoch, als die Indianer ihren zweiten Angriff starteten. Der letzte Soldat fiel gegen zwei Uhr nachmittags. Einhundertdrei Soldaten waren tot; fünf davon kamen aus Westpoint. Der Captain starb mit ihnen. Seine kränkliche Frau lebte noch einundsechzig Jahre. Der Scout und vier Soldaten entkamen lebend. Ein Indianer tötete einen der Soldaten, als er in Richtung Tampa

Bay floh, aber drei Überlebende konnten sich retten und berichteten, sie seien von einer Horde von vierhundert oder gar tausend Indianern angegriffen worden.

Die Indianer sagten, sie hätten einhundertachtzig Krieger gehabt: drei wurden getötet und fünf verwundet. Dieses Debakel, einer der größten Siege der Indianer über die amerikanische Armee, fand vier Jahre vor George Armstrong Custers Geburt statt.

Noch am selben Nachmittag überraschte Osceola General Thompson und einen Leutnant, als sie vor den Toren von Fort King gemeinsam eine Zigarre rauchten. Er tötete sie und skalpierte sie beide.

Die Geschichtsbücher führen diese Schlacht als das ›Dade-Massaker‹. Wenn die Army eine Schlacht gewann, war das ein Sieg. Wenn die Indianer gewannen, war es ein Massaker.

Der Schuß, der Francis Langhorn Dade tötete, war der Startschuß zum Zweiten Seminolen-Krieg. Er war lang, unpopulär und wurde nie gewonnen, genau wie der Vietnam-Krieg. Die Seminolen kämpften sieben blutige Jahre hindurch. Die Vereinigten Staaten schickten an die vierzigtausend Soldaten gegen eine Streitmacht der Seminolen, die nie größer war als eintausendfünfhundert Mann. Der Preis waren zwanzig Millionen Dollar und eintausendfünfhundert tote Soldaten, der verlustreichste aller Indianerkriege, sowohl was die Zahl der Menschenleben als auch was das Geld anging.

Osceola führte seine Nation nur während zweier Jahre dieses Krieges an, aber seine Guerilla-Strategie verwirrte die US-Truppen dermaßen, daß seine Feinde in ihm ein militärisches Genie sahen. Als die Regierung Häuptling Osceola weder gefangennehmen noch besiegen konnte, lud man ihn zu Friedensgesprächen ein und versprach ihm freies Geleit. Man garantierte ihm, er werde nicht verhaftet.

Sie logen.

Als Osceola kam, um Frieden für sein Volk zu finden, wurde er sofort festgenommen und ins Gefängnis geworfen. Dort starb er im Alter von vierunddreißig Jahren. Offizielle Todesursache war einmal Malaria, ein anderes Mal eine Lungenentzündung, dann eine Mandelentzündung und ein gebrochenes Herz.

Osceola hatte sich geweigert, sich von einem weißen Arzt behandeln zu lassen. Seine Instinkte hatten ihn nicht betrogen. Der Arzt enthauptete seinen Leichnam, stellte den Kopf des berühmten Häuptlings zur Schau und benutzte ihn, um seine Kinder zu erschrecken, wenn diese sich schlecht benahmen.

Unser längster Krieg bis Vietnam endete 1842 ohne Friedensvertrag, aber nahezu alle Seminolen wurden nach jenseits des Mississippi vertrieben. Einige hundert versteckten sich tief in den Everglades und überlebten.

Die Indianer wurden von den Weißen betrogen und belogen, und die Verträge, die diese ihnen anboten, waren Meisterstücke an Doppelzüngigkeit. Ihr Ziel war stets gewesen, sie nach Westen zu vertreiben, so daß Spekulanten ihren Grund und Boden in Florida in Besitz nehmen konnten. Diese frühen Landräuber unterschieden sich in nichts von den Politikern und den Entwicklungshelfern, die heutzutage fortfahren, das südliche Florida auszuplündern.

Mit dem Ende des Seminolen-Krieges war aber nicht auch das Ende der Gewalt gekommen. Die Ashley-Bande sorgte für einige blutige Ereignisse in Floridas Geschichte. John Ashley lebte als Jäger und Fallensteller bis 1911 in der Wildnis von Florida, als er angeklagt wurde, einen Seminolen namens Dezoto Tiger ermordet zu haben. Kurz nach dem Mord war er in Miami, um achtzig Tierfelle zu verkaufen, die er dem toten Indianer gestohlen hatte. Auf der Flucht vor der Mordanklage, wurde Ashley zum meistgesuchten Gesetzesbrecher und Bankräuber des ganzen Staates.

Selbst Carl Fisher, der Unternehmer, der schon bald darauf Miami Beach inmitten eines Sumpfes gründete, setzte eine Belohnung in Höhe von fünfhundert Dollar auf Ashleys Kopf aus. Diese Belohnung hat sich nie jemand verdient. Ashley wurde nicht gefaßt. Er und seine Bande, zu der seine Geliebte,

Laura Upthegrove, seine Brüder Bob und Frank und mindestens vier weitere Männer gehörten, raubten eine Bank in Stuart aus. Während dieses Raubüberfalls wurde Ashley von einer Kugel im Auge getroffen, gefangengenommen und nach Miami gebracht, um sich dort wegen Mordes zu verantworten.

An einem heißen Sommertag erschien dann um ein Uhr mittags der junge Bob Ashley in Miami, um seinen großen Bruder John vor dem Henker zu retten. Der Sheriff sah, wie Bob Ashley auf einem Fahrrad zum Gefängnis fuhr. Er dachte, der Radler sei einfach nur ein Bursche aus der Stadt, der einen Gefangenen besuchen wollte. Als der Sheriff zum Abendessen ging, rüttelte Bob Ashley an der Tür der Wohnung eines der Deputy-Sheriffs, der direkt neben dem Gefängnis wohnte. Als der Deputy Wilber Hendrickson öffnete, schoß Bob Ashley ihn mitten ins Herz. Die Frau des Deputy griff nach einem Gewehr, richtete es auf Ashley und zog verzweifelt den Abzug durch, doch die Waffe war nicht geladen. Ashley schnappte sich die Schlüssel des Deputys und rannte zum Gefängnis. Aber man hatte den Schuß gehört, und ein paar Männer kamen angerannt. Ashley geriet in Panik, ließ die Schlüssel fallen und floh. Er versuchte, einen vorbeikommenden Lastwagenfahrer zu zwingen, ihm zur Flucht zu verhelfen, indem er mit dem Revolver auf den Kopf des Mannes zielte. Zwei Polizeibeamte überwältigen ihn. Officer John R. Riblett versuchte, den Revolver noch immer in der Hand, Ashley lebend in die Finger zu bekommen. Dieser Fehler war sein letzter. Während sie miteinander kämpften, schoß Ashley ihn in den Unterkiefer. Der Beamte geriet ins Taumeln, Ahsley trat einen Schritt zurück, zielte noch einmal und schoß. In der Nähe des Herzens getroffen, feuerte Riblett noch drei Schüsse ab. Der eine verfehlte sein Ziel, einer traf Ashley in den Oberkörper und der andere drang von unten in seinen Unterkiefer ein und trat oben aus seinem Kopf wieder aus.

Sein Kollege brachte Riblett in aller Eile ins Krankenhaus. Sehr schnell erschien auch der Sheriff und brachte Ashley ebenfalls dorthin. Der Deputy war tot. Riblett starb wenig später. Er war Miamis erster Polizeibeamter, der in Ausübung seines Dienstes starb. Er ließ Frau und ein Kind zurück.

Trotz Ashleys tödlicher Verletzungen hatte sich eine wütende Menge vor dem Krankenhaus zusammengerottet. Der Sheriff nahm den sterbenden Gefangenen mit ins Gefängnis, um ihn vor dem lynchwütigen Mob, der ihnen folgte, in Sicherheit zu bringen. Es gibt Berichte, die behaupten, daß Bob Ashley ›mit Todesröcheln in der Kehle‹ und mit glasigen Augen in seiner Zelle auf einer Trage gelegen habe. Der wütende Sheriff besuchte John Ashley in seiner Zelle. War der junge Mann, der den Gefängniswächter und den Polizeioffizier ermordet hatte, etwa sein Bruder? Hatte Ashley schon vorher von dem Versuch gewußt, ihn zu befreien? Der Gefangene leugnete, über den mißglückten Befreiungsversuch Bescheid gewußt zu haben, woraufhin man ihm erlaubte, seinen sterbenden Bruder noch einmal zu sehen. Es war zu spät — Bob Ashley war schon tot, als sein älterer Bruder an seiner Seite erschien.

Die Bevölkerung von Miami war verunsichert. Gerüchte machten die Runde, wonach die gut bewaffnete Bande plante, über die Stadt herzufallen, um Rache zu nehmen und ihren Anführer zu befreien. Es hieß, der Gouverneur solle gebeten werden, die Nationalgarde zu schicken, doch schließlich wurde die Ruhe wiederhergestellt.

John Ashley siegte in einem Wiederaufnahmeverfahren, und die Anklage wegen Mordes wurde fallengelassen. Wegen eines Banküberfalls 1916 in West Palm Beach wurde er zu siebzehn Jahren verurteilt. Nachdem ihm die Flucht gelungen war, begaben sich der einäugige Desperado und seine Bande auf eine dreijährige Tour entlang der Ostküste Floridas, wobei sie sich durch Rumschmuggel, Entführung, Raub und Plünderung hervortaten.

In den staubigen Goldgräberstädten Floridas breiteten sich wahre Legenden aus, die zum Teil gar nichts mit der Ashley-Bande zu tun hatten. Jeder ungelöste Fall von Raub und Brandschatzung im Staate wurde ihnen zugeschrieben, einschließlich eines Banküberfalls in Westend auf den Bahamas.

1921 wurde John Ashley wieder gefaßt und ins Gefängnis gesteckt. Diese Verhaftung und seine Einlieferung ins Gefängnis könnten durchaus sein Leben gerettet haben. Seine Brüder Ed und Frank blieben Monate später bei einer Schmuggelfahrt mit etlichen Rumfässern auf See. John gelang 1923 wiederum die Flucht, und er setzte sein gesetzloses Leben fort.

Das Ende für die Ashley-Bande kam in der Nacht auf den 1. November 1924. Die Polizei bekam einen Tip, daß die Verbrecher die Brücke bei Sebastian Inlet passieren wollten. Ein Ford mit John Ashley und drei anderen Männern, von denen einer sein Neffe war, stoppte an der Absperrkette und einer roten Laterne, die Deputys quer über die südliche Auffahrt der Brücke gehängt hatten. Zu spät begriffen sie, daß sie in eine Falle gegangen waren.

Die Deputys sagten, alle vier Verbrecher hätten nach ihren Waffen gegriffen und seien bei einer wilden Schießerei von Kugeln durchsiebt worden. Von den Polizeibeamten wurde keiner verletzt. Zeugen behaupteten, das Feuergefecht sei eine rein einseitige Angelegenheit gewesen, ja, daß die Schießerei erst begonnen hatte, nachdem die vier Männer bereits in Handschellen waren. Von der Bande überlebte niemand, um ihre Geschichte zu erzählen, und die Cops wurden nach einer hastig durchgeführten oberflächlichen Untersuchung von allen Vorwürfen freigesprochen.

Verdächtige Schießereien der Polizei sind nichts Neues in Florida.

Drei Bandenmitglieder wurden in einem Familiengrab der Ashleys beigesetzt. Jahrelang hielt sich hartnäckig das Gerücht, mit ihnen seien auch jeweils einhundertfünfzigtausend Dollar in bar begraben worden. Auf der Suche nach dem Geld zerstörten Plünderer später die Grabstätten.

Laura, Johns Geliebte, beging in den Everglades Selbstmord. Ihr trauriges Ende dürfte der einzige Unterschied zwischen damals und heute sein. Heute hätte sie sicher ein Buch geschrieben.

Banküberfälle, Schießereien und Ausbrüche aus Gefängnissen, der Brutalität verdächtige Polizisten, eine Stadt voller

Gerüchte und Hilferufe an die Nationalgarde, um noch mehr Gewalt einzudämmen: Miami gestern, Miami heute.

Ungeklärte Mysterien und unidentifizierte Leichen gibt es beileibe nicht nur in dieser Generation. 1923 gruben die ersten Bauherren von Miami Beach etwas Schreckliches an der Stelle aus, wo heute die Gemeindeverwaltung von Surfside liegt. In einem Massengrab vom Sand verschüttet, fand man die Gebeine von mehr als fünfzig und möglicherweise sogar zweihundert unidentifizierten Leichen. Die *Daily News* und *Metropolis* aus Miami spekulierten, hierbei könne es sich um die Überreste von Piraten handeln, die an dieser Stelle gestellt und exekutiert worden waren. Journalisten zitierten Ärzte und Anatomie-Experten, welche die Gebeine als die Überreste von Südeuropäern identifiziert haben wollten. Viele davon waren Frauen und Kinder gewesen, sogar Babys, hieß es. Alle trugen Zeichen von Gewalteinwirkung: Spuren von Axtschlägen und Löchern in den Schädeln.

Ein Mann aus Miami sagte, er habe die Erklärung: ein Schiffslogbuch. Das Schiff stammte aus Großbritannien und war im Jahre 1785 von Jamaika aus zu den Westindischen Inseln gesegelt, um eine Piraten-Siedlung auszuheben. Die Aufzeichnungen eines Begleitschiffes zeigten angeblich das Schiff, wie es vor der Küste ankerte, eine Meile von der Grabstätte entfernt. Doch der Mann, der behauptete, sowohl Logbuch als auch Karte zu besitzen, gehörte zu der geheimniskrämerischen Art und zeigte sie nie jemandem. Existierten sie überhaupt? Oder waren sie schlicht nur die Erfindung der blühenden Phantasie eines frühen Einwohners Miamis?

Ein halb verkohlter Baumstumpf und zerbrochenes Kochgeschirr, das unweit der Begräbnisstätte ans Tageslicht gefördert worden war, stützte die These von der Existenz einer Piratensiedlung. Die Zeitungs-Schreiber wiesen gleichfalls daraufhin, daß Indianer die Leute sicher nicht begraben hätten, wenn sie sie getötet hätten; das war bei ihnen überhaupt nicht Brauch. Einer der Archäologen bestand darauf, die Knochen gehörten zu Indianern, nicht zu Europäern. Doch die Verfechter der Piraten-Theorie wiesen auf das Fehlen von Pfeilspitzen oder anderem indianischen Gerät hin.

Die Bauleute entfernten damals den Sand rund um 30 der Skelette und bauten eine Straße, so daß Schaulustige besser an die makabre Szene heranfahren und sie betrachten konnten. Die Einwohner des Jahres 1923 unterschieden sich ganz offenkundig in keiner Weise von den heutigen Bewohnern Miamis, die zu jedem Unfall und jedem Verbrechen eilen, um sich die Fleischbeschau an Ort und Stelle nicht entgehen zu lassen.

Eines der freigelegten Skelette gehörte einem Mann, der mehr als sechs Fuß groß gewesen sein mußte. So groß werden nur wenige Indianer. Ein Botaniker kam 1929 auf den Gedanken, die Knochen könnten womöglich zu Indianern gehört haben, die einige gefangene Weiße bei sich hatten.

1930 und in den folgenden Jahren bargen Archäologen, was noch von dem grausigen Fund übrig war, und behaupteten, die Knochen gehörten zu den längst ausgestorbenen Tequesta-Indianern, und einige dieser Skelette könnten vielleicht dreitausend Jahre alt sein. Sie konservierten an die fünfzig Skelette und schickten sie mit dem Zug ins Smithsonian-Institut, um sie dort untersuchen zu lassen. Aber diese Überreste sind auf dem langen Weg entweder verloren gegangen oder gestohlen worden; das Smithsonian-Institut behauptete jedenfalls, sie seien nie angekommen. Die Archäologen dagegen behaupteten weiter, die Ladung sei angekommen, aber im Smithsonian-Institut selbst verlorengegangen.

Das Mysterium des Massengrabes wird womöglich auf immer ungelöst bleiben.

Die Menschen und die Politik ändern sich nie. Miamis erster Polizeichef wurde des Mordes angeklagt, freigesprochen und wieder in sein Amt eingesetzt.

Und dann war da natürlich noch Scarface*.

* ein ›Spitzname‹ für Al Capone (wörtlich etwa ›Narbengesicht‹)

Als Al Capone das Bedürfnis verspürte, dem ewigen Streß des Mordens und Plünderns in Chicago in die Sonne und die Freude zu entfliehen, fand er in Miami Beach eine Zuflucht. Sein Haus auf Palm Island war von Clarence M. Busch von der Bierbrauerdynastie Anheuser-Busch erbaut worden. Capone kaufte es 1928 über einen Strohmann für vierzigtausend Dollar, so daß die Anwohner nicht wußten, daß ihr neuer Nachbar Amerikas notorischster Gangster war. Er investierte mehr als zweihunderttausend Dollar in Sicherheitsmaßnahmen. Für seine Yacht wurde eine Werft gebaut. Auch ein tropischer Garten mit einem Dutzend königlicher Palmen wurde angelegt. Er zahlte allein für den Swimmingpool fünfundachtzigtausend Dollar, den ersten Pool in Miami Beach mit einem Filtersystem für Süß- und Salzwasser.

Der Name des neuen Besitzers wurde schnell ruchbar. Die Behörden Floridas und seine wohlhabenden Nachbarn waren außer sich.

Die Capone-Geschichte wurde mit Kugeln und Alkohol geschrieben.

Kugeln hatten ihm den Weg an die Spitze geebnet. Die kleinen Gangster starben wie die Fliegen, niedergemäht aus vorbeirasenden Autos. Saloons wurden mit Gewehrfeuer zerstört. Ein übereifriger Staatsanwalt, der es gewagt hatte, Capone wegen eines Mordes zu vernehmen, war in Cicero, Illinois, aus einem vorüberfahrenden Wagen heraus von einer Maschinengewehrsalve durchsiebt worden. Zeugen, die gesehen hatten, daß Capone die Waffe in der Hand gehalten hatte, verloren kurz darauf ihr Erinnerungsvermögen. Er wurde niemals angeklagt. Sein Ruf wurde immer größer, und er genoß seine Macht nicht weniger als sein Geld. Als er einmal verhaftet wurde, weil er gegen die Bestimmung der Prohibition verstoßen hatte, wurde er am nächsten Tag unter Entschuldigungen und Bücklingen wieder freigelassen. Als er verhaftet wurde, weil er einen Gangster ermordet hatte, wurde die Anklage innerhalb einer Stunde fallengelassen. Als der Bürgermeister von Cicero Capones Autorität in Frage stellte, stieß *Scarface* ihn von den Eingangsstufen des Rathauses hinunter.

Capone schien einen besonderen Schutzengel zu haben. Ein Dutzend Versuche, ihn umzubringen, schlugen fehl, er schien unbesiegbar. Er schrieb seine eigenen Gesetze mit einer ›Chicago-Schreibmaschine‹ — einem tragbaren Maschinengewehr.

Doyle Carlton, Gouverneur von Florida, erließ eine Anordnung an die Sheriffs aller siebenundsechzig Counties von Florida: »*Schicken Sie Capone eine Botschaft. Er ist nicht willkommen. Verhaften Sie ihn, sobald Sie ihn sehen.*«

Capone und sein Anwalt wurden in das Büro des Generalstaatsanwalts des County bestellt, und man eröffnete ihnen, er habe Miami zu verlassen und es nie mehr zu betreten. Capone lehnte das ab. Er werde in Miami bleiben, kündigte er an. Falls man ihn hinauswerfe, werde er diesen Fall vor das höchste Gericht der Vereinigten Staaten bringen.

Als großzügiger Spender und Gönner erwarb sich Capone eine beträchtliche lokale Berühmtheit. Trotz verschiedener Anti-Capone-Kreuzzüge in den Zeitungen akzeptierten die Einwohner Miamis *Scarface* nicht nur, sondern sie applaudierten ihm sogar, wenn er wieder einmal Einzug in einen Gerichtssaal hielt. Dieselben Zuschauer aber pfiffen und zischten, wenn der Bürgermeister und andere lokale Größen, die ihn am liebsten verbannt hätten, irgendwo auftauchten — dieselbe Art von Respekt, wie ihn die Bewohner Miamis auch heute ihren führenden Persönlichkeiten entgegenbringen.

Capone setzte sich gegen die Behörden durch. Er schickte jetzt *ihnen* eine Botschaft: Selbst Banditen haben verfassungsmäßige Rechte.

»Ich verfolge keinerlei politische Interessen, weder in Chicago noch in Miami«, erzählte er einem Reporter, während er an einer dicken Zigarre paffte. »Ich bin hier, um mich zu erholen, und ich denke, ich habe einen Erholungsurlaub verdient. Wir haben die Gesetze von Miami in keiner Weise verletzt und gedenken auch nicht, dies zu tun. Alles, was ich möchte, ist, in Ruhe gelassen zu werden und mich in dem Haus wohl zu fühlen, das ich hier gekauft habe.«

Dann nahm er seinen kleinen Sohn Alphonse mit zu einer Fahrt in seinem Rennboot auf der Bay.

Scarface wurde zu einem regelmäßigen Besucher der Nachtclubs von Miami und war Gast auf allen Rennplätzen und bei sämtlichen Boxveranstaltungen. Zu seinen Gästen zählten die Honoratioren von Chicago, Gangster und Kriminal-Reporter.

Der große Al Capone heuerte des öfteren einen ortsansässigen Piloten samt seinem Wasserflugzeug an, um ihn und seine Begleitung nach Bimini zu privaten Strandparties zu fliegen. Das frühere Kriegs-As Eddie Niermaier verlangte einhundertfünfzig Dollar für den Flug, und Capone zahlte regelmäßig noch einhundert Dollar drauf. Bei den Strand-Picknicks wurden Sandwiches gegessen, Bier getrunken, und dann kehrte man zurück, wobei man dicht über den tiefblauen Wassern flog.

In einer kalten Nacht besuchten Capone und seine Gefolgsleute ein Kino in Miami, um sich den neuesten Gangster-Film von James Cagney anzusehen. Vorher aber boten ein paar beinschwingende Ballettelevinnen noch eine Show auf der Bühne. Beim Finale zogen sie an einem langen Seil. Schließlich erschien das Ende des Seils, das einem kleinen Affen um den Nacken gebunden war. Der Affe hatte ein Schild um den Hals: AL CAPONE.

Scarface und fünf seiner Komplizen erhoben sich schweigend von ihren Sitzplätzen auf dem Balkon und begaben sich in die Lobby. Capone stellte sich dem Manager selber vor, dann schlug er den Mann mit einem soliden Schwinger nieder und zerschmetterte ihm dabei die Nase.

Capone und seine Freunde kehrten auf ihre Sitze zurück, um den Gangster-Film zu sehen. Der blutende Manager rief die Polizei. Die Beamten überdachten kurz die Situation, dann warnten sie ihn, weiteren Ärger zu verursachen, andernfalls würden die Banditen sein Theater zusammenschießen.

Am 14. Februar 1929 hielt *Scarface* sich offenkundig in Miami Beach auf. In jener Nacht gab er eine große Party für Politiker, Mitglieder der Presse und am Ort ansässige Geschäftsleute. Der Butler trug ein Schulterhalfter; dasselbe galt für die vierschrötigen Kellner. Zwei mit Gewehren bewaffnete Männer begrüßten die Gäste, die von den Revolvermännern peinlich genau durchsucht und sogar bis ins Badezimmer begleitet wurden, wobei sie draußen vor der Tür warteten. Am Swimmingpool waren unter Gebüschen Maschinengewehre in Stellung gebracht worden.

An einem hoffnungslos mit Delikatessen überladenen Tisch saß Capone, winkte den ankommenden Gästen zu und wies seine Revolverhelden dann an: »Bringt ihnen Champagner.«

Keiner der Gäste wußte, was er hier feierte – bis zum späten Abend. Männer in Polizeiuniform hatten an jenem Sankt-Valentins-Tag 1929 eine Garage im winterlichen Chicago durchsucht. Die Polizei veranstaltete des öfteren solche Razzien, in der Regel nur, um Präsenz zu zeigen. Sieben Männer, die für Bugs Moran, Capones Erzrivalen, arbeiteten, wurden in einer Reihe an der Wand aufgestellt, wo sie als schlimmste Bestrafung eine Nacht im Gefängnis erwarteten. Zu spät begriffen sie, daß die Uniformen falsch waren. Die falschen Cops eröffneten das Feuer mit Maschinengewehren. Die echten Cops kamen später an, um die Leichen zu zählen. Das Massaker vom Sankt-Valentins-Tag wurde zu Amerikas meistbeachtetem Massenmord.

Als ein Journalist, der an Capones Party teilgenommen hatte, später zurückkehrte, um Al Capone Fragen über das Massaker zu stellen, blickte dieser perplex drein und schüttelte den Kopf. »Der einzige Mann, der auf diese Weise tötet, ist Bugs Moran«, sagte er.

Niemand glaubte ihm, aber Capone ließ sich von den blutigen Ereignissen in Chicago nicht den Spaß an der Sonne verderben. Er und seine Freunde planten, sich den Kampf Sharky gegen Stribling in Miami Beach am 27. Februar anzusehen. Er hatte Eddie Niermaier Karten für den Kampf versprochen, aber Big Al hatte ganz andere Dinge im Kopf. Am Tag vor dem Kampf hatte der Pilot seine Eintrittskarten immer noch nicht bekommen.

»Ich hatte eine ganze Reihe Feuerwerkskörper bei mir«, erzählte Niermaier Jahre später einem Journalisten des *Miami Herald*. »Daher flog ich über Capones Haus, nahm genau Maß und warf einen Feuerwerkskörper aus dem Flugzeug. Es gab eine höllisch laute Explosion — natürlich in der Luft —, und Sie haben in ihrem ganzen Leben bestimmt noch nie so viele Verbrechervisagen auf einmal gesehen. Sie alle rannten, die Pistolen in den Händen, aus dem Haus. Einen Augenblick lang dachte ich schon, sie würden anfangen, auf mich zu schießen.«

Er flog das Haus noch einmal an, um einen Papier-Fallschirm abzuwerfen mit einem Zettel, auf dem die Frage stand, wo denn seine Eintrittskarten blieben. »In dem Augenblick, als ich wieder auf dem Flugplatz war und aus meinem Flugzeug stieg, kam Capones Chauffeur schon mit meinen Eintrittskarten an.«

Dieser Scherz führte zu weiter nichts, als Capones Nachbarn noch weiter zu verunsichern und zu entnerven, die bereits genug von Gangstern hatten, die sich Abend für Abend im Maschinengewehr-Schießen vom Bootslandesteg aus übten. Frisch gestärkt von seinem Aufenthalt in Miami, kehrte Al Capone nach Chicago zurück. Während einer ausgedehnten Dinnerparty geriet er irgendwie in Wut, behauptete, daß drei seiner Gäste illoyal seien, nahm einen Baseballschläger und schlug ihnen die Schädel ein.

Noch immer schien es, als könne er nie besiegt werden. Als Capone, Großmaul und Sprüchemacher, schließlich zu Fall gebracht wurde, geschah es nicht durch Bomben oder Kugeln: Federfuchser hatten ihn zur Strecke gebracht. Verbrecherjäger der Regierung mit Rechenmaschinen, nicht Maschinengewehren. Zuerst nahm er die Anklage wegen Steuerhinterziehung nicht ernst und machte sich nicht einmal die Mühe, vor Gericht zu erscheinen. Statt dessen flüchtete er.

Kurz vor seinem Verfahren im Jahre 1931 suchte Capone einen Schneider auf. Er orderte zwei neue leichte Sommeranzüge für Miamis subtropisches Klima. »Sie brauchen keine leichte Kleidung zu bestellen«, knurrte einer seiner Leibwächter. »Warum bestellen Sie sich keinen Anzug mit Streifen? Sie werden ins Gefängnis wandern.«

»Den Teufel werde ich«, erwiderte Capone. »Ich werde für einen hübschen langen Urlaub nach Florida gehen, und ich brauche ein paar neue Kleider, bevor ich abfliege.«

Capone irrte sich. Sein hübscher kleiner Urlaub sollte acht

Jahre lang dauern — hinter Gittern. Als er Miami wiedersah, paßten ihm die Anzüge nicht mehr.

In der Erwartung, einen kleinen Klaps auf die Finger zu bekommen, watschelte Capone fett und aufgedunsen in den Gerichtssaal. Der Richter verpaßte ihm eine Gefängnisstrafe von elf Jahren. Sein zwölf Jahre alter Sohn, seine Mutter, seine Frau, sein Bruder und seine Schwester, sie alle begleiteten ihn in das Bundes-Gefängnis in Atlanta. Dort posierte er noch fröhlich für die Fotografen und betrat seine Zelle. Das war im Mai 1932. Er war dreiunddreißig Jahre alt.

Der frühere Verbrecherkönig wurde schon bald in sein neues Inselreich, Alcatraz, verlegt und verbrachte dort siebeneinhalb Jahre, bevor er begnadigt wurde.

Die Neuigkeiten breiteten sich in Miami Beach aus: Al Capone, der notorischste Tunichtgut der Stadt, kehrte nach Hause zurück. Sein üppig eingerichtetes Inselhäuschen blinkte und war zu seinem Empfang im November 1939 bereit. Die Reporter drängten sich um die verriegelten Tore und tummelten sich auf kleinen Booten, die die Insel wie Haie umrundeten, in der Hoffnung auf einen Schnappschuß des Bewohners, auf den die Stadt am Ende gar noch stolz war.

Die Gerüchte über Capones Ankunft in Miami Beach erwiesen sich als voreilig. Stunden nach seiner Entlassung wurde er in ein Krankenhaus in Baltimore eingeliefert.

Capones Frau, Mae, flehte das Personal des Krankenhauses an, ›keinen Öffentlichkeitsrummel‹ zuzulassen. Sein Bruder John führte seine Erkrankung auf ›seine Behandlung im Gefängnis‹ zurück. Geschichten machten die Runde, daß der Gangster den Verstand verloren habe. Frühere Freunde aus seiner Bande, die ihn besuchten, nannten ihn ›so verrückt wie einen Mistkäfer‹. Die Wahrheit war, daß der Gangster sich einer Behandlung wegen Paresis unterziehen mußte, einer durch Syphilis hervorgerufenen Krankheit, die nach und nach das Gehirn zerstört. Die ersten Symptome, Konfusion und schleppende Sprechweise, hatten sich im Gefängnis gezeigt. Sein Arzt in Maryland war der größte ›Syphologe‹ der Nation.

Jahre zuvor war bei einer seiner Teenager-Geliebten Syphilis festgestellt worden, und man hatte Capone angeraten, sich einem Bluttest zu unterziehen, aber der Gangster haßte Spritzen.

Weihnachten 1939 feierte Capone in seinem Krankenhaus-Zimmer in Gegenwart seiner Familie und eines üppig geschmückten Baumes. Der Patient, der seine Zeit mit Domino-Spielen verbrachte, erinnerte kaum noch an den Alkoholkönig von Chicago, der einst ein Jahreseinkommen von über einer Million Dollar gehabt und über einen Mob von siebenhundert Verbrechern geboten hatte.

Capone blieb zur medizinischen Behandlung in Baltimore und kehrte erst am 20. März 1940 nach Miami Beach zurück.

Da er verschiedentlich in der Öffentlichkeit gesehen wurde, hielten sich in jenem Sommer hartnäckig Gerüchte, er sei auf dem Wege der Besserung. Eines Abends kamen er und eine Gruppe von Freunden in einen Nachtclub in Miami Beach, setzten sich an einen abgelegenen Tisch, lauschten dem Orchester und verschwanden lange vor Mitternacht wieder still und leise. Einige wenige Abende später aßen Capone und seine Frau in einem Restaurant am Strand, während ein Leibwächter von der Bar aus alles im Auge behielt.

Diese Spaziergänge seien ein Test gewesen, sagte sein Arzt später. Der Patient war nie allein. *Scarface* verließ gelegentlich seinen Wagen, aber nur, um in einen Drugstore an der Ecke zu gehen. »Er hatte seinen Spaß daran, einfach nur hineinzugehen und Kaugummi oder Süßigkeiten zu kaufen«, sagte sein Doktor. »Er mag Kaugummi nun mal.« Doch schon bald waren auch jene kurzen Ausflüge vorbei, und Capone war ans Haus gefesselt, wo er endlose Übungen mit seinem Golfschläger veranstaltete, im Pool schwamm, sich auf dem Patio in der Sonne aalte und an der Pier fischte. Nie wieder wurden die Tage erwähnt, als er das Zentrum ausgedehnter Bandenkriege gewesen war, die alles in allem mehr als tausend Menschenleben gefordert hatten.

»Er scheint an diese Phase seines Lebens keinerlei Erinnerungsvermögen mehr zu haben«, sagte der Doktor. Schon bald bestand Capones einzige körperliche Aktivität darin, einen

Tennisball gegen eine Wand zu werfen, und auch das gelang ihm nur an seinen guten Tagen. An Tagen, wo er Karten spielen wollte, ließen ihn Familienmitglieder und Diener stets gewinnen. Ein Besucher aus Chicago, dem nicht bewußt war, daß man von ihm erwartete zu verlieren, schlug Al Capone in einem Spiel. Capone geriet übergangslos in Rage. »Holt die Jungs!« schrie er. »Ich will, daß sie sich mit diesem Neunmalklugen befassen.«

Andere Freunde aus der alten Zeit besuchten ihn, aber *Scarface* erkannte seine ehemaligen Spießgesellen nicht mehr. Nachdem ihm sein Erinnerungsvermögen fast vollständig abhanden gekommen war, war er wenigstens vor Feinden, die ihm nach dem Leben trachten konnten, sicher. Für die Unterwelt war Al Capone schon seit langer Zeit tot.

Die Öffentlichkeit erfuhr die Wahrheit, als ein Mann aus Chicago damit Furore machte, daß er Capone beschuldigte, ein Mordkomplott gegen ihn zu schmieden und zu beabsichtigen, seine Geschäfte zu übernehmen. Mit Einverständnis der Familie offenbarten die Ärzte des Gangsters der Presse, daß Capone inzwischen geistig auf den Stand eines Kindes herabgesunken war.

»Als er zum erstenmal zu mir in Behandlung kam, war bereits ein großer Teil seines Gehirns zerstört«, sagte sein Arzt aus Baltimore. »Er verfügte nicht mehr über genügend Geisteskräfte, sein eigenes Leben zu führen, viel weniger denn, um die Angelegenheiten eines ganzen Verbrechersyndikats zu regeln.«

Damals verfielen weiter Teile von Miami Beach in eine Art Sommerschlaf. Sogar Polizeibeamte wurden während dieser Zeit entlassen und im Herbst wieder in ihre Posten zurückgerufen.

Im Sommer 1946 war Emery Zerick ein solcher Aushilfspolizist ohne Arbeit. Er wandte sich an Capone wegen eines Jobs. »Sie beschweren sich ständig über zu viele Boote mit Neugierigen und zu viele Wagen, die vorüberfahren, nur um einen Blick auf Al Capone zu erhaschen.«

Der Bruder des großen Al Capone, Ralph, zahlte solchen Cops ohne vorübergehende Anstellung sehr viel Geld: fünfzehn Dollar für einen Zwölfstundentag.

Zu diesem Zeitpunkt befand sich der seinerzeit gefürchtetste Gangster der Welt in einem Stadium geistiger Umnachtung und brabbelte nur noch dummes Zeug vor sich hin. »Tagsüber fuhren sie ihn im Rollstuhl zum Ende des Anlegestegs und legten ihm eine Angelrute in die Hand«, erinnerte Zerick sich. »Wenn ein Boot mit Neugierigen auftauchte, mußten wir ihn sofort nach drinnen schieben. Er wog nicht mehr viel, er war schon sehr eingefallen.«

Zerick bewachte das Eingangstor, wo ihm auch ein Telefon zur Verfügung stand. Besucher verband er mit Ralph und trat dann diskret einen Schritt zur Seite. Autorisierten Besuchern gab Ralph ein Losungswort, das dieser dem jungen Polizisten am Tor sagen konnte. Dieses Losungswort wurde täglich geändert.

Zerick gewöhnte sich an, nicht nach Namen zu fragen, aber er erkannte Meyer Lansky, einen ›Mann, der sehr schnell und mit federnden Schritten ging‹, genauso wie Tony Accardo, Jimmy Doyle, Joe Fischetti und Joe Massei.

Capones Gesundheitszustand verschlechterte sich, und eine Totenwache mit Reportern und Unterweltlern begann. *Scarface* erholte sich etwas, dann versank er wieder in Bewußtlosigkeit. »Jedesmal ein Haufen schwarzer Wagen, wenn er einen neuen Zusammenbruch hatte«, sagte Zerick. Besucher aus der Unterwelt schoben dem jungen Cop am Tor immer wieder Zwanzig- und Dreißigdollarnoten in die Hand. »Jedesmal, wenn er einen neuen Anfall hatte, machte ich dreihundert oder vierhundert Dollar extra. Im Hof stand eine Plastik-Statue von irgendeinem Heiligen, und jedesmal wenn sie hineingingen, versäumten sie es nie, sich selbst zu segnen.«

Im Januar 1947 war das Ende deutlich abzusehen. *Scarface* erlebte seinen letzten Geburtstag am Freitag, dem 17. Er war 48 Jahre alt. Vier Tage später erlitt er einen Gehirnschlag. Nach 14 Stunden im Koma kam er noch einmal zu sich. Der Arzt der Capones veröffentlichte um zehn Uhr am Abend ein Bulletin: der Patient werde trotz seines kritischen Zustandes womöglich die Nacht noch überleben. Das ganze riesige Haus blieb hell erleuchtet.

Am nächsten Tag, Samstag, dem 25. Januar 1947, war Zerick auf dem Anwesen auf Palm Island, um seinen Job zu kündigen, nachdem er wieder in den Polizeidienst gerufen worden war.

Capone schien kräftiger, aber jetzt hatte er eine Lungenentzündung. »Ralph sagte, er habe einen Rückschlag erlitten. Alle waren in hellem Aufruhr. Er atmete kaum noch.« Zwei Priester vollzogen die letzte Ölung. Capones Herz blieb um 19 Uhr 25 stehen.

»Sie kamen die Treppe herunter und sagten, er sei tot«, erinnerte Zerick sich. »Für die Frau war es sehr schwer. Ralph schluchzte. Im Haus war der Teufel los, von überall her kamen kreischend Wagen angefahren. Es schien fast, als sei eine Million Reporter auf den Beinen. Sie wußten es auf der Stelle. Ich habe nie herausgefunden, woher.«

Eine lange Schlange teurer schwarzer Limousinen parkte draußen. »Die alten Komplizen erschienen, bekreuzigten sich und erwiesen der Witwe ihr Mitgefühl.« Touristen und neugierige Zuschauer bildeten eine Prozession auf dem Bürgersteig und schlossen sich zu Grüppchen zusammen.

Die Story des Al Capone endete nicht mit seinem Tod. Hollywood hat ihn lebendig erhalten. Kein Gesetzesbrecher hat die Filmemacher mehr fasziniert. »Niemand hatte geglaubt, daß dies geschehen würde«, sagte Zerick. »Niemand hätte damals gedacht, daß die Geschichte von Al Capone immer größer und größer werden würde, je mehr Zeit verstrich.«

Al ›Sonny‹ Capone, der kleine traurige Junge, der aus einer Pfadfindervereinigung in Miami Beach ausgeschlossen wurde, als aufgebrachte Eltern seinen Namen erfuhren, mußte mit ansehen, wie seine Kinder beschimpft und gequält wurden, als *The Untouchables* im Fernsehen populär wurden. 1959 klagten er und seine Mutter wegen Verletzung ihrer Privatsphäre; sie verloren.

Sonny, nunmehr Dockarbeiter in Miami, wechselte den Namen und zog um.

Heute leben in dem Haus auf Palm Island ein Pilot der Delta Airlines und seine Frau. Die Nachbarn seufzen noch heute, Generationen später, wenn Fremdenführer von ihren Rundfahrt-Booten aus auf das Haus deuten, in dem *Scarface* starb.

Unter der Sonne Miamis ist nichts neu, abgesehen von den Darstellern.

8. Kapitel

Weihnachten in Miami

Eine Woche vor dem Feiertag erreichte eine Weihnachtskarte den *Herald*: »Wir lieben Ihr Buch«, stand darauf von zittriger Hand mit einem Kugelschreiber geschrieben.

> Wir waren auf der Buch-Messe, und die Podiumsdiskussion hat uns sehr gefallen ... wir haben auch mit mehreren Autoren gesprochen und einige Autogramme bekommen! T. D. Allman war wundervoll, so ernst und aufrichtig, als er unser Exemplar des Buches *Miami* mit seinem Autogramm versah. Und David Rieff erwähnte, es sei ermüdend gewesen, *Going to Miami* zu schreiben. Wir blieben auch am Stand des *Herald* stehen, um unser Buch von Ihnen signieren zu lassen, aber Sie waren an jenem Tag weder am Morgen noch am Nachmittag anwesend. Wenn der Film zu Ihrem Buch erscheint, werden wir ihn uns ansehen.

Der Absender wohnte ganz unten in South Beach, fünfte Straße Süd.

An einem Sonntag nachmittag, vier Tage vor Weihnachten, parkte ich direkt vor ihrem kleinen Reihenhäuschen. Wie überrascht sie wohl sein werden, dachte ich, wenn ich an ihre Tür klopfe und sage, ich sei gekommen, um mein Buch zu signieren. Ich lächelte bei der Vorstellung ihrer erstaunten Gesichter.

Wieder falsch. Sie waren nicht überrascht.

Es ist nicht leicht, Leute zu überraschen, die schon alles gesehen haben.

Auf mein Klingeln erfolgte zunächst keine Reaktion. Ich dachte schon, es sei niemand zu Hause. Wieder klopfte ich und wollte schon gehen, als ein kleiner, blauäugiger Mann mit ergrauendem Haar und einem Stoppelbart die quietschende Tür öffnete. Er trug ein T-Shirt und zerknitterte Hosen. Er betrachtete mich nachdenklich. »Sie sind Edna Buchanan«, verkündete er dann mit reichlich uninteressierter Stimme. »Ich hole schnell Ihr Buch.«

Seine Frau stand hinter ihm. An ihr vorbei konnte ich einen kleinen Raum sehen, der mit den Besitztümern eines langen Lebens vollgestopft war. Beide kamen zu einem Plausch heraus. Er entschuldigte sich, daß er nicht rasiert war, und erklärte mir den Grund dafür. Er war einmal auf offener Straße überfallen worden, und das habe ihm gereicht. Wenn er rasiert und gut gekleidet daherkam, seien seine Aussichten, Ziel eines neuerlichen Überfalls zu sein, ungleich größer. »Wenn ich mich aber so anziehe wie jetzt, lassen sie mich in Ruhe.« Seine Frau trug ein T-Shirt aus San Francisco und einfache enge Hosen. Aus demselben Grund trug sie auch keine Handtasche mehr mit sich. Aus demselben Grund hatten sie auch ihren alten Volkswagen nie neu lackieren lassen. Ihr letzter Wagen war gestohlen worden. Sie hatten gelernt, daß die einzige Möglichkeit, sein Eigentum zu behalten, darin liegt, so auszusehen, als besitze man nichts. Sie lebten seit 1955 in Miami Beach, und sie hatten gelernt zu überleben. Er hatte in einem eleganten Geschäft im Einkaufszentrum an der Lincoln Road gearbeitet, aber das Geschäft gibt es nicht mehr, und die Lincoln Road ist nicht länger eine elegante Einkaufsstraße. Sie hatten all die Veränderungen miterlebt. Ich signierte das Buch und reichte es ihnen zurück.

»Sie und dieses Buch sind wie ein Teil unserer Familie«, sagte er. Sie erinnerten sich noch an Geschichten, die ich für den *Daily Sun* in Miami Beach geschrieben hatte, bevor ich vor zwanzig Jahren zum *Herald* gegangen war.

Ich wünschte ihnen frohe Weihnachten, und sie erzählten mir, wie sie vor Jahren zum erstenmal den Geschmack eines gerösteten Spanferkels kennengelernt hatten. Ein Ladenbesitzer aus Kuba auf der Vierten Straße war ihr Freund geworden. Einmal brachte er ihnen zu Weihnachten diese Delikatesse und bestand darauf, daß sie davon kosteten. Kurz darauf kehrten sie nach Hause zurück und sahen direkt vor seinem Geschäft eine Polizeiabsperrung rund um einen abgedeckten Leichnam. Sie erkannten die pinkfarbenen Hosen und die gelben Socken.

Die Polizei faßte den Mörder. »Er kommt möglicherweise in diesen Tagen aus dem Gefängnis«, sagte der Mann mit den blauen Augen. Seine Frau hatte immer gerne draußen im Freien gesessen. Als sie es zum letzten Mal getan hatte, war ihr Stuhl beinahe von einem vorüberrennenden Mann und einem Polizisten, der ihn verfolgte, umgerissen worden. Als sie sich einmal über einen Kokain-Dealer beschwerten, der seine Geschäfte in einem nahegelegenen Gebäude betrieb, fragte ein ungeduldiger Polizist: »Würden Sie als Tatzeuge zur Verfügung stehen?«

Das wollten sie natürlich nicht. »Ich hätte mein Häuschen verkaufen und wegziehen müssen«, sagte er. Wie konnte man wohl ein Apartment in dieser heruntergekommenen Wohngegend verkaufen? Wenn sie es einmal wagten, auf die Straße zu gehen, sagte er, ginge seine Frau in die eine Richtung und er in die andere. Sie gingen zu verschiedenen Zeiten los und benutzten verschiedene Wege. »Man kann nicht jeden Tag zur selben Zeit weggehen«, erläuterte er. »Man darf sich nicht an irgendein Muster halten. Wenn sie erst mal wissen, zu welchen Zeiten die Bewohner nicht in ihren Häusern sind, dann brechen sie ein.«

Ich sagte, ich sei froh, daß ihnen das Buch gefallen habe, und sie begleiteten mich an meinen Wagen. Sie umrundeten meinen Mercury Cougar, Baujahr 1984, bewunderten ihn und fragten mich nach dem Alarmsystem.

Sie sind gute Leute, Überlebenskünstler.

Ich schloß die Türen und fuhr davon. Aus dem Autoradio drangen die Klänge von Festtagschören. Weihnachten in Miami.

Ich arbeite auch an Feiertagen. Das macht mir nichts aus. Die verheirateten Kollegen mit Familie haben diese zusätzlichen Feiertage verdient. Von meinen Redakteuren arbeiten nur wenige, und auch die hohen Tiere der Polizei haben dann frei, und ein

Reporter kann ohne diese ohnehin viel mehr bewirken. Ich schreibe gerne Feiertagsgeschichten und berichte, wie der Rest Miamis feiert. Neuigkeiten gibt es immer: große Familien finden zueinander. Zwei geraten aneinander, und schon beginnt die Schießerei. Am 4. Juli und am Neujahrsabend spielen sie mit Revolvern und Feuerwerkskörpern, und irgend jemand wird dabei immer verletzt. Am Memorial Day und am Labor Day besaufen sie sich und rasen mit ihren PS-starken Booten über das Wasser. Kinder rennen am Weihnachtsmorgen früh aus dem Haus, um neue Skateboards und Fahrräder auszuprobieren. Noch wackelig auf den neuen Rädern, treffen manche von ihnen dann auf motorisierte Zeitgenossen, die aus der Nacht zuvor übrig geblieben sind.

Es gibt Leute, die von ihrer Weihnachts-Party nie nach Hause zurückkehren.

Feiertage bringen dem einen Verzweiflung, dem anderen schiere Wut.

Manchmal gibt es Geschichten von Hoffnung und Erneuerung.

Manchmal, aber nicht oft.

Obwohl ich auch an solchen besonderen Tagen arbeite, bin ich altmodisch und der Tradition verhaftet. Ich mag meinen Truthahn am Erntedankfest und das Kerzenlicht am Heiligen Abend, aber es gab ein Jahr, da hatte ich weder das eine noch das andere. Am Tag vor dem Erntedankfest saß ich in der Cafeteria für die Angestellten des *Herald*. Man servierte bereits Truthahn, Preiselbeersoße, Kürbis-Pastete – das ganze Drumherum, aber ich wartete ab. Ganz offenkundig würden sie am Erntedankfest auch noch Truthahn haben, und wenn es auch nur die Überreste vom Vortag waren.

Wieder falsch. Die Cafeteria des *Herald* war, wie versprochen, am Erntedankfest geöffnet, aber alles, was sie servierten, waren übriggebliebene Makkaroni und Käse, die im Backofen aufgewärmt wurden. Ich mußte lachen. Also aß ich am Erntedankfest übriggebliebene Makkaroni mit Käse.

Ähnlich verlief der Heilige Abend.

John Patrick O'Neill konnte nicht mehr länger mit seinem

Geheimnis leben. Allein und ohne Arbeit, teilte O'Neill, 50 Jahre alt, sein Zuhause mit vier Katzen, seinen einzigen Freunden. Sie alle lebten zusammen unter der östlichen Brücke des MacArthur Causeway. In dem schwachen Licht unter der Brücke, über die der Verkehr hinwegrauschte, konnten sie die Skyline der City sehen, die festlichen Lichter und die millionenschweren Häuser der Reichen und Berühmten auf Star Island. Am Weihnachtsabend verloren die Tiere ihren Freund und Beschützer.

In der Dunkelheit, als die Motorisierten vorbeizischten, schleppte sich O'Neill mehr als eine Meile weit zum Hauptquartier der Polizei von Miami Beach. Es war Weihnachtsabend, und er wollte ein Geständnis ablegen. Er hatte einen Mann getötet, sagte er, und den Leichnam neben der Brücke beerdigt, wo er lebte.

O'Neill hatte einen Grund. Der Mann, den er umgebracht hatte und der ebenfalls obdachlos war, hatte seine geliebten Katzen, alle vier, in die Biscayne Bay geworfen, um sie zu ertränken. Die strampelnden, in Panik geratenen Tiere waren unfähig, die steilen betonierten Uferböschungen hinaufzuklettern, aber O'Neill war ins Wasser gesprungen, um ihnen zu helfen. Er rettete sie und wandte sich dann dem Mann zu, der versucht hatte, sie zu ertränken.

Dieser Mann, Daniel Francis Kelly, 58, hatte nach einem Messer gegriffen und ihn attackiert, sagte O'Neill. O'Neill schlug und trat auf Kelly ein, bis dieser tot war, dann hob er mit den Händen und einem kurzen Brett ein Grab für ihn aus.

Das war am Freitag, dem 19. Dezember. Jetzt, am Heiligen Abend, wollte er sein Gewissen erleichtern.

Die Polizei hatte so ihre Zweifel, aber die Detectives Nick Lluy und Robert Hanlon hörten ihm zu. »Er war nicht betrunken«, sagte Hanlon später. »Es klang alles sehr plausibel.«

Alle hofften, es sei nicht wahr. Alle wollten sie nach Hause gehen. Die Detectives fuhren zu der Brücke und stiegen in der Dunkelheit hinunter. Sie suchten alles mit Taschenlampen ab, untersuchten überall den Boden unter der Brücke und fanden schließlich eine verdächtige Stelle, von der ein noch verdächtigerer Geruch aufstieg.

Wenig später erschien ein Feuerlöschzug mit starken Scheinwerfern, um die Gegend direkt gegenüber der Basis der Küstenwache von Miami Beach auszuleuchten. Die Detectives ließen Schaufeln und Generatoren kommen und fingen an zu graben.

Ich wollte den *Herald* gerade verlassen, um zu Hause Heiligabend zu feiern, als ich hörte, es sei etwas im Busch. Sofort rief ich die Polizei an. Detective Anthony Sabatino hatte O'Neill gerade einen doppelten Hamburger gebracht. »Das ist vielleicht eine idiotische Art, den Heiligabend zu verbringen«, sagte der Detective.

Er hatte recht.

Ich fuhr hinaus zum Ort des Geschehens, um zu sehen, was sie finden würden. Der Platz unter der Brücke ist ein Hafen für die Obdachlosen. Von Zeit zu Zeit hatte dort eine Anzahl Stadtstreicher kampiert. Es gab Couches und Sofas und sogar einen kleinen Christbaum mit entsprechendem Schmuck.

Howard Zeifman, der Polizeisprecher, meinte, es könne sich durchaus auch um einen üblen Scherz handeln. »Hier unten leben seit Jahren Menschen«, sagte er. »Es stinkt nach verfaultem Essen, menschlichen Abfällen und Katzen.«

Das tat es.

Aber die Geschichte selbst war kein übler Scherz. Polizisten, ein Staatsanwalt, ein Gerichtsmediziner und die Feuerwehrleute arbeiteten die ganze Nacht hindurch, wobei sie von einer neugierigen, schwarzen Katze mit weißen Tupfen beobachtet wurden. Am Weihnachtsmorgen gab das Grab die Überreste eines toten Mannes frei, und O'Neill wurde wegen Mordes zweiten Grades angeklagt.

»Irgendwie tut mir der Bursche leid«, sagte Hanlon, ein im Dienst ergrauter Detective. »Wenn er nicht gekommen und es uns erzählt hätte, dann hätte es eine gute Chance gegeben, daß wir dieses Grab nie entdeckt hätten. Ich glaube, ihn hat das Gewissen geplagt.«

Nachdem er anhand der Fingerabdrücke identifiziert worden war, stellte sich heraus, daß der tote Mann eine Vorstrafenliste hatte, die neunzehn Seiten lang war. Die meisten Verurteilungen hatte er wegen Trunkenheit, Landstreicherei und ungebührlichen Verhaltens bekommen. Die Polizei erinnerte sich an ihn als einen ›üblen Trunkenbold‹. Hanlon hatte Kelly selbst einmal verhaftet. Eine Autopsie am Weihnachtstag ergab, daß der Tod durch Schläge auf den Kopf herbeigeführt worden war.

In seiner Gefängniszelle machte O'Neill sich Sorgen um seine Freunde. Die größte Katze nannte er ›Bandit‹. Die kleine Weiße mit den Pünktchen war Smokey. Satchmo war grau gestreift und Tiger weiß mit goldenen Streifen. O'Neill erhielt ein Weihnachtsessen mit Roastbeef, aber sie fütterte niemand.

»Mir tun nur meine Katzen leid«, erzählte er Hanlon. Der Detective versuchte, sie einzufangen und in ein Tierheim zu bringen, aber sie entkamen ihm immer wieder, und er hatte nicht die Zeit, ihnen lange nachzulaufen.

Meine Geschichte erschien im *Herald*, und die Leser, die sich um Tiere sorgen, veranstalteten ein mittleres Verkehrschaos auf dem Causeway. Eine Frau rettete drei der Katzen und nahm sie mit nach Hause. Satchmo fand sie nie. »Sie waren sehr, sehr gut gepflegt«, sagte sie. »Das hier waren keine umherstreunenden Katzen.«

John O'Neill plädierte auf nicht schuldig, und nach der Anklageerhebung hatte ich Gelegenheit, mit ihm zu reden. Er sagte, er sei kein Killer. »Es war Selbstverteidigung. Ich mußte fünf Leben schützen. Vier davon waren meine Katzen.« Das fünfte Leben, sagte er, sei sein eigenes gewesen.

Er sagte, die Katzen seien bessere Freunde als viele Menschen. Er hatte jede von ihnen verlassen und hungrig in Miami Beach aufgelesen. Er hatte sie gerettet und mit zu sich nach Hause genommen, zu seinem Platz unter der Brücke. Hier war sein Heim.

»Natürlich liebe ich das Wasser«, sagte er. »Dort fühle ich mich frei. Ich liebe es, draußen an der frischen Luft zu sein. Ich zahle keine Miete, gar nichts. Ich hatte immer Katzenfutter für sie. Ich fütterte sie um sieben Uhr morgens. Wenn ich am Morgen wegging, ließ ich immer eine große Schüssel mit Wasser zurück. Ich hatte auch Vitamine für sie. Wenn ich um fünf oder sechs Uhr zurückkehrte, fütterte ich sie wieder und gab ihnen frisches Wasser.«

Seine Tage in Miami Beach waren ausgefüllt gewesen »mit dem Sammeln und Verwerten von Aluminiumbüchsen, damit ich für mich und sie etwas zu essen hatte. Ich habe mir damit auch mein Bier und meine Zigaretten verdient. Das war meine tägliche Routine, Dosen sammeln und meine Katzen füttern.«

Kelly unterbrach diese Routine in der Woche vor Weihnachten. Oft teilten andere obdachlose Männer den Platz unter der Brücke mit ihm, und er war einer von ihnen. Er schnappte sich O'Neills Freunde – den Bandit, den Tiger, Smokey und Satchmo – und warf sie in die Bay.

»Sie hingen an der Uferböschung«, sagte O'Neill. Er rettete sie und wandte sich dann ihrem Peiniger zu. »Wenn du das noch einmal machst, breche ich dir den Kiefer!« Kelly zog ein Fleischermesser, sagte er, und stürzte sich auf ihn. O'Neill wehrte sich, trat und schlug den Mann.

»Was ich getan habe, habe ich für sie getan. Ich habe einfach nur immer weiter auf ihn eingeschlagen.« So etwas war ihm zum erstenmal passiert. Er trank gerne mal einen über den Durst und gab zu, daß er immer mal wieder irgendwo Streit gehabt hatte, ›aber niemals echte Gewalttätigkeit‹.

Fünf Tage und fünf Nächte hatte er mit der Last seines Geheimnisses gelebt, dann konnte er einfach nicht mehr weiter. Er sei ›vom Scheitel bis zur Sohle‹ ein praktizierender Katholik, sagte er. »Ich mußte es mir von der Seele wälzen.« Ohne das Geld für eine Kaution würde er bis zu seinem Verfahren im Frühjahr in Haft bleiben.

Ich fragte ihn, ob ich für ihn mit irgend jemandem Kontakt aufnehmen solle. Seine Mutter lebte noch immer in Port Chester, New York, wo er an der Küste des Long Island Sund, eintausendvierhundert Meilen nördlich von Miami, aufgewachsen war. Sie wußte nichts von den Schwierigkeiten, in denen er steckte.

»Ich habe ihr nicht geschrieben«, erzählte er mir. »Wenn es sich um etwas anderes handeln würde, wäre es leichter, aber ich wüßte nicht, wie ich ihr das hier beibringen sollte.«

Im Büro meldete sich ein schockierter Leser, ein Mann, der

mit O'Neill in Port Chester aufgewachsen war, wo man ihn als Teedy O'Neill kannte.

»Er war die geborene Führernatur, ein Mensch, wie man ihn sofort als Anführer eines Baseballteams wählen würde«, sagte der alte Jugendfreund. »Er war ein harter, athletischer Junge, aber niemals ein Rüpel.« Teedy O'Neill war schon damals ein Einzelgänger gewesen, »ein Typ, der, nur wenn er Lust hatte, in die Schule ging. Er war irgendwie ein Held, ein guter Bursche. Er hätte nie irgend jemandem etwas angetan. Er hat auch nie irgend jemanden angegriffen. Ist er jetzt etwa ein Verbrecher geworden? Nein, das ist er nicht. Es erfordert schon eine ganze Menge Mut zu beichten, wenn einen das Gewissen plagt.«

Die Geschichte ging durch die Nachrichtenagenturen, und von überallher aus dem ganzen Land kamen Briefe, die Hilfe und Beistand anboten, zumeist von Tierliebhabern.

Im Frühling beriet eine Jury nur eine Stunde lang, bevor sie mit einem Freispruch wieder in den Gerichtssaal zurückkehrte. Die Geschworenen glaubten, es habe sich um Selbstverteidigung gehandelt. Die Frau, die für Smokey, Bandit und Tiger gesorgt hatte, suchte O'Neill eine neue Bleibe und verschaffte ihm einen Job in einem Gebrauchtwagenhandel.

Das Thermometer zeigte bereits über 30 Grad an. Es war April in Miami. Aber endlich kam es einem wie Weihnachten vor.

9. Kapitel

Beste Freunde

*Die einzige Möglichkeit, einen Freund zu gewinnen,
ist, selbst einer zu sein.*

Ralph Waldo Emerson

Der Hund Fred streckt sich auf dem Sofa aus, um Fernsehen zu gucken. Er kaut Kaugummi, bis der süßliche Geschmack fort ist, dann speit er ihn aus. Wenn die acht Sanders-Kinder von der Schule nach Hause kommen, springt er auf, um jedem einzelnen das Gesicht zu lecken.

An einem Freitag, dem 13., rettete er ihnen das Leben.

»Ich konnte es zuerst gar nicht glauben«, sagte Lieutenant William Hall von der Feuerwehr. »Ich habe noch nie von einem Tier gehört, das in ein brennendes Haus *zurück* gelaufen wäre.«

Um 5 Uhr 30 in der Frühe, als das Feuer sich in dem Haus ausbreitete, schliefen noch alle: Patricia, 16 Jahre; James, 15; Raquel, 14; Raymond, 13; Ali, 12; Arbury, 10; Clifford, 9; Carmen, 8; und ihre Mutter Arbury Sanders. Rauch füllte das ganze Haus.

Sie wären innerhalb weniger Minuten erstickt, aber Fred, ein achtzehn Monate alter, schwarz und braun gefleckter Mischlingshund, raste zum Zimmer der Mutter, stieß die Tür auf, sprang auf das Bett und stieß sie aufgeregt mit der Pfote an.

Die schläfrige Frau scheuchte ihn weg. Fred schoß immer wieder in das Zimmer hinein und wieder hinaus, stieß die Frau immer wieder an, packte schließlich ihr Nachthemd mit den Zähnen und versuchte, sie aus dem Bett zu zerren. Fred hatte sich noch nie zuvor in dieser Weise daneben benommen. Daher stand Arbury Sanders schließlich auf und schlurfte zur Tür, um zu sehen, warum er denn so aufgeregt sei. Da schlugen ihr bereits die Flammen ins Gesicht.

Sie hustete und keuchte, während sie und Fred die verschlafenen Kinder durch den dichten Rauch und aus dem brennenden Haus hinausführten. Dann wandte Fred sich um und rannte wieder hinein, mitten durch die hoch aufschießenden Flammen bis in das Schlafzimmer der Kinder.

»Fred hat Angst vor Feuer«, sagte der fünfzehn Jahre alte James, »aber er rannte in das Haus zurück, um zu sehen, ob noch jemand dort drinnen war. Er hat versucht, meinen Daddy zu finden.«

Ihr Vater, Cornelius Sanders, war an diesem Morgen schon um fünf Uhr zur Arbeit gegangen.

Als die Kinder schrien und ein Nachbar die Notrufnummer 911 wählte, tauchte Fred aus dem Inferno auf, den Kopf versengt und die Haut an seinen Beinen stark verbrannt. Die beiden Sittiche, Salty und Coco, verbrannten. Ebenso erging es dem Goldfisch. Das Haus wurde zerstört.

Aber die Sanders-Familie war gerettet.

»Ohne diesen Hund wären wir alle tot gewesen«, sagte Arbury Sanders unter Tränen.

Die Feuerwehrleute lobten Freds Intelligenz und seinen Mut, beklagten aber gleichzeitig das Fehlen von Rauchmeldern im Haus. »Wir sind wahrlich nicht dafür, daß Tiere die Aufgaben von Rauchdetektoren übernehmen«, sagte der Sprecher der Feuerwehr, Stu Kaufman. »Ein Rauchdetektor ist das einzige, das Sie mit Sicherheit immer aufwecken wird.«

Ich schrieb die Geschichte von Fred, dem Hund, und beobachtete dann gespannt, wie diese Geschichte ein Eigenleben bekam.

Der Stadtteil Opa-Locka veranstaltete schon bald den ›Fred-Tag‹. Eine Blaskapelle spielte, und ein roter Teppich wurde ausgerollt. Es ist immer wieder erheiternd, die kamerasüchtigen Politiker zu beobachten, wie sie mit aller Macht versuchen, möglichst nahe an die wichtigste Person am Ort des Geschehens zu kommen, wie etwa den Präsidenten der Vereinigten

Staaten, den Papst oder gar Michael Jackson, aber eine besondere Freude ist es, sie zu beobachten, wenn die Berühmtheit ein Bastard mit unverkennbarem Dobermann-Einschlag ist.

Sie ehrten Fred mit Pomp und Brimborium, Ansprachen und Applaus. Anläßlich einer Feierstunde der Feuerwehr wurde ihm feierlich die Rettungsmedaille verliehen. Der Tierschutzverein, der für die Verleihung dieser Medaille gesorgt hatte, räumte Fred auch einen Platz in seiner Ruhmeshalle ein. Mrs. Sanders, eine hübsche Frau, und ihre wohlerzogenen Kinder platzten beinahe vor Stolz. Die gutaussehenden Jungen begleiteten in Anzügen mit Weste die Mädchen, die in blütenweißen Partykleidern erschienen. Fred gähnte ausgiebig, er war offensichtlich gelangweilt, als Senatorin Roberta Fox ihre Ansprache hielt und ihn mit Lassie, Flipper, Mr. Ed, Mickey Mouse und Benji verglich. »Hunde sind unsere besten Freunde«, verkündete die Senatorin. »Ich beneide die Familie, der Fred gehört.«

Die Bürgermeisterin von Opa-Locka, Helen Miller, erließ eine Proklamation. »Behandeln Sie ihn wie einen König«, sagte sie zu den Sanders, während sich der Geehrte auf dem Fußboden räkelte und die Augen fest auf eine Schachtel mit Schokoladen-Bonbons gerichtet hielt. Ein Lobesbrief an Fred war angeblich aus dem Weißen Haus unterwegs. Senatorin Paula Hawkins und andere Würdenträger, die an dem Festakt nicht teilnehmen konnten, sandten Fred ihre Grüße. Neben anderen wichtigen Persönlichkeiten saß Fred auf dem Podium und bellte in die Fernseh-Scheinwerfer, während ihm die bronzene Medaille feierlich um den Nacken gelegt wurde.

Nur wenige vierbeinige Helden erhalten Auszeichnungen. Die meisten werden nicht besungen, viele von ihnen haben nicht einmal ein Zuhause.

Als er mit seinem Hund über eine Fußgängerbrücke ging, fiel Henry Hollingsworth, knapp 60 Jahre alt, hinunter, oder vielleicht sprang er sogar freiwillig, und landete dreizehn Fuß tiefer im Wasser. James White, 28, sah, wie es passierte. Er hatte einen gelähmten Arm und konnte nicht schwimmen, daher war er unfähig zu helfen, aber es gab einen anderen Zeugen, der nicht zögerte, es wenigstens zu versuchen.

»Der Hund sprang direkt hinter ihm her ins Wasser«, sagte James White.

Der Mann erschien Augenblicke später wieder auf der anderen Seite der Brücke an der Oberfläche. »Der Hund paddelte auf ihn zu«, sagte White, »aber der Mann tauchte unter, und der Hund konnte ihn nicht mehr finden. Der Hund schwamm unentwegt im Kreis herum und hielt Ausschau nach dem Mann.«

White rannte los, um Hilfe zu rufen.

Die Polizei von Miami fand den Hund, einen Labrador-Mischling, wie er laut bellend am Ufer des Kanals immer auf und ab rannte. »Er suchte hysterisch nach seinem Herrn«, sagte Detective José Fleites von der Mordkommission. Taucher suchten das dunkle Wasser ab. Sie konnten das Opfer nicht finden, dessen aufgeregter Hund immer wieder auf die Brücke und zu der Stelle hin rannte, von der sein Herr hinuntergefallen war, und dann wieder zu dem Kanalufer zurückkehrte, sich durch das Unterholz zwängte und am Ufer suchte.

»Wohin die Polizei auch ging, der Hund ging mit«, sagte White. »Dieser Mann wäre jetzt noch am Leben, wenn sein Hund ihn nur gefunden hätte.«

White versuchte, für das treue Tier ein Heim zu finden, aber die Detectives bestellten ihn auf die Wache, um eine offizielle Erklärung abzugeben. Die Polizei gab die Suche nach dem Leichnam auf und verließ den Ort des Geschehens. Nur der Hund blieb zurück. Wenig später kam ein Beamter des Tierschutzes, fing den Hund ein und brachte ihn weg.

Zwei Tage später entdeckte ein Arbeiter im Yachthafen die im Wasser treibende Leiche des Toten. Ich machte mir Gedanken um seinen besten Freund und rief die Tierschutzbehörde an. Sie würden den Hund eine kurze Zeit lang dort behalten, sagte man mir, falls die Familie des Opfers ihn haben wolle, aber ganz offensichtlich hatte Hollingsworth allein gelebt. Nach vier Tagen hatte ihn noch niemand als vermißt gemeldet, und die Polizei war nicht sicher, wo er gewohnt hatte.

Da niemand Anspruch auf seine Leiche erhoben hatte, schien es auch nicht sehr wahrscheinlich, daß irgend jemand Anspruch auf seinen Hund erheben würde. Es gab niemanden, der auch nur den Namen des Hundes gekannt hätte, der noch immer geduldig in seinem Zwinger wartete. Ein Fotograf des *Herald* fotografierte sein trauriges Gesicht hinter den Gittern. Ich zitierte White, den Augenzeugen, in meiner Geschichte. »Zu schade«, sagte er mit Hinblick auf das Unausweichliche. »Dieser Hund verfügte über eine erhebliche Intelligenz.«

Nachdem Dutzende von Lesern des *Heralds* ihm ein Zuhause angeboten hatten, ging der Hund, der inzwischen als Duke bekannt geworden war, zu neuen Besitzern mit einem eingezäunten Grundstück von einem halben Acre Größe, einem Swimmingpool und einem goldfarbenen Labrador namens Duchess.

Ein glücklicher Ausgang ist im wirklichen Leben für Tiere genauso selten wie für Menschen.

Prince, ein magerer Straßenköter, hat mehr als seinen normalen Anteil Unannehmlichkeiten erlebt. Prince ist fünfmal von Autos angefahren worden. Einmal setzte ihn ein betrunkener Tierquäler in Brand — einfach nur so —, ein anderes Mal wurde er angeschossen, und einmal rettete er das Leben seines Besitzers, als dieser von einem Messerstecher angegriffen wurde.

Ich hörte von Prince, als die Polizei ihn eines Mordes beschuldigte.

Beamte des Innenstadtreviers veröffentlichen eine Pressemitteilung, nachdem sie einen Mann unter der Anschuldigung des Mordes verhaftet hatten, und sagten, der Killer habe Curtis Gervin, 36 Jahre alt, nach einem schon lange währenden Streit erschossen. Grund dieses Zwistes: »Gervin erlaubte seinem Hund, frei zu laufen, und dabei versuchte der Hund mehrmals, den Verdächtigen und andere anzugreifen.« Die Pressemitteilung schloß mit der Feststellung, daß Gervin bei einem heftigen Streit erschossen worden sei.

Eine andere Basisregel für den Journalisten: glaube niemals etwas, das du in einer Pressemitteilung der Polizei liest.

Traurig, dachte ich, daß der beste Freund eines Mannes dessen Tod verursacht hatte. Ich machte mich auf, Prince zu sehen und herauszufinden, wie das alles passieren konnte.

Die Polizei sagte, der Hund gehöre dem Toten. Das stimmte nicht.

»Er ist mein Hund«, erzählte mir Kenneth Seay, 20 Jahre. »Er hat mir einmal das Leben gerettet. Wenn er größer gewesen wäre, hätte Curtis vielleicht eine Chance gehabt.«

Prince war ein kleiner Welpe gewesen, den niemand hatte haben wollen, als er vor sechs Jahren zu der Seay-Familie kam. Er wuchs in einem kleinen Häuschen mit acht Kindern und vier Enkeln auf. Er hat nie jemanden gebissen, sagten sie alle, ausgenommen einen Mann, der einmal versucht hatte, Kenneth Seay mit einem Messer und einer zerbrochenen Flasche anzugreifen.

Dieser Mann war ein halber Verrückter; er hatte seinen eigenen Vater zusammengeschlagen und dann Seay angegriffen, einen Zeugen der Familienstreiterei. Seay hatte versucht, sich zurückzuziehen, war gestolpert und gefallen. Als der rasende Mann sich, ein Messer in der Hand, auf ihn warf, wurde er von Prince angegriffen, der ›ihn ins Bein biß und eine große Wunde verursachte‹, wie Seay sagte, der unverletzt entkam. Der Mann mit dem Messer kam später ins Gefängnis, weil er jemand anderen niedergestochen hatte. Als Prince zum erstenmal von einem Auto angefahren wurde, war er noch ein Welpe. Er rannte über die Straße, um einen Gummiball für Seay zu erhaschen. Dabei geriet Prince vor ein Auto und wurde halb über die Straße geschleudert. Ein anderes Mal schleifte ihn ein Wagen den ganzen Block entlang. Er hatte drei weitere Unfälle mit Autos. Heute, das schwört die ganze Familie, sieht Prince immer in beide Richtungen, bevor er eine Straße überquert.

Als guter Wachhund bellte er einmal einen Fremden an, der daraufhin einen Revolver zog und schoß. Prince duckte sich und bellte weiter.

Niemand kaufte Hundefutter für Prince, der sich von Abfällen ernährt und nie einen Veterinär zu Gesicht bekommen hat. Er ist noch immer voller Narben von den Verbrennungen, die ihm sein betrunkener Peiniger einst beigebracht hatte, als er ihn kurzerhand anzündete.

Prince und die Familie Seay lebten einen Block vom Ort des Mordes entfernt. Gervin, ein Lastwagenfahrer mit einer kleinen Tochter, hatte Prince ein paar Jahre früher kennengelernt. Sie mochten einander und wurden Freunde. Gervin fütterte den Hund mit Abfällen vom Mittagstisch, und Prince begann, seine Zeit und seine Anhänglichkeit zwischen den beiden Haushalten zu teilen.

Gervins Nachbarn sahen Prince sehr oft. Er versuchte nie, jemanden zu beißen, erzählte man mir.

Jetzt behauptete die Polizei, Prince habe Gervins Ermordung verursacht. Ein schlechter Scherz, laut denjenigen, die den Hund am besten kennen: Seine Besitzer, die Nachbarn und die Kinder, die ganz in der Nähe spielten, stimmen alle darin überein, alles, was Prince getan habe, sei, zu versuchen, den Mord zu verhindern.

Nachbarn sagten, der lange schwelende Streit und die fatale Auseinandersetzung gingen um einen Parkplatz, ein häufiges Mordmotiv in Miami. Der Mörder hatte eine Freundin, die Gervins Nachbarin auf einem kleinen Geviert war. Dort gab es nur vier Parkplätze. Gervin besaß ein eigenes Auto, und manchmal kam er auch mit dem Lastwagen von der Arbeit nach Hause.

Der Mörder besaß einen Revolver und ein langes Vorstrafenregister, und an diesem Abend hatte er getrunken. Zeugen sagten, er habe sich bei Gervin beschwert, der ihn aber nicht anhören wollte. Gervin ging in seine Wohnung zurück, und der Mann mit dem Revolver folgte ihm.

Prince war draußen. Dann hörte der kleine Mischling einen Streit. Er jagte durch die offene Tür ins Haus, biß den Killer und hängte sich nach Aussagen der Zeugen an sein Bein.

Prince klammerte sich noch immer an sein Bein, als der Mann einen Revolver auf Gervins Brust richtete und feuerte. Die Kugel ging direkt ins Herz.

Der Revolverschütze floh. Prince lag reglos vor dem Apartment, als man Gervin in aller Eile sterbend ins Krankenhaus brachte.

Am Morgen nach dem Mord fand ich Prince mißmutig und

verschlafen vor dem Haus der Seays. Er hatte eine schlimme Nacht hinter sich. Die ihn kannten, sagten, es sei nicht seine Schuld gewesen, daß sein Freund erschossen worden war.

Prince hatte nur sein Bestes getan.

Aber umgekehrt sind auch viele Menschen ihren geliebten Haustieren nicht weniger ergeben.

Tony Garcia, 67, ein bekannter Zeitungsfotograf, jagte wieder in sein brennendes Haus zurück, nachdem er und seine Frau schon unverletzt entkommen waren. Er kämpfte sich durch die Flammen, um seinen besten Freund zu retten, der im Inneren gefangen war.

Er erschien mit brennenden Kleidern wieder im Freien, ›und hielt den kleinen Hund wie ein Baby auf dem Arm‹, erzählte mir ein Nachbar.

Arrow, ein zweisprachiger Dackel, der auf Kommandos in Englisch und Spanisch reagierte, war zwar angesengt, hatte aber keine ernsthaften Brandwunden davongetragen. Garcia rettete das Leben des Hundes, aber das kostete ihn das eigene.

Da mehr als fünfzig Prozent seiner Körperoberfläche verbrannt waren, starb er zwei Wochen später.

Im Alter von einhundertunddrei Jahren war José Cuellos engster Freund sein Hund. Jeden Morgen gingen sie gemeinsam spazieren. Sie waren immer zusammen. Die Frau des alten Mannes war fünfzig Jahre zuvor gestorben. Cuello verbrachte nun die Nachmittage in der Sonne mit Surpan, seinem Schäferhund, und erzählte den Jugendlichen aus der Nachbarschaft Geschichten aus Kuba. Surpan ging einmal auf einen Möchtegernräuber los, der die Flucht ergriff, ohne José Cuello auch nur das geringste Leid zugefügt zu haben.

Eines Morgens kam der alte Mann aus dem Haus und fand seinen Hund sterbend vor. Der Veterinär sagte, irgend jemand habe ihm ein Stück Fleisch hingeworfen, in dem lauter Glassplitter versteckt gewesen waren.

José Cuello weinte unkontrolliert. Er unternahm keine Spaziergänge mehr und saß nicht mehr in der Sonne. Eines Tages trat er aus dem Haus, in dem vier Generationen seiner Familie gelebt hatten, und schlang das eine Ende eines Elektrokabels um das Geländer der Veranda, das andere Ende um seine Kehle. Seine entsetzte Tochter schnitt ihn los. Er wurde mit einem Halswirbelbruch ins Krankenhaus eingeliefert.

Ich sprach mit dem dreizehnjährigen Großenkel. »Er sagte uns, er habe das getan, weil er seinen Hund so geliebt hatte – und ihn jetzt vermißte«, sagte der Junge.

Der Verlust eines Haustieres ist immer schmerzlich, aber für manche Leute ist er das Ende der Welt.

Ein kürzlich in Rente gegangener Einwohner Miamis ermordete seine Frau und beging dann Selbstmord. Er hatte keine Kinder, war recht wohlhabend und erfreute sich bester Gesundheit. Detective Louise Vasquez von der Mordkommission in Miami untersuchte diese merkwürdige Verbindung von Mord und Selbstmord und erfuhr auch das Motiv. Das Paar trauerte zutiefst über den Tod seines besten Freundes, eines schwarzen Pudels namens Midnight.

»Sie hatten ihn zwölf oder fünfzehn Jahre«, sagte Louise. »Sein Tod war ihnen wirklich sehr nahegegangen.«

Nicht jeder versteht, wie stark einige Leute für ihre Haustiere empfinden können. Der Rettungsdienst der Feuerwehr reagierte mit rotierendem Blaulicht und Sirenen auf einen verzweifelten Hilferuf, aber die Sanitäter weigerten sich, das Opfer zu behandeln.

Candy, ein vier Jahre alter Westhighland-Terrier starb.

»Ich habe sie angefleht«, sagte die Besitzerin des Hundes, eine sechsundzwanzig Jahre alte Frau. »Ich habe geweint. Sie haben nur gelacht.«

Beim Spielen auf dem heimischen Patio hatte Candy eine giftige Kröte entdeckt. Der kleine Hund hatte plötzlich Schaum vor dem Maul. Die Besitzerin rief ihren Veterinär. Er hatte im Augenblick keine Zeit und wies sie und ihre Mutter an, Candy so schnell wie möglich in eine Tierklinik zu bringen. Die Adresse war falsch. Statt in die 132. Straße fuhr die Frau in die

132. Avenue. Die Mutter hielt Candy auf dem Schoß. Die Tochter fuhr, so schnell sie konnte. Es war 19 Uhr 30.

»Ich war so verzweifelt«, erzählte sie mir. »Ich wußte, sie hätten sie retten können, wenn ich rechtzeitig angekommen wäre, aber ich hatte mich hoffnungslos verfahren. Es gab weit und breit kein Telefon, nur dunkle Straßen und Häuser.«

Schließlich hielten sie einen Polizeibeamten an. Er führte sie zu einer Tierklinik. Diese war geschlossen. Er zeigte ihnen eine andere fünf Blocks entfernt. Auch diese war geschlossen. »Fahren Sie vorsichtig«, riet er ihnen und verabschiedete sich. Candy war noch am Leben.

Die Frau war verzweifelt. Sie hielt den Wagen an und rannte in das nächstgelegene Haus.

Gloria Rodiguez war mit ihren Kindern allein zu Hause. Es war schon nach acht Uhr abends, als jemand an ihre Tür klopfte. »Sie klopfte sehr nachdrücklich und schrie wie verrückt. Sie sagte: ›Mein Mann stirbt im Wagen!‹ Ich sagte: ›Ich kann Sie nicht in mein Haus lassen, aber geben Sie mir die Nummer, die Sie anrufen möchten.‹ Sie sagte: ›Rufen Sie 911 an!‹ Sie war drauf und dran, wahnsinnig zu werden. ›Bitte! Bitte! Mein Mann stirbt!‹«

In der Notrufzentrale schickte man einen Rettungswagen mit Einrichtungen zur Intensivmedizin und drei Sanitäter los. Als sie am Bestimmungsort ankamen, ›winkte uns eine Frau ein‹, berichtete der Feuerwehrmann Keith Tyson. »Sie weinte. Sie wollte, wir sollten ihrem Hund helfen; der Hund hätte aufgehört zu atmen. Eine andere Frau im Wagen hatten den kleinen Hund auf ihrem Schoß. Sie gab dem Hund gerade Mund-zu-Mund-Beatmung. Sie gab zu, gelogen zu haben, als sie sagte, es gehe um ihren Ehemann. Sie sagte, sie werde uns jede Summe zahlen, wenn wir den Hund zu einem Veterinär oder in eine Klinik bringen würden, und sie wollten uns dann folgen.«

Keith Tyson, der selbst einen Dobermann namens Magic und einen Pudel besitzt, der auf den Namen Tiffany hört, lehnte das ab.

Die verwirrten Frauen fuhren davon. Die Mutter blies noch

immer in Candys Maul und massierte ihr die Brust. Schließlich fanden sie nach 21 Uhr eine Tierklinik, aber jetzt war es zu spät. Candy war annähernd vier Jahre alt. Sie war wie ein Familienmitglied gewesen.

»Die Feuerwehrleute haben nur gelacht«, sagte ihre Besitzerin weinend. »Sie sagten: ›Es ist doch nur ein Hund.‹«

Die Sanitäter waren wütend, als ich mit ihnen redete. Tyson hatte auf der Fahrt die Warnlichter eingeschaltet und die Sekunden gezählt, die seit dem Anruf wegen des angeblichen Herzanfalls vergangen waren. »Ich will sie ja nicht gerade ins Gefängnis bringen, aber ich sähe es schon gern, wenn ihr ein Richter einmal die Tatsachen des Lebens auseinanderlegen würde. Ich liebe Hunde, aber ich bin nicht bereit, das eigene Leben für einen Hund zu riskieren.«

Ich verstand seinen Standpunkt. Jahr für Jahr werden Feuerwehrleute als unschuldige Opfer auf dem Weg zu falschen Alarmen getötet oder verletzt. Falsche Angaben gegenüber der Notrufnummer 911 sind strafbar. Was wäre wohl gewesen, wenn ein Mensch, der wirklich einen Herzanfall erlitten hätte, dieses hochqualifizierte Rettungsteam gebraucht hätte, das aber meilenweit entfernt im Einsatz war?

Aber genauso verstand ich Candys Besitzerin, deren Herz gebrochen war.

Die giftigen *Bufo*-Kröten verursachen den Tieren oftmals schwere Nervenreizungen. Dagegen kann man nur eines tun: dem Tier das Maul mit einem Gartenschlauch ausspritzen, und zwar schnell, und dann in die nächste Tierklinik eilen.

Aber vorher vergewissern Sie sich besser, wo diese zu finden ist.

Grausamkeit gegenüber Tieren ist so weit verbreitet, daß es einem das Herz brechen möchte. Geistig gestörte Menschen vergiften unschuldige Haustiere ihrer Nachbarn mit Zyanid und Strychnin. In einem Wohngebiet starben zwei Dutzend Hunde und Katzen in ihren eigenen Gärten. Der Mörder wurde nie gefaßt. Einige Zeitgenossen betreiben den Mord an Pelikanen und Seemöwen als Sport.

Und dann gab es da noch diesen Mann aus Kanada.

Vor seiner Tür versammelte sich ein halbes Dutzend hungriger und heimatlos umherstreunender Katzen und jammerte nach Futter. Da begann er, sie nacheinander zu töten.

Er fing sie alle mit einer Schlinge ein, die er am Ende eines Stocks befestigt hatte, zog diese dann fest um ihre Kehle und warf sie anschließend eine nach der anderen in eine Wassertonne, wo er sie so lange untertauchte, bis sie aufhörten, sich zu wehren.

Ein erboster Nachbar sprang über den Zaun, um ihn zu stoppen, und rettete so die sechste Katze.

»Das macht man in Kanada immer so«, erklärte Victorian Theoret, 64, dem Richter ohne Umschweife und setzte noch hinzu, er sei ein ehemaliger Priester und Universitätsprofessor. Er gestand freimütig, sogar seinen eigenen Hund auf dieselbe Art und Weise umgebracht zu haben. Ein Beamter des Tierschutzes, der von den Nachbarn herbeigerufen worden war, sagte aus, Theoret habe ihm die fünf Kadaver in einem Sack ausgehändigt und dabei gesagt: »So macht man das in Kanada.« Autopsien bestätigten, daß die beiden ausgewachsenen grauweißen Kätzchen, zwei gesprenkelte dreifarbige Katzen und eine halb erwachsene schwarze Katze ertränkt worden waren.

»Bei all den Schießereien und Morden sollte man denken, Katzen hätten keine so große Bedeutung«, sagte der Verteidiger Leo Greenfield spöttisch. In Kanada gelte das, was sein Klient getan habe, als »durchaus üblich, um unerwünschten Tiernachwuchs loszuwerden«, sagte er.

Ein anderer Strafverteidiger beharrte darauf, Theorets Methode sei human. Der Richter erwiderte: »Dann lassen Sie mich doch mal fragen, Herr Anwalt, wie es Ihnen gefallen würde, wenn jemand Ihnen einen Strick um den Hals legt, ihn fest zuzieht und Sie dann in eine Wassertonne steckt.«

Richter James Rainwater, Gott segne ihn, derselbe Mann, der auf Abwegen befindliche Väter verurteilte, die sich weigerten, die Alimente zu zahlen, verurteilte Theoret zur Höchststrafe — ein Jahr hinter Gittern — wegen Grausamkeit gegenüber Tieren.

Das klang sehr vernünftig für mich.

Natürlich hat der Mann nie wieder etwas Derartiges getan. Er verbrachte zwei Tage im Gefängnis, bis ein höheres Gericht seine Freilassung anordnete. Ein Berufungsgericht hob später das Urteil wieder auf.

In Miami ist immer irgend etwas los. Zum Beispiel Affen, Elefanten und Schweine auf der Wanderschaft. Ein erboster pensionierter Angehöriger der Armee, der im Dienst für sein Vaterland nie verwundet worden war, verlor seinen Kampf mit dem Hausschwein seines Nachbarn.

Ich habe Pigger selbst gesehen und mochte sie auf Anhieb.

Lloyd Laughlin, der mit bandagiertem, heftig schmerzendem rechten Bein im Bett lag, liebte sie nicht.

»Ein jeder hat bei einem Schwein die Vorstellung eines knuddeligen kleinen Schmusetiers«, murmelte er durch zusammengebissene Zähne und deutete auf sein Bein, das mit Eis bedeckt war. »Es war kein süßes, kleines rosiges Schweinchen. Es war ein miserables Monstrum mit schwarzen Haaren und gelben Zähnen.«

Es kommt immer darauf an, wie man eine Sache sieht.

Pigger war das geliebte Haustier von Suzanne Banas, 25, seit das Schweinchen eine einen Tag alte Waise von der Größe eines Püppchens gewesen war. Pigger fuhr im Familienauto mit, lebte im Haus und war stubenrein.

Füttere ein Schwein, und du bekommst ein Mastschwein, sagt man. Pigger wurde schon bald zu groß, um noch in das Auto oder in das Haus zu passen. Obwohl sie mittlerweile in einem Pferch innerhalb des eingezäunten Hofes lebte, hielt Pigger sich trotz ihrer 300 Pfund noch immer für ein Familien-Haustier. Sie schlief unter einer Decke und tollte mit dem neun Pfund schweren italienischen Windhund umher. Sie waren zusammen aufgewachsen. Früher einmal waren sie gleich groß gewesen.

»Sie versucht noch immer, sich auf den Schoß meiner Tochter zu setzen«, sagte Norma Banas, Suzannes Mutter, »und rollte sich auf den Rücken mit den Füßen nach oben, um sich den Bauch kratzen zu lassen.«

Suzanne Banas wollte Pigger eigentlich in die Wildnis freilassen, nachdem sie dem Wagen und dem Haus entwachsen war, aber kein Forstbeamter konnte ihr Sicherheit vor Jägern garantieren.

Machte Sinn für mich.

Die Freiheit, die Banas ihr nicht geben konnte, verschaffte Pigger sich selbst. Sie beschloß, in die Welt hinauszuwandern, während ihre Besitzer arbeiten gegangen waren. Ihr Zuhause, ein früherer Pferdestall, war an sich mit einem Elektrozaun gesichert, so daß sie nicht ausbrechen konnte, aber ein umgestürzter Baum hatte die Drähte zerrissen. Pigger fand einen morschen Zaunpfahl und zwängte sich auf den einen Acre großen Hof hinaus. Endlich frei, trottete sie kurz vor ein Uhr mittags die 39. Avenue entlang.

Die Nachbarn wußten sofort, was passiert war. Pigger kennt die Kinder der Nachbarn, die sie gerne füttern und zusehen, wenn sie frißt — wie ein Schwein. Lloyd Laughlin sah sie auf der Straße. Seine Frau machte sogar einen Schnappschuß, wie Pigger die Avenue hinunterstrolchte. Dann wanderte Pigger in den Garten eines Nachbarn. »Sie fing an, ein Loch in den Rasen zu wühlen«, sagte Laughlin anklagend.

Der rüstige Rentner, sechs Fuß groß und zweihundert Pfund schwer, schickte sich an, Einhalt zu gebieten. »Ich ging bis auf sechs Fuß an sie heran und schrie.« Er leugnete, das Schwein provoziert zu haben. Alles was er tat, war, das Tier anzuschreien und zu versuchen, es auf diese Weise vom Rasen des Nachbarn zu verjagen. Als er sich dann abwandte, sagte er, habe Pigger angegriffen.

»Sie stieß mich in den Rücken und warf mich zu Boden. Ich bin nie von einem Auto angefahren worden. Ich glaube, das muß ein ganz ähnliches Gefühl sein.«

Er blieb regungslos liegen, eine Taktik, die er während seiner Militärausbildung erlernt hatte. Die Kreatur stand über ihm und starrte ihn bösartig aus ihren kleinen Schweinsäuglein an, sagte er. »Sie schnüffelte rund um meinen Körper mit ihrer Nase, dieser großen Nase.« Dann versenkte sie ihre Zähne in sein Bein — direkt zwischen Knie und Knöchel.

Ein Nachbar rannte herbei, um ihn zu retten, und warf Schmutz und Sand in Piggers Gesicht, um sie abzulenken. Das funktionierte auch. »Sie wanderte einfach weiter«, sagte Laughlin. Mit blutendem Bein lief er, die Nummer 911 anzurufen. Laughlin alarmierte Tierschutz und die Forstbeamten. Die Polizei entsandte zwei Streifenwagen und einen Helikopter.

Laughlin, 59 Jahre alt, erlitt erhebliche Verletzungen am Po und am Bein. »Im Krankenhaus habe ich dem Polizisten gesagt, wenn ich genauso viel auf den Hüften hätte wie sie, dann hätte ich ihr den Kopf abgerissen.«

Nachbarn hatten Piggers Herrin auf ihrer Arbeitsstelle im Kinderkrankenhaus von Miami angerufen, um ihr von der Wanderlust des Schweines zu erzählen. Sie kam sofort nach Hause geeilt. Genau das tat Pigger ebenfalls, sagte sie. »Zwei Burschen folgten ihr. Sie konnte es gar nicht abwarten, wieder in ihren Stall zu gelangen.«

Pigger war ein legaler Einwohner — die Nachbarschaft ist als landwirtschaftlicher Bezirk ausgewiesen —, aber die Polizei beschuldigte Banas, sie habe ›lebendem Vieh gestattet, sich frei zu bewegen‹. Es gibt kein Leinen-Gesetz für Schweine, aber es gibt Gesetze für Vieh. Pigger wurde zehn Tage in Quarantäne gesteckt.

»Pigger ist kein angriffslustiges Schwein«, behauptete Banas. Laughlin, sagte sie, »hat sie möglicherweise erschreckt, oder vielleicht war Pigger nur mal kurz herübergekommen, um hallo zu sagen, und ist dabei rein zufällig gegen ihn gestoßen.«

»Sie kam keineswegs, um hallo zu sagen«, schwor Laughlin und schluckte noch eine Schmerztablette. »Sie ist fett, und sie ist groß. Das ist nicht dasselbe, als wenn man sich einen kleinen Hund hält. Sie wanderte mitten auf der 39. Avenue. Sie hat mich in voller Absicht zu Boden gestoßen; ich weiß, sie wollte mich beißen.«

»Das Schwein hat diesen Typ vielleicht aus irgendeinem

Grunde nicht gemocht«, sagte ein Beamter des Tierschutzes. »Sie sind sehr intelligent, die Schweine.«

Irene war ein siebenhundert Pfund größeres Problem. Der kleine burmesische Elefant lief in einer Wohngegend Miamis Amok, rammte zwei Autos, trampelte Zäune nieder und brach während eines zwanzigminütigen meilenlangen Ausflugs durch eine geschliffene Glastür.

Die tausendpfündige Dickhäuterin geriet beim Klang einer Ambulanzsirene in Panik und entkam ihrem Pfleger, als sie und ein kleiner Schimpanse für eine Wohltätigkeitsveranstaltung in einem Pflegeheim ausgeladen werden sollten.

Die älteren Patienten erhaschten nur einen kurzen Blick auf Irene, als sie sich ins Verkehrsgewühl stürzte.

»Sie bekam es mit der Angst und fing an zu rennen. Sie ist wirklich ein erstklassiger Elefant«, sagte der Pfleger, der für den Zirkus Hoxie Brothers arbeitete.

Irene, vier Jahre alt, steht auf dem Kopf, tanzt Walzer, setzt und kniet sich auf Kommando hin. Diesmal ignorierte sie alle Kommandos, warf ihren Pfleger ein halbes Dutzend Mal zu Boden und versuchte, ihn während der wilden Jagd zu beißen. Ein größeres Polizeikommando, halb benommene Autofahrer, die ihre Fahrzeuge verlassen hatten, Fußgänger, bellende Hunde und ein Politiker aus Miami nahmen die Verfolgung auf und suchten überall nach Deckung, als Irene sie mit wütendem Trompeten angriff. Sie brach durch Hecken, trampelte Blumen nieder und brach durch mehrere Garagen hindurch. Niemand wurde ernstlich verletzt, obwohl mehrere Leute von Irene umgeworfen wurden, die schließlich einen blutigen Rüssel davontrug.

»Hier kommt ein Elefant!« schrie eine weibliche Angestellte, als Irene durch die Glastür eines Immobilienmaklers in Miami brach.

»Wir hörten einen fürchterlichen Krach«, sagte die Direktorin der Öffentlichkeits-Abteilung, Rose Light, später. »Jemand schrie im vorderen Büro: ›Mein Gott, das ist ja ein Elefant!‹ Die ganze Belegschaft war wie im Schock.«

Von zwei Möchtegern-Großwildjägern in den Müllcontainer eines Apartmenthauses gejagt und dort eingeschlossen, schob die fünf Fuß große Kreatur deren Kleinlaster zehn Yards beiseite, wobei sie das rechte vordere Schutzblech zerstörte, bevor sie floh.

Der Abgeordnete des Stadtrates J. L. Plummer sah den rasenden Elefanten auf sich zukommen, kletterte auf einen geparkten Wagen und schrie lauthals: »Ich bin Demokrat!«

Die Jagd endete schließlich in einem Hinterhof. Irene schüttelte vier kräftige Männer ab und befreite sich auch von den Ketten rund um ihre stämmigen Vorderbeine, aber schon bald fand sie ihren Meister. Lieutenant Walter Rodak von der Polizei in Miami, ein erfahrenes Mitglied der berittenen Polizei, faßte sie am Ohr und redete freundlich mit ihr, bis sie sich beruhigt hatte.

»Sie ist doch noch ein Baby«, sagte Rodak beruhigend.

Nachdem ihr die Ketten wieder, diesmal doppelt, um die Vorderbeine gelegt worden waren, versuchte Irene vergeblich eine neuerliche Flucht, bis sie schließlich wieder im Zirkuswagen angekettet war.

Die Polizei wußte, woher Pigger und Irene kamen. Manchmal allerdings ist dies nicht der Fall.

Kurz vor Mitternacht hörten sie ein Klopfen an der Tür ihres Apartments. Gilbert Maseda, 43, öffnete, und seine Frau sah zu.

Draußen stand ein zwei Fuß großer schwarzer Affe.

Überrascht schlug Maseda die Tür zu. Das Paar rannte zum Fenster und blickte nach draußen auf das Tier. Das machte den Affen wütend, so wütend, daß er zu schreien begann, schließlich in die Höhe sprang und das Fenster einschlug.

Die Schreie des Affen und der Masedas weckten die Nachbarn, die herbeieilten, um den Eindringling davonzujagen. Er weigerte sich zu gehen. Dann sah er Estella Pena, 43, wie sie gerade die Wohnung eines Freundes verließ, um zu ihrem Auto zu gehen. Der Affe sprang Pena an, die schreiend davonrannte.

Dreimal versuchte sie, zu ihrem Wagen zu gelangen. Dreimal schnitt ihr der Affe den Weg ab, während sie schrie und kreischte und die Nachbarn zusammenliefen und schrien.

»Er hatte große Augen«, erzählte sie mir. »Es waren eine Menge Leute da, aber er hat nur mich gejagt. Ich habe ihn nie vorher gesehen«, schwor sie.

Schließlich schaffte sie es in ihr Auto und schlug die Tür zu, endlich in Sicherheit — oder wenigstens dachte sie das. Ein Fenster war drei Inches weit heruntergekurbelt.

Der Affe sprang auf den Wagen und versuchte, ins Innere zu gelangen, während sie schrie und die Nachbarn umher rannten und um Hilfe riefen.

Irgend jemand rief den Tierschutz und die Polizei, als Estella Pena den Affen von ihrem Wagen abschüttelte und in die Nacht davonbrauste. Der Affe entwischte den Beamten des Tierschutzes und den vor Angst halb wahnsinnigen Nachbarn.

Nach einer einstündigen Jagd entdeckten der Polizist J. K. Fitzgerald und ein Passant namens Louis Moldinado, 30 Jahre, den Affen unter der Motorhaube eines Autos anderthalb Blocks von der Stelle entfernt, wo er zum erstenmal aufgetaucht war.

Der Affe, der einige Schnitte und Hautabschürfungen davongetragen hatte, wurde um zwei Uhr nachmittags dem Tierschutz übergeben.

Der Besitzer wurde nie gefunden.

Und niemand weiß, warum der Affe ausgerechnet an die Tür der Masedas geklopft hatte.

Randbemerkung

Ente

Ein Vogel in der Hand bringt einige Unruhe

(unbekannter Vogelfänger)

Sie trat im Januar in mein Leben, zusammen mit all den anderen Schneevögeln. Sie war klein und hatte runde Augen und einen Watschelgang, und ich liebte sie vom ersten Augenblick an.

Sie wanderte quer durch meinen Vorgarten, wobei sie ein purpurfarbenes Stück Stoff hinter sich her durch den Staub zog. Da ich dachte, sie sei vielleicht hungrig, fütterte ich sie mit verschiedenerlei Tierfutter und ging wieder hinein. Ein wenig wunderte ich mich schon, warum sie dort draußen war und wie sie dorthin gekommen war, aber ich beachtete sie nicht weiter, bis eine Freundin kam.

»Hast du eigentlich gewußt, daß in deinem Vorgarten eine Ente ist?« fragte meine Freundin Patsy. Als Stadtkind war sie schrecklich aufgeregt.

Als wir sie näher untersuchten, konnten wir sehen, daß irgend jemand ihre Flügel mit jenem Stofftuch zusammengebunden hatte, ganz offensichtlich in der Absicht, sie am Fliegen zu hindern. Obwohl sie sich von mir anfassen ließ, hatte ich Angst, das verknotete Band zu lösen und sie zu verletzen. Sie war ohnehin sehr unruhig, liebte jedoch mein Katzenfutter heiß und innig.

Am nächsten Morgen war sie immer noch da, immer noch hungrig. Da gab es nur eines: ich holte das Katzenkörbchen hervor und legte eine Spur von Katzenfutter bis ins Innere des

Körbchens. Gierig fraß sie sich ihren Weg bis in die Gefangenschaft. Ich schlug die Klappe zu, und schon waren wir unterwegs zum Tierarzt.

Eine Frau, die mit ihrem Hund im Wartezimmer saß, sagte, sie habe schon einmal eine Ente gesehen, die auf ganz genau dieselbe Weise gefesselt gewesen war, mit demselben purpurfarbenen Stoff. Das war nahe ihrer Wohnung nicht weit von der Bay gewesen. Aber sie war sicher, daß es sich nicht um denselben Vogel handelte.

Wie üblich ging wieder einmal etwas Bizarres in Miami Beach vor.

Warum fesselte irgend jemand Enten? Es gibt Leute, die sind eingelocht worden, weil sie sich Enten sexuell genähert hatten; gewisse Sekten opfern sie neben anderen Tieren, und andere Leute wieder mästen sie als Festtagsbraten. Ich wollte nicht weiter darüber nachdenken. Der Tierarzt hatte nie zuvor eine Ente behandelt. Kein Problem – alles was ich wollte, sagte ich, war, sie wieder zu befreien.

»Oh«, sagte der Doktor, nahm eine Schere zur Hand, trennte das purpurfarbene Band mit einem einzigen Schnitt durch und schrieb mir eine Rechnung über zehn Dollar.

Nie werde ich diesen Augenblick von Erleichterung und Freude auf dem Gesicht des Vogels vergessen, als er die Flügel ausbreitete und wie in Ekstase mit ihnen schlug. Ein beeindruckender und schöner Anblick – wer weiß, wie lange sie schon so zusammengebunden gewesen waren. Völlig freiwillig ging sie wieder in das Körbchen; ich nahm sie mit nach Hause und setzte das Körbchen auf meinen kleinen Landungssteg. Ich öffnete die Tür und sagte auf Wiedersehen. Sie trat heraus und stand einen Augenblick still da, als müsse sie sich zuerst sammeln. Ich wartete nicht darauf, wie sie davonflog, sondern verließ meine Wohnung für mehrere Stunden, kehrte zurück und wollte das leere Körbchen holen gehen.

Da kam die Ente angerannt, ihre flachen Füße verursachten klatschende Geräusche auf meinem Patio, und sie bettelte nach Futter.

Sie bezog Wohnung im Hinterhof. Der Hund war keine

Bedrohung, aber zunächst machte ich mir Sorgen wegen der Katzen. Kein Problem — als sie das erstemal angegriffen wurde, streckte sie nur den Hals und breitete die Schwingen zu voller Größe aus, und schon wichen die Katzen zurück. Dieser Vogel war größer als sie. Schon bald fraßen sie und die Katze Sharkey aus demselben Napf.

Mir fiel ein, daß Enten feucht gehalten werden mußten. Wenn ich zu Hause und nicht im *Herold* arbeitete, machte ich mehrmals am Tag eine Pause, ging hinaus und spritzte sie mit dem Gartenschlauch ab. Das gefiel ihr, und sie rannte immer wieder quer durch den Wasserstrahl wie ein Straßenkind an einem offenen Feuer-Hydranten, und ich sah zum ersten Mal, was es mit dem Gerede der Leute auf sich hat, wenn sie sagen ›wie Wasser von einem Entenrücken‹.

Ich hatte so meine Zweifel, daß Katzenfutter die richtig ausbalancierte Diät für einen Vogel sein könne. Daher änderte ich das Menü zu alten Brötchen, Brot und Gemüse. Mein Buch über Vögel sagte nicht viel mehr, als daß Enten Mais fressen, aber leider nicht, in welcher Form. Diese Ente schien jedenfalls keine frischen Körner direkt vom Maiskolben zu mögen, noch geröstete Körner oder Schrot, aber sie fand Geschmack an Maisbrötchen. Vielleicht hätte sie getrocknete Körner gemocht, aber die waren nirgendwo in den Supermärkten von Miami Beach zu bekommen.

Das Buch über Vögel nannte Enten Süßwasservögel. Der Bachlauf hinter dem Haus mündet direkt in die Bay und ist ausgesprochen brackig, und deshalb kümmerte ich mich sofort darum, daß sie genügend frisches Wasser zur Verfügung hatte.

Ich fand auch schnell die perfekte Antwort auf mein Problem: eine riesige Abfalltonne, tiefer und doppelt so groß wie normal — einen perfekten Swimmingpool für eine Ente. Sie planschte auch wie wild darin herum, trat mit den Füßen, schlug mit den Flügeln, tauchte den Kopf unter und spritzte ständig Wasser umher. Ich mußte die Tonne mehrmals am Tag auffüllen.

Gleich nebenan wurde von Grund auf renoviert. Einige der Arbeiter waren Flüchtlinge, und ich sah voller Schrecken, wie hungrig sie meine Ente ansahen, die sich eifrig in ihrem Bad amüsierte. Sie war mit ihrer Diät aus altem Brot, Brötchen, Gemüse und Kornschrot schon reichlich korpulent geworden. Ich fing an, bei der Arbeit immer einen Blick auf sie zu haben. Als die Ente schließlich auf die Kette der Einfahrt flog, um besser auf das Wasser sehen zu können, entfernte ich diese. Ohne sie ist die Aussicht ohnehin schöner.

Sie schlief auf altem Tauwerk an einer Ecke des Landungsstegs, den Kopf unter den Flügel gesteckt. Jede Nacht bevor ich mich hinlegte, brachte ich ihr noch ein Betthupferl — eine Handvoll Katzenfutter —, strich ihr über die glänzenden Federn, und gemeinsam blickten wir zu den Sternen empor.

Sie quakte nie, gluckste aber leise, während sie zärtlich an meinen Kleidern und meinen Fingern herumnagte. Und sie war intelligent. Als ich eines kalten Morgens erschien und nur ein langes Flanell-Nachthemd statt der üblichen Shorts und des T-Shirts trug, watschelte sie ständig um mich herum und knabberte daran, wobei sie mich ausgesprochen erstaunt anblickte.

Sie erwies sich mehr und mehr als ausgesprochen spitzbübische Person. Schon bald wollte sie nicht mehr, daß ich sie mit der Hand fütterte, sie wollte mit dem Futter spielen. Sie mochte es, wenn ich ihr Futter zu kleinen Bällchen zusammenrollte und es dann hoch in die Luft warf, so daß sie es auffangen konnte. Nachdem sie ihren kleinen Swimmingpool bekommen hatte, fand sie es noch aufregender, wenn ich ihr aus einiger Entfernung das Brot in das Wasser warf. Dann nahm sie Anlauf, stürzte sich in den Pool und tauchte danach. Sie tauchte wieder auf und wartete, daß ich ihr das nächste Stückchen in den Pool warf. Sie war ausgesprochen verspielt.

Wie kann jemand überhaupt auf eine Ente schießen — oder gar eine essen? Bis dahin war Kalbfleisch schon von meinem Speisezettel gestrichen wegen der kleinen Kälbchen mit den großen Augen. Dasselbe galt für Thunfisch wegen der bei ihrem Fang ermordeten Delphine. Und jetzt auch Enten.

Ihr beim Spielen zuzusehen machte so viel Spaß, daß ich schon daran gedacht hatte, ein Kinder-Planschbecken zu kaufen, doch dann trat in der Woche vor Palmsonntag eine Veränderung ein. Sie wurde unruhig, lief auf und ab und starrte immer wieder hinaus auf das Wasser. Eines Tages flog sie dann davon und war mehr als eine Stunde lang verschwunden. Ich machte mir schon Sorgen, aber sie kehrte zurück, landete weit draußen auf dem Wasser und paddelte dann direkt auf den Landungssteg zu, wobei sie ein großes V auf die spiegelblanke Wasserfläche hinter ihr zeichnete. Am nächsten Tag flog sie wieder weg und blieb diesmal etwas länger verschwunden. Aber noch kam sie zurück. Ich redete wie gewöhnlich mit ihr draußen an der Anlegestelle, wo sie sich für die Nacht niederließ.

Am nächsten Tag entschwand sie wieder im Himmel, diesmal Richtung Norden. Als sie bei Einbruch der Dunkelheit nicht zurückkehrte, tat es mir beinah schon leid, ihr nicht die Flügel gestutzt zu haben, wie es der Tierarzt vorgeschlagen hatte, aber das wäre nicht richtig gewesen.

In jener Nacht blickte ich allein hinauf zu den Sternen, aber am Morgen war sie wieder da und kam aufgeregt angerannt, um mich zu begrüßen. Wenig später begann sie wieder auf und ab zu laufen. Sie stand im Schatten unter ein paar Bäumen und blickte lange zum Himmel hinauf. Ich ging hinaus und streichelte ihr den schönen Kopf und den fetten kleinen Bauch.

Später beobachtete ich, wie sie erneut zum Himmel hinaufstieg.

Diesmal kehrte sie nicht wieder zurück. Ich blieb zurück mit einem Kühlschrank voller altem Brot und Gemüse. Die ewig gleiche Geschichte meines Lebens.

Teil 3

Die Helden

10. Kapitel

Feuer!

Schreien Sie ›Hilfe!‹ oder rufen Sie ›Vergewaltigung!‹, und Sie können davon ausgehen, ignoriert zu werden. Schreien Sie dagegen ›Feuer!‹, und schon kommen von überallher Leute angerannt. Feuer rührt an irgend etwas, das ganz tief und universell in jeder menschlichen Seele wohnt. Feuer bedeutet immer Neuigkeiten.

Ich habe Hunderte von Feuern mit nach Rauch riechenden Kleidern und Haaren, verstopfter Nase und pochendem Schädel erlebt und mußte rennen, um mich oder meinen Wagen zu retten, wenn die Flammen sich ausbreiteten oder sich Explosionen ankündigten. Farbenfabriken und Sägewerke brennen häufig – dasselbe gilt für heruntergewirtschaftete Unternehmen und alte Hotels. Ähnliches für Häuser.

Für jeden Reporter ist es gesund und ratsam, die Warnungen der meisten Regierungs-Dienststellen mit Mißtrauen zu betrachten, aber es zahlt sich aus, den Feuerwehrleuten zuzuhören. In der Nähe einer brennenden Farbenfabrik stritt ich mich einmal mit einem Feuerwehrhauptmann, der darauf bestand, ich solle den Schauplatz verlassen. Er warnte mich vor möglichen Explosionen im Innern des Gebäudes und vor gefährlichen Dämpfen. Noch während ich mit ihm diskutierte und es ablehnte, mich zu entfernen, erschütterte eine Explosion das Gebäude. Trümmer flogen durch die Luft, und ich rannte um mein Leben.

Danach gewöhnte ich mir an, in der Nähe von Feuern eine feste Kopfbedeckung zu tragen.

Solange man noch keine Feuerwehrschläuche an mir ausprobiert hatte, wußte ich deren Effektivität gar nicht abzuschätzen.

In meinem ersten Zeitungsjob, beim *Daily Sun* in Miami Beach, wo ich meine eigenen Fotos machte, trug ich stets Kleider und hochhackige Schuhe bei der Arbeit. Später wurde ich gescheiter.

Einmal gab es ein Feuer in einer größeren Ölraffinerie am McArthur Causeway. Vom Benzin genährte Flammen türmten sich hoch über der Bay. Es war ein ausgesprochen fotogener Anblick. Ich lief umher und schoß Fotos von dem Inferno und den Feuerwehrleuten bei der Arbeit. Ganz in der Nähe stand verlassen ein riesiger Kran. Ich dachte mir, daß von diesem erhöhten Ort aus noch bessere Fotos zu bekommen sein müßten, und schon kletterte ich in Minirock und hochhackigen Schuhen hinauf in die Führerkabine.

Der Blick war ideal. Allerdings schien sich das Feuer unglücklicherweise sehr schnell auszudehnen — genau in meine Richtung. »Am besten machen wir den Kran dort naß!« schrie der Feuerwehrhauptmann. Noch bevor ich protestieren konnte, taten sie es bereits. Ich konnte nur noch meine Kamera abdecken, als sich von allen Seiten her mächtige Wasserstrahlen auf mich herabsenkten und das Innere der Führerkabine überschwemmten. Zur allgemeinen Belustigung bemerkte auch noch ein Fernsehteam die ganze Sache.

Das Feuer übt auf alle möglichen Menschen eine große Anziehungskraft aus. Stu Kaufmann war noch ein kleiner Junge, als er bei einem Brand davongejagt wurde und man ihm sagte, er solle sich hinter die Absperrung stellen, wo sich auch die Presse befand. »Das ist nicht deine Sache«, sagte der diensthabende Feuerwehrmann streng. Stu vergaß es nie mehr. Er schwor, das werde eines Tages sehr wohl seine Sache sein. Und so rannte er zu jedem Feuer hin und erfuhr nach und nach alles Wissenswerte darüber.

Stu erfüllte seinen Schwur.

Als er ein erfolgreicher junger Geschäftsmann und Reporter geworden war, gab er eines Tages alles auf, um in die Öffentlichkeitsabteilung der Berufsfeuerwehr einzutreten. Sie verpaßten ihm einen Pieper und gaben ihm die Chance, genau das zu tun, was er seit seiner Kindheit hatte tun wollen. Er ging zu allen Feuern, Katastrophen, Flugzeugabstürzen und größeren Unglücken, und man berichtete ihm darüber. Das gefiel ihm. Des Nachts legte er sich schlafen mit der Sorge im Herzen, sein Pieper werde ihn während der Nachtstunden womöglich *nicht* aufwecken.

Die Beziehungen zwischen der Presse und den traditionell sehr mundfaulen Feuerwehrleuten des Dade-County waren seit alters her ausgesprochen locker. Stu brachte ihnen bei, daß sie nichts zu verbergen hätten. Die Leute lieben Feuerwehrmänner. Stu liebte Helden und wollte der Welt von ihnen berichten. Wenn Flugzeuge abstürzten, wenn eine Busladung voller zugewanderter Arbeiter mit dem Dach nach unten in einen tiefen Kanal stürzte, wenn ein explodierendes Kokain-Labor eine ruhige Wohngegend erschütterte, wenn Rettungsmannschaften die Schneidbrenner und Bolzenschneider, die ›Kiefer des Lebens‹, benutzten, um ein Dutzend verletzter Autofahrer aus dem Schrottberg eines gerade geschehenen Unfalls zu befreien, Stu war dabei.

Anders als viele Leute, die mit der Presse umgehen müssen, hatte er Herz, Leidenschaft und Verstand genug, um auch eine gute Story zu erkennen. Er wußte ebenfalls, daß es für den Fall, daß die Feuerwehr sich einmal irrte, ungleich leichter war, weiteren Schaden abzuwenden, wenn man sofort die Wahrheit sagte, statt zu lügen und dadurch einen um so größeren Skandal heraufzubeschwören, sobald die Presse die Wahrheit ans Tageslicht gebracht hatte. Stu liebte die Feuerbekämpfung und das Pressewesen, Leidenschaften, die ihn zum Besten seines Faches werden ließen.

Als ich ihn das erste Mal traf, war er noch Nachrichtenredakteur beim Radio. Ein wohlhabendes Ehepaar war von einem Mann namens Thomas Otis Knight entführt worden. Er zwang sie, zu ihrer Bank zu fahren und Geld abzuheben. Der Entführte bat die Bankangestellten um Hilfe, und diese riefen das FBI an. Der Entführte nahm das Geld, das die Kidnapper haben wollten, und kehrte zu seiner Frau zurück, die mit vorgehaltener

Pistole im Wagen festgehalten wurde. Der Kidnapper und seine Opfer fuhren davon, das FBI ihnen direkt auf den Fersen.

Alle hatten angenommen, das Paar werde in dem Augenblick frei sein, wo der Mann mit dem Revolver das Geld bekommen hatte. Die FBI-Agenten verzichteten daher auf einen Versuch, die Geiseln zu befreien, um deren Leben nicht zu gefährden. Sie wollten dem Wagen nur so lange folgen, bis das Pärchen freigelassen wurde, um dann den Kidnapper unschädlich zu machen. Die Agenten folgten dem Wagen, bis sie begriffen, daß das ganze einfach zu lange dauerte. Auf einer einsamen Straße in einer abgelegenen Gegend wendete sich die Angelegenheit zum Schlechten. Knight tötete beide Geiseln durch Schüsse in den Kopf, bevor die Agenten einschreiten konnten. Dann floh der Killer ins Unterholz.

An diesem Tag hatte ich frei, und ich hatte Freunde zum Essen eingeladen. Sie gingen hungrig nach Hause.

Sämtliche Reporter der Welt schienen am Ort des Verbrechens versammelt zu sein. Frustrierte Cops, Hunde und FBI-Agenten durchkämmten die Büsche. Reporter, Fotografen und Fernseh-Teams versammelten sich, um den diensthabenden FBI-Agenten zu interviewen.

Plötzlich rief ein Cop: »Ich habe ihn!« Er hatte den Killer ausgemacht, der sich gleichsam eingegraben hatte. Alle rannten los und ließen den FBI-Mann mit offenem Mund allein zurück. Die Horde der dahinstampfenden Reporter wurde von Stu angeführt, der hinter den Cops und den Scharfschützen und den Hunden her rannte, ein tragbares Aufnahmegerät in der Hand haltend und atemlos berichtend. »Sie haben ihn! Sie haben ihn!« schrie er. In diesem Augenblick war er natürlich nicht auf Sendung, aber als das Tonband später gesendet wurde, hatten die Hörer den Eindruck, als passierte das alles direkt vor ihren Augen. Mir gefiel es. Wer *ist* dieser Bursche? dachte ich.

Das nächste Mal sah ich ihn bei der Bruchlandung eines Frachtflugzeuges. Natürlich drängten uns die Feuerwehrleute grundsätzlich von solchen Szenen ab, aber bei diesem Absturz schien Stu Dienst zu haben. »Hier entlang«, sagte er und führte mich zu dem Wrack. Wer *ist* dieser Bursche? Noch als Radioreporter hatte er sich bereits genügend mit den Feuerwehrleuten angefreundet, um diese davon zu überzeugen, sie bräuchten nichts nötiger als ein besseres Image in der Presse. Das nächste, was ich über ihn erfuhr, war, daß er jetzt für sie arbeitete, und er machte den Reportern das Leben auf jeden Fall einfacher. Stets war er ansprechbar, und er brachte uns mit den Rettungsmannschaften vor Ort in Kontakt, mit dem diensthabenden Feuerwehrhauptmann, mit dem Helden, der ein Baby durch Mund-zu-Mund-Beatmung wieder ins Leben zurückgerufen hatte. Wenn er sah, daß jemand Hilfe brauchte, wies er uns auf die mögliche Story hin.

Seine Energie und sein Einsatz zeigten sich aber auch außerhalb der Brandstätten. Er arrangierte Beerdigungen für Feuerwehrleute, Freunde und Helden. Ein Feuerwehrmann war mit seiner Frau auf dem Weg ins Kino, als er anhielt, um einer Frau zu helfen, deren Wagen gegen einen Laternenpfahl geprallt war. Er kam durch einen Stromschlag ums Leben. Ein Sanitäter der Feuerwache ertrank bei dem Versuch, ein Mädchen zu retten, das in einem untergegangenen Auto saß. Ein Lieutenant starb in einem brennenden Warenhaus, ein anderer beim Unfall eines Rettungswagens, der nach einem falschen Alarm mit Höchstgeschwindigkeit über die Straßen jagte. Stu weinte jedesmal.

Als Feuerwehrleute ihm erzählten, wie sehr es ihnen widerstrebte, nach einem Hausbrand einfach wegzufahren und eine ausgebrannte Familie zurückzulassen, die auf dem Rasen vor ihrem Häuschen um drei Uhr morgens zusammengekauert saß und nicht wußte, wohin sie gehen sollte, rief er ein Programm ins Leben, das den Namen trug ›Nach dem Brand‹. Stu oder ein leitender Beamter der Feuerwache kümmerten sich darum, daß das vernichtete Eigentum eingezäunt wurde, und setzten sich mit dem Roten Kreuz in Verbindung, um eine Unterkunft für die Opfer zu finden. Dank Stu ist keine Familie sich selbst überlassen, deren Haus mitten in der Nacht abbrennt.

Als sich einmal Brandstiftungen durch Teenager wie eine Epidemie ausbreiteten, sorgte Stu für das größte Sommer-Beschäftigungsprogramm für unterprivilegierte Jugendliche, das Dade-

County je gesehen hat. Die Jugendlichen trugen T-Shirts mit offiziellen Abzeichen und gingen von Tür zu Tür, um ihre Nachbarn über den Sinn von Rauchmeldern zu informieren, ihnen die Wichtigkeit der Fluchtwegsplanung für Familien nahezubringen und sie auf die Gefahren aufmerksam zu machen, die Kindern drohen, die allein zu Hause sind. Stu wußte, daß Leute aus der Nachbarschaft am ehesten geeignet sind, mit Problemen in der Nachbarschaft fertig zu werden. Nicht weniger wichtig als die Bezahlung war für die jungen Leute das Gefühl des Stolzes und eigene Bedeutung. Viele von ihnen arbeiten heute für bedeutende Unternehmen.

Stu vergaß keinen von ihnen. Jeden Sonntagmorgen besuchten er und seine Kinder das Hauptquartier, um mit den ›unbesungenen Helden‹ das Frühstück zu teilen.

Die offizielle Bezeichnung für Stus Abteilung lautete ›Abteilung 10‹. Er fuhr gerade in seinem mit einem Funkgerät ausgestatteten Dienstwagen zu einem Unfall auf dem Flughafen, als er ein Einsatzkommando melden hörte: »Ein kleines Kind ist in einen Fernseher gefallen.« Die dann folgende Adresse war seine eigene.

Er wendete mitten auf der Autobahn und raste nach Hause zu seiner Familie. Mit durchgetretenem Gaspedal lauschte er einem Sanitäter, der gerade am Ort des Geschehens eingetroffen war. »Sag Abteilung 10, er soll es langsam angehen lassen. Das Kind hat nur eine kleine Schnittwunde davongetragen.«

Stu gab sogar Pieper an Reporter aus, damit uns ein Rundruf jederzeit alarmieren konnte. Nachrichtenagenturen stellten ihm private Frequenzen zur Verfügung, so daß er ihre Fotografen und Reporter um Verkehrsstaus und Polizei-Absperrungen herumführen konnte, um den Ort der Katastrophe auf dem schnellstmöglichen Wege zu erreichen. Diese Sektion Innenstadt der Feuerwehr von Dade-County war die erste Abteilung, die ihren eigenen Fotodienst hatte und ihre eigenen Videos drehte. Die Fotografen der Zeitungen und die Kameramänner der Fernsehgesellschaften zeigten den Feuerwehrleuten, wie sie die besten Aufnahmen schossen. Ein Feuerwehrmann schoß eigene Fotos und Videos und teilte seine Bilder dann mit den

Medien. Der Übertragungswagen war ausgerüstet mit einem Videorecorder, so daß direkt an Ort und Stelle Kopien hergestellt und verteilt werden konnten.

Stu gab den Fotografen ausrangierte Feuerwehr-Anzüge. Er wußte, daß man die besten Aufnahmen erhielt, wenn man direkt über die Schulter eines Feuerwehrmannes hinweg fotografierte, der mit einem Schlauch die Flammen bekämpfte. Diese Kameradschaft führte mitunter dazu, das Fotografen ihre Kameras ablegten, um beim Ausrollen der Schläuche zu helfen. Stu führte ein Ein-Tages-Kolleg für Reporter ein – dabei konnten wir lernen, was es bedeutet, ein Feuer zu bekämpfen und diesen Job besser verstehen, als wenn wir nur darüber schrieben. Wir trugen Feuerwehr-Kleidung, kletterten hohe Leitern empor und rannten mit umgeschnallten Sauerstofftanks in brennende Gebäude und wieder aus ihnen heraus.

Daraufhin hat niemand je behauptet, man müsse vernünftig sein, um diesen Job zu tun.

Stu Kaufman war das Beste, was der Brandbekämpfung im Dade-County je widerfahren ist. Zu schade nur, daß Gutes niemals auf Dauer existiert. Nach zehn Jahren hatte Stu genug Rauch geschluckt, genug Aufregung erlebt und genug Schlaf versäumt. Er hatte das Gefühl, als schulde er seiner Frau und seinen Kindern einiges mehr an Zeit und an seiner Fähigkeit, Geld zu verdienen, und so nahm er seinen Abschied, um das große Geld an der Börse zu machen.

Niemals rieche ich Rauch, ohne ihn zu vermissen.

In einer Welt voller seltsamer Menschen sind die Feuerwehrleute mit die seltsamsten.

Nehmen wir June Ann Olson, eine hübsche Blondine, die einmal einen ganzen Häuserblock mitten in Miami abbrannte.

Sie schleppte Männer, einschließlich eines berühmten Fernsehproduzenten, in Motelzimmer ab. Sobald sie ausgezogen waren, goß sie Feuerzeugbenzin über das Bett und zündete es an. »Dann sollten Sie die mal rennen sehen«, erzählte sie mir. »Das sieht reichlich komisch aus.« Danach rief sie dann ihren

Lieblings-Feuerwehrmann, Frank Fitzpatrick an, um mit ihm zu plaudern. Sie flirtete, und er versuchte, sie davon zu überzeugen, sich zu stellen. Zwar wies man sie in eine Anstalt ein, entließ sie jedoch später wieder. »Ich bin so einsam«, sagte sie. »Vielleicht ist es noch nicht zu spät, ein neues Leben zu beginnen.« Das war die letzte Gelegenheit, zu der wir miteinander sprachen. Als ich das nächstemal ihren Namen sah, stand er in einem Polizeibericht; sie war tot.

Obwohl so viele Amateur-Brandstifter in den Flammen ums Leben kommen, die sie selbst gelegt haben, galt dies für June Ann Olson nicht.

Sie wurde von einem Zug überfahren und getötet.

Nichts an Brandstiftung ist lustig — oder harmlos.

Ein Flammeninferno um drei Uhr nachts an einem Freitag dem 13., tötete drei Menschen und verletzte sechs andere in einem kleinen Hotel in South Beach schwer. Die Anzahl der Toten wäre sehr viel höher gewesen, hätten sich die beiden Cops, die zuerst an der Brandstelle eintrafen, nicht so heldenhaft verhalten. Einer fing auf geradezu virtuose Weise ein Baby auf, das aus einem von Flammen umgebenen Fenster im dritten Stock geworfen worden war. Verschiedene andere Kinder und Säuglinge wurden von Erwachsenen hinuntergeworfen, die dann hinter ihnen hersprangen. Zwei Männer wagten einen Hechtsprung aus Fenstern im dritten Stock quer über eine fünf Fuß breite Allee direkt in die Fenster des dritten Stocks eines Hotels auf der anderen Straßenseite. Einer von ihnen, ein Lastwagenfahrer, sagte, er habe so lange gezögert, bis er gesehen habe, wie jemand anderer durch das Fenster direkt neben seinem auf diese Weise den Flammen entkommen war.

»Er beschämte mich irgendwie«, erzählte er mir später. Dieser kleine, abgemagerte Latino flog über die Allee hinweg wie Superman, während die Flammen hinter ihm herzüngelten. Er folgte ihm auf die gleiche Weise in das gegenüberliegende Hotel, jagte drei Treppen hinunter auf die Straße und raste sofort wieder in das brennende Haus hinein. »Ich mußte wieder zurück«, sagte er. »Dort drinnen waren ja noch Leute. Ich konnte sie hören. Es waren meine Freunde.«

Drei Polizisten hielten ihn auf einem verräucherten Flur im zweiten Stock an. »Sie können nicht mehr dort hinauf«, sagten sie.

»Aber irgend jemand muß hinauf, Sie oder ich«, sagte er zu ihnen. Er konnte Rita, eine Nachbarin, und Bessie, eine ältere Mitbewohnerin, um Hilfe schreien hören. Er sagte den Beamten, wo sich die Frauen aufhielten. Feuerwehrleute mit Sauerstoffmasken führten die Frauen wenig später zur Treppe, und er und die Beamten halfen ihnen auf die Straße hinunter.

Unter den Toten waren eine Mutter und ihre Tochter, die zu Besuch aus Kuba hier war. Sie hatten einander dreizehn Jahre nicht gesehen. Endlich vereint, starben sie zusammen, gefangen in einem Flammenmeer auf dem Flur im dritten Stock. Das immer wieder vom Wind angefachte Feuer hielt hundert Feuerwehrmänner noch stundenlang in Atem, bis es endlich unter Kontrolle war. Ein ganzer Block wurde evakuiert, weil die Flammen sich auszuweiten drohten. Sechzig Personen waren danach obdachlos und ohne Habe.

Die Todesfälle waren Morde. Zwei Männer rannten aus dem Hotel und jagten, nur Augenblicke bevor das Feuer ausbrach, in einem weißen Auto davon. Aus einem Wagen, der hinter dem Gebäude geparkt war, war Benzin in das Gebäude gespritzt worden, um das Feuer in Gang zu bringen.

Manche Leute legen aus Rache Feuer, manche aus Wut, manche, weil es sie sexuell erregt.

Andere wiederum wollen durch ein Feuer ein anderes Verbrechen vertuschen, oder manchmal legen sie es auch, um Selbstmord zu begehen. Ich hege keinerlei Sympathie für sorglose Raucher, Leute, die falschen Alarm auslösen, oder gedankenlose Möchte-gern-Selbstmörder wie zum Beispiel den Mann, der die Pension anzündete, in der er wohnte. Er machte seine Nachbarn obdachlos und kam selbst ins Krankenhaus, zusammen mit drei Feuerwehrleuten aus Miami, die bei der Brandbekämpfung verletzt worden waren.

Amateur-Brandstifter erklärten sich bereit, für tausend Dollar einen Schönheitssalon in Miami Beach niederzubrennen. Vom Eingang aus verschütteten sie im ganzen Laden bis hin zum Hinterausgang fünfzehn Gallonen Benzin. Die Benzindämpfe erreichten die Hintertür allerdings vor ihnen, und ein Kontrollämpchen in einem Heißwassergerät nahe der Tür entzündete die Dämpfe. Ein dreizehn Jahre alter Junge, der auf der anderen Straßenseite Zeitungen feilbot, hörte, wie die Fenster des Salons explodierten, und sah, wie das Gebäude in seinen Grundfesten erzitterte. Das Feuer zerstörte eine ganze Ladenzeile: ein Blumengeschäft, eine Pizzeria, eine Bar, ein Schuhgeschäft, einen Friseurladen und eine Zoohandlung voller Tiere, die alle ums Leben kamen. Der erste Polizeibeamte, der am Tatort anlangte, fand einen der Brandstifter stöhnend an einen Wagen gelehnt, die Kleider völlig verbrannt. »Aber nicht nur das. Er hatte keine Ohren mehr, keine Nase, keine Finger. Er sagte immer wieder, er bekomme keine Luft – weil seine Nase nicht mehr da war.« Der junge Mann streckte Officer Chuck Hayes seine Hand entgegen und flehte um Hilfe. Als Hayes die Hand nahm, löste sich die Haut des Mannes von der Hand.

Ein Komplize entkam, wurde aber einige Meilen entfernt in seinem Auto gefunden. Fünfundachtzig Prozent seiner Körperoberfläche waren verbrannt.

Das letzte, woran sich ein anderer der dilettantischen Brandstifter erinnerte, war, daß er auf einer Leiter gestanden und Reinigungsbenzin überall im dämmrigen Lager ausgeschüttet hatte. Das nächste, was er wußte, war, daß er mit dem Gesicht nach unten auf dem Gras hinter dem brennenden Haus lag und das Heulen der sich nähernden Sirenen hörte. Er hatte völlig geistesabwesend eine Zigarette angezündet, während er die brennbare Flüssigkeit verteilte.

Manchmal kann man den Schuldigen schon entdecken, wenn man sich die Möchtegern-Retter vor Ort genauer ansieht.

Manche Leute begehen sogar Massenmord, weil sie als Helden gelten wollen.

Der Brand des Avondale-Hotels, die zweitschlimmste Feuersbrunst in der Geschichte Miamis, tötete zehn Menschen und verletzte vierzehn weitere. Der erste Alarm kam um 0 Uhr 40. Die Flammen hatten bereits das ganze alte Hotel mit seinen vierzig Räumen erfaßt, das in der Zeit des Booms während des Ersten Weltkrieges errichtet worden war.

Ein Busfahrer betätigte Hupe und Bremsen und lief hinüber, um zu helfen. Er legte sein Jackett unter den Kopf eines blutenden Mannes, der gerade von zwei Männern aus dem Gebäude getragen worden war. Dann sah er dieselben Männer, wie sie eine schreiende, ältere Frau drängten, von einem Balkon im zweiten Stock zu springen. Sie sprachen zu ihr und versicherten ihr, sie aufzufangen. Die Flammen krochen langsam näher. Sie krümmte den Rücken zusammen, als die Flammen ihr die Haut versengten. Dann schrie sie plötzlich los: »Meine Haare! Meine Haare!« Sie zog sich das Kleid über den Kopf und drapierte es um ihre brennenden Haare, um die Flammen abzuhalten.

Der erste von siebzehn Feuerlöschzügen preschte auf den Parkplatz. Feuerwehrleute kamen mit einer Leiter herbei und trugen sie nach unten. Eine Anzahl von Leuten war bereits mit brennenden Haaren und Kleidern von Vorsprüngen und Balkonen heruntergesprungen, hatte sich die Beine gebrochen, das Rückgrat und die Knöchel. Andere hingen an den Fenstern. Die Feuerwehrleute benutzten ihre Schläuche, um einen siebenundsiebzigjährigen Mann naß zu halten, der gerade springen wollte, dann retteten sie ihn.

Bei ihrer dritten oder vierten Inspektion der völlig durchnäßten zweiten Etage, vier Stunden nach ihrer Ankunft, hörte ein Feuerwehrmann ein Geräusch. Eine schrecklich verbrannte Frau erhob sich von einem verkohlten Bett und murmelte mit ausgestreckten Armen in Todesqual. Die Feuerwehrleute schworen, sie habe vorher nicht auf dem Bett gelegen. Ihre Körperoberfläche war zu hundert Prozent verbrannt, und es gab keine Möglichkeit mehr, sie zu retten. Sie starb auf die Stunde genau eine Woche nach dem Augenblick, als Flammen und Schreie sie in jener Nacht geweckt hatten.

Bei dem Feuer handelte es sich um Brandstiftung.

Monate später wurden jene beiden Männer verhaftet, die in jener schrecklichen Nacht die Helden spielen wollten. Die

Anklagen: Brandstiftung und zehnfacher Mord ersten Grades. Sie waren von Anfang an verdächtigt worden, und jeder von ihnen hatte ein eigenes Motiv: einer wollte sich als Held aufspielen, um auf dramatische Art und Weise den Besitzer zu retten, damit er und seine Frau nicht, wie geplant, am nächsten Tag hinausgeworfen werden würden. Der andere wollte die Zimmer seines Nachbarn plündern, nachdem diese evakuiert worden waren.

Sie hatten nur ein kleines Feuer geplant. Aber als einer von ihnen ein Streichholz an den geflochtenen Sitz eines Holzstuhls in der Lobby gehalten hatte, war das Feuer schnell außer Kontrolle geraten. Sie hatten das Alter und die Trockenheit des Gebäudes nicht bedacht und auch nicht, daß das Treppenhaus wie ein Kamin wirken mußte und die Flammen sofort durch das ganze Gebäude rasen würden, wo Unschuldige in ihren Betten schliefen.

Der eine bekam zwanzig Jahre, der andere fünfzehn Jahre Haft.

Mitunter kann man den Brandstifter schon erkennen, indem man nur sorgfältig genug die Zuschauermenge mustert. Man sieht den Ausdruck seiner Augen — zusammen mit den reflektierten Flammen.

Ein wahrer Alptraum zerstörte acht Monate nach dem Brand im Avondale Hotel eine Maschinenfabrik in Miami vollständig. Die Feuerwehrleute hatten den um halb vier in der Frühe ausgebrochenen Brand erst fünfzehn Minuten lang bekämpft, als sich die Katastrophe ereignete. Die Männer der Maschinenfabrik hatten das Feuer bereits niedergekämpft und näherten sich den fast völlig erloschenen Flammen. Vier Feuerwehrmänner waren tief in das Gebäude eingedrungen, als eingeschlossene Gase mit fürchterlichem Krachen explodierten.

Feuerwehrmänner vor dem Gebäude wurden von der Gewalt der Explosion und der nachfolgenden Hitzewelle zehn oder fünfzehn Fuß weit davongeschleudert. Das Tor zur Lagerhalle stürzte über einem der Feuerwehrleute zusammen, der um Hilfe schrie. Ein anderer wälzte sich brennend auf die Straße hinaus. Überall auf dem Pflaster lagen verletzte Feuerwehrleute, mittlerweile brannten bereits drei Geschäftshäuser, und die Flammen schossen aus den Gebäuden.

Polizisten aus Miami bedienten die Schläuche. »Überall lagen Feuerwehrleute herum, einige von ihnen mit Verbrennungen, andere völlig benommen«, erzählte mir Officer Charles Lincoln später. »Wir wußten ja nicht, ob es nicht vielleicht noch eine Explosion geben würde. Mein erster Gedanke galt den Feuerwehrmännern im Innern der Fabrik.« Er fragte einen der verwundeten Feuerwehrleute, ob sie inzwischen alle das Gebäude verlassen hätten.

»Al? Wo ist Al?« murmelte der unter Schock stehende Feuerwehrmann.

Der junge Polizist stürzte sich in das Gebäude. In der größten Hitze ganz in der Nähe der Flammen fand er einen benommen dahertorkelnden Feuerwehrmann, der sich kaum noch auf den Beinen halten konnte und dessen Gesicht aus mehreren Schnitten blutete. »Sind Sie Al?« fragte er. Der Feuerwehrmann sagte ja. Lincoln führte den Mann hinaus in die Sicherheit, dann versuchte er, einem stark verbrannten Feuerwehrmann zu helfen, der auf der Straße lag. Er benutzte ein Taschenmesser, um die Kleider von dem verbrannten Fleisch loszuschneiden.

Feuerwehrmann Louis Kickasola, 31, niedergestreckt von der Explosion und umgeben von Flammen, war sicher gewesen, er werde jetzt sterben. Er kroch bis zu der von der Explosion weggerissenen Fassade des Gebäudes und hatte es beinahe geschafft, aber ein Windstoß setzte die Farbe und die Chemikalien in Brand, die sich überall auf seinem Schutzanzug festgesetzt hatten, und verwandelten ihn in einen Feuerball. Er war verheiratet, hatte einen sechs Jahre alten Sohn und im Vietnamkrieg eine Tapferkeitsauszeichnung bekommen. Alles, was er diesmal erhielt, war ein monatelanger Krankenhausaufenthalt und eine lange Serie von Hautübertragungen.

Dreizehn Feuerwehrleute waren verletzt worden, zwei Polizeibeamte und ein Sanitäter, dessen Arm von dem rotglühenden Sauerstofftank des Feuerwehrmannes verbrannt worden war, den er und ein Polizeibeamter aus dem Inferno gezogen hatten. »Man konnte sich nicht verstellen, daß einem selbst so etwas passiert«, sagte der Feuerwehrhauptmann, der den Tränen nahe war. Auf der Straße lag der zerbeulte und halb geschmolzene Helm eines Kollegen.

Officer Lincoln entdeckte den Brandstifter in der Menge — er identifizierte ihn sofort: »Er stand einfach nur so da herum.«

Der Achtzehnjährige schnüffelte seit seinem zehnten Lebensjahr Klebstoff, Benzin und andere Chemikalien. Sein Vorstrafenregister umfaßte versuchte Vergewaltigung, Raubüberfall, Autodiebstahl, Landstreicherei und Vandalismus. Obwohl er vier Blocks nördlich des Feuers wohnte, sah ihn der Beamte aus südlicher Richtung kommen und sich zu der Menge gesellen. Seine Hände waren voller grüner und gelber Farbe. Lincoln wußte, daß der Teenager zwei Jahre zuvor bereits verdächtigt worden war, das Haus seiner Eltern angezündet zu haben. Als er sich ihm näherte, versuchte der Jugendliche auszuweichen und sich die Farbe von den Händen zu wischen. Er legte ein Geständnis ab.

Er hatte das Gebäude angezündet, um einen Einbruch zu vertuschen.

Oftmals erreichen zuerst Cops die Brandherde, Leute ohne Schutzanzüge und eine entsprechende Ausbildung. Als ein Feuer in einem zweistöckigen Einkaufscenter für Autoteile ausbrach, bedrohten Flammen und kleinere Explosionen in der Nähe gelegene Läden, die sofort evakuiert wurden. Dichter Rauch füllte ein kleines Häuschen auf der anderen Seite des brennenden Gebäudes. Ein Sergeant der Polizei rannte durch den Qualm, um sich zu vergewissern, daß niemand mehr im Haus war. Er staunte nicht schlecht, drei Frauen in dem von Rauch erfüllten Wohnzimmer vorzufinden — eine sechzig Jahre alte herzkranke Frau, ihre Schwerster, 45, und deren Mutter, 87 — ›die einfach nur dasaßen und warteten‹.

Die erschreckten Frauen weigerten sich, sich zu bewegen. Der Sergeant rief über Funk Hilfe herbei, und sein Kollege Doug

Rice stürmte durch die Eingangstür und hielt sich ein nasses Tuch vor das Gesicht.

Die Mutter, die ein Nachthemd und schäbige pinkfarbene Slipper an den Füßen trug, bestand darauf, sie sei nicht entsprechend gekleidet, um vor die Tür zu gehen. Die beiden Sergeants packten sie kurzerhand und stolperten mit ihr durch den Rauch hindurch ins Freie. Dann setzten sie sie in einen Ledersessel in einem Möbelgeschäft auf der anderen Straßenseite. Andere Beamte brachten ihre Töchter heraus.

»Meine Mutter kann nicht gehen«, erzählte mir die Herzpatientin. »Wir konnten Mutter nicht bewegen, nach draußen zu gehen, und wir konnten sie auch nicht allein lassen.« Sie klang, als redete sie vom Wetter. »Daher mußten wir bleiben. Der Rauch war ganz schlimm. Die Explosionen waren schrecklich. Es klang, als sei der Krieg ausgebrochen.« Dann begann sie zu schluchzen.

Das war Miamis vierter größerer Brand an einem einzigen Wochenende. 60 Feuerwehrleute bekämpften ihn während der Mittagshitze von über 80 Grad Fahrenheit, um die Flammen wenigstens daran zu hindern, sich weiter auszubreiten. Einige von ihnen wurden verletzt, etliche andere mußten wegen Rauchvergiftung behandelt werden, und der Stadtdirektor, der vorbeikam, um sich das alles anzusehen, fuhr auf dem Heimweg seinen Wagen zu Schrott. Aber das Haus der Frauen wurde gerettet, und die Bewohnerinnen ebenfalls.

Nur zweimal bin ich so spät vom *Miami Herold* nach Hause gefahren, daß ich sogar zu müde war, den Tank meines Wagens noch aufzufüllen, obwohl die Nadel bereits auf ›E‹ stand.

Nie wieder.

In beiden Nächten ergaben sich größere Stories, und ich mußte in die Dunkelheit hineinjagen, mit leerem Tank.

Das hasse ich.

Einmal war es ein Flugzeugunglück. Das andere Mal rief mich Stu Kaufman gegen vier Uhr morgens an. Ich wußte, daß es eine üble Geschichte war, als ich seine Stimme hörte. Die schlimmste von allen: ein Hausbrand in Leisure City, mehr als vierzig Meilen von Miami entfernt.

Fünf Tote. Alles Kinder.

Ein sommerliches Unwetter tobte über der Insel, auf der ich lebte. Der Regen war fürchterlich, und nirgendwo war eine Tankstelle geöffnet.

Mein Kopf schwirrte bereits von all den Sachen, die ich noch zu tun hatte, bis in elf Stunden die neue Ausgabe des *Herald* erscheinen würde. Ich hoffte inständig, ich würde auf meinem Weg eine Tankstelle finden, aber wenn man wirklich einmal eine braucht, ist einfach keine da. Den ganzen Weg lang schrie ich voller Panik nach einer Tankstelle, ein Auge stets auf die Tankanzeige gerichtet, deren Nadel inzwischen ganz unten angelangt war.

Noch nie war ich so lange mit leerem Tank gefahren. Noch nie war ich so lange auf dunklen Straßen allein gewesen, mitten im ländlichen Bezirk des südlichen Dade-County.

Ich hatte keine Idee, wo ich mich befand. Ich war fast sicher, daß ich im Kreis gefahren war. Der Morgen dämmerte schon fast herauf, als ich einen Farmarbeiter entdeckte und ihn nach dem Weg fragen konnte. Der Mann hatte keinen Schimmer, wo *er selbst* war, noch weniger, wohin ich unterwegs war.

Bei Sonnenaufgang fürchtete ich schon, die Löschmannschaft wäre bereits nach Hause abgerückt, bevor ich sie gefunden hatte. Endlich stolperte ich förmlich über ihre Feuerwache und stürmte ins Innere, völlig aufgelöst, die Tankanzeige inzwischen bereits unter ›Leer‹.

Sie alle waren ebenfalls äußerst angespannt aus einem Grund, der in der Rückschau einfach unglaublich ist. Die Tragödie war völlig sinnlos gewesen. Ein Zehn-Dollar-Rauchmelder hätte fünf junge Leben retten können.

Der Vater, ein schwergewichtiger, gutmütiger Ingenieur, der Kinder liebte, war in jener Nacht durch ein Geräusch geweckt worden. Er erhob sich, ging ins Wohnzimmer und sah, daß das Sofa brannte. Er rief seiner Frau zu, sie solle die Feuerwehr anrufen, und versuchte, die Flammen selbst mit Wasser zu löschen. Der Eimer, den er benutzte, schmolz ihm unter den

Händen weg. Er erlitt schwere Brandverletzungen und rannte durch die Haustür ins Freie, wo er voller Panik nach einem Gartenschlauch suchte. Seine Frau versuchte, 911 anzurufen, aber das Telefon war tot. Sie lief durch einen Vorratsraum in den Hinterhof, um nach einem Schlauch zu suchen.

Der neunzehn Jahre alte Sohn wurde von den Schreien seiner Eltern geweckt, als diese in der Dunkelheit nach dem Gartenschlauch suchten. Der schlaftrunkene Teenager dachte, es sei Zeit, zur Arbeit zu gehen, setzte sich auf und sah ›einen orangenen Schein vom Wohnzimmer her‹. Er rannte sofort los, um seinen kleineren Bruder zu wecken. Als er das Fenster einschlug, traf der frische Sauerstoff auf die Gase, die sich durch das Feuer bereits gebildet hatten. Der ganze Raum explodierte. Der Druck der Explosion schleuderte den Älteren fast durch das Fenster, warf aber seinen jüngeren Bruder und den Hund in die Flammen zurück.

Ein Nachbar hörte die Explosion, sah das Feuer und versuchte, zu den Kindern vorzudringen, aber die Haustiere der Familie, ein Jagdhund namens Whiskers und ein Boxer namens Kane, griffen ihn an. Die Eltern verscheuchten die Tiere, als der Nachbar seinen Gartenschlauch auf das Fenster des Kinderzimmers richtete. Der Vater versuchte, wieder ins Haus zu gelangen, aber die starke Hitze hielt ihn zurück. Das Feuer war so heiß, daß die Blätter eines Hibiskusbaumes vor dem Haus schwarz wurden.

Der erste Alarm wurde durch Nachbarn um 2 Uhr 53 ausgelöst. Eine Rettungseinheit und ein Löschzug donnerten eine Minute später aus der Station in Richtung des brennenden Hauses los. Die Feuerwehrleute konnten das Feuer bereits aus anderthalb Meilen Entfernung sehen, einen orangefarbenen Schein unter einer riesigen Rauchwolke. Der Rettungszug traf zuerst ein, und ein Arzt versuchte, in eines der Fenster einzusteigen. Die Hitze zwang ihn wieder nach draußen. Der schwerfällige Löschzug kam Minuten später an, und die Mannschaft begann sofort, die Flammen zu bekämpfen. Sie waren vier Minuten nach dem ersten Anruf an Ort und Stelle, aber das Haus war innerhalb von zehn Minuten niedergebrannt.

Ich sprach mit dem Feuerwehrmann, der zwei tote Kinder im Alter von fünf und sechs Jahren in ihren Betten gefunden hatte, »wunderhübsche kleine blonde Mädchen in langen Nachthemden. Das eine hatte den Kopf noch auf ihren Händen, als schlafe sie.« Ganz in der Nähe lagen zwei Püppchen. Er trug die Mädchen hinaus. Der Körper des einen Mädchens hinterließ einen deutlichen Abdruck auf ihrem rauchgeschwärzten Bettlaken.

Der dreizehn Jahre alte Junge starb bei dem Versuch, den Flammen zu entkommen. Auf seinem Leichnam in einem der hinteren Schlafzimmer lag eine Fensterscheibe. Seine Hände waren zerschnitten. Sein Hund, ein Zwergdackel, lag tot zu seinen Füßen. Im Zimmer selbst hatte es nicht gebrannt – aber alle Gegenstände darin waren geschmolzen. Die beiden drei Jahre alten Drillingsmädchen waren in verschiedenen Ecken des Zimmers gestorben, wo sie sich zusammengekauert hatten, um sich vor den Flammen zu schützen.

Die Feuerwehrleute, die in der Dunkelheit suchten, verfehlten zunächst eines der Mädchen. Man hatte dem Feuerwehrhauptmann neun Namen genannt, und er hatte nur acht Personen gefunden. Er war selbst Vater von fünf Kindern und hoffte inständig, das vermißte Kind sei entkommen und verstecke sich jetzt völlig verschreckt, doch dann fanden sie es nach fünfundvierzig Minuten, über und über mit Ruß bedeckt und völlig durchnäßt in einem kleinen Eckchen zwischen der Matratze und der Wand.

Die Eltern, der neunzehn Jahre alte Sohn und der Drillingsjunge überlebten. Der Vater wurde mit einem Hubschrauber in eine Spezialklinik für Verbrennungen geflogen.

Das schadhafte Kabel einer Klimaanlage hatte das Sofa in Brand gesetzt. Das Feuer konnte gut und gerne schon zwei Stunden geschwelt haben, sagten die Experten später, die die Brandursache untersuchten, doch dann fraßen sich die Flammen an der Wandverkleidung empor und entwickelten sich zu einem Inferno.

Mit einem Rauchmelder, sagten die Untersuchungsbeamten, hätte es einen Schaden von vielleicht zehn oder fünfzehn Dollar gegeben, auf keinen Fall mehr als hundert Dollar — und nicht ein einziges Leben wäre zu beklagen gewesen. Keines der Kinder war verbrannt. Alle starben an Rauchvergiftung.

Als Konsequenz rief Stu Kaufman ein Programm ins Leben, das den Kauf von Rauchmeldern attraktiver machen sollte. Kauf eines, und es gibt eines umsonst. Für jedes verkaufte Alarmgerät sollte ein weiteres an eine Familie verschenkt werden, die sich keines leisten konnte. Diese Tragödie berührte Stu mehr als alle anderen. Eines der toten Mädchen war nur auf Besuch gewesen. Wenn eines seiner Kinder die Nacht bei Freunden verbringen wollte, vergewisserte Stu sich daraufhin immer, daß der entsprechende Haushalt auch mit einem Rauchmelder ausgestattet war.

Einige Zeit später war seine zehn Jahre alte Tochter bereits auf einer Geburtstagsparty, als er von der Arbeit nach Hause kam, und rief ihn an, um ihm eine gute Nacht zu wünschen. Rein routinemäßig fragte er nach einem Rauchmelder, und sie sagte, in diesem Haus gäbe es keinen.

Stu Kaufman verbrachte die Nacht vor dem Haus in seinem geparkten Wagen auf Feuerwache.

Wenn man Feuer beobachtet, lernt man eine Menge Dinge — auch solche, von denen man sich wünscht, man wüßte sie nicht. Mitunter fühle ich mich, als sei ich schon viel zu lange mit der Polizei auf Streife und wisse viel zuviel. Wenn ich kann, vermeide ich es, ein Flugzeug zu benutzen, und wenn ich es nicht kann, trage ich auf jeden Fall keine Kunstfasern. Bei den meisten Flugzeugunfällen ist Feuer mit im Spiel, und ich weiß, wenn Polyester schmilzt, verschmilzt es mit der Haut. Daher trage ich Unterwäsche aus Baumwolle oder Wolle. Sollte ich einen Flugzeugabsturz überleben, kann ich aus dem Flugzeug klettern und mich auf die Suche nach Hilfe machen. Ich weiß, daß keine Feuerwache in Amerika über eine Leiter verfügt, die höher reicht als zehn Stockwerke. Also halte ich mich nie höher als im zehnten Stockwerk auf.

In einer Stadt war ich für eine Suite auf der 27. Etage

gebucht. Das Hotelpersonal konnte nicht verstehen, warum ich auf etwas anderem bestand, bevorzugt auf der dritten Etage. Als man nicht aufhörte, sich zu wundern, gestand ich schließlich meine Phobie.

»Da machen Sie sich mal keine Sorgen«, rief der Empfangschef erleichtert darüber, daß mein Problem nicht schwerwiegenderer Natur war. »Falls irgend etwas passiert«, versprach er, »wird ein Hubschrauber der Feuerwehr Sie vom Dach holen.«

Ich will aber nicht von einem Dach heruntergeholt werden. Ich möchte von einem stämmigen Feuerwehrmann über eine Leiter hinuntergetragen werden.

Manchmal ist mir, als sei ich der einzige Mensch, der unter einer solchen Neurose leidet – doch dann erinnere ich mich an Stu Kaufman auf Wache, als er eine ganze schlaflose Nacht im Wagen vor dem Haus verbrachte, in dem seine Tochter an einer Geburtstagsparty teilnahm.

Mag sein, wir beide haben zuviel gesehen.

11. Kapitel

Wasser

Bestimmte Techniken können Ihnen das Leben retten, aber Training und Kenntnisse allein reichen nicht immer aus. Zu überleben erfordert einiges mehr.

Barry McCutchen, ein Experte in Überlebensfragen, wird nie vergessen, was einst am Memorial Day geschah, einem Tag, so recht geeignet, um im blaugrünen Wasser vor Key Largo zu tauchen und zu fischen.

Er und zwei Freunde verbrachten den ganzen Tag in den warmen Wassern vor dem John Pennekamp Coral Reef State Park beim Harpunenfischen. Der Ozean glitzerte wie tausend Diamanten im gleißenden Sonnenlicht, und der Nachmittag war so wundervoll, daß sie sich um halb fünf entschlossen, noch eine Stunde länger zu tauchen, bevor sie zum Hafen zurückkehrten. Ehe die Schnorchel-Taucher aber noch einmal in das sonnenbeschienene Wasser stiegen, wiederholte McCutchen, 35, ein beliebter Sportlehrer und stellvertretender Football-Coach an der Hialeah-High-School eine Litanei von Sicherheitsregeln.

Er hatte keinerlei dunkle Vorahnungen; seine Vorsorge war reine Routine, denn sie waren nur zu dritt, und dies war gerade erst der zweite Tauchgang für Julio Guevara, einen achtzehnjährigen High-School-Athleten. Der dritte Mann, Michael Melgarejo, 25, war der Besitzer von *Hog Wild*, ihrem offenen siebzehn Fuß langen Fischerboot.

Doch dann passierte ungefähr fünfzig Yards vom Boot entfernt etwas mit McCutchen: er bekam Krämpfe in den Beinen, zum ersten Mal in zwanzig Jahren Erfahrung als Taucher, vielleicht, weil er während des langen Tages weder etwas gegessen noch etwas getrunken hatte. Er war nicht sonderlich besorgt; dann entdeckte er einen quicklebendigen rot-orangefarbenen

Kugelfisch auf dem Meeresgrund und machte Julio auf ihn aufmerksam, der ihn dann mit der Harpune erlegte. Da er noch immer Krämpfe verspürte, sagte Barry, er wolle zum Boot zurückkehren, das fünf Meilen vor der Küste in ruhigem Wasser vor Anker lag.

Er nahm den Fisch und schwamm zur *Hog Wild*, aber zehn Yards vor dem Boot wurden die Krämpfe in seinen Beinen so schlimm, daß er den farbenprächtigen Fisch verlor und zu treiben anfing. Die Strömung trieb ihn ungefähr zehn Yards hinter das Boot. Er versuchte, darauf zuzuschwimmen, aber die Krämpfe wurden nur noch schmerzhafter, breiteten sich über seine Oberschenkelmuskeln und seine Waden aus. Fünf Minuten lang trieb er mit dem Gesicht nach unten im Wasser und versuchte, die Schmerzen wegzumassieren. Als früherer Football-Star in alten High-School-Zeiten waren Barry Muskelkrämpfe nicht unbekannt, aber diese hier waren wirklich schlimm. Selbst seine Füße waren steif geworden, und er war unfähig, seine Flossen zu bewegen. Er nahm das Gesicht aus dem Wasser und bemerkte, daß ihn die Strömung an die fünfzig Yards vom Boot weggetrieben hatte. Laß dich weitertreiben, dachte er, und warte ab. Die anderen werden mich schon an Bord holen.

Es war fünf Uhr nachmittags unter klarem Himmel in ruhigem, klarem Wasser, wo sich Barry, ein muskelbepackter Mann von mehr als sechs Fuß und zweihundertdreißig Pfund Gewicht sein ganzes Leben lang zu Hause gefühlt hatte. Noch immer nicht wirklich besorgt, trieb er weiter fünfzehn Minuten dahin, und die Strömung trug ihn immer weiter hinaus. Zuerst fast unmerklich, wurde der Wind nach und nach immer stärker. Er merkte, daß er sehr viel schneller davongetragen wurde, als er gedacht hatte. Das Boot war kaum noch zu sehen. Er warf einen Blick auf seine Taucheruhr; fast 17 Uhr 30, der Zeitpunkt, zu dem sie eigentlich zurückfahren wollten. Jetzt mußten seine Freunde jeden Augenblick kommen, die See nach ihm absuchen und ihn entdecken.

Augenblicke später kehrten sie auch tatsächlich zum Boot zurück. Er beobachtete, wie sie an Bord kletterten, und sah ihre hektische Aktivität, als sie merkten, daß er nicht da war. Inzwischen war er schon eine Viertelmeile weit weg. Er versuchte, ihnen zu winken, als sie in seine Richtung blickten, aber seine Schultern, Arme und sein ganzer Körper wurden von Krämpfen geschüttelt.

Sie sahen ihn nicht.

Ermüdet und hungrig war er wohl besorgt, aber noch immer überzeugt, er werde jetzt bald gefunden werden. Den ganzen Tag über hatte er eine Reihe anderer Taucherboote und Vergnügungsschiffe in der Nähe gesehen, alle im Umkreis von nicht mehr als einer halben Meile um die Stelle herum, an der sie getaucht waren. Inzwischen trieb er vertikal, in einer aufrechten Haltung, das Gesicht im Wasser und wandte eine Technik an, die er in seinen Überlebenslehrgängen selbst lehrte. Diese Methode, sich über Wasser zu halten, erfordert nur wenig Energie. Die Lungen werden wie Ballons mit Luft vollgepumpt, und der Auftrieb hält einen dann an der Oberfläche. Barry wartete ab, ein winziger Fleck in einer riesigen blauen See, während sich seine besorgten Freunde daran machten, den weiten Horizont abzusuchen.

Mike Melgarejo, Captain der *Hog Wild*, war ein wenig verunsichert, als Barry um 17 Uhr 30 noch nicht an Bord war. Barry, dachte er, mußte auf der Jagd nach einem Fisch davongeschwommen sein. Um 17 Uhr 45 wußte er, daß etwas nicht stimmte. Die beiden waren Freunde, seit Barry Mikes Football-Team 1971 betreut hatte. Mike lichtete den Anker und suchte das ganze Korallenriff ab.

Die einzige Antwort auf ihre Rufe kam von einem riesigen Hammerhai, der kühn das Boot umrundete und ständig versuchte, die Fische im Kescher zu erhaschen. Mike kehrte an ihren Ausgangspunkt zurück, um über Funk Hilfe herbeizuholen. Es war inzwischen 18 Uhr. Er berichtete, ein Taucher, der nur mit einem T-Shirt, Shorts, Tauchermaske und Gummiflossen bekleidet sei, werde vermißt. Die Küstenwache wies ihn an, an Ort und Stelle zu bleiben, damit die Suchtrupps den Punkt bestimmen konnten, an dem Barry verschwunden war. Um 18 Uhr 5 wurde in Islamorada ein einundvierzig Fuß langes Suchschiff losgeschickt. Um 18 Uhr 15 war die Küstenwache von Miami bis nach Key West alarmiert und mit ihr die Ranger von Pennekamp Park.

Barry trieb noch immer mit der Strömung, die jetzt sehr schnell an Geschwindigkeit zunahm, und er begriff, daß er jetzt länger im Wasser bleiben würde, als er zunächst gedacht hatte. Er hoffte, seine Freunde hatten die Küstenwache benachrichtigt. Er hoffte weiter, er werde das Abendessen nicht verpassen. Sie hatten vorgehabt, auf ihrem Weg nach Hause irgendwo Steaks und Shrimps zu essen.

Er entdeckte gute Angelplätze und beobachtete farbenprächtige Schulen von Korallenfischen, während er auf Rettung wartete.

Acht private Bootsführer und der Pilot einer Cessna fingen Mikes verzweifelten Ruf auf und boten Hilfe an. Barry sah, wie das kleine, einmotorige Flugzeug auf das Boot zuflog. Als es begann, seine Kreise zu ziehen, in deren Mittelpunkt sich die *Hog Wild* befand, wußte er, daß sie nach ihm Ausschau hielten. Die Suchtrupps kämmten die hellen grünen Wasser im Süden ab. Barry aber driftete nach Norden.

Sehr komplexe, einander zum Teil überlagernde Strömungen führen nach Süden direkt in das Riff hinein, aber an der Außenseite der Unterwasser-Felsformationen führen sie nach Norden. Der Wind wurde stärker. Der Himmel überzog sich mit einem milchigen Grau. Über den Wassern sah Barry dunkle Wolken so hoch wie Gebirge, ein untrügliches Vorzeichen eines heraufziehenden Sturms. Die Sicht wurde zunehmend schlechter, und die Energie des Sturms begann, die Wasseroberfläche zu kräuseln. Das Tageslicht schwand jetzt schnell. In einer Stunde würde es dunkel werden.

Barry sah, wie kurz nach 19 Uhr am Flughafen von Opa-Locka ein Hubschrauber der Küstenwache aufstieg und auf das offene Wasser hinausflog, direkt auf ihn zu. Erleichterung und Dankbarkeit durchzogen ihn. Er machte sich nicht mehr länger Sorgen um das Abendessen. Da er schon seit 8 Uhr 30 am Morgen auf Tauchfahrt war, war er jetzt ziemlich ausgelaugt. Er wollte bei Dunkelheit aus dem Wasser heraus sein. Früher hatte

Barry drei Jahre bei der Rettungsmannschaft der Küstenwache gedient. Er erinnerte sich, daß während all der Jahre nie irgend jemand nach Einbruch der Dunkelheit aus dem Wasser gerettet worden war. Noch nie hatte er von einem Taucher gehört, der eine ganze Nacht allein auf See überlebt hatte. Er glaubte noch immer, er werde gefunden werden, fühlte sich aber zunehmend unwohl. Immer wieder peinigten Krämpfe seinen Körper. Die Wellen, am Nachmittag noch so sanft, wurden ausgesprochen unangenehm. Wenn sie ihn in die Höhe hoben, konnte er in der Entfernung Suchboote sehen. Dann wieder schleuderten sie ihn hinab, und er war von hohen Mauern aus Wasser umgeben. Alles, was er dann noch sehen konnte, war ein Stück des Himmels über ihm, und gelegentlich konnte er auch einen kurzen Blick auf ein Flugzeug erhaschen.

Zweimal näherte sich ihm die Cessna bis auf eine Viertelmeile. Er versuchte zu winken, aber die Schmerzen machten alle seine Anstrengungen zunichte. Salz- und Flüssigkeitsmangel hatten die Kalziumreserven seines Körpers stark angegriffen, und die Krämpfe wurden immer schlimmer. Seine Augen gaukelten ihm Trugbilder vor und ließen ihn glauben, das Flugzeug fliege direkt auf ihn zu, wenn es in Wirklichkeit gerade von ihm weg flog.

Er beobachtete es und wünschte sich mit aller Macht, der nächste Kreis werde größer sein, näher an ihn heranreichen. Dann, so sagte er, ›kam es direkt auf mich zu‹. Erleichtert, sicher, endlich entdeckt worden zu sein, versuchte Barry, mit beiden Händen zu winken und soviel wie nur möglich von seinem Körper oberhalb der Wellen sichtbar zu machen.

Das kleine Flugzeug dröhnte direkt über ihn hinweg, vollführte eine weite Schleife und brummte dann in Richtung Festland. Der Pilot hatte aufgegeben.

Das orange und weiß gestrichene Boot der Küstenwache versuchte bis 20 Uhr, den sich verdunkelnden Himmel mit seinen Scheinwerfern zu erhellen. Es blieben ihm noch dreißig oder vielleicht fünfundvierzig Minuten Tageslicht. Da Barry ausschließlich dieses Boot beobachtete, verpaßte er im dahin dämmernden Zwielicht das letzte Privatboot. Er sah es zu spät aus den Augenwinkeln, ein schlankes Segelboot von fünfzig Fuß Länge, das nahezu geräuschlos durch die Wellen glitt und unter vollen Segeln parallel zur Küste dahinschoß. Die Segel waren rot und weiß gestreift. Barry sah zwei Leute an Bord, direkt am Vordersteven. Sie sahen ihn nicht.

Nicht viel mehr als hundert Yards entfernt, schoß es wie ein Blitz vorüber. Und so schnell, wie es aufgetaucht war, war es auch wieder verschwunden.

Seine einzige Hoffnung war die Küstenwache. Der kreisende Hubschrauber mit seinen Suchlichtern und den roten Blinkleuchten operierte zu nahe an der Küste und viel zu weit südlich. Als der Helikopter ihm am nächsten zu sein schien, rollte Barry sich auf den Rücken, da er wußte, daß man andernfalls nur seinen Kopf und den Taucherhelm sehen konnte. Das Unwetter tobte noch immer zwanzig Meilen weit vor der Küste und verursachte immer wieder neue Blitze und schwarze Wolken. Es zog in seine Richtung. Das konnte er im peitschenden Wind deutlich spüren.

Um 20 Uhr 55 flog der Helikopter direkt auf ihn zu. Das Motorengeräusch wurde lauter. Jubelnd zog Barry sich sein leuchtend gelbes T-Shirt aus, band es an seinen Speer und schwenkte es dreimal. Krämpfe durchzuckten seine Schultern, und der Speer entglitt samt der handgefertigten Flagge seinen Händen. Er wagte es nicht, danach zu tauchen, aus Angst, die Hubschrauberbesatzung, die nicht ganz eine Viertelmeile entfernt war und sich rasch näherte, könnte ihn verpassen.

Sein Hemd trieb davon und sank langsam in die Tiefe. Er riß die Augen davon los, warf sich in dem vierzig Fuß tiefen Wasser auf den Rücken und versuchte fieberhaft, mit seinen weißen Taucherhandschuhen zu winken. Was dann als nächstes passierte, wird ihn wohl auf ewig in seinen Angstträumen verfolgen: der Helikopter brummte über ihn hinweg – und flog weiter. Die Küstenwache hatte die Suche für diese Nacht eingestellt. Er war allein.

In seinem Magen verspürte er einen Knoten, wie wenn er sich für einen Wettkampf bereit machte. Seine Chancen zu überleben waren nicht gut. Er blickte hinunter in das schwarze Wasser und betete zu Gott, er möge seine Freundin Susan nicht im Stich lassen, seine Familie und die jungen Leute, die er unterrichtet hatte. Er dachte an zwei frühere Schüler von ihm, Teenager, die drogensüchtig gewesen waren. Er hatte gehofft, sie von ihrer Sucht heilen zu können; jetzt wünschte er sich, er hätte es mit mehr Nachdruck versucht. Er verzehrte sich in Selbstvorwürfen. Seine Mutter war gestorben, als er drei Jahre alt gewesen war. Er war bei seinem Vater aufgewachsen, der zwei Herzanfälle erlitten hatte. Warum nur hatte er seinen Dad nicht öfter angerufen? Warum hatte er nicht mehr Zeit mit ihm verbracht? Warum hatte er Susan nicht mit Blumen und Überraschungen überhäuft? Er würde wahrscheinlich nie wieder eine Chance dazu bekommen.

Der drohende Gewittersturm wandte sich nach Süden, die Wolken wurden davongeweht, und der Mond erschien. Das Gefühl der Hoffnungslosigkeit schwand langsam, und etwas Stärkeres gewann Gewalt über ihn — das Verlangen eines jeden Menschen nach Unbesiegbarkeit und Unsterblichkeit. Barry wußte, dies würde eine lange, harte Nacht werden, und er begann, sein Überleben zu planen.

Es war jetzt 21 Uhr 30. Er glaubte, er sei stark genug, um sich die ganze Nacht lang über Wasser halten zu können, aber er mußte auf das Schlimmste gefaßt sein: Haie. Als er zwei Tage zuvor in derselben Gegend fischen war, hatte er einen fünfzehn Fuß langen Tigerhai direkt unter der Oberfläche sehen können. Diese Kreatur mit ihrem riesigen Maul und den blitzartigen Bewegungen, mit ihren rasiermesserscharfen Zähnen, auch sie war jetzt dort draußen, irgendwo in der Dunkelheit — vielleicht sogar ganz in der Nähe. Dasselbe galt für die Hammerhaie, die die warmen Wasser von Key Largo bevölkern. Ihre fließenden Schatten gingen ihm durch den Kopf, als er die vom Mondschein erhellte Oberfläche absuchte. Sein Speer war verloren, er lag auf dem Grund der See, aber seine Handharpune steckte noch immer in seinen grauen Shorts. Eine Handharpune ist weiter nichts als ein vierundzwanzig Inches langer gelber Gummischlauch, der an einem hölzernen Zylinder befestigt ist. Wenn man den Speer hineinlegte, den Gummischlauch zurückzog und dann wieder losließ, dann flog der Speer mit sehr viel Kraft. Jetzt überlegte er sich eine andere Verwendung für seine nicht bestückte Handharpune: Sollte er von einem Hai angegriffen werden, dann würde er den dünnen Gummischlauch benutzen, um eine Aderpresse zu machen, und darauf hoffen, daß er gefunden wurde, bevor er verblutet war.

Die *Hog Wild* ankerte weiter bis zum Einbruch der Nacht auf dem Riff, als Mike die Küstenwache anfunkte und sagte, er werde bei Tagesanbruch zurückkehren, um die Suche fortzusetzen. Er gab sich alle Mühe, nicht in Panik auszubrechen. Barry war ein guter Schwimmer. Morgen, so sagte er sich, würde bestimmt ein Anruf erfolgen, daß Barry an Land geschwommen und jetzt irgendwo in Sicherheit war. Aber welche Chance sollte wohl selbst der ausdauerndste Schwimmer haben, die Nacht inmitten von Haien zu überleben?

Mike rief Susan an, um ihr zu sagen, er habe schlechte Neuigkeiten. »Wir haben Barry draußen auf dem Meer aus den Augen verloren«, sagte er bloß.

»Das ist alles andere als lustig«, sagte sie. Zehn Minuten lang weigerte sie sich, ihm zu glauben, dann brach sie in Tränen aus. Sie fuhr in die Stadtwohnung, die Barry und Mike gemeinsam bewohnten. Die Kunde hatte sich in Windeseile verbreitet. Erwachsene und Teenager, Studenten und Mitglieder von Barrys Jugendgruppe trafen nach und nach ein. Als Mike kurz nach elf Uhr ankam, rannten sie zu seinem Wagen in der Hoffnung auf gute Neuigkeiten. Aber es gab keine. Sie redeten und beteten miteinander. Keiner schlief.

»Hartgesottene Football-Spieler sind hereingekommen und in Tränen ausgebrochen«, sagte Susan. »Es war geradezu rührend, wie besorgt sie waren.« Einer versprach sogar, er werde wieder regelmäßig in die Kirche gehen, wenn Barry gerettet würde.

»Ganz Hialeah kennt Barry«, sagte Mike. »Er hat so vielen jungen Leuten geholfen, von Drogen und vom Alkohol freizukommen. Die Jugendlichen lieben ihn. Und deren Eltern nicht weniger. Er verstand es, heruntergekommene, magere und weichliche kleine Jungs ohne Selbstvertrauen und ohne sportliche Fähigkeiten an die Hand zu nehmen und ihnen Qualitäten bewußt zu machen, von denen die Jungs gar nicht wußten, daß sie sie überhaupt hatten. Das ist der Grund, warum Barry immer Mannschaften hatte, die irgendwelche Meisterschaften gewannen.«

Irgend jemand brachte um zwei Uhr am Morgen Getränke und belegte Brote. Einer der High-School-Athleten hatte sein Lieblingsfoto bei sich, das aufgenommen worden war, als Barry mit einer Gruppe Jugendlicher einen Wildwasserfluß in North Carolina mit Kajaks befahren hatte. Tränen, Gebete und Erinnerungen füllten die lange Nacht aus.

Für Barry dehnte sich die Zeit endlos, während er unablässig das Wasser nach Haifischflossen absuchte, die sich ihm vielleicht im Schutz der Dunkelheit nähern könnten. Um zehn Uhr abends blickte er auf seine Taucheruhr. Nach einer endlos langen Zeit – mindestens dreißig Minuten – blickte er erneut auf die Uhr. Sie zeigte 22 Uhr 5. Er schwor sich, eine lange Zeit nicht wieder auf die Uhr zu schauen. Als er sich endlich erlaubte, noch einmal auf die Uhr zu blicken, war es 22 Uhr 10.

Um sich selbst durch die langen und gefährlichen Stunden hindurch Mut zu machen, fing er an, glückliche Zeiten noch einmal zu durchleben: Wildwasserfahrten mit den Jungs, Surfen auf Hawaii und die Zeiten, als er als Mitglied der Küstenwache auf dem Südpazifik kreuzte.

Die Nacht war wunderschön. Er war nicht allein. Der Mond war direkt über ihm in einem sternenübersäten Himmel. Er konnte alle Sternbilder genau erkennen. Von Zeit zu Zeit wechselte er von seiner vertikalen Position, die das Ertrinken verhindern sollte, in die Rückenlage und starrte hinauf zu den Sternen.

Gegen ein Uhr morgens durchdrang ein dröhnend lautes Geräusch die feierliche Stille der Nacht. Mit ohrenbetäubendem Lärm röhrten Motoren über das offene Wasser. Der Mond schien hell, aber mit seinen überanstrengten Augen sah er nichts. Dann erschien sie, eine riesige, weiße Bugwelle in der Nacht. Nur als Silhouette waren gegen diese zwei schlanke, schnelle Boote zu sehen. Sie jagten mit Vollgas und etwa fünfzig bis sechzig Meilen pro Stunde über die Wellen. Sie waren in dunklen Farben gestrichen, fuhren ohne Lichter und lagen tief im Wasser. Die Boote kamen ihm so nahe, daß er schon fürchtete, von ihnen überfahren zu werden, aber er unternahm keinerlei Versuch, ihre Aufmerksamkeit auf sich zu ziehen. Er wußte, um was für Boote es sich handelte, und er wußte weiter, daß Drogenschmuggler ihn niemals retten würden. Der Motorenlärm verschwand in der Nacht in Richtung Elliott Key.

Bald schon gesellte sich eine neue Plage zu den quälenden Krämpfen: Quallen. Kleine Kreaturen, die er in der Dunkelheit gar nicht ausmachen konnte. Gegen vier Uhr morgens frischte der Wind wieder auf, dann brach ein gewaltiger Sturm los. Regen fiel so dicht, daß er nichts mehr sehen konnte. Donner schien rings um ihn her alles vernichten zu wollen, und Blitze erhellten den ganzen Himmel. Er fürchtete schon, einer der Blitze könne ganz in seiner Nähe einschlagen und ihn bewußtlos machen. Der Wind heulte mit mindestens dreißig Meilen pro Stunde. Hin und her geworfen und vom Salzwasser geblendet, kam er sich vor wie ein Korken, der auf dem Wasser tanzte. Immer wieder drückten ihn schwere Brecher unter Wasser. Er schluckte Salzwasser, und seine Zunge begann anzuschwellen. Seine Kehle brannte, und das Atmen fiel ihm immer schwerer. Er schaffte es, sich in der rauhen See auf den Rücken zu rollen, die Gesichtsmaske abzustreifen und darin das frische Regenwasser aufzufangen, das er dann in gierigen Zügen trank.

Der Sturm raste wohl drei Stunden lang, dann schliefen die Winde nach und nach wieder ein. Der Regen hörte gegen sieben Uhr auf. Barry konnte sehen, wie der Sturm sich auf die See hinaus zurückzog, wo er dann wieder verschwand, eine riesige schwarze Masse, die sich deutlich gegen den Himmel abzeichnete. Inzwischen war die Sonne aufgegangen. Er fühlte sich sehr viel wohler. Der Sturm, von dem er gedacht hatte, er werde ihn noch umbringen, hatte ihn näher an Land getrieben. Jetzt befand er sich nur noch eine halbe Meile vor Key Largo und in sehr viel ruhigerem Wasser, das jetzt nur noch fünfzehn bis zwanzig Fuß tief war. Aber was noch wichtiger war, die Wogen trieben ihn in Richtung Küste.

Eine halbe Meile weiter südlich flog ein Helikopter der

Küstenwache vom Festland los in Richtung der Stelle, wo man nach ihm suchen wollte. Barry begriff plötzlich, daß die Besatzung jetzt nur noch nach einer Leiche suchte. Er dachte an all die Gesichter, all die Kinnladen, die vor Überraschung herunterfallen würden, wenn sie ihn lebend wiedersahen.

Mike und zwei Freunde, ein Mitglied von Barrys Kirche und ein Schüler im Teenager-Alter, hatten die Suche ebenfalls wieder aufgenommen. Mike hegte noch immer Hoffnung. Obwohl ihm der Gedanke an Haie Angstschauer den Rücken hinunterjagte, glaubte er fest daran, daß Barry ein viel zu erfahrener und zu guter Schwimmer sei, um zu ertrinken. Seine Begleiter hatten die Hoffnung bereits aufgegeben. Ihr Anliegen war lediglich, Barrys Leiche zu finden, um ihr ein würdiges Begräbnis zu geben. Ein Taucher-Team vom Büro des Sheriffs des Monreo-County war ebenfalls ausgelaufen, um nach einer Leiche zu suchen.

Gegen 7 Uhr 30 setzte wieder Wind ein, und der Himmel bezog sich immer stärker. Heute war Dienstag, der Tag, an dem normalerweise Barrys Überlebensschwimmkurs stattfand. Diese Ironie entging ihm keineswegs, aber er war viel zu erschöpft, um noch lachen zu können. Er fragte sich, ob irgend jemand wohl die Schule angerufen hatte, um Bescheid zu sagen, daß er heute nicht kommen werde. Seine Augen tränten, seine Kehle war rauh und seine Zunge so geschwollen, daß er kaum noch atmen konnte.

Als er gegen 11 Uhr 30 noch einmal die Küstenlinie mit den Augen absuchte, sah er, daß er eine halbe Meile vor einem Yachthafen auf North Key Largo vorbeitrieb, dem letzten Zeichen von Zivilisation auf Meilen. Er wußte, dort waren Menschen, er konnte geparkte Autos erkennen, aber seine Kehle war zu heiser und seine Lippen zu ausgetrocknet, um nach Hilfe rufen zu können. Er hatte gehofft, irgend jemand werde ihn entdecken, aber das Wasser war so unfreundlich, daß kein einziges Boot hinausgefahren war. Wenn er am Yachthafen vorbeitrieb, konnte es ihm passieren, daß er weitere zehn oder zwölf Stunden im Wasser verbringen mußte, vielleicht sogar eine weitere Nacht. Er kämpfte so gut es ging gegen die Krämpfe an und begann, wie ein Hund auf den Yachthafen zuzupaddeln.

Als die Spitzen seiner Schwimmflossen festen Boden berührten, sagte er: »Ich danke dir, Gott.« Er fühlte keine wilde Begeisterung, einfach nur Dankbarkeit für sein zweites Leben.

Er verlagerte sein Gewicht auf beide Füße und keuchte, als die Schmerzen wie Messer durch seine Hüften stachen. Die letzten fünfundzwanzig Yards bis zum Strand paddelte er wieder wie ein Hund und setzte sich schließlich im flachen Wasser hin. Es war Mittag geworden, und er befand sich an einem verlassenen Küstenstreifen etwa eine Viertelmeile nördlich des Yachthafens, wo es nur Mangroven und Felsen gab. Jeder einzelne Muskel in seinem Körper war wie verknotet. Als er die Schwimmflossen entfernte und auf das Meer hinausblickte, war er ›überrascht, welches Wunder mir zuteil geworden war.‹ Voller Ehrfurcht blickte er auf die See hinaus.

Er war umgeben von einem Mangrovensumpf und fühlte sich benommen und so zerschlagen, das er sich am liebsten hingelegt und ausgeruht hätte. Aber wenn er das tat, würde er wahrscheinlich stundenlang schlafen. Mühsam erhob er sich auf die Füße, brach aber wieder zusammen. Unfähig, das linke Bein zu bewegen, schleppte er sich zurück in knietiefes Wasser, wo er ein wenig Auftrieb hatte. Dann kroch und taumelte er bis zum Eingang des Yachthafens. Dafür brauchte er dreißig Minuten. Von der Wasserlinie bis zur Tür des Büros waren es fünfzig Yards. Er schleppte sich mühsam hinüber, wobei er sein nutzlos gewordenes linkes Bein hinter sich herzog.

Der Direktor des Yachthafens saß an seinem Schreibtisch, als Barry hereinstolperte und auf dem Fußboden zusammenbrach. Er blickte erschreckt drein. »Ich war die ganze Nacht draußen auf dem Ozean«, erläuterte Barry.

Die kombinierte Suche zu Luft und zu Wasser nach einer Leiche wurde eingestellt und der Rettungsdienst von Key Largo herbeigerufen. Barry versuchte, etwas zu trinken, aber das Getränk brannte ihm auf den Lippen und der geschwollenen Zunge.

Die Rettungssanitäter konnten es gar nicht glauben. »Wir waren sicher, daß Sie tot sind!« sagte einer zu ihm. Mit Blaulicht und heulenden Sirenen fuhren sie ihn eilig in das James-

Archer-Smith-Krankenhaus im Homestead. Er war völlig ausgetrocknet und entkräftet, Füße und Arme waren taub und seine Beine und sein Unterleib ganz rauh. Er war über und über mit den schmerzhaften Stichen der Quallen bedeckt. Die Ärzte sagten, nach fast dreißig Stunden im Wasser wäre er drei Stunden später wahrscheinlich endgültig ausgetrocknet gewesen.

Mike Melgarejo steuerte gerade die *Hog Wild* wieder an die Küste, um sie neu zu betanken, als die Küstenwache ihm über Funk die Neuigkeiten mitteilte. Das Geräusch der Maschine übertönte teilweise die Stimme aus dem Lautsprecher. Alles, was er hörte, war, daß irgend etwas fünfzehn Meilen weiter nördlich an der Küste angekommen war. Seine Begleiter dachten, es handele sich um einen Leichnam. Mike stoppte die Maschine, und die Küstenwache wiederholte die Botschaft: Der Taucher Barry McCutchen war lebend an Land gekommen und befand sich jetzt auf dem Weg ins Krankenhaus.

In Barrys Wohnung erreichte Susan ein Anruf der Küstenwache, und danach teilte sie den Leuten, die die ganze Nacht gewacht hatten, die freudige Nachricht mit.

Ohrenbetäubende Schreie und Hochrufe erfüllten das Zimmer. Alle rannten zu ihren Autos, um nach Süden und in das Krankenhaus zu fahren. Als Barry in ein näher gelegenes Krankenhaus verlegt wurde, folgte dem Ambulanzfahrzeug ein Konvoi von zwanzig jungen Leuten.

Er mußte vier Tage im Krankenhaus bleiben. Dann dauerte es noch drei weitere Tage, bis er sein linkes Bein wieder bewegen konnte, aber wenigstens war er am Leben. Selbst die Küstenwache war beeindruckt. Hätte er nicht einen kühlen Kopf bewahrt und seine eigenen Überlebenstechniken angewandt, sagte ein Sprecher, dann wäre Barry niemals mehr von dieser Odyssee auf See zurückgekehrt.

Überlebenstechniken können einem das Leben retten, aber Training und Kenntnisse reichen nicht immer aus. Manchmal braucht es etwas mehr, etwas, das man nicht den Seiten eines Handbuches entnehmen kann.

12. Kapitel

Streifenpolizisten

So wie zehn Prozent der Fischer neunzig Prozent aller Fische fangen, so fangen zehn Prozent aller Cops neunzig Prozent der Verbrecher.

Manche nennen diese begnadeten Cops straßenerfahren, aber die Wahrheit ist, daß gute Streifenpolizisten einfach nur ihre fünf Sinne gebrauchen — und zusätzlich einen sechsten. Der Instinkt führt sie im richtigen Moment an den richtigen Ort. Andere Cops können 23 Stunden am Tag an einer Straßenecke stehen und nichts passiert. Streifenpolizisten sind immer da, wenn es darauf ankommt. Das Geheimnis ist das Timing.

Gerald Green ist ein perfekter Streifenpolizist, der die Situation schnell erfaßt, entscheidungsfreudig ist und sein Gehirn gebraucht. Dinge, die einem anderen Cop vielleicht ein einziges Mal in seinem Leben widerfahren, passieren Jerry Green in schöner Regelmäßigkeit.

Als er einmal auf einem Hotel-Balkon auf einen Mann wartete, der wegen Scheckbetruges gesucht wurde, sah Green, wie zwei scheinbare Müßiggänger auf den Klang einer Sirene reagierten. Die Sirene gehörte zu einem weit entfernten Feuerwehrauto, aber Green fiel der seltsame Effekt auf, den ihr Klang auf die Männer auf der Straße unter ihm hatte. Der eine verschwand blitzschnell in einem Hauseingang, wobei er eine Einkaufstasche an seine Brust drückte. Der andere trat vorsichtig auf die Straße, blickte in beide Richtungen und gab dem ersten dann ein Zeichen. Sie schickten sich an, davonzulaufen, wobei sie ständig über die Schultern zurückblickten. Als der Klang einer zweiten Sirene erscholl, stahl sich der Mann mit der Einkaufstasche in einen dunklen Hauseingang und drückte sich dort fest gegen die Wand.

Green forderte über Funk einen Streifenwagen an. Als dieser um die Ecke bog, betraten die beiden Männer einen Waschsalon. Womöglich war die Tasche voll schmutziger Kleidung, dachte sich Green und bat die Polizisten im Wagen, seinen Ruf nicht zu beachten. Als aber der Streifenwagen der Polizei von Miami davonfuhr, rannten die beiden Männer aus dem Waschsalon und trugen den Sack noch immer bei sich. Gemeinsam sprangen sie in einen Wagen, der von einem dritten Mann gesteuert wurde. Green meldete sofort über Funk: »Ich widerrufe meinen Widerruf.« Der Streifenwagen wendete mit quietschenden Reifen. Officer Mike Brown sprang direkt vor den anderen Wagen und zwang ihn anzuhalten.

Die Männer, die sich von den Sirenen so aus dem Konzept hatten bringen lassen, waren Stewards auf dem Motorschiff *Nordic Prince*, das gerade angelegt hatte. In der Einkaufstasche befanden sich acht Pfund hochwertigen Marihuanas in kleinen Täfelchen.

Bei Gericht in einer anderen Angelegenheit erkannte Green Bobbi Jean, eine leicht übergewichtige Frau, die ständig ein Lächeln im Gesicht trug. Er hatte sie vor einem Jahr wegen Fälscherei verhaftet. Die Schwierigkeiten, in denen sie jetzt steckte, schienen ungleich ernsthafterer Natur zu sein. Sie hatte den brutalen Mord an einem Angestellten eines Geschäftes gestanden, und die Polizei beschuldigte sie des Mordes ersten Grades und des Raubüberfalls. Während ihres Verhörs erfuhr Green auch das Datum, an dem das Verbrechen geschehen war. Einen Augenblick mal, dachte er. Er hätte schwören können, daß sie zu diesem Zeitpunkt eine 90-Tage-Strafe wegen des Einbruchs abgesessen hatte. Er hatte recht. Bobbi Jean machte sich schlicht nur einen Spaß daraus, irgend etwas zu gestehen. Tatsächlich hatte sie der Polizei von Miami Monate zuvor schon sechs Morde gestanden. Sie hatten ihr nicht geglaubt. Also führte sie die Polizei ein wenig an der Nase herum. Und sie fielen auch darauf herein.

Sie beschwerte sich, Green habe ihren Plan durchkreuzt, zu

ihrer lesbischen Geliebten ins Gefängnis zu kommen. »Mich dorthin zu schicken«, erläuterte sie ihm, »wäre so ungefähr dasselbe, als würde man Sie ins Playboy-Haus schicken.«

Jerry Green scheint jederzeit und an jedem Ort über ein Verbrechen zu stolpern. Es war sein freier Abend, aber seine honigblonde Frau, Mary Jo, bekam um zwei Uhr nachts Heißhunger auf ein Sandwich, und er fuhr los, um ihr eines zu besorgen. Bei dieser Gelegenheit kam er dazu, als gerade ein bewaffneter Raubüberfall an einer Straßenecke stattfand. Er schoß einen der Räuber nieder und verfolgte den anderen, bis er ihn verhaften konnte. Mary Jo bekam ihr Sandwich – um sieben Uhr morgens.

Jerry Green und Walter Clerke sind im selben Alter, sie traten zur selben Zeit in die Polizei ein und wurden schon bald ein Team. Sie waren die perfekten Partner. Clerkes Vater war in Brooklyns rauher Bedford-Stuyvesant-Sektion Polizei-Captain gewesen. Mit neunzehn Jahren folgte Walter seinem Vater in das Police Department von New York City. Er wurde dem berüchtigten 41. Bezirk zugeteilt – der Gegend um die südliche Bronx, besser bekannt als Fort Apache. Dann machten er und seine schwangere Frau Susan Urlaub in Florida. Sie fanden, dies sei ein Paradies, ein sicherer Ort, um ihr Kind großzuziehen, weit weg von allen Verbrechen und Drogen.

Damals war es das auch.

Jerry Green und Walter Clerke sind eine Legende. Mit Glück, Mut und einem sechsten Sinn begründete das Paar einen erstaunlichen Rekord. In fünf Monaten verhafteten sie dreiundsechzig Verbrecher. Selbst während sie zwei Wochen lang ganztägig Seminare über Raubüberfälle besuchten, schafften sie es, vier bewaffnete Räuber und acht andere Ganoven hinter Gitter zu bringen.

Green wurde zu Miamis Top-Polizist des Jahres 1973 erklärt. Er war der erste, dem es gelang, alle drei jährlich vergebenen Belobigungen für Polizeibeamte zu erwerben, die vom Rotary-Club, der American Legion und dem Finanzier Wilhelm Pawley ausgesetzt werden. Anläßlich des Festbanketts zur Verleihung der Auszeichnungen gab es eine weitere Premiere. Green kündigte überraschend an, daß er die Tausend-Dollar-Belohnung mit seinem Partner teilen werde, der unerwähnt geblieben war. »Es war der Erfolg eines Dreierteams«, sagte er. Das Mitglied Nummer drei in diesem Team war seine Frau, Mary Jo. »Ohne ihre Hilfe könnte ich nicht so viel Zeit und Energie auf meinen Job verwenden.«

»Ich habe nicht gewußt, daß man als Frau eines Polizisten so einsam ist«, sagte Mary Jo Green, die Mutter des drei Jahre alten Gregory, bei dem Festbankett. »Wenn man etwas vorausplant, kommt er sicherlich nicht heim. Aber dann stellt man halt das Abendessen warm. Ich mache mir keine großen Sorgen um ihn, denn immer dann, wenn die Situation am schlimmsten ist, ist er am besten.«

Die Zeit, die ihnen gemeinsam blieb, war stets kurz bemessen. Jerry und sein Partner arbeiteten nachts. Mary Jo verkaufte tagsüber Autoversicherungen. Aber er rief sie täglich im Büro an, um ihr von den Ereignissen der vergangenen Nacht zu berichten. »Man kann es an seiner Stimme hören«, sagte sie. »Er liebt seine Arbeit sehr.«

An jenem Abend wollte Green eigentlich seine Auszeichnung mit Mary Jo zusammen feiern. Aber er kam bis sechs Uhr morgens am nächsten Tag nicht nach Hause. Zwei bewaffnete Banditen hatten jeden Tag eine andere Bar in Städten nördlich von Miami heimgesucht. Sie beraubten Angestellte und Besitzer, schlossen sie in verschiedene Zimmer ein und flohen dann in einem gestohlenen Wagen.

Green und sein Partner hatten ein Kind entdeckt, das in einem der zentralen Distrikte von Miami mit einer Brieftasche spielte, und festgestellt, daß diese Brieftasche aus dem Überfall auf eine Bar vom selben Tag stammte. Die Räuber mußten also ganz in der Nähe wohnen, überlegten sie sich, und kehrten wahrscheinlich nach ihren Beutezügen immer sehr schnell nach dorthin zurück. Sie baten die Polizei in Fort Lauderdale, Hallandale, Dania und Hollywood, sie sofort davon zu unterrichten, wenn die Bande das nächstenmal zuschlug.

In der Nacht, als ihnen die Auszeichnungen überreicht wurden, überfielen die Räuber eine Bar in Hollywood. Die Polizei von Hollywood gab über Funk eine Beschreibung der Verdächtigen und ihres Wagens an Green und Clerke weiter, die sofort zu der Auffahrt des Nord-Süd-Expressway fuhren, von der sie glaubten, daß die Räuber sie benutzen würden.

»Wir kamen dort an, zwei Sekunden bevor sie die Ausfahrt herunterkamen. Beide lächelten«, sagte Green.

Sie verhafteten die erstaunten Räuber und stellten den Revolver, die Beute sowie den gestohlenen Wagen sicher.

Zwei Monate später wären die unzertrennlichen Partner beinahe gemeinsam ums Leben gekommen.

Ein Mann aus New Orleans verschenkte an diesem Tag in Miami seine Kleider. Er benötigte sie nicht mehr länger, sagte er, »ich werde heute nacht nicht mehr am Leben sein.« Später hielt er einem Obdachlosen einen Revolver ins Gesicht und zwang ihn, auf allen vieren über die Straße zu kriechen. Der Mann weinte und flehte um sein Leben.

Kurz vor Mitternacht kam der Mann aus New Orleans aus seinem Hotel in der Downtown, vollgepumpt mit Barbituraten. Er rief für sich und einen Mann, dem er Pillen verkaufte, ein Taxi. Der Taxifahrer, von etlichen kürzlich stattgefundenen Raubüberfällen verunsichert, lehnte es ab, sie einsteigen zu lassen, bevor sie nicht ihre Hemden hochgehoben hatten, damit er sich davon überzeugen konnte, daß sie nicht bewaffnet waren. Wütend weigerten sich die Männer. Als der Angehörige des Hotel-Sicherheitsdienstes zu intervenieren versuchte, trat der erschreckte Taxifahrer das Gaspedal durch und raste davon. Der Mann aus New Orleans zog einen Revolver, fuchtelte damit in der Luft herum und schrie, er hätte den Fahrer erschießen sollen.

Green bemerkte fünfzehn Minuten vor Dienstschluß in seinem Zivilfahrzeug, das einen Block weiter geparkt war, was dort vorging. »Wally«, sagte er, »sieht aus, als trüge der Mann mit dem schwarzen Hut auf offener Straße einen Revolver.« Er fuhr auf den Mann zu, der den Revolver in den Gürtel steckte und ihn mit seinem Hemd verdeckte.

Die Beamten zogen ihre Revolver und forderten die beiden Männer auf, ihre Hände auf den Wagen zu legen.

Der Mann aus New Orleans lehnte es ab. »Mir ist es doch scheißegal, ob ihr Cops seid oder nicht! Ihr werdet mich schon umbringen müssen!« schrie er. »Na, kommt schon! Laßt es uns direkt hier ausschießen. Tötet mich! Tötet mich!« Er zog seinen Revolver.

Green, der den andern Mann filzte, hörte das Geschrei und sah, wie sich der Revolver auf seinen Partner richtete. Er rannte los, um die Waffe zu fassen, und alle drei gerieten ins Straucheln. Green und der Revolvermann fielen auf den Boden und kämpften dort weiter. Aus dem Revolver des Mannes löste sich ein Schuß.

»Ich wußte, daß ich getroffen war«, sagte Jerry später. »Ich bekam plötzlich keine Luft mehr. Ich blutete stark.« Die Kugel hatte seine linke Hand durchschlagen und war in seine Brust eingedrungen.

Clerke eröffnete das Feuer. Er schoß den Revolverhelden aus drei oder vier Fuß Entfernung fünfmal in die Brust.

Der Mann aber verzog keine Miene. Er ignorierte die fünf Einschüsse in seiner Brust und feuerte zurück.

»Es fühlte sich an wie ein scharfer Tritt«, sagte Clerke. »Das Bein knickte ein.« Der verwundete Beamte stand mitten auf der Straße und hielt einen leeren Revolver in der Hand; er hatte keine Möglichkeit, sich zu verstecken, und der Mann, der eigentlich hätte tot sein müssen, kam immer noch auf ihn zu. »Unternimm doch irgend etwas!« schrie Clerke seinem blutenden Partner zu. »Ich habe keine Kugeln mehr im Magazin!«

»Trotz seiner Wunden«, berichtete Green, »ging der Mann weiter auf uns los wie ein Zombi, wobei er immer wieder feuerte. Er war wie ein lebender Toter. Ich schoß auf ihn, und die Kugel schleuderte ihn an den Wagen zurück.« Green schoß weiter, und der verwundete Mann versuchte stolpernd, sich hinter dem Polizeiwagen zu verschanzen. »Er hätte tot sein müssen, aber das wußte er offenbar nicht. Ich schoß wieder. Er lief die Straße hinunter und feuerte weiter auf uns. Ich schoß so schnell, wie ich den Abzug nur durchziehen konnte. Nicht eine der Kugeln konnte ihn aufhalten.«

Jeder normale Mensch wäre gestorben oder hätte zumindest

einen Schock erlitten, nachdem auf ihn geschossen worden war, aber dieser Mann war voller Barbiturate. »Er war ein Monster«, wie Green sagte. »Der wandelnde Tod.«

Clerke duckte sich hinter eine Säule, um neu zu laden. Sie schossen weiter, bis der Mann hinter den Rädern eines riesigen Lasters fünfzig Yards entfernt zu Boden ging. Sie dachten, es sei vorbei. »Dann fing er wieder an zu feuern. Ich sah, wie er den Revolver direkt auf mich richtete«, sagte Green. Die Schießerei schien nie enden zu wollen.

Wieder leerte Clerke seinen ganzen Revolver, dann kroch er auf den Wagen zu, um die Schrotflinte zu holen. Green lud seine Neun-Millimeter-Halbautomatik. »Dann eröffneten wir beide das Feuer auf ihn, Wally mit der Schrotflinte und ich mit der Handfeuerwaffe.« Alles, was sie sehen konnten, waren die Beine des Mannes. »Wally schoß ihm die Absätze von den Schuhen und ein paar Löcher in die Beine. Der Mann hatte sogar Löcher in den Fußsohlen.«

Schließlich hörte der Revolvermann auf zu feuern und fing an, aus seinen Taschen noch mehr Patronen hervorzusuchen, um seine Waffe neu zu laden. Auch die Waffen der Cops waren leer.

Plötzlich rollte der Revolvermann dann auf sein Gesicht. Er hatte noch ein Dutzend Magazine voller Munition, aber er starb, bevor er sie benutzen konnte. Der Gerichtsmediziner zählte später siebenundzwanzig Schußwunden.

Zu Beginn der Auseinandersetzung hatte der Mann eine Tasche fallen lassen, die einige hundert Pillen enthielt. In seinem Zimmer wurden weitere gefunden, Aufputsch- wie Beruhigungsmittel und dazu weitere Patronen.

Der zweite Mann war davongerannt, als die Schießerei begann. Der Sicherheitsbeamte des Hotels hatte ihn gejagt, war aber von einem Querschläger niedergestreckt worden.

Der tote Revolvermann war ein Ex-Sträfling mit einer langen Vorstrafenliste wegen Vergewaltigung, bewaffneten Überfalls, Einbruchs, Drogenhandels und Diebstahls eines Post-Lastwagens. Als die Nachricht von seinem Tod seine Familie erreichte, zeigte sich ein Halbbruder in New Orleans ›indifferent‹. Seine Großmutter sagte über ihn, er sei ein schlechter Mensch gewesen und sie habe ihm Hausverbot erteilt. Als die Polizei seiner Mutter mitteilte, sie könne Anspruch auf den Leichnam erheben, hatte diese kein Interesse.

»Ihr habt ihn erschossen«, sagte sie, »jetzt begrabt ihn auch.«

Die verwundeten Partner teilten sich im Krankenhaus ein Zimmer und gestanden sich, viel Glück gehabt zu haben. »Der Instinkt hatte uns gesagt, daß er gefährlich war, aber wir müssen bestimmte Einschränkungen beim Schußwaffengebrauch beachten«, sagte Green. »Wir waren zu 90 Prozent sicher, daß er einen Revolver besaß, aber wir müssen zu 100 Prozent sicher sein. Man kann nicht einfach beginnen zu schießen, nur weil ein anderer unter sein Hemd greift. Sie konnten ja auch Drogen dort verborgen haben. Unser Zögern führte dazu, daß wir angeschossen wurden. Als wir schließlich sicher waren, daß er einen Revolver hatte und diesen auch gegen uns einsetzen würde — da hatte er schon auf uns geschossen.«

Clerke hat noch immer eine Kugel in seinem linken Schenkel. In seiner linken Hemdtasche, direkt über dem Herzen, hatte Jerry ein dickes Bündel von Fahndungsersuchen und Fahndungsfotos sämtlicher Flüchtiger, nach denen er suchte. Die Kugel hatte seine Hand und das Bündel Bilder durchschlagen und war dann in seine Brust eingedrungen. Aber da hatte sie ihre Durchschlagskraft schon fast vollständig verloren und so keine lebenswichtigen Organe mehr verletzt.

Die gesuchten Verbrecher haben vielleicht sein Leben gerettet.

Keiner der beiden hatte die Nase voll von der Polizeiarbeit — damals noch nicht.

»So etwas ist überall im Lande schon passiert«, sagte Green. »Man darf keine Angst haben. Der Mann wollte einfach nur ein paar Polizisten umbringen. Ich bin froh, daß er sich zwei ausgesucht hat, die mit ihm fertig zu werden wußten.«

Wally stimmte ihm zu, daß das ein Teil ihres Jobs sei. »Damit muß man immer rechnen und darauf hoffen, daß man mehr Glück hat als der nächste Bursche, mit dem man es zu tun bekommt«, sagte er.

Ihre Frauen waren entsetzt. »Jerry beruhigt mich immer, ihm könne nichts Schlimmes widerfahren«, sagte Mary Jo ängstlich. »Jetzt weiß ich, daß das nicht wahr ist.« Der Zwischenfall hatte aber auch sein Gutes: »Er mußte zu Hause bleiben, um sich zu erholen, und wir waren jeden Abend zusammen. Es war großartig.«

Susan Clerke sagte, sie wünschte sich, Wally werde nie wieder verwundet werden, »aber es war schön, meinen Mann endlich einmal im Haus zu haben.«

Die Partner lösten weiterhin ihre Fälle, führten Verhaftungen durch und halfen, Verbrecher zu rehabilitieren. Für sie war die Rehabilitierung ein bedeutender Teil ihrer Arbeit. »Wir denken nicht in solchen Kategorien, daß Leute bestraft werden müßten, die etwas angestellt haben«, sagte Green. »Wenn wir einen Burschen verhaften, dann denken wir eher daran, sein nächstes Verbrechen zu verhindern und sein nächstes potentielles Opfer vor ihm zu schützen.«

»Wenn sie irgendeine Möglichkeit zur Wiedereingliederung haben, versuchen wir, ihnen dabei zu helfen«, sagte Clerke. Einige steckten schon zu tief drin, und daher konzentrierten sie ihre Bemühungen auf diejenigen, denen man noch helfen konnte. »Von zehn Leuten, die man verhaftet, verdient es vielleicht nur einer wirklich, ins Gefängnis gesteckt zu werden.« Die anderen reagieren in der Regel positiv auf eine Chance.

»Auch Junkies lieben ihre Kinder«, sagte Green.

Schließlich wurden sie einem bundesweiten Programm zur Eindämmung von Raubüberfällen zugeteilt. Die beiden Cops arbeiteten mit Gerichten zusammen und halfen, Bewährungsfristen zu überstehen, Jobs und Schulungsprogramme für mehr als hundert Leute zu organisieren. Sie steckten sie zuerst ins Gefängnis, holten sie dann heraus und beschafften für sie eine Arbeit oder einen Collegeplatz.

Es funktionierte.

Die Zahl der Raubüberfälle in Miami fiel um zehn Prozent, während sie in anderen Städten um fünfzehn Prozent anstieg.

»Man muß den Tatsachen ins Gesicht sehen«, sagte Green, »es gibt keine Möglichkeit für eine sechs Mann starke Einheit, die Raubüberfälle in einer derart großen Stadt einzudämmen. Also fangen wir es anders an und versuchen, die Zahl der Raubüberfälle so gering wie möglich zu halten, ohne alle Geschäfte zu überwachen und gleich auf jeden Jugendlichen zu schießen, den wir davonrennen sehen. Wir versuchen, die Leute davor zu bewahren, verletzt zu werden. Wir setzen uns mit den Leuten auseinander, von denen wir wissen, daß sie schon einmal Raubüberfälle begangen haben.«

»Man kann sich mit einem Straftäter hinsetzen und ihn davon überzeugen, daß ein Raubüberfall der falsche Weg ist, um an fünfzig Dollar zu kommen«, sagte Clerke.

Jerry Green und Wally Clerke erhielten das, was sie verdienten: sie wurden von der International Association of Chiefs of Police als die besten Cops des Landes ausgezeichnet. Das Magazin *Parade* veröffentlichte eine Geschichte über sie mit Bildern von ihnen und ihren Familien. Dann bewiesen ihre Vorgesetzten ihre Weisheit und trennten die Partner.

Die hohen Tiere bei der Polizei kennen wohl den alten Spruch nicht: *Was nicht zerbrochen ist, das klebe auch nicht zusammen.* Green arbeitete im Betrugsdezernat, wo er Falschspieler-Ringe auffliegen ließ, dann bei der Mordkommission, danach beim Dezernat für Eigentumsdelikte und schließlich wieder bei der Mordkommission. Er und Mary Jo bekamen einen zweiten Sohn, Jeffrey. Clerke ging weiter auf Streife.

Sie hofften, eines Tages wieder zusammenarbeiten zu können.

Ihr Wunsch erfüllte sich nicht.

Die erfolgreichste Partnerschaft in der Geschichte der Polizei von Miami endete für immer, als der Wagen von Officer Wally Clerke während der Mai-Unruhen von 1980 in einen Hinterhalt gelockt und hinter einem Lager mit Diebesgut von einer Bombe zerfetzt wurde. Clerke ging ins Hauptquartier, gab seine Polizeimarke ab und ging hinaus.

Er kam nie wieder zurück.

»Ich habe den Dienst quittiert, als die Nationalgarde eingriff«, erläuterte er. »Die Situation war unter Kontrolle, und es bestand kein unmittelbarer Grund mehr für mich, der Stadt weiterhin zu helfen.« *Parade* hatte die beiden 1973 beschrieben als »so sehr mit Herz und Seele Polizisten, daß keiner von ihnen sich vorstellen kann, je etwas anderes zu tun«.

Damals stimmte das. Jetzt nicht mehr.

Clerke sagte, er wolle sein Haus verkaufen und nach Stuart ziehen, um dort Kapitän eines Fischerbootes zu werden. Es fiel mir schwer, das zu glauben.

»Er steigt einfach aus«, sagte Green. »Ich weiß nicht, was ich sagen soll. Er sucht ein besseren Leben. Die Bombe war nicht der Grund dafür, daß er den Dienst quittiert hat, aber sie war auch nicht dazu geeignet, ihn in seinem Entschluß wankend werden zu lassen.«

Wegen verschiedener anderer Dinge desillusioniert, hatte Clerke sich überlegt, eine andere Laufbahn zu versuchen.

Elf Jahre lang waren seine Gefährten bei der Arbeit die Leute von der Straße gewesen, die Räuber, die Nutten, die Zuhälter, die Ganoven, die Betrunkenen, die Aussteiger. Er hatte es zunehmend schwieriger gefunden, seine dienstfreien Stunden nicht in der Badewanne zu verbringen. »Ich mag sie. Ich habe oft mit ihnen gefühlt, aber ich kann ihren Lebensstil einfach nicht begreifen. Ich bekam langsam das Gefühl, durch diesen Umgang Frau und Tochter zu vergiften.« Jeder Polizist den er kannte, war – abgesehen von Jerry Green – geschieden, manche sogar mehrmals. Seine eigene Ehe mit Susan war, nach dreizehn Jahren, ebenfalls brüchig geworden. Die Rassenunruhen beschleunigten seine Entscheidung. »Ich bin enttäuscht über das, was passiert ist«, sagte er. »Ich bin enttäuscht von der Gesellschaft der Schwarzen. Sie hatten sich endlich durchgesetzt. Die Gegend um Liberty City war endlich in Ordnung gebracht worden. Eine Menge der alten Gebäude war niedergerissen worden.

Und es gab«, schwor er, »nur wenige Rassenkonflikte in der Stadt. Ich konnte überall herumfahren und ohne Probleme mit den Leuten reden. Ich kann mich gar nicht mehr erinnern, wann ich zum letzten Mal jemanden ›Schwein!‹ habe rufen hören oder etwas Ähnliches. Jetzt sind wir um zehn Jahre zurückgeworfen worden.«

Der Berufswechsel konnte Wally Clerkes Ehe nicht mehr retten. Er und Susan wurden geschieden.

Genauso erging es Jerry und Mary Jo Green zwei Jahre später, 1982. Er zog die Jungen alleine groß und verdiente ihren Lebensunterhalt in der Nachtschicht der Mordkommission. Greg besucht jetzt das College in Tallahassee, Jeffrey die High-School. Für Green ist die Arbeit nicht mehr das, was sie einmal war, seit Wally Clerke nicht mehr da ist. Er hat einen Partner und seinen besten Freund verloren. »Wenn er in der Nähe war, hatte man eine hundertprozentige Rückendeckung«, sagte er bedauernd. Er und Wally sind Freunde geblieben, aber sie leben jetzt zwei gänzlich verschiedene Leben. Wally hat wieder geheiratet und mit seiner zweiten Frau ein Baby. Er arbeitet als Autoverkäufer im Broward-County.

Green, heute Sergeant in der Nachtschicht, führt eine Mordkommission in einer Stadt mit einer der höchsten Mordraten im Land. Sein augenblickliches Team kann eine Aufklärungsrate von mehr als 85 Prozent vorweisen. Er arbeitet an den Wochenenden und hat es mehr und mehr mit Morden auf offener Straße zu tun. Vor zehn Jahren töteten Räuber eher unbeteiligte Leute: Ladenangestellte, Taxifahrer, Fußgänger, einfach jeden, der einen Dollar in der Tasche hatte. Heutzutage sind die meisten Mordopfer sehr viel weniger unbeteiligt. Die meisten Morde haben direkt mit den Opfern zu tun: Räuber, die Drogen-Dealer und andere Kriminelle erschießen. Der Gebrauch von Schußwaffen ist auf dem Vormarsch. Ähnliches gilt für Schießereien aus fahrenden Autos, zumeist begangen von offensichtlich schlechten Schützen. In mindestens der Hälfte der Fälle treffen sie andere Leute als die, die sie eigentlich treffen wollten.

Alles ändert sich irgendwann, und so änderte sich auch Jerry Greens einsames Leben. Er fuhr mit der Ski-Mannschaft der Polizei nach Lake Tahoe, wurde von einer Frau, die früher in Miami gewohnt hatte und dann nach Westen gezogen war, zum Essen eingeladen, und Ende 1989 heirateten die beiden.

Jerry Green scheint noch immer jedesmal zur rechten Zeit am

rechten Ort zu sein. Im Omni-Einkaufszentrum in der Downtown, wo er in seiner dienstfreien Zeit im Sicherheitsdienst arbeitet, wurde er kürzlich Zeuge eines Mordes.

Das Einkaufszentrum von Omni ist mit seinen vielen Kinos ein Magnet für junge Leute. An jenem Abend nun verpulverte eine Gruppe Jugendlicher ihr Kinogeld bei Videospielen. Als sie dabei laut und unverschämt wurden, ermahnte Green sie zur Ruhe und riet ihnen, wieder nach Hause zu gehen. Die Jugendlichen verzogen sich daraufhin gegen elf Uhr am Abend auf den Bürgersteig vor einem der Läden.

Er beobachtete sie von der anderen Straßenseite aus und sah, wie sie sich balgten — reiner jugendlicher Übermut, nichts Ernsthaftes. Einer der Jungen nahm einen anderen dann in den ›Schwitzkasten‹. Green blickte wieder weg, hörte einen Schuß und ›sah einen Jungen, wie er sich die Hände auf die Brust drückte. Er stolperte rückwärts und fiel. Der Junge mit dem Revolver beobachtete ihn einfach nur und ging dann weg. Er fing erst an zu rennen, als er mich sah.‹

Der Mörder war zwölf Jahre alt. Das Opfer elf.

Green eilte über die Straße. »Ich blickte auf ihn hinunter und sah, daß er tot war.«

Der Junge mit dem Revolver rannte einen Block weiter und verschwand. Er entkam der Polizei, indem er auf einen Baum kletterte. Später kehrte er in seine Wohnung in Opa-Locka zurück. Green und andere Cops hatten sein Haus bereits umstellt, als plötzlich ein Schuß krachte, und eine Kugel dicht über ihre Köpfe hinweg flog. Die überraschten Cops warfen sich zu Boden. Das Gewehrfeuer kam aus dem Haus direkt neben jenem, das sie umstellten. Der Nachbar, der den Schuß abgegeben hatte, trat auf die Straße, hob sein Gewehr und richtete es auf die Polizisten.

Manchen Leuten ist es zur zweiten Natur geworden, einfach nur loszuballern, sobald sie einen Cop sehen.

Die Familienmitglieder des alten Mannes überwältigten und entwaffneten ihn. Die Hälfte der anwesenden Polizisten ging hinüber, um sich mit ihm zu befassen, die anderen schnappten sich den zwölf Jahre alten Killer. Die Mordwaffe gehörte seiner

Großmutter. Er hatte bei ihr eingebrochen und ihr die Pistole gestohlen, als sie im Krankenhaus war.

Es hatte keinen echten Kampf gegeben, nur eine harmlose Balgerei, bis der andere Junge seinen Kopf ein wenig zu fest gedrückt hatte — das war der einzige Grund für diesen fatalen Schuß gewesen.

Der Verdächtige sieht einem Gerichtsverfahren nach Erwachsenenstrafrecht entgegen, trotz seines Alters. Seine Vorstrafenliste reicht Jahre zurück. Seine Mutter ist drogenabhängig — schon ihr ganzes Leben lang, sagte Green. »Er hatte keinerlei Aufsicht oder Führung durch Erwachsene, sein Leben verläuft wie das der Jungen in El Salvador oder im Libanon. Die jungen Leute mit den Kanonen und den Gewehren — eine verlorene Generation.«

Das Leben hat sich für Jerry Green nicht wesentlich verändert. Er ist noch immer der beste Streifenpolizist, den ich je kennengelernt habe.

Ein anderer großartiger Streifenpolizist, Sergeant Thomas Blake, ist bekannt als ›Bulldogge‹ wegen seiner erbarmungslosen und hartnäckigen Verfolgung professioneller Kriminalität. Es mag zehn Jahre dauern und seinen Urlaub noch dazu, aber er *wird* sie alle zur Strecke bringen. Selbst seine Feinde nennen ihn ein Genie. Als Bulldogge Blake seine Examina als Sergeant ablegte, bestand er als Bester von vierhundertfünfzig Bewerbern. Sein einziges Hobby ist die Jagd. Er jagt professionelle Verbrecher.

Seine freien Stunden drehen sich ebenfalls um die Polizeiarbeit. Er ist scharfsinnig und kreativ. Als er eines Sonntagmorgens einen Juwelenräuber bis in sein Haus in Hialeah verfolgte, fragte er sich, wie er den Flüchtigen, den das FBI schon seit Jahren suchte, veranlassen könnte, ihm die Tür zu öffnen.

Er jodelte. Jodelte. Laut und lange.

»Wer, zum Teufel, sind Sie?« schrie der Juwelendieb, als er die Tür aufriß.

»Sergeant Tom Blake von der Polizei. Sie sind verhaftet.«

Er war der erste Cop im südlichen Florida, der das Racketeer Influenced and Corrupt Organizations-Gesetz, als Waffe gegen Einbrecher nutzte. Geschaffen, um das organisierte Verbrechen zu bekämpfen, erlaubt RICO den Gesetzeshütern, Häuser, Autos und Geschäftsräume zu beschlagnahmen, die mit Profiten aus illegalen Geschäften erworben wurden. Wenn er gewohnheitsmäßige Diebe bei ihrem fünften Einbruch verhaftete, beschuldigte er sie immer auch des Betruges und der Hehlerei. »Das ist gerechtfertigt«, sagte er. »Das sind berufsmäßige Kriminelle, Diebe bei der Arbeit. Sie arbeiten mit anderen Dieben zusammen. Es ist ihr Geschäft. Sie haben einen Job: Klauen.«

Ein vierundfünfzig Jahre alter Dieb, der nach Verbüßung von neun Jahren einer dreißigjährigen Gefängnisstrafe entlassen wurde, konnte sich nur dreizehn Tage lang seiner neu gewonnenen Freiheit freuen. Die Polizei erhielt einen Tip, daß der Dieb, der einst in zweihundert Fällen des Diebstahls verdächtigt worden war, trotz seiner Zusammenarbeit mit dem Hausbesitzerverband zur Sicherung von Häusern während seiner Zeit im Gefängnis seine alten schlechten Gewohnheiten wieder angenommen hatte. Bulldogge beschloß, ihn zu beobachten. Als der Mann in ein Haus in der Stadt einbrach und seine Diebesbeute vorn an der Haustür hinaustragen wollte, trat Bulldogge ihm in den Weg. Um den Verdächtigen am Ort festzuhalten, bis die Kollegen ankamen, stellte er sich als Mitglied des Hausbesitzervereins vor und verwickelte den Dieb in ein Gespräch über Sicherheitssysteme an und in Wohnhäusern.

Seine Frau Mary lernte er bei der Arbeit kennen, nachdem zwei Wagen in ihrem Vorgarten aufeinandergeprallt waren. Mary Blake teilt den Sinn ihres Ehemannes für Ungewöhnliches. Auf ihrem Weg, die Kinder von der Schule abzuholen, sah sie, wie ein Mann die Straße auf und ab ging und die einzelnen Häuser studierte. Er hatte diesen ›bestimmten Blick‹. Sie rief ihren Mann herbei. Bulldogge sah den Mann hinter einem Haus verschwinden. Minuten später folgte er ihm. Die Jalousien waren entfernt worden, und er faßte den Dieb im Haus, als dieser gerade nach draußen schaute.

Als Bulldogge beobachtete, wie ein Lieferwagen einen ganz in Schwarz gekleideten Mann vor einem Haus in einer vornehmen Wohngegend gegen ein Uhr mittags absetzte, tippte er sofort auf Einbrecher. Der Lieferwagen fuhr einmal um den Block. Als sich die Gestalt in Schwarz kriechend vom Haus wegbewegte, überraschte Bulldogge ihn mit der Frage, was er hier tue. Der Mann in Schwarz behauptete, er unternehme nur gerade einen Spaziergang, als das Haus hinter ihm plötzlich in Flammen stand.

Er war kein Einbrecher gewesen, sondern ein Brandstifter, dem man tausend Dollar dafür gezahlt hatte, daß er das Haus anzündete, damit der Eigentümer die Versicherung kassieren konnte. Der Fahrer, der ihn abgesetzt hatte, war der Hauseigentümer.

Ich habe nur einmal erlebt, daß ein Krimineller Bulldogge hereingelegt hat. Er nahm einen Dieb, der wegen 250 Einbrüchen verdächtigt wurde, eines Tages aus dem Gefängnis mit, damit der Ganove ihm die Häuser zeigen konnte, die er ausgeräumt hatte – eine Standard-Prozedur. Zur Mittagszeit hielten Bulldogge, der Gefangene und ein anderer Detective an, um zu Mittag zu essen – ebenfalls eine Standard-Prozedur. Die Detectives bestellten Sandwiches und achteten nicht weiter darauf, als ihr Gast seine Bestellung auf spanisch aufgab.

Dann wurde die Bestellung serviert.

»Das war ein verdammter Hummer!« schrie Captain Marshall Frank, Bulldogges Vorgesetzter, als er die Rechnung über siebzehn Dollar, sechzig Cents erhielt: »Für das Mittagessen des Gefangenen.«

»Auf gar keinen Fall!« sagte der Captain und lehnte die Bezahlung aus der Staatskasse ab.

Ich rief den Detective an, um ihn über das Hummer-Mahl des Diebes zu fragen. »Kein Kommentar!« knurrte Bulldogge.

Joseph Gennaro Carbone, hochkarätiger Einbrecher, der 1976 verhaftet worden war, beeindruckte Bulldogge. Höflich, kühl und absolut professionell, hatte Carbone einen Komplizen, der erschien, um die Kaution zu hinterlegen, noch während er befragt wurde. Bulldogge ging nach draußen und schrieb sich die Autonummer des Mannes auf, der mit dem Geld für die Kaution gekommen war. Achtzehn Monate lang behielt er die beiden Männer im Auge. Er beobachtete sie und ihre Aktivitäten selbst an seinen freien Tagen.

Carbone war einer der Großen unter den Dieben, einer aus der Elite. Als geschickter Dieb hatte er sich darauf spezialisiert, in hochgelegene Apartments der Luxusklasse einzusteigen, wo er nur Bargeld oder kostbare Juwelen raubte. Fand er nichts dergleichen, verließ er das Apartment einfach wieder unverrichteter Dinge. Bulldogge erfuhr, daß Carbone gerne mit Einhundert-Dollar-Noten in Bars winkte, nur Chivas Regal on the rocks trank und sich damit brüstete, Schmuck im Werte von 20 000 Dollar zu tragen, während er seine Beutezüge unternahm. Bulldogge notierte sich, wo Carbone Urlaub machte und welche Hotels er bevorzugte. Er erfuhr auf diese Weise, daß der Mann den Sommer in der ländlichen Umgebung von Washington, D. C., verbrachte.

Bulldogge druckte ein Flugblatt, in dem er Carbone und fünf andere berufsmäßige Einbrecher beschrieb, die Tennis-Kleidung oder teure Anzüge in Ausübung ihrer Jobs trugen. Als Tom und Mary Urlaub machten, verteilten sie die Flugblätter bei allen Polizei-Departments an der ganzen Ostküste entlang der Winter-Route des Diebes. Zurück in Miami, bemerkte Bulldogge, daß der Wagen des Diebes seit Tagen nicht benutzt worden war. Er fand auch bald den Grund heraus: aufmerksam gewordene Polizisten hatten Carbone und einen Komplizen in Falls Church entdeckt. Sie wurden beobachtet und gestellt, als sie aus einem Haus mit Eigentumswohnungen kamen, die Taschen voller Diebesgut. Bulldogge erhielt zwar keinen Orden, aber seine Mühe hatte sich ausgezahlt.

Carbone wurde in Virgina zu acht Jahren Gefängnis verurteilt, in Maryland zu fünfzehn Jahren und in Florida zu fünf Jahren, zu verbüßen in einem Bundesgefängnis in Washington, D. C.

Die Geschichte wiederholte sich acht Jahre später. Der berüchtigte Juwelendieb Joseph Carbone, braungebrannt und im Tennis-Outfit, traf vor einem Apartment-Komplex im Süden des Dade-County wieder einmal mit Bulldogge Blake zusammen.

»Hi, Jo«, sagte Blake.

»Hallo, Bulldogge«, erwiderte Carbone.

»Es sind jetzt acht Jahre her, Jo«, sagte Blake und verhaftete Carbone, der inzwischen siebenunddreißig Jahre alt geworden war.

»Er ließ sich ja nichts anmerken, aber ich könnte wetten, er war mehr als sauer«, sagte Blake.

Carbone war ein Jahr zuvor in Florida begnadigt worden. »Ihm gefällt es hier, hier gibt es viele Apartments und Stadtwohnungen«, sagte Bulldogge. Sein Bewährungshelfer hatte geglaubt, der Einbrecherkönig arbeite inzwischen in einem Sportgeschäft. Das tat er nicht.

Blake hatte gerade frei, als Kollegen hörten, Carbone sei wieder im Geschäft. Ein Wagen, den er gemietet hatte, war beobachtet worden, wie er den Ort eines Einbruchs in Kendall verließ. Sofort riefen sie Bulldogge zu Hause an.

Dieser kannte Carbones Stil. Miete dich in einem protzigen Hotel ein, fahre einen Mietwagen und parke niemals falsch. Detectives ermittelten das Hotel, in dem Carbone abgestiegen war, und Bulldogge, noch immer außer Dienst, gesellte sich zu den Beobachtern. Genau wie in alten Zeiten – außer daß Blake den Verdächtigen nur bei Nacht überwachen konnte. Die Tage verbrachte er zu Hause, um auf sein drittes Kind aufzupassen, ein kleines Mädchen, das Mary drei Wochen zuvor zur Welt gebracht hatte. Daher wechselte Bulldogge Blake tagsüber Windeln und nachts überwachte er Carbone.

Als Blake in den Dienst zurückkehrte, stellte er ein Überwachungskommando zusammen.

Großartig anzusehen in seinen weißen Tennisshorts verließ Carbone das Hotel gegen 20 Uhr 30, um seine Arbeit aufzunehmen, wobei er einen gemieteten blauen Buick benutzte. Er trug eine teure goldene Uhr, einen goldenen Ring mit einem Diamanten, schwere goldene Ketten und ein goldenes Armband. Die Detectives beobachteten ihn, wie er durch einen Apartment-Komplex schlenderte. »Jetzt prüft er die Apartments«, sagte Bulldogge.

Sie folgten ihm bis zu einem Gebäude, zu dem nur die Bewohner Schlüssel besaßen, und beobachteten, wie er zusammen mit einem der Bewohner ins Innere schlüpfte, der gerade nach Hause kam. »Ein uralter Trick, um in solche Gebäude hineinzugelangen«, sagte Blake.

Die Detectives konnten ihm ohne einen Schlüssel nicht folgen. So warteten sie geduldig, bis er wieder erschien. Er lächelte wie immer freundlich. »Hi, wie geht's denn so?«

Dann sah er Bulldogge Blake.

Anläßlich ihres unverhofften Wiedersehens beschuldigte Bulldogge Carbone der Verletzung seiner Bewährungsauflagen, versuchten Diebstahls und wegen des Besitzes von Einbruchswerkzeug — Dietriche, die man in den Taschen seiner Tennisshorts fand.

»Er hat ein wenig zugenommen«, bemerkte Blake später. »Aber ich auch, ich bin ja auch schon siebenunddreißig, und deshalb habe ich für so was Verständnis.«

Nach acht Jahren erhielt Bulldogge Blake endlich seine Auszeichnung.

Pete Corso war ein sorgsam herausgeputzter Grünschnabel, als wir uns kennenlernten — und noch nicht der erfahrene Streifenpolizist, der er dann bald wurde. Als Mitglied der Elite-Einsatzgruppe der Polizei von Miami Beach war er clever, eifrig und hatte keine Bedenken, mit einem Reporter zu sprechen. Eines Nachts brachten Corso und seine Mannschaft einen schäbig gekleideten, aber einflußreichen Mann hinter Gitter, der genügend mächtige Freunde hatte, die ihn bald wieder aus dem Gefängnis holten, so, wie er es den Polizisten zuvor auch großsprecherisch angekündigt hatte. Mir war nicht bewußt, daß die Spezialeinheit meine Adresse kannte, aber sie pochten morgens um zwei Uhr laut an meine Tür. Die Nachbarn müssen gedacht haben, hier finde eine Razzia statt. Aus tiefem Schlaf geweckt, suchte ich mir ein Notizbuch und notierte die Informationen, die Pete mir gab, während die anderen draußen in einem ungekennzeichneten Wagen warteten. Protokolle über Verhaftungen dürfen veröffentlicht werden, solange sie nicht in den Akten verschwinden. Corso war gerissen genug, um zu wissen, daß die Sache nicht mehr zu vertuschen war, wenn ein Reporter erst einmal alles über eine Verhaftung wußte.

Als wir das nächstemal miteinander redeten, wollte er einen Rat. Er fühlte sich wohl wie ein angehender Joseph Wambaugh und arbeitete an einem Roman über seinen geliebten Job. Er hatte ganz gut angefangen, seinen Roman aber nie beendet. Seine Karriere stand ihm im Weg.

Er liebte die Polizeiarbeit und nahm sie so ernst, daß er darüber ein Magengeschwür bekam. Irgendwann quittierte er dann den Dienst, um fortan Versicherungen zu verkaufen. Die Bezahlung war besser und der Job seinem Magengeschwür zuträglicher, aber er vermißte die Polizeiarbeit. Das Department nahm ihn gern wieder auf. Auf seinem Weg nach oben war er eine Zeitlang auch Pressesprecher. Nur zum Spaß hängte er ein Schild mit einem einzigen Wort über seinen Schreibtisch: OMERTA, das italienische Gebot des Schweigens.

Pete Corsos liebenswerteste Eigenschaft war seine Zuneigung zu seiner Frau – seiner alten High-School-Liebe – und zu seinen beiden kleinen Töchtern. Eine hatten die beiden adoptiert, dann hatten sie noch eine eigene bekommen. Beide Mädchen waren hübsch, und ihre Bilder standen immer auf seinem Schreibtisch. »Die eine ist adoptiert«, sagte er mitunter, »aber ich weiß wirklich nicht mehr, welche.«

Er spielte Tennis und achtete darauf, in Form zu bleiben, obwohl er sein Magengeschwür eifrig mit Milchshakes und Eiscreme fütterte. Im Alter von achtunddreißig Jahren ernannte man Pete Corso zum Polizeichef von Miami Beach – der Beweis dafür, daß es mitunter trotz allem doch so etwas wie Gerechtigkeit gibt.

Gute Neuigkeiten sind so selten im Polizei-Alltag.

Pete schien zum Führer geboren zu sein. Er erledigte seinen Job mit demselben Schwung, mit dem er fünfzehn Jahre zuvor als blutiger Anfänger Diebe und Räuber erledigt hatte.

Stets wie aus dem Ei gepellt, gesellig und redegewandt, immer ein verschmitztes Lächeln auf dem Gesicht, war der Polizeichef immer bereit, Telefonanrufe entgegenzunehmen, auch noch Stunden nachdem seine Mitarbeiter nach Hause gegangen waren. Er hatte einen überaus strapaziösen Stundenplan und führte einige bedeutsame Veränderungen in dem zweihundertfünfzig Personen umfassenden Department ein. Pete war jahrelang für eine stete ›Polizeipräsenz‹ eingetreten, und genau die praktizierte er jetzt. Er beorderte Detectives zurück in die Uniform, vertrieb Officers von ihren Schreibtischen, setzte Zivilfahrzeuge statt der offiziellen Polizeiautos ein und schickte sie auf Patrouille auf die Straßen.

Im April 1980 in sein Amt eingeführt, absolvierte der populäre junge Polizeichef noch im selben Sommer eine Mammut-Vortragstour, wobei er täglich drei Gruppen von Bürgervertretern empfing. Im Mai brachten Schiffe Tausende von Flüchtlingen aus Kuba nach Florida, und Ende Juli, Anfang August sah sich die Stadt plötzlich mit einem dramatischen Anstieg der Gewaltkriminalität konfrontiert.

Der Polizeichef berichtete dem Stadtrat von der kometenhaft ansteigenden Verbrechensrate, wofür er vornehmlich die Kriminellen unter den neuen kubanischen Flüchtlingen verantwortlich machte. Es geschah zum ersten Mal, daß jemand wagte, so etwas öffentlich zu unterstellen. Die Kubaner waren beleidigt. Im *Miami Herald* erschien in der Beilage ›Miami Beach Neighbours‹ ein Kommentar, der den Polizeichef dafür in Grund und Boden verdammte. Diese Beilage wurde freitags gedruckt und mit der Sonntags-Ausgabe der Zeitung verteilt.

Ein Verleger aus Miami Beach, ein Freund von Corso, rief mich am Samstagnachmittag in der Redaktion an. »Was halten Sie denn von der Geschichte mit Pete Corso?« fragte er grimmig. Aus meiner Warte intimer Kenntnis der Polizeiarbeit heraus sagte ich, ich sei überzeugt, der Polizeichef habe recht und werde mit diesen Turbulenzen schon fertig werden. Ich dachte, der Anrufer rede über die Kontroverse. Das tat er nicht, er hatte gedacht, ich wüßte bereits Bescheid.

Pete Corso war tot.

Der Polizeichef hatte den Nachmittag ganz entspannt an seinem Swimmingpool verbracht. Drei andere Familien, alles alte Freunde, waren zu Gast. Corso bereitete auf dem Grill Hotdogs und Hamburger. Kurz nach fünf sprang er in den Pool. Der stellvertretende Polizeichef von Nord-Miami, Thomas Flom, mit dem er seit 18 Jahren befreundet war, war bei ihm. Fünf Kinder und drei Erwachsene tummelten sich im Wasser und spielten ausgelassen mit einem Ball. Flom sah, wie Pete, das Gesicht nach unten, am flachen Ende des Pools nach Luft rang. Er dachte zunächst, Corso mache Scherze. Dann schrie Petes Frau plötzlich auf.

Flom zog ihn aus dem Wasser und begann sofort mit Wiederbelebungsmaßnahmen. Ein Nachbar setzte über mehrere Gartenzäune, um zu Hilfe zu eilen. Drei Minuten später war ein Rettungswagen da. Die Ärzte vermuteten einen Herzinfarkt. Die Erste-Hilfe-Maßnahmen waren perfekt durchgeführt worden, hatten aber nichts mehr bewirken können. Im Krankenhaus konnte nur noch sein Tod festgestellt werden.

Pete war achtunddreißig Jahre alt und schien bester Gesundheit zu sein. Aber es ist nichts Ungewöhnliches für jemanden unter Fünfzig, nach einem Infarkt nicht mehr auf medizinische Hilfe zu reagieren. Ältere Menschen bilden zusätzliche Koronargefäße aus, die in einem solchen Fall helfen, sie zu retten. Der Polizeichef von Pembroke Pines, Jack Tighe, früher einmal Polizei-Captain in Miami Beach und damals Corsos Vorgesetzter, eilte ins Krankenhaus.

»Es ist ein wahrer Alptraum«, sagte Flom, »wir haben es versucht. Wir haben alles versucht, um ihn wiederzubeleben.«

Als offizielle Todesursache wurde Ertrinken nach einem Herzanfall festgestellt. Corsos Blutdruck war normal gewesen. Er hatte nie zuvor Herzbeschwerden gehabt. Allerdings hatten sich »seine Arterien bereits wie bei einem Siebzigjährigen verhärtet«, sagte der Leichenbeschauer des Broward-County, Dr. Ronald Pright. »Für dreißig bis fünfzig Prozent der Leute mit diesem Leiden bedeutet der erste Herzschlag fast immer auch den Tod.«

Eine Autopsie ergab keinerlei Hinweise mehr auf das Magengeschwür, das ihn als jungen Cop gequält hatte, als er noch mit der ganzen Welt haderte.

Meine Geschichte über den vorzeitigen Tod des bekannten jungen Polizeichefs erschien am selben Tag in der Zeitung wie der bereits erwähnte kritische Kommentar, eine schreckliche Situation, um es vorsichtig auszudrücken. Vor allem deshalb, weil Pete Corso absolut recht hatte — vielleicht war er sogar der erste führende Beamte, der begriffen hatte, daß Castro seine Klosetts bei uns ausgeleert hatte, indem er uns die geistig Verwirrten, die Kriminellen und einige der erbarmungslosesten Killer geschickt hatte, die dieses Land je gesehen hat.

Pete Corso war nur vier Monate lang Polizeichef gewesen. Mitunter gibt es trotzdem keine Gerechtigkeit.

13. Kapitel

Erschossene Cops

Polizisten sind Soldaten, die allein handeln;
Soldaten sind Polizisten, die im Gleichklang handeln.

Herbert Spencer

Wenn man lange genug mit der Polizei zusammenarbeitet, kommt unweigerlich der Augenblick, den man immer fürchtet: ein Cop, den man kennt, ist erschossen worden. In dem Augenblick, wo man hört, es habe eine Schießerei gegeben, bei der ein Cop ums Leben kam, greift man sein Notizbuch und rennt zum Auto. Dabei geht man in aller Eile die Männer und Frauen durch, von denen man weiß, daß sie in dieser Schicht arbeiten, in diesem Bezirk. Kann es sich um einen von ihnen handeln? Manchmal ist dem so.

Donald Kramer, ein Cop aus Miami Beach, war ein unwahrscheinliches Opfer. Er hatte es nicht mit der gefährlichen Drogenszene zu tun, patrouillierte in keinem verrufenen Ghetto und gehörte auch keinen Sonder-Einsatzkommandos an. Er sammelte Vagabunden ein, Betrunkene und Obdachlose und saß am Steuer der grünen Minna, um seine Gefangenen abzutransportieren.

Kramer stieß erst spät zur Polizei, und er brachte dafür Opfer. Auf dem Höhepunkt der Fluchtwelle aus Kuba erließ die Stadt einen Aufruf an die Bevölkerung, sich als Beamtenanwärter der Polizei zur Verfügung zu stellen. Kramer hatte damals bereits einen Zehn-Jahres-Vertrag als Aushilfspolizist. Er meldete sich. Im Alter von 30 Jahren verkaufte er seine gutgehende Fernsehreparaturwerkstatt, um sich einen Traum zu erfüllen, den er schon sein Leben lang geträumt hatte: er wurde zum Vollzeit-Polizisten. Er war ein Mann, der gern lachte, jeden Spaß mitmachte und vor Lebensfreude übersprudelte. Er liebte seinen Job. Die größte Freude für diesen stets heiteren jüdischen Cop mittleren Alters war es, am Erntedankfest Präsentkörbe an die Bedürftigen zu verschenken und sich ein Nikolauskostüm überzuziehen, wenn er zur Weihnachtszeit Betrunkene einsammelte. Der selbsternannte Wächter über die Trunkenbolde und Landstreicher von South Beach verteilte Zigaretten und auch schon einmal einen Dollar oder zwei aus der eigenen Tasche. Oftmals verhaftete er Obdachlose einzig zu dem Zweck, ihnen im Gefängnis mal wieder zu einer heißen Mahlzeit und einer Dusche zu verhelfen.

Einer von ihnen, ein dürrer Vagabund, mit dem Spitznamen ›El Loco‹, schoß Kramer in den Rücken.

Es passierte im Morgengrauen, noch bevor Kramer offiziell seinen Dienst angetreten hatte. Für ihn war es nichts Ungewöhnliches, schon bei Tagesanbruch auf den Beinen zu sein und die Straßen von South Beach nach Vagabunden abzusuchen. An diesem Morgen parkte er seinen Wagen und ging allein eine Allee hinter einem Apartmenthaus an der Washington Avenue entlang. Er trug keine kugelsichere Weste.

Am Ende des Gebäudes traf er auf Andres Garcia Marrero, 27 Jahre alt. Der Kuba-Flüchtling, bekannt als El Loco, hatte bereits eine beachtliche Vorstrafenliste wegen illegalen Waffenbesitzes, Vergewaltigung, Betreten fremden Grundbesitzes und Widerstands gegen die Polizei vorzuweisen. Kramer glaubte sich in keiner unmittelbaren Gefahr. Er rief jedenfalls keine Verstärkung über Funk herbei. Sein Verhältnis zu den Flüchtlingen und den Bewohnern von South Beach war exzellent.

Georgi Caboerte, 24, befand sich in der Bäckerei auf der anderen Straßenseite, wo er die Auslieferung der Ware vorbereitete. Er hörte fünf Schüsse. Ein alter Mann aus der Nachbarschaft kam über die Straße gerannt und schrie: »Ruft die Polizei! Ruft die Polizei! Ein Cop ist erschossen worden!«

Berta McArthur, 54, wohnte direkt nebenan. Sie hörte Schüsse, riß das Fenster auf und sah den zusammengebrochenen Officer mit dem Gesicht nach unten auf der Straße liegen. Blut rann aus mehreren Kopfwunden, der Dienstrevolver steckte noch immer im Halfter.

Die Nachbarin Maria Mercedes, 15, erzählte mir, sie habe Schritte gehört. »Dann ›Peng! Peng! Peng! Peng! Ich dachte zuerst, das seien Feuerwerkskörper. Dann schrie irgend jemand ›Er ist tot! Er ist tot‹, und ich sah, wie Cops angerannt kamen.«

Zwei Rettungsfahrzeuge, beide mit Notfallärzten an Bord, trafen innerhalb von Minuten ein. Die Ärzte kannten Kramer alle. Sie öffneten seine Uniform und begannen verzweifelt, ihn wiederzubeleben, während sie über Funk das Klinikzentrum von Mount Sinai riefen. Die Klinik stellte in aller Eile ein Notfallteam zusammen und benachrichtigte auch Dr. Mario Nanes, einen Neurochirurgen, in seiner nahegelegenen Wohnung. Er eilte so schnell er konnte in die Notaufnahme, wo er nur drei Minuten nach dem verwundeten Officer eintraf. »In solchen Fällen kommt es auf jede Sekunde an«, erzählte mir der Arzt später.

Kramer war aus kurzer Entfernung zweimal in den Hinterkopf und einmal in den Rücken geschossen worden. Er hatte weder Puls noch Blutdruck. Zehn Ärzte unternahmen gemeinsam den verzweifelten Versuch, ihn zu retten, und binnen fünfzehn Minuten hatten sie auch seinen Blutdruck wiederhergestellt.

Die Mutter des Officers, Gladys, wurde völlig verängstigt mit einer Polizeieskorte in die Notaufnahme gebracht. Sein kränklicher Vater, Nathan, ein Dialyse-Patient, verließ das Krankenhaus, in dem er sich befand, und eilte zum Mount Sinai.

Noch während die Ärzte fieberhaft arbeiteten, schwärmte die Polizei in das schäbige Wohnviertel aus, wo die Schießerei stattgefunden hatte. Eine Spezialeinheit führte die Durchsuchung der Wohnungen aller Gebäude durch. Ein Polizei-Helikopter schwebte die ganze Zeit direkt über den Dächern.

Von El Loco wußte man, daß er auf dem Dach eines Gebäudes schlief, das einen ganzen Straßenblock lang war und in dem auch die Bäckerei lag, ein italienisches Restaurant, ein Gemüsemarkt, eine Klinik und ein Imbiß. Die Polizei hatte eine Woche zuvor nach einem kleinen Feuer seine Matratze und einen selbstgebastelten Lehnstuhl entdeckt. Auch die Hundestaffel wurde eingesetzt in der Hoffnung, die Suchhunde könnten eine Spur aufnehmen. Siebzig Beamte riegelten die Washington Avenue ab.

Der Flüchtige wurde, verwahrlost und schmutzig, um 12 Uhr 32 mittags auf einem schmalen Strandstück gefunden, fünfeinhalb Stunden nach der Schießerei. Er versuchte davonzulaufen, zog aber weder die Mordwaffe, einen rostigen Smith & Wesson Revolver vom Kaliber .38, noch das Messer, das er bei sich trug. Schließlich wurde er mit blutunterlaufenen, leeren Augen in einem Streifenwagen weggebracht.

El Loco war für die Bewohner von South Beach eine bizarre, weithin bekannte Erscheinung. Einige hielten ihn für stumm, weil er nie sprach. Andere sagten, er gehe ständig auf der Washington Avenue auf und ab und rede mit sich selbst in hochgestochenem Spanisch.

»Er hat nicht den Intelligenzquotienten von jemandem, der auf der Straße lebt. Ich weiß um alles in der Welt nicht, warum er das getan hat«, sagte Lieutenant Alan Solowitz.

Garcia, sagte Officer Thomas Kulanan, war es »einfach nur leid, daß ihn ständig irgend jemand schikanierte, er war es leid, eingelocht zu werden, er war es leid, immer wieder zu hören, er müsse verschwinden. Er hatte ganz offensichtlich das Gefühl, als habe er das Recht, den Polizisten zu erschießen.«

Kramer wurde an eine Herz-Lungen-Maschine angeschlossen. Sein Gehirn war von Kugeln und Knochensplittern schwer verletzt.

Mehr als hundert Anrufer blockierten sämtliche Telefonleitungen des Krankenhauses, und viele waren Obdachlose aus South Beach. Einige von ihnen hatten offenbar getrunken. Viele weinten. Ein Mann, der nur noch lallen konnte, hinterließ eine Botschaft: »Sag ihm, alle seine Kumpels in South Beach beten für ihn.«

Ich fand Roy Howard, 48, in einer nahegelegenen Bar, wo er den ersten Brandy dieses Tages schlürfte. »Er ist ein guter Cop, jeder hier kennt ihn«, erzählte er mir. Das Barmädchen war Kellnerin in einem Restaurant gewesen, in dem Kramer immer mal eine kleine Zwischenmahlzeit einnahm. Er aß gerne, sagte sie. »Er war freundlich, nicht so gemein wie viele andere Officers.«

»Mich hat er einmal wegen einer Rauferei auf offener Straße verhaftet«, berichtete Robert Amor, 20 Jahre alt. »Er ist ein fairer Mann. Er ist kühl und beherrscht. Der Bursche, der auf ihn geschossen hat, muß verrückt sein oder so was.«

Der Bürgermeister, der Stadtdirektor, hohe Beamte der Stadtverwaltung und Kollegen gesellten sich zu der Krankenwache im Krankenhaus. »Wir alle hoffen und beten«, sagte der Polizeichef von Miami Beach, Kenneth Glassman.

Kramer starb zwei Tage später, vier Minuten nachdem die Ärzte die Herz-Lungen-Maschine abgestellt hatten. Er war 42 Jahre alt geworden.

Kollegen, die zum Zeichen der Trauer schwarze Bänder an ihre Abzeichen geheftet hatten, blieben in der Stunde seines Todes an seiner Seite. Lieutenant Solowitz und verschiedene Detectives begleiteten den Leichnam bis ins Leichenschauhaus, in das er zur Autopsie gebracht wurde, und von da bis zum Beerdigungsinstitut.

»Wir wollten ihn nur einfach nicht allein im Leichenschauhaus lassen. Es wäre nicht recht gewesen«, sagte Solowitz.

Von sieben bis neun Uhr abends wurde der Leichnam im Beerdigungsinstitut offen aufgebahrt. Die erste Trauernde, eine weinende ältere Frau, kam gegen acht Uhr an. Hunderte von Leuten aus allen Schichten defilierten an dem offenen Sarg vorüber, in dem Kramer in Uniform lag, flankiert von einer Ehrengarde der Polizei in Hab-acht-Stellung.

Zwei Rabbiner leiteten die Trauerfeier, doch der Verlust betraf alle Glaubensrichtungen. In der *Miami Beach Community Church*, der ältesten Kirche der Stadt, beschrieb Reverend Garth Thompson Kramer als einen liebevollen Menschen, der sich um die Obdachlosen von South Beach sorgte. Er liebte diese Menschen und wurde von einem von ihnen getötet.«

Kramer machte ein letztes Mal seine übliche Runde durch South Beach, diesmal in einem Sarg.

Am schnellsten findet man heraus, ob etwas wahr ist oder nicht, indem man es in die Zeitung setzt. Beamte der Stadtverwaltung und Cops erklärten übereinstimmend und ohne Zögern, Donald Kramer sei der erste Polizeibeamte aus Miami Beach gewesen, der im Dienst ermordet wurde.

Sie irrten sich.

Einer meiner eifrigsten Informanten unter Floridas Pionieren erinnerte sich deutlich, daß in den späten zwanziger Jahren ein Polizist in Miami Beach bei einem Feuergefecht getötet worden war. Im Polizeihauptquartier und in der Stadtverwaltung wußte niemand etwas davon. Aber es stimmte, und man konnte es in den Archiven der Zeitung nachlesen, wenn auch nur auf schwer lesbarem Mikrofilm.

Der alte Mann hatte recht. Der erste Polizeibeamte, der in Miami Beach in Ausübung seines Dienstes ermordet worden war, lieferte sich mit ein paar Desperados einen Revolverkampf. Er starb als Held.

Am Montag, dem 19. März 1928, brachen kurz nach Mitternacht Diebe in ein Autohaus in Fort Lauderdale ein. Die Banditen stahlen Bargeld und eine Schrotflinte, dann fuhren sie mit einer brandneuen Hupmobile-Limousine direkt durch das Schaufenster davon.

Die Polizei errichtete sofort Straßenblockaden. Um 3 Uhr 45 in der Frühe entdeckten drei Polizeibeamte aus Miami Beach den gestohlenen Wagen, der auf der Washington Avenue in südlicher Richtung fuhr. Sie forderten den Fahrer auf, stehenzubleiben. Der Beifahrer eröffnete das Feuer. Die Polizei schoß zurück, und es entwickelte sich ein Feuergefecht aus fahrenden Autos heraus. Nach einer wilden Verfolgungsjagd verloren sie das schnellere Auto schließlich aus den Augen. Das Hupmobile wurde Minuten später verlassen aufgefunden, die Fenster waren von den Polizeikugeln zertrümmert.

Die Insassen waren verschwunden.

Kurz vor Sonnenaufgang sah der aufmerksame Officer David C. Bearden zwei Männer, die über den Ocean Drive nahe der 22. Straße spazierengingen.

Er fragte sie, was sie dort taten. Sie sagten, sie seien am Strand gewesen.

Als Officer Bearden aus seinem Wagen ausstieg, feuerte einer der Banditen einen Revolver auf ihn ab, den er hinter einer Mütze verborgen hatte, die er in der Hand trug. Die Kugel traf Bearden direkt über dem Herz, trat am Rücken wieder aus und warf ihn zu Boden.

In jenen Tagen gab es keine kugelsicheren Westen.

Der am Boden liegende Officer zog den eigenen Revolver und erwiderte das Feuer der Banditen, als diese sich ihm näherten. Er schoß auf beide Männer, die daraufhin in den Streifenwagen des Officers flohen und davonfuhren. Trotz seiner Schmerzen kroch Bearden zu einem Kasten mit einer Notrufeinrichtung an der 23. Straße, einen Block entfernt.

In jenen Tagen gab es keine tragbaren Walkie-talkies.

Der Hotelangestellte Roy Widden fand Bearden vor dem Notrufkasten auf dem Boden liegen, vom Blutverlust zu sehr geschwächt, um sich aufzurichten und die Notrufeinrichtung selbst zu bedienen. Entsprechend den mühsam gegebenen Anweisungen des Officers nahm er die Schlüssel des Kästchens aus dessen Jacke und löste den Alarm aus.

Bearden wurde ins Krankenhaus gebracht. Um sieben Uhr zehn entdeckte die Polizei von Miami die beiden verwundeten Männer, die bewußtlos in einem leeren Schuppen lagen.

Bearden kämpfte noch einen Tag gegen den Tod. Auf dem Totenbett sagte er seinem Vorgesetzten, sein letzter Wunsch sei es, in Alabama, seinem Heimatstaat, beerdigt zu werden. Er war 24 Jahre alt.

Am 21. März 1928 berichtete die Zeitung, daß Polizeichef R. H. Wood Beardens Leichnam nach Maplesville, Alabama, eskortiert hatte.

Mein Gewährsmann für die Pionierzeit, John Bledsoe, fast 77 Jahre alt und im Ruhestand in Okeechobee, war damals Milchmann in Miami Beach gewesen. »Wood«, erzählte er mir, »war ein umsichtiger Mann, ein guter Vorgesetzter, der viel von seinen Männern hielt, und diese hielten auch viel von ihm.«

In den verstaubten Archiven des alten Rathauses auf der Washington Avenue wird die längst vergessene Resolution mit der Nummer 1.744 aufbewahrt, die an jenem 21. März vor über 60 Jahren verfaßt wurde.

Unterschrieben von dem damaligen Präsidenten des Stadtrates, John Levi, nennt sie Bearden einen ›edlen Officer‹ und lobt in blumiger Sprache seine Tapferkeit, seinen ›überragenden Opfersinn . . . das leuchtende Beispiel seiner Heldenhaftigkeit und seiner Courage, die jeder Gemeinde zur Ehre gereichen würde.‹

Officer Beardens Name werde ›in den Herzen der Bürgerschaft dieser Stadt weiterleben . . . wir werden uns immer daran erinnern, was David Bearden hier geleistet hat . . . sein Andenken wird uns genauso Inspiration sein wie das Licht über den Bergen oder wie der Sonnenschein auf dem Meer.‹

Das klingt nach einem Politiker.

Sie priesen seine Courage und schworen, seine ›selbstlose Aufopferung‹ niemals zu vergessen.

Dann taten sie es doch.

Es gab keinen offiziellen Bericht, keine Notiz, keine Erinnerung.

Interessiert forschte ich in Maplesville, Alabama, nach weiteren Hinweisen auf den vergessenen Helden. Dort lebten noch immer Leute mit dem Namen Bearden, aber niemand erinnerte sich an den toten Polizisten oder wie er beerdigt worden war.

Wie traurig, dachte ich, nachdem ich so ziemlich jeden in dieser kleinen Stadt angerufen hatte.

Doch dann fand ich David Bearden noch immer im Herzen eines Bürgers lebendig.

»Jeder liebte David«, erzählte Ora Carter Davis mir. »Es war so traurig, als er ermordet wurde. Er war ein netter Bursche, nicht so rauh wie viele andere, und er sah gut aus.«

Sie war seine Jugendliebe gewesen.

David lebte in Pleasant Grove und kam nach Maplesville, wo sie sich samstags abends beim Tanzvergnügen trafen.

»Wir hielten viel voneinander«, sagte sie gedankenverloren. »Aber wir waren ja verwandt.« Sie waren Vetter und Cousine im ersten Grad.

1919 lernte sie einen Soldaten mit Namen Joe Davis kennen, und die beiden heirateten. Sie war fünfzehn Jahre. »Ich habe jung geheiratet«, sagte sie, »und David ist verschwunden.«

Das Mädchen, das David Bearden liebte, zog in ein Holzhaus am Flußufer und zog sieben Kinder groß. Ihr Ehemann war fünf Jahre vor meinem Anruf gestorben.

Ora Carter Davis sagte, David Bearden sei auf dem Friedhof in Pleasant Grove beerdigt. Schon über achtzig Jahre, lebte sie heute allein mit ihren Erinnerungen. »Mein Leben war sehr traurig«, gestand sie.

Der Tod Beardens und der Kramers wiesen viele Parallelen auf: beide hatte es ganz überraschend erwischt, beide waren in einem Schaltjahr bei Morgengrauen ohne Warnung in den Rücken geschossen worden, und beide starben, nachdem sie noch kurze Zeit im Krankenhaus überlebt hatten.

»Er war ein echter Held«, sagte Chief Glassman, als er die alten Zeitungsberichte las, »und es ist nur recht und billig, daß wir uns an ihn erinnern.«

Der Stadtdirektor Rob Parkins, selbst früher einmal Polizist, sagte: »Es wäre schlimm, auf diese Weise getötet und später vergessen zu werden.«

David Bearden, 1928 im Alter von vierundzwanzig Jahren gestorben, erhielt seine offizielle Ehrung mehr als ein halbes Jahrhundert später.

Wenn ich heute das Polizeigebäude von Miami Beach besuche, lese ich jedesmal die blinkende Tafel in der Lobby, die sowohl David Bearden als auch Donald Kramer ehrt.

Keiner von ihnen ist vergessen.

Erschossene Cops werden in mancherlei Hinsicht übersehen. Das System ignorierte Donald Kramer. El Loco wurde für den Mord nie vor Gericht gestellt.

Und er wird auch nie vor Gericht stehen.

Experten kamen zu dem Schluß, El Loco sei verrückt. Das sollte angesichts seines Spitznamens eigentlich keine Überraschung sein. 1989, nach fünf Jahren voller Gutachten und juristischer Streitereien, verwarf ein Richter die Mordanklage gegen ihn. El Loco wurde attestiert, er sei geistig gar nicht in der Lage, vor Gericht zu erscheinen.

El Locos Pflichtverteidiger sagte, sein Klient sei geistig zurückgeblieben und habe in Kuba nur die vierte Klasse der Grundschule geschafft, er sei halb taub geboren, und später habe sein Gehör durch die Explosion einer Granate in seiner unmittelbaren Nähe noch mehr gelitten. Er spreche kein Englisch, und im übrigen habe die Syphilis seinem Gehirn weiteren Schaden zugefügt.

»Er ist ein Wrack«, stimmte der Staatsanwalt zu.

Die Staatsanwälte übersetzten zwanzig Seiten einer Aussage aus einem alten Mordprozeß ins Spanische, lasen El Loco das laut vor und befragten ihn dann. Ihre Schlußfolgerung: Er verstand überhaupt nichts. Beide Seiten kamen daraufhin überein, daß El Loco überhaupt nicht in der Lage sein werde, seinem eigenen Verfahren zu folgen.

»Er ist geistig so gesund, wie er nur sein kann«, beharrte die Mutter des toten Cops. »Unser Sohn war unser bester Freund, einer der nettesten Burschen, die je gelebt haben. Es ist schwer zu glauben, daß der Mann, der ihn getötet hat, ungeschoren davonkommen soll.«

Der Richter wies El Loco in ein staatliches Hochsicherheits-Krankenhaus ein, aber Anwälte des Staates widersprachen mit dem Argument, es verstoße gegen die Verfassung, jemanden ins Gefängnis zu stecken, der nicht länger eines Verbrechens beschuldigt werde. Staatliche Hochsicherheits-Krankenhäuser sind solchen Angeklagten vorbehalten, die vor Gericht gestanden haben, aber wegen Unzurechnungsfähigkeit nicht schuldig gesprochen wurden. Dabei war doch gerade geistige Unzurechnungsfähigkeit der Grund, warum gegen El Loco nicht verhandelt worden war. Staatsbeamte boten an, ihn so lange in einer offenen Anstalt unterzubringen, bis er keine Gefahr mehr darstelle und wieder entlassen werden könne.

Der *Miami Herald* berichtete darüber. Der öffentliche Proteststurm veranlaßte den Staat, El Loco in einem Krankenhaus für geistig unzurechnungsfähige Verbrecher unterzubringen. Niemand weiß, ob oder wann er entlassen wird.

Bleibt als Schlußbemerkung, daß außer uns niemand für Donald Kramers Tod zahlt.

Nahezu alle Polizistenmörder sind vorbestraft. In der Regel sind sie auf Bewährung oder gegen Kaution auf freiem Fuß. In den allermeisten Fällen beträgt die Distanz zwischen dem Cop und dem Killer null bis fünf Fuß, also Konfrontation von Angesicht zu Angesicht, keine langen Feuergefechte. Der Officer hat also normalerweise kaum eine Chance.

Ebenso verhielt es sich im Fall der drei Detectives aus der Innenstadt, die mit Autodiebstählen befaßt waren und die über einen sechsten Sinn für gestohlene Autos verfügten.

Frank Dazevedo und Thomas Hodges, beide 32 Jahre alt, und Clark Curlette, 28, waren immer im Dienst.

Eigentlich war Miami Beach gar nicht ihr Bezirk, aber ein Tip, den sie der Autobahnpolizei von Florida gegeben hatten, hatte sich bezahlt gemacht, und drei städtische Angestellte standen kurz davor, verhaftet zu werden, weil sie direkt aus der Zulassungsstelle von Miami Beach gefälschte Kennzeichen verkauft hatten. Es war eine große Sache; aus Tallahassee war der Leiter des Büros für innere Angelegenheiten persönlich nach Miami geflogen, um die Ermittlungen an sich zu ziehen. Höflichkeitshalber hatte man die Detectives gebeten, sich an der Aktion zu beteiligen.

Dazevedo hatte erst kürzlich einen Ring von Autoknackern gesprengt, der sich auf Autos der Marke Lincoln Continental Mark IV spezialisiert hatte. Als sie an diesem Nachmittag vor der Zulassungsstelle standen, fuhr ein heller Mark IV vorbei. Die drei Detectives tauschten Blicke. Ihr sechster Sinn sagte ihnen, daß der Wagen gestohlen war. Sie beobachteten, wie der Fahrer den Lincoln einen Block weiter hinter einem Motel abstellte. Zwei von ihnen gingen, sich den Wagen einmal anzusehen, während Dazevedo bei den Beamten aus Tallahassee blieb.

Hodges und Curlette hefteten sich ihre Abzeichen an die Anzüge, fuhren zu dem Motel und hielten ihr Zivilfahrzeug direkt neben dem Mark IV an. Der Fahrer beobachtete sie von seinem Raum aus.

Als Hodges auf das Zimmer zuging, splitterte plötzlich Fensterglas, und eine Salve aus einer Schrotflinte traf ihn in Gesicht und Schulter. Der Detective, Vater von drei kleinen Kindern, wurde 30 Fuß weit zurückgeschleudert und fiel sterbend zu Boden.

Der Mann jagte aus dem Hotelzimmer und feuerte im Laufen weiter aus seiner Schrotflinte. Zusätzlich hatte er noch einen Revolver vom Kaliber .38 bei sich. Curlette, der direkt neben dem Mark IV stand, wurde von mehreren Kugeln in die Brust getroffen. Er starb auf dem gepflasterten Parkplatz.

Ein Polizist aus Miami Beach, der auf Routine-Patrouille war, hatte die Detectives mit ihren Abzeichen gesehen. Jetzt hörte er das Gewehrfeuer und rief über Funk Hilfe herbei. Einen Block entfernt hörte auch Dazevedo im Büro der Zulassungsstelle die Schüsse und sah, wie seine Partner zu Boden fielen. Er fragte die anwesenden Beamten, ob sie bewaffnet seien. Nur einer von ihnen trug eine Waffe.

Dazevedo jagte hinter dem Mann mit der Schrotflinte her. Die anderen Detectives konnten später nicht begreifen, warum er nicht abgewartet hatte, bis Hilfe da war, warum er keine Deckung gesucht hatte. Statt dessen stürmte er vorwärts, um den Mann zu verfolgen, der seine Partner erschossen hatte. Er feuerte aus seiner Dienstwaffe, mit der er gegen die Schrotflinte natürlich keine Chance hatte. Der Revolvermann flog herum und jagte Dazevedo eine Salve in Gesicht und Schulter. Der Detective lag bereits im Sterben, als der Killer noch einmal auf ihn schoß, diesmal in den Magen.

Quer durch den Raum rief mir ein Redakteur zu, in Miami Beach sei ein Polizist erschossen worden. Ich schnappte mir eine Notizbuch und fragte nach der genauen Adresse. Er legte das Telefon aus der Hand und sagte: »Das heißt, es wurden zwei Cops erschossen.«

Als ich zum Aufzug hetzte, schrie jemand hinter mir her: »Drei Polizisten erschossen.«

Ich jagte über den Causeway und stellte das Funkgerät in meinem Wagen auf die Frequenz der Polizei von Miami Beach ein. In der ganzen Aufregung hatte die Polizei ihr Mikrofon nicht wieder abgedreht. Die wütenden, fast hysterischen Schreie der Cops, die den Killer verfolgten, jagten mir einen Schauer nach dem anderen den Rücken hinunter. Die Angst, die Wut und der Streß, die aus ihren Stimmen klangen, waren geradezu furchterregend. Beamte der Bereitschaftspolizei von Miami Beach schwärmten bereits in der Gegend des Strandes aus. Sie hatten den Killer in dichtem Gestrüpp eingekesselt. Unter wütenden Flüchen forderten sie ihn auf, sich zu ergeben. Ich hörte den Schuß, der ihn tötete, und wäre fast von der Straße abgekommen.

Er hatte sich selbst in den Kopf geschossen, als die Cops näher rückten. Halb trugen sie ihn, halb zerrten sie ihn aus dem Gebüsch, als ich am Ort des Geschehens eintraf.

»Irgend jemand muß eine Ambulanz für dieses Stück Scheiße rufen!« schrie jemand, aber es war schon zu spät. Sie waren alle tot: drei Cops und ihr Killer.

Während ihre Kinder ganz in der Nähe spielten, sah Hodges' Frau Carolyn in den Fernsehnachrichten einen Bericht über den Vorfall. Sie wußte, daß ihr Ehemann und seine beiden Partner an diesem Tag nach Miami Beach gefahren waren. Als es daher an der Tür klopfte, hatte bereits wachsende Furcht von ihr Besitz ergriffen.

»Ich dachte mir gleich, daß sie es gewesen sein könnten«, sagte sie mir später ganz ruhig.

Die Partner, denen ihr sechster Sinn gesagt hatte, daß es sich um ein gestohlenes Auto handelte, hatten recht gehabt. Der Lincoln war in Palm Beach gestohlen worden, die Nummernschilder in Fort Lauderdale.

Auch Cops sind nur Menschen. Das weiß man, aber manchmal denkt man einfach nicht daran. Das ist der Grund, warum es so verwirrend ist, wenn man einen Cop weinen sieht.

Ich war noch eine blutige Anfängerin, als ich bei den Demonstrationen aus Anlaß des Parteitages der Republikaner in Miami Beach im Jahre 1972 die verdeckten Ermittler Harrison Crenshaw, Jr. und Gerald Rudoff kennenlernte. Sie waren ein echtes Salz-und-Pfeffer-Team – Rudoff weiß, Crenshaw schwarz –, trugen Bärte, Halsketten und Hippiehüte und infiltrierten die einzelnen Protestgruppen. Crenshaw und Rudoff waren verantwortlich für die Verurteilung der Bombenleger des Black Afro Militant Movement (BAMM) und für die Anklage gegen die ›Acht von Gainesville‹ wegen versuchter Störung des Parteitages.

Sie waren einander so nahe wie Brüder. Als Crenshaw eine Sekretärin in der Justizverwaltung namens Margaret heiratete, fragte sie Rudoff scherzhaft, ob er sie auch während der Flitterwochen begleiten wolle. Nachdem sie zu Sergeants ernannt worden und nicht mehr länger Partner waren, verbrachten sie noch immer viel Zeit zusammen. Bis Crenshaw eines Nachts, als er in einem Zivilfahrzeug von einer ergebnislos verlaufenen Überwachung nach Hause fuhr, einen Buick stoppte. Der Fahrer hatte einen Revolver bei sich. Sie hatten einen Wortwechsel, und es wurden fünf Schüsse abgegeben. Einer davon durchschlug das goldfarbene Abzeichen in Crenshaws Jacke. Die tödliche Kugel drang ihm in die Brust.

Die Schießerei ereignete sich direkt vor der Wohnung von Officer Simmons Arrington, 31 Jahre alt. Er hörte die Schüsse, rannte nach draußen und fand Crenshaw auf der Straße. Er hielt den sterbenden Polizeibeamten in seinen Armen.

Ein kleiner Ganove mit Namen Charles Vassar, 22, wurde noch in derselben Nacht verhaftet.

Rudoff schämte sich seiner Tränen nicht. »Harry machte viele Fehler«, erzählte er mir. »Wir haben beide in vielen, vielen gefährlichen Situationen gesteckt, aus denen wir uns jedes Mal befreien konnten, ohne daß jemand verletzt worden wäre. Offenbar ist er nicht auf der Hut gewesen.«

Rudoff eilte in das hübsch eingezäunte, gelbe und weiße Haus seines Partners und brachte Margaret zu ihren Eltern. Später in der Nacht brach jemand ein und verwüstete das Haus des toten Cops.

Was sich wirklich zwischen Crenshaw und seinem Killer abgespielt hat, ist nie ganz geklärt worden. Nach der gerichtlichen Anhörung erhängte Vassar sich in seiner Zelle.

Drei Tage nach dem Tod von Harrison Crenshaw wurde Officer Simmons Arrington in Uniform und auf Patrouille über Funk zu einer Auseinandersetzung unter Nachbarn gerufen – reine Routine. Ein Anwohner hatte sich beklagt, ein Mann mit Namen Sam Smith bedrohe ihn. Smith saß in einem Wagen, als Officer Arrington ankam.

»Ich bin der Mann, den Sie suchen!« rief er laut. Als der Officer auf ihn zuging, feuerte Smith aus kürzester Entfernung mit einer Schrotflinte auf ihn.

Zweiundsiebzig Stunden vorher war ein Kollege in Arringtons Armen auf der Straße gestorben. Jetzt war er selbst tot.

Cops, die eine Schießerei überleben, verlieren mitunter den Mut und wollen sich aus dem Polizeidienst zurückziehen. Wer wollte es ihnen verdenken? Nur wenige sind wie Everett Titus, der entgegen allen Schwierigkeiten entschlossen war, in den Dienst zurückzukehren. Er riskierte das eigene Leben, um ein anderes zu retten.

Ein junger Mann, neunzehn Jahre alt und zum Selbstmord entschlossen, richtete ein Gewehr gegen den eigenen Bauch. Er hatte mit ansehen müssen, wie sein Vater sieben Jahr zuvor von einem Nachbarn erschossen worden war. Jetzt wollte er ebenfalls sterben.

»Er war wirklich drauf und dran, sich selbst zu erschießen«, sagte Titus später. »Er hatte bereits den Finger am Abzug. Die einzige Möglichkeit ihn noch aufzuhalten, ihm das Gewehr wegzunehmen.« Noch während sie miteinander kämpften, richtete sich der Lauf des Gewehres auf die Tür. »Mein Partner kam herein. Ich wußte, er würde getroffen werden. Ich schlug das Gewehr nach unten.«

Ein Schuß löste sich. Der Schuß zerschmetterte Titus den Oberschenkel und riß drei Inches von seinem Knochen heraus. Die Ärzte wollten das Bein amputieren, aber er wehrte sich dagegen. Drei Ärzte sagten, er werde sein Bein nie wieder gebrauchen können, daher suchte er sich einen vierten Arzt. Der neue Plan war, die einzelnen Stücke des Knochens wieder zusammenheilen zu lassen und dann einen künstlichen Knochen mit Hilfe von Metallplatten zu implantieren.

Das Einsetzen des künstlichen Knochens fand nie statt. In seinem Bein gibt es keinerlei Metallplatten. Titus kehrte an seine Arbeit zurück, trotz des Rollstuhles, trotz der Klammer, trotz Krückstock, trotz der Einwände der Ärzte, die gesagt hatten, er werde nie wieder gehen oder als Polizist arbeiten können.

Der Neubeginn war qualvoll. Er lag im Streckbett mit Gewichten von vierzig Pfund an den beiden Enden der Nägel, die quer durch seine Bein getrieben waren. Überraschenderweise begannen die um drei Inches voneinander entfernten, zerschmetterten Knochenstümpfe, Kalzium abzusondern − fast wie ein Spinnennetz. Es dauerte ein halbes Jahr, aber der Knochen regenerierte sich. Muskeln, die als unwiederbringlich zerstört abgeschrieben worden waren, bildeten sich neu. Vielleicht war das Geheimnis, daß er jeden Tag unter therapeutischer Aufsicht ins Schwimmbecken stieg.

Titus ist Vater von fünf Kindern. Seine Frau stellte fest, daß sie schwanger war, während er im Krankenhaus lag, unsicher, ob er je wieder würde gehen können. »Sie kam in mein Zimmer und strahlte über das ganze Gesicht«, sagte er. Kurz nach seiner Entlassung aus dem Krankenhaus stellte er den Rollstuhl beiseite. Sie steckten seine ganze mächtige Gestalt von sechs Fuß und vier Inches Größe in ein von den Knöcheln bis zur Taille reichendes Stützkorsett, doch darin fühlte er sich behindert, und er schwor, es nicht weiter zu tragen. Er zog es aus, stand auf und ging. Er hätte seinen Abschied nehmen können, aber er hatte eine Position als stellvertretender Abteilungsleiter bei der Minnesota Mining and Manufacturing Co. und ein um sechstausend Dollar höheres Jahresgehalt aufgegeben, um Cop zu werden.

Ein Jahr nach der Schießerei kehrte Everett Titus an seinen Arbeitsplatz zurück.

Und der Mann, der auf ihn geschossen hatte? Kurz bevor der Fall vor Gericht kommen konnte, erreichte der Angeklagte aufgrund eines Verfahrensfehlers seine Freilassung und ging ohne Strafe davon.

»Zu schade«, sagte Titus, »weil der Junge wirklich psychiatrische Hilfe gebraucht hätte. Mir tut es nicht für mich selbst leid. Ich habe getan, was ich für richtig hielt. Ich würde es wieder tun. Ich werde dafür bezahlt. Mir tut es nur für meine Familie leid.

Auf mich wurde bereits viermal geschossen, bevor ich einmal getroffen wurde. Jeder Polizeibeamte und seine Familie wissen, daß man auf ihn schießen könnte. Es ist ein ganz normaler Vorgang im Leben eines Cops.«

Patrouillengang ist der gefährlichste Job für einen Cop. Männer und Frauen in Uniform sind leicht auszumachende Ziele. Auch andere Polizeibeamte mögen sich mitunter einer Gefahr ausgesetzt sehen – aber nicht mir derselben Häufigkeit wie Streifenpolizisten. Die ständig wachsende Anzahl von Schießereien mit der Polizei ist auf die Drogen-Kriminalität zurückzuführen, aber die meisten erschossenen Cops werden während routinemäßiger Verkehrskontrollen oder bei dem Versuch, bei Familienstreitigkeiten zu schlichten, angegriffen.

Am Tag nach dem 15. Mai, dem Nationalfeiertag für die im Dienst gefallenen Polizisten, wurden drei andere Cops niedergeschossen – Streifenpolizisten. Der Schütze war ein liebeskranker Ehemann, der seiner untreuen Ehefrau nachspionierte.

Sie hatten jung geheiratet – zu jung. Die Braut war vierzehn, der Bräutigam siebzehn Jahre alt. Jetzt, dreieinhalb Jahre später, wollte sie aus dieser Ehe heraus. Er war auf Urlaub von der Army, trug einen roten Trainingsanzug und eine Schultasche und lauerte unter den Kiefern in der Nähe des Hauses, wo sie mit ihrer Mutter, ihrer neunundsiebzig Jahre alten Großmutter und ihrer einhunderteins Jahre alten Urgroßmutter lebte.

Als seine Frau gegen zwei Uhr im Wagen ihrer besten Freundin nach Hause kam, eröffnete er das Feuer. Die getroffene Fahrerin taumelte aus dem Wagen und floh. Ein anderes Mädchen im Teenageralter rannte ebenfalls davon. Die entsetzte Ehefrau kroch vom Rücksitz auf den Fahrersitz und versuchte davonzufahren. Er holte sie an der Ecke ein, packte sie an der Kehle, schlug ihr den Revolver gegen den Kopf und verschaffte sich gewaltsam Zugang zum Wageninneren. Das Paar kämpfte miteinander, während der Wagen die Straße hinunter schlingerte. Nachbarn riefen die Polizei.

Die Officers Keith DiGenova, 27, sein bester Freund, William Cook, 25, und Robert Edgerton, 39, kamen als erste an.

Der Funkspruch hatte eigentlich einem anderen Officer gegolten, aber der Ruf beschrieb eine Schießerei, und sie waren näher am Ort des Geschehens. Es war 14 Uhr 10, vierzig Minuten vor dem Schichtwechsel, fünf Minuten bevor sie Liberty City verlassen und zurück zu ihrer Station fahren sollten. Jeder saß in seinem eigenen Patrouillenwagen.

Ein Apotheker, der in der Nähe wohnte, hörte den Tumult und näherte sich dem Wagen, der jetzt auf der Kreuzung stand. Die verängstigte Frau bat ihn, die Polizei zu rufen. Der Ehemann schwenkte seinen Revolver und forderte ihn auf zu verschwinden. Der Apotheker sah, wie DiGenova sich in seinem Patrouillenwagen näherte, und winkte ihn heran.

»Das ist der Wagen, da auf der Kreuzung«, sagte er. »Er hat einen Revolver. Der Mann im Wagen hat einen Revolver.« Cook und Edgerton kamen Augenblicke später an. Bei Cook saß ein Hilfsbeamter mit im Wagen.

Während die Polizei den Ehemann ablenkte, floh die verletzte Frau aus dem Wagen. Officer DiGenova, den Dienstrevolver in der Hand, griff durch das offene Fenster in der Beifahrertür, um den Fahrer zu entwaffnen. Der Hilfsbeamte versuchte auf der Fahrerseite, den Mann festzuhalten, der wie wild um sich schlug und ständig Drohungen ausstieß.

DiGenova hatte den Oberkörper vollständig durch das Beifahrerfenster geschoben, als der Fahrer sich plötzlich befreite und ihm unmittelbar ins Gesicht schoß. DiGenovas Dienstrevolver fiel auf den Beifahrersitz, während er selbst auf das Pflaster hinuntersank.

In den dann folgenden Sekunden schoß Officer Edgerton durch ein kleines Lüftungsfenster auf den Revolverschwinger, steckte den eigenen Revolver ins Halfter und eilte näher, um DiGenova zu helfen. Der verwundete Mann hatte jetzt keine Munition mehr, aber er fand den Revolver des Polizisten auf dem Sitz und erschoß damit sowohl Edgerton als auch William Cook.

Detective Dan Blocker vom Raubdezernat hatte den Notruf wegen der Schießerei ebenfalls aufgefangen. Als der Mörder aus seinem Wagen stieg, ging er in Deckung und feuerte auf ihn.

Blocker zielte sorgfältig und tötete ihn.

Officer Cook war tot, direkt unter dem Arm getroffen, einen Viertelinch oberhalb seiner kugelsicheren Weste. Edgerton hatte keine kugelsichere Weste getragen. Er war in die Brust und den rechten Arm getroffen worden. Er überlebte seine schweren Verletzungen und kehrte in den Dienst zurück. DiGenova erlitt schwere Dauerschäden des Gehirns und wird nie wieder ein Polizeiabzeichen tragen.

Die Schießerei rief wütende Kontroversen unter den Cops hervor.

Maron Hayes, 59, ein Maler und Tapezierer, hatte die ganze Sache mit angesehen. »Ich verstehe nicht, wie die Polizisten es zulassen konnten, daß er sie erschoß«, sagte er. »Die Polizisten standen vor seinem Wagen und hatten ihre Revolver direkt auf ihn gerichtet. An jeder Tür war ein Officer, einer zielte mit dem Revolver auf die Windschutzscheibe und einer nach hinten. Sie sagten: ›Beruhigen Sie sich, werfen Sie die Waffe weg!‹ Er schoß noch einmal auf die Frau. Dann schoß er auf die drei Polizisten. Keiner der drei hätte erschossen zu werden brauchen – nicht einer. Ich verstehe einfach nicht, warum sie nicht zuerst geschossen haben.«

Die Polizisten verstanden, warum, und waren in höchstem Maße aufgebracht. Obwohl DiGenova eine Chance gehabt hätte, den Revolverhelden zu erschießen, hatte er lediglich versucht, ihn zu entwaffnen. »Er hätte diesen Hundesohn erschießen sollen«, erzählte mir Sergeant James Duckworth von der Mordkommission. »Der logisch denkende Polizist früherer Jahre hätte ihn durch das offene Fenster erschossen. Es ist eine

Schande, daß die Polizisten heutzutage keine Polizisten mehr sein können.«

Er beschuldigte die Officers, sie hätten Leben rettende Sekunden verstreichen lassen, weil jüngste Anklagen gegen Kollegen wegen Brutalität im Dienst sie hatten zögern lassen, Gewalt anzuwenden. Die Anklagen rührten daher, daß eine Razzia im falschen Haus vorgenommen worden war. Weiße Cops waren beschuldigt worden, einen schwarzen Lehrer und seine Familie, die sie irrtümlich für Drogenhändler gehalten hatten, verprügelt zu haben.

Duckworth, der jetzt einen Fall untersuchte, in dem drei weiße Polizisten von einem Schwarzen erschossen worden waren, glaubte, die Officers hätten allesamt das Gefühl gehabt ›ich will nicht nächster sein, der vor Gericht muß.‹

Man wird nie in Erfahrung bringen, was die Officers wirklich gedacht haben.

Eine Reihe anderer Cops hatte seit der Durchsuchung des falschen Hauses nicht gezögert, von der Waffe Gebrauch zu machen. Einer hatte vor einer Bar einen Mann erschossen, der eine Waffe in der Hand schwenkte. Ein Officer hatte außerhalb seiner Dienststunden den unbewaffneten Footballstar eines Colleges bei einer Schießerei in der Bar erschossen, und ein dritter zögerte – auch außerhalb seiner Dienststunden – nicht, das Pony seines Nachbarn zu erschießen, weil es in seinen Garten gelaufen war.

Aber die Cops des Dade-County machten für die Tragödie in ihrer Wut und in ihrer Trauer eine grimmige Wahrheit verantwortlich: »Schieße, und du giltst als brutal; schieße nicht, und du bist tot.«

Niemand hat je behauptet, der Dienst bei der Polizei sei einfach.

Die einzigen Menschen, die nicht verbittert waren, waren die trauernden Familienmitglieder von William Cook. Als Teenager war er einmal aus der Schule nach Hause gekommen und hatte gesagt: »Mom, ich werde einmal Polizeibeamter.« Er war so stolz auf seine Uniform, sagten Familienmitglieder, daß er sie hegte und pflegte wie andere Leute ihr Auto. Als Junge war er bei den Pfadfindern gewesen und war später Mitglied einer High-School-Band geworden, wo er die Trompete spielte. Als begeisterter Amateurfotograf hatte er gehofft, eines Tages in einem Kriminallabor arbeiten zu können. Er war schon auf der Warteliste gewesen, als er starb.

Er hatte gerade von der Nachtschicht zum Tagesdienst gewechselt und freute sich nun auf seinen freien Samstag und Sonntag. Das bevorstehende Wochenende wäre sein erstes freies Wochenende gewesen. Er hatte vorgehabt, in den Everglades zu fotografieren. Er und seine junge Frau Karen hatten keine Kinder, aber er spielte den Weihnachtsmann für seine kleine Nichte und seinen Neffen.

»Wenn man irgend jemanden brauchte, um häusliche Streitereien zu schlichten, rief man immer nach Billy«, erzählte seine Mutter mir. »Er hatte so eine wundervolle Art, mit den Leuten zu reden und sie wieder zu beruhigen.«

Cook fuhr jeden Tag bei seiner verwitweten Mutter vorbei, um ein bißchen mit ihr zu plaudern. Als er an diesem Tag nicht kam, wurde sie unruhig. Sie rief gegen vier Uhr nachmittags seine Frau an. Karen versicherte ihr, Billy gehe es gut und er sei wahrscheinlich nur noch zu einem späten Einsatz gerufen worden. Die besorgte Mutter legte den Hörer auf und trat auf die Veranda hinaus. Dort standen zwei Polizisten.

»Geht es um meinen Sohn Billy?« fragte sie. Sie nickten.

Sie hatte ihm vor sechs Jahren auf der Polizeiakademie selbst das silberne Abzeichen angesteckt. An diesem Tag hatte er ihr versprochen: »Mom, ich werde dafür sorgen, daß du immer stolz auf mich sein kannst.«

Das tat er auch.

Und Billy wäre stolz auf seine Familie gewesen. Trotz aller Tränen ermunterte Julia Cook, 63, andere, in die Fußstapfen ihres einzigen Sohnes zu treten und den Beruf zu ergreifen, den dieser so sehr geliebt hatte.

»Wir empfinden keine Bitterkeit gegenüber der Polizei«, erzählte seine Schwester, Nancy Colamatteo. Und auch für den Mann, der ihren Bruder getötet hatte, empfand die Familie nicht anders. »Er muß verrückt gewesen sein«, sagte sie.

»Wenn er Billy gekannt hätte, dann hätte er ihn nicht erschossen.«

»Wenn der Mann, der ihn erschossen hat, auch nur einen Tag mit ihm hätte verbringen können, dann hätte er ihn sehr gemocht«, sagte ihr Ehemann, Jim Colamatteo.

Die aufwendigste Menschenjagd in der Geschichte Miamis galt dem Killer, der an einer Mautstation den jungen Highway-Polizeibeamten Bradley Glascock ermordet hatte. Wieder einmal klingelte mein Telefon mitten in der Nacht. Gegen 2 Uhr 50 am Morgen war ein Streifenbeamter von einem Autofahrer niedergeschossen worden, als dieser ihn anhielt, nachdem er eine Autobahngebühr in Höhe von zehn Cent nicht entrichtet hatte.

Ich kannte Glascock. Er hatte Geistlicher werden wollen, bevor er zur Autobahnpolizei gegangen war. Er war 24 Jahre alt.

Der Killer saß am Steuer eines schon etwas heruntergekommenen Cadillac Eldorado, Baujahr 1969, als ihn der gutgebaute, sechs Fuß, vier Inches große und zweihundertvierzig Pfund schwere Streifenbeamte gleich hinter der Mautschranke stoppte. Der Fahrer war mit einem gestohlenen Revolver bewaffnet. Er wurde mit Haftbefehl wegen Fahrens ohne Führerschein gesucht, und außerdem verrichtete er kleinere Kurierdienste für Drogenhändler.

Für den Streifenbeamten schien die ganze Aktion reine Routine, aber als er den Fahrer nach dem Führerschein fragte, eröffnete dieser das Feuer. Der Streifenpolizist griff nach seinem Revolver, aber es war schon zu spät. Eine Kugel vom Kaliber .39 zerschmetterte sein Herz. Eine andere verletzte sein Rückgrat schwer. Jede von ihnen wäre tödlich gewesen.

In jener Nacht fuhr ein junger Mann mit dem Streifenpolizisten mit, der begierig war, die Arbeit der Gesetzeshüter kennenzulernen. Er griff nach der Schrotflinte in dem Patrouillenwagen und feuerte viermal, wobei er das Rückfenster des Cadillac zerschmetterte und den fliehenden Killer verletzte.

Der blutüberströmte Wagen wurde kurze Zeit später verlassen aufgefunden und der Killer als Felix Ramon Cardenas Casanova identifiziert.

Cardenas, ein kleiner, muskulöser neunundzwanzigjähriger Fischer, war bekannt dafür, daß er stets eine Waffe bei sich trug und in Bars keinem Streit auswich. Er galt in den einschlägigen Lokalen von Miami als ausgesprochen harter Bursche. Ein alter Feind, der von ihm 1973 bei einer Schießerei in einer Bar verletzt worden war, glich sein Konto mit ihm aus, indem er den Detectives seinen Namen nannte.

Nur fünf Fuß und fünf Inches und einhundertsechsundvierzig Pfund schwer, war Cardenas ein Mann mit Vergangenheit: Anklagen wegen Drogengeschäften in Tampa, eine Verhaftung wegen Mordes in Nassau und die Schießerei in der Bar in Miami.

Sergeant Mike Gonzalez von der Mordkommission in Miami, Miamis Sondereinsatzkommando, Motorrad-Streifen, ein Helikopter, Detectives und Polizeihunde suchten nach dem verwundeten Polizistenmörder. Alle Krankenhäuser waren in Alarmbereitschaft. Ähnliches galt für die Fischereihäfen in Florida. Die Boote auf dem Miami-River und ein einundzwanzig Blocks umfassendes Areal in der Nähe des Flughafens wurden Haus für Haus von mehr als hundert Polizeibeamten durchsucht.

Scharen von Cops opferten ihre freie Zeit, um sich an der Menschenjagd zu beteiligen. Einer der Kollegen opferte sogar noch mehr: der Neuling im Polizeidienst John Rambach meldete sich für 12 Stunden Sonderdienst, ging dann nach Hause in sein schlichtes Apartment, diskutierte die Angelegenheit mit seiner Frau Debbie – und unterschrieb einen Scheck über eine Summe, die den größten Teil seines monatlichen Nettoeinkommens ausmachte. Debbie und John Rambach, Eltern zweier kleiner Mädchen, setzten fünfhundert Dollar Belohnung aus für Informationen, die zur Verhaftung des Killers führen konnten. Falls niemand sich das Geld verdiente, erklärten sie, wollten sie, daß es für die Anschaffung von kugelsicheren Westen für andere Polizisten verwendet werde.

Die gesetzgebenden Körperschaften von Florida hatten zweimal die Anschaffung von Schutzwesten für Streifenpolizisten erwogen und diesen Gedanken wieder fallengelassen. Zu jener Zeit hätten diese Westen zwischen zweiundachtzig und einhundertzehn Dollar gekostet.

»Es sind so viele Leute im Einsatz, die keine Westen besitzen – und die zu Hause Frauen und Kinder haben«, sagte Debbie Rambach leise. Ihr Ehemann trug die seine, ein Geschenk seines Vaters, der in Jacksonville selbst Polizeibeamter war, ständig am Körper.

Ihre Geste rührte die Leser. Von überallher kam Geld für die Anschaffung kugelsicherer Westen und für die Belohnung auf den Kopf des Killers.

Die meisten Menschenjagden laufen langsamer, wenn die Spur kalt wird, doch diese beschleunigte sich noch und breitete sich über den ganzen Staat aus. In Naples an Floridas Westküste wurden Straßenblockaden errichtet, nachdem ein Hotelangestellter von einem Gast erzählte, der Cardenas ähnelte; ein anderer Doppelgänger wurde auf einer Straße in Little Havana geschnappt; Angestellte der Southern Bell jagten hinter einem verdächtigen Wagen her; Anwohner gestatteten den Einsatzkommandos ohne weiteres, ihre Häuser zu durchsuchen. Drei Tage nach dem Mord schien die Polizei der Verhaftung des Mörders keinen Schritt näher gekommen zu sein, trotz der mehr als tausend Hinweise aus der Bevölkerung. Viele hatten seit der Schießerei nicht mehr geschlafen.

»Man fühlt sich so hilflos«, sagte einer der Bereitschaftspolizisten mit tiefen Ringen unter den Augen. »Bei uns allen liegen die Nerven bloß, aus Mangel an Schlaf und an Anhaltspunkten.«

»Er versteckt sich«, vermutete ein Detective aus Miami, »und er wird auch nicht aus seiner Höhle herauskommen, bis sich die überhitzten Gemüter wieder beruhigt haben.«

Der Detective, der in Little Havana den Doppelgänger entdeckt hatte, war überrascht von der Ähnlichkeit. Der Mann, der eine Zeitung unter dem Arm trug, leugnete, Cardenas zu sein. Als man ihm sagte, er solle sich einmal das Bild des Flüchtigen in der Zeitung ansehen, wurde er bleich. »Er sieht genau aus wie ich«, mußte er zugeben. Er wurde fotografiert, man nahm seine Fingerabdrücke und kündigte ihm an, er werde womöglich wieder einmal gestoppt werden.

Der Polizist Glascock wurde beerdigt, während die auf seinen Mörder ausgesetzte Belohnung immer weiter wuchs, die Spender von kugelsicheren Westen immer zahlreicher wurden und der Killer noch immer auf freiem Fuß war.

Das Büro der Pflichtverteidiger richtete eine Sondernummer ein, unter der Cardenas sich melden konnte, um über eine für ihn gefahrlose Auslieferung an die Polizei zu sprechen. »Wir hoffen nur, die Polizei wird uns erlauben, uns zuerst mit ihm zu befassen«, sagte der stellvertretende Pflichtverteidiger Michael Von Zamft. »Wir möchten nicht, daß irgend jemand zu Schaden kommt. Wir versuchen nur, der Polizei zu helfen.«

Minuten nachdem diese Nummer im spanischsprachigen Radio verbreitet worden war, benutzte sie schon jemand.

»Kommt und holt mich. Kommt und holt mich. Das MacAllister Hotel«, sagte der Anrufer und hängte ein. Zwei Pflichtverteidiger und einer ihrer Ermittler rasten gemeinsam in das Hotel in der Downtown. Sie rannten die Korridore auf und nieder und schrien durch die Treppenfluchten: »Wir sind hier, Felix! Wir sind hier, um Ihnen zu helfen!« Niemand antwortete, am wenigsten Felix Ramon Cardenas Casanova, der zur gleichen Zeit in Palm Beach von drei Polizisten gesucht wurde, die glaubten, ihm dicht auf den Fersen zu sein, und von Detectives in Miami, die inzwischen ein Motel eingekreist hatten. Die Menschenjagd wurde für den Doppelgänger von Felix Ramon Cardenas Casanova zur reinen Hölle. Er wagte nicht mehr, sich in der Öffentlichkeit sehen zu lassen. Raoul Llerena, ein gutmütiger Teppichleger mit Frau und Kind, durchlebte wahre Alpträume, aus denen er dann aufschreckte und schrie: »Ich bin nicht er! Ich bin nicht er!« Er benutzte nur noch Seitenstraßen, hielt sich von Menschenansammlungen fern und versuchte, ein Zusammentreffen mit Polizisten zu vermeiden. Da er ihm aufs Haar glich, wurde er wiederholt ›gefangen‹, die Fingerabdrücke wurden ihm abgenommen, er wurde fotografiert und befragt: »Von vorn, von der Seite, mit einem Hemd und ohne ein Hemd« — und immer wieder vernommen. Er hatte Angst, erschossen zu werden.

Wir trafen uns auf einem dämmrigen Parkplatz in Little Havana. Ich brachte einen Fotografen mit. Llerena blickte sich immer wieder nervös um und sagte mit gequält klingender Stimme: »Ich möchte, daß jeder weiß, daß ich nicht der Killer bin.« Er blickte mit leeren Augen auf ein Zeitungsfoto von Felix. »Es ist mein Gesicht«, sagte er, »aber ich bin es nicht.«

Schon vor drei Jahren hätten die Leute ihm gesagt, er habe einen Doppelgänger. Die beiden besuchten gelegentlich dieselben Lokale in Little Havana, begegneten einander aber nie. Inzwischen war sein Double der meistgesuchte Flüchtige im ganzen Land, ein Mann, auf dessen Kopf ein Preis ausgesetzt war.

»Er steht im Rampenlicht«, sagte Eduardo Perez, einer seiner Freunde. »Wenn ich ein Polizist wäre, ich würde ihn ohne große Umschweife in den Kopf schießen und die Belohnung kassieren.« Llerena lachte nicht.

Die Polizei hatte ihm eine Bescheinigung ausgestellt, daß er nicht Cardenas war. Aber die Autobahnpolizei gab ihm keinerlei Chance, dieses Papier aus der Tasche zu holen, als sie ihn in dieser Nacht wieder einmal ›gefangennahmen‹.

Als die Polizei das Foto des Flüchtigen in Llerenas Nachbarschaft herumzeigte, schickten hilfsbereite Anwohner sie zu seiner Schwiegermutter. Dort zogen sie das Foto des Flüchtigen aus der Tasche. »Er sieht wirklich aus wie mein Schwager«, sagte der Bruder seiner Frau wahrheitsgemäß.

»Ich kann mir plastische Chirurgie nicht leisten«, sagte er verzweifelt. »Ich habe Angst, erschossen zu werden.«

»Ich nehme an, Sie werden sehr erleichtert sein, wenn Felix gefaßt ist«, sagte ich.

»Ich möchte nicht, daß irgend jemandem etwas Böses widerfährt«, erwiderte er rasch. Er wollte nicht einmal dem Flüchtigen schaden. »Alles, was ich mir für mein Leben wünsche, ist, wieder wie zuvor in Ruhe gelassen zu werden.« Er hatte in dieser Woche zwei Aufträge rückgängig gemacht, weil er Angst hatte, auf die Straße zu gehen. Wohin auch immer er jetzt ging, sagte er, starrten ihn die Leute an, benahmen sich seltsam und eilten zur nächsten Telefonzelle. Viele Tips, die die Polizei bekommen hatte, rührten ganz offensichtlich daher, daß Passanten den verschüchterten Llerena gesehen hatten.

Ich sagte ihm, er solle sich keine Sorgen machen, unsere Geschichte werde jedermann zeigen, daß er nicht der Gesuchte sei.

»Sehen Sie ihn sich doch an«, sagte sein Freund Perez, der Felix Cardenas ebenfalls kannte. »Dieselbe Nase, dasselbe Haar, die Augen...«

In der Ferne heulten Sirenen auf und wurden lauter. »Bitte, sagen Sie ihnen, daß ich es nicht bin«, flehte Raoul, dann verschwand er in der Dunkelheit.

Kurz nach zehn Uhr morgens am folgenden Tag rief der Flüchtende die Mordkommission von Miami an und bot an, sich in aller Stille zu ergeben ›ohne Polizisten in Uniform, ohne Sirenen, ohne öffentliches Aufsehen und ohne Anwälte‹.

Polizist Anthony Valdes und Detective Luis Albuerne von der Mordkommission in Miami fragten den Anrufer nach Cardenas Geburtsdatum. Seine Antwort war korrekt: 11. November. »Ich bin derjenige, der den Polizisten erschossen hat«, behauptete er und versprach, sich ohne Hemd zu ergeben, um zu zeigen, daß er unbewaffnet sei.

Cardenas war um drei Uhr morgens in das kleine Hinterzimmer des Ladens eines Freundes gegangen. Er schlief auf schmutzigen Zeitungen, bis der Mann sein Geschäft eröffnete. Cardenas sagte, er habe damit gerechnet, daß die allgemeine Aufregung sich legen werde, doch das war nicht geschehen, und ihm war klar, daß er gefaßt werden würde. Sie beschlossen gemeinsam, er solle sich stellen, und riefen die Mordkommission an. Freudenrufe klangen im Hauptquartier auf, als Albuerne über Funk mitteilte, er habe Felix in seinem Wagen.

Er gestand ohne Umschweife, den Polizisten erschossen zu haben, sagte aber: »Ich weiß nicht, warum ich das getan habe.«

Während der acht Tage, die er auf der Flucht gewesen war, hatte er sich nachts herumgetrieben, sich in Büschen versteckt und in Autos und Lagerschuppen geschlafen. In der zweiten oder dritten Nacht hatte er sich ein Zimmer in einem Motel in

Little Havana gemietet und einem Mann fünfundzwanzig Dollar gezahlt, damit dieser ihm Verbandszeug für seinen verletzten Zeigefinger besorgte. Er versteckte sich im Badezimmer des Motels, so daß das Zimmermädchen sein Gesicht nicht sehen konnte. Als er fürchtete, sie sei mißtrauisch geworden, war er geflohen. Er hatte eine Menge Leute um Hilfe gebeten, aber keine gefunden.

»Wir möchten der Öffentlichkeit danken«, sagte Sergeant Mike Gonzales. »Sie hat uns geholfen, indem sie ihm nicht half.«

Müde, nervös und ausgelaugt, im linken Zeigefinger eine schwere Infektion, schien Cardenas erleichtert, daß die Jagd nach ihm zu Ende war. »Ich weiß, was ich getan habe, war falsch, und ich bin auch willens, die Konsequenzen zu tragen«, sagte er.

Die Konsequenzen waren eine lebenslange Gefängnisstrafe.

Eine Woche nach der Verhaftung klingelte es an der Tür des Autobahnpolizisten Don Boniface, eines Kollegen des ermordeten Polizisten. Draußen standen fünf junge Burschen aus der Nachbarschaft, die er schon seit Jahren kannte. »Hier ist Geld«, sagte einer. »Gehen Sie und kaufen Sie sich eine kugelsichere Weste.« Sie überreichten ihm einen schweren Beutel, der siebzig Dollar in Münzgeld enthielt und weitere fünfzig Dollar in Ein-Dollar-Noten, die sie mühsam gesammelt hatten.

Es waren Jugendliche, denen er den Hintern versohlt, die er nach Hause gebracht und belehrt hatte. Einige von ihnen hatte er in Jugendmannschaften betreut und mehr als einem auch schon mal eine Fahrkarte spendiert. Die jüngste Spenderin, drei Jahre alt, hatte das Geld gegeben, das sie von ihrer Mutter für Süßigkeiten bekommen hatte.

Der sechs Fuß große, zweihundert Pfund schwere Polizist mußte einen Augenblick von der Tür zurücktreten, um die Fassung wiederzufinden. Die Jugendlichen wollten, daß Boniface sich auf der Stelle seine kugelsichere Weste besorgte, und sagten, falls Geld übrigbliebe, solle dies helfen, Westen für andere

Polizisten anzuschaffen. Sie drohten ihm an, wenn sie ihn jemals ohne diese Weste erwischten, müsse er fünf Dollar Strafe bezahlen.

Das klang vernünftig.

Kugelsichere Westen funktionieren. Viele Cops mögen sie nicht tragen, vor allem nicht im Sommer — aber es gibt Officers im Dade-County und überall sonst im Land, die heute ohne sie tot wären.

Officer Michael Kane hielt einmal nachts um ein Uhr einen verdächtigen Mann an, der sich in der Dunkelheit hinter einem Lagerhaus herumtrieb. Als er aus seinem Wagen ausstieg, ging der Mann ganz schnell hinter das Gebäude. Kane folgte ihm. Der Mann erwartete ihn schon. »Ich hörte ein ›Plopp‹ und sah das Mündungsfeuer«, erzählte Kane mir. Die Kugel traf ihn in der Mitte des Körpers. Ich bin erschossen worden, dachte er, aber ich stehe noch immer aufrecht.

Die Weste hatte gehalten.

Die Wucht des Aufpralls allerdings hätte ihn fast von den Füßen gefegt. Noch während er zurücktaumelte, feuerte er auf den flüchtenden Mann, der ihm aber entwischte.

»Ich bin getroffen worden«, berichtete Kane über Funk. »Aber ich bin in Ordnung.« Er forderte alle, die ihm helfen wollten, auf, sich nicht zu übereilen. Es hätte keinen Sinn gehabt, wenn irgend jemand verletzt worden wäre.

Es war das dritte Mal, daß man auf ihn schoß, aber zum ersten Mal war er getroffen worden. Die Kugel hatte fünf Lagen der insgesamt zwölf seiner kugelsicheren Weste durchschlagen. Die plattgedrückte Kugel hinterließ ein kleines, sauberes Loch in seinem braunen Uniformhemd und eine schmerzhafte Schramme über seiner Leber, aber die Haut war nicht einmal geritzt worden.

Die zweihundertzweiundvierzig Dollar teure Weste war die zweite in sechs Jahren, die Kane sich gekauft hatte. Die erste hatte er so lange getragen, bis sie zu abgenutzt war. Fast hätte er aufgehört, eine zu tragen, nachdem er einen Hitzschlag erlitten hatte, als er vor vier Jahren einen Verdächtigen verfolgte. Doch heute, von einem Rollstuhl im Krankenhaus aus, wohin man ihn zur Beobachtung gebracht hatte, sagte er: »Das Tragen einer solchen Weste ist höchst mühselig. Sie ist schwer. Im Sommer ist es heiß und im Winter warm, aber ich wünschte, alle meine Freunde würden eine tragen.«

Als Officer Nathaniel Broom aus Miami erschossen wurde, hing seine kugelsichere Weste in seinem Spind einige Blocks weiter im Hauptquartier. Hätte er sie getragen, hätte sie ihm vielleicht das Leben gerettet.

Ein Hohlmantelgeschoß, abgefeuert von einer Smith and Wesson vom Kaliber .38, durchbohrte sein Herz. Die Wucht des Aufpralls warf ihn zurück, holte ihn von den Füßen, und eine zweite Kugel durchschlug die Sohle seines Schuhs.

Er war dreiundzwanzig Jahre alt. Er hatte einen grünen Volkswagen angehalten, der in Overtown eine Einbahnstraße in der verkehrten Richtung gefahren war. Broom hatte erst acht Monate zuvor die Polizei-Akademie beendet. Sein Partner war ebenfalls ein Anfänger, der vor zwei Monaten die Akademie verlassen hatte. Sie hatten nicht wissen können, daß der Volkswagen gestohlen war − oder daß der Fahrer, der heraussprang und davonrannte, bewaffnet war.

Broom stürzte aus seinem Streifenwagen und verfolgte ihn über eine belebte Kreuzung hinweg. Zwei Monate zuvor hatte Broom einige Blocks entfernt ein gestohlenes Motorrad angehalten. Der Fahrer war damals auch davongerannt. Broom hatte eine Belobigung dafür bekommen, daß er ihm nachgerannt war und ihn zur Strecke gebracht hatte, was zumindest zum Teil das Verhalten des jungen Officers erklärte.

Als sein unerfahrener Partner den Streifenwagen gewendet hatte, war Broom schon nicht mehr zu sehen gewesen, weil er durch eine schmale Gasse hinter dem Verdächtigen herrannte. Diese Gasse trennte eine alte Kirche von einem zweistöckigen Gebäude mit Geschäften im Parterre und Wohnungen darüber. Es war eine Sackgasse. Der flüchtende Mann versuchte, durch einen angrenzenden Laden zu entkommen. Ein Angestellter sah ihn und rief einen Kollegen.

»Ich sah in sein Gesicht, und er sah in meines«, sagte einer von ihnen später. Der bedrängte Mann drehte sich um und zog einen schwarzen Revolver. »Er ließ sich hinter dem Gebäude auf der Suche nach Deckung fallen. Den Revolver hielt er in der rechten Hand, balancierte ihn mit der linken Hand aus, nahm sich Zeit, zielte und feuerte. Ich war erstaunt. Ich habe so etwas seit Vietnam nie wieder gesehen. Dann sprang er über den Zaun und rannte davon.«

Von seiner Position aus konnte der Mann, mit dem ich sprach, das Ziel des Revolverschützen gar nicht sehen, aber er schloß aus der Reaktion, daß das Opfer getroffen war. Er rannte hinaus auf die Straße und hörte einen Schrei: »Irgend jemand hat gerade einen schwarzen Polizisten erschossen!«

Sein Partner brauchte mehrere Minuten, um Broom zu finden, der hinter dem Gebäude auf einem Ballen Baumwolle lag.

Es war zu spät. Sie versuchten es trotzdem. In der Notaufnahme öffneten sie ihm den Brustkorb, weil sie versuchen wollten, die Aorta zu klammern, und sahen dann, daß nichts mehr getan werden konnte.

Seine kurze Karriere war so außerordentlich gewesen, daß man Broom schon als Trainings-Officer für die nächste Klasse der Akademie vorgesehen hatte.

Mehr als hundertfünfzig Polizisten aus Miami, verstärkt von mehr als fünfzig Beamten aus der Hauptstadt, suchten Gebäude und Felder mit Helikoptern und Hunden ab und hielten Dutzende von Verdächtigen fest. Überall fanden sie Schußwaffen, auf einer Müllkippe in der Nähe der Autobahn, in einem Weidengestrüpp. In dieser Gegend sind Schußwaffen nichts Ungewöhnliches. Damals war die Verbrechensrate von Miami die höchste in den Staaten.

Es war kein Cop, kein Hubschrauber oder Hund, der den Killer ausfindig machte – es war eine Maschine, ein fünfhunderttausend-Dollar-Computersystem von Rockwell, das sechs Monate zuvor bei der Polizei installiert worden war. Achtundvierzig Minuten nach der Schießerei waren die Fingerabdrücke aus dem Volkswagen in den Computer eingegeben worden. Dieser vergleicht einen Fingerabdruck mit Hunderten oder Tausenden anderer, die er bereits gespeichert hat. Innerhalb von Minuten spie der Computer den Namen des Diebes, Robert Patten, 27 Jahre, aus. Hätte man den Vergleich der Fingerabdrücke ohne den Computer vornehmen wollen, hätte ein Mann sein ganzes Leben dafür gebraucht.

Zeugen identifizierten anhand von Fotos den bleistiftdünnen, sechs Fuß großen und hundertzwanzig Pfund schweren Verdächtigen als den Polizistenmörder. Die Mordwaffe wurde in der Wohnung seiner Großmutter sichergestellt. Cops riegelten ein Motel ab, in dem sich Pattens Freundin und seine kleine Tochter aufhielten. Die Polizei hoffte, er werde erscheinen, und das tat er auch. Er versuchte davonzulaufen, aber sie faßten ihn.

Seine Freundin erzählte mir, das alles sei womöglich ihre Schuld. Noch vor Morgengrauen hatten sie eine Auseinandersetzung gehabt, weil sie eifersüchtig gewesen war. »Ich warf ihn hinaus«, sagte sie, »und drohte ihm, er könne sein Baby nicht wiedersehen.« Jetzt, da sie versöhnlicher gestimmt war, nannte sie ihn einen »liebenswürdigen Mann, der in die Parks geht und dort Songs von John Denver auf seiner Gitarre für die Kinder singt«.

Die Polizei bezeichnete ihn allerdings anders: als Karriere-Kriminellen. Seine Mutter wollte mit ihm nichts mehr zu tun haben und sagte, er habe sein ganzes Leben lang nichts als Probleme bereitet. Nathaniel Broom arbeitete in einer Papierfabrik, absolvierte die High-School und ging zur Army, während Robert Patten stahl, Drogen nahm, zum Aussteiger wurde und es auf eine beachtliche Vorstrafenliste brachte. Der Revolver war gestohlen, und er war gerade auf dem Weg, ihn zu verkaufen, als er eine Einbahnstraße in der falschen Richtung fuhr.

Der Polizistenmörder wurde 1982 zum Tod auf dem elektrischen Stuhl verurteilt. Doch das ist noch nicht das Ende der Geschichte.

Um sich die Zeit hinter Gittern zu vertreiben, gab Robert Patten eine Kleinanzeige am Schwarzen Brett eines Supermarktes auf. Er tauschte mit einer Frau aus Rhode Island Fotos und Briefe aus und verliebte sich in sie. Sie zog nach Florida, und die beiden heirateten — vermutlich, um solange glücklich miteinander zu leben, bis seine Gnadengesuche abgelehnt wurden.

Irgendwann wurde ein Farbfoto veröffentlicht, daß Robert Patten und seine neue Braut zeigte, wie sie sich vor einem üppig dekorierten Weihnachtsbaum herzten und küßten. Fröhliche Weihnachten aus der Todeszelle.

Zu schade für Nathaniel Broom, den jungen schwarzen Cop, der nie heiraten oder ein weiteres Weihnachtsfest erleben wird.

14. Kapitel

Helden

*Courage ist ›sich zu Tode ängstigen —
und trotzdem vorwärts streben‹*

John Wayne

Die Stories, die ich am liebsten schreibe, befassen sich mit den mutigen und noblen Taten der wirklichen Helden vom Miami. Die Besten und Tapfersten unter uns sind nicht notwendigerweise Cops oder Feuerwehrleute; oft handelt es sich um ganz normale Menschen, die in Notsituationen Außerordentliches leisten.

Nehmen wir den Busfahrer George P. Brown, der die Autobahn zum Flugplatz fuhr, wobei er einem anderen leeren Bus nach einem ereignislosen Tag zurück ins Depot folgte. Einer der inneren Reifen des anderen Busses platzte, und dann standen plötzlich die Räder in Flammen. Brown betätigte die Hupe, fuhr längsseits und rief dem Fahrer etwas zu, der daraufhin in einer Kurve anhielt, die die Autobahn rund um ein ärmliches Wohngebiet beschrieb, wo Dutzende Kinder auf den Straßen vor dem Highway spielen. Brown manövrierte sein schlingerndes Fahrzeug durch den Verkehr und parkte es quer auf der Autobahn, um eine Barrikade zu errichten. Jemand vom Sicherheitsdienst hielt an, um den beiden Busfahrern zu helfen, die die Böschung hinunterkletterten, um die Feuerwehr anzurufen.

Als sie zurückkehrten, passierte das, was Brown befürchtet hatte: die Flammen fraßen sich durch die Bremsleitungen, und der brennende Bus begann, immer schneller rückwärts zu rollen. Ein Polizist aus Miami kam mit einem Feuerlöscher die Böschung heraufgeklettert – zu spät. Der brennende Bus drückte den Wagen des Sicherheitsbeamten einfach zur Seite und krachte in Browns Bus, wobei er diesen einfach in Brand setzte, trotzdem wurde niemand verletzt. Wer weiß, wohin der brennende, fahrerlose Bus wohl gerollt wäre, hätte Brown nicht so besonnen gehandelt, denn ringsumher befanden sich Häuser, Straßenverkehr und Kinder.

George P. Brown hatte die von ihm angewandte Technik nicht der Betriebsanleitung entnommen. Er improvisierte einfach.

Nehmen wir den Bankier aus Miami, der sich plötzlich einem Mann gegenüber sah, der einen Revolver und etwas, das wie eine Bombe aussah, in der Hand hielt. Der Mann verlangte 50 000 Dollar. Der Bankier griff ganz ruhig in seine Schreibtischschublade, um einen Revolver hervorzuholen. »Wenn Sie uns in die Luft jagen, sterben wir gemeinsam«, sagte er. »Legen Sie den Revolver hin und die Bombe ebenfalls, und dann heben sie bitte die Hände.« Der Räuber gab auf. Als die Polizei und das FBI die Bank stürmten, stand er mit ausgebreiteten Armen und Beinen an der Wand. Seine Magnum vom Kaliber .357 war geladen, aber seine Bombe war weiter nichts als eine Schachtel, an der diverse Drähte und Schalter angebracht worden waren. Jahrelang habe ich versucht herauszufinden, was einen wirklichen Helden ausmacht und was ihnen allen gemeinsam ist. Wahre Helden denken zuerst an die Sicherheit der anderen, nicht daran, was ihnen selbst vielleicht zustoßen könnte. Anders als die Hollywood-Helden sind die wirklichen Helden in aller Regel völlig unauffällig in ihrer Erscheinung und von allenfalls durchschnittlicher Statur. Keiner sieht aus wie Rambo.

Nehmen wir nur Manuel Rodriguez. Er war nebenan in einem Schnellrestaurant, als ein Lastwagen gegen einen Laternenpfahl prallte und sich überschlug. Der Fahrer, der Früchte und Gemüse an Hotels und Restaurants in Miami Beach auslieferte, wurde unter dem Fahrzeug eingeklemmt. Seine beiden kleinen Stiefkinder wurden durch die Windschutzscheibe geschleudert.

Rodriguez, 22 Jahre alt, hörte den Krach und rannte hinaus. Auch Dan Jacobsen, ein 41 Jahre alter Fotograf, kam aus seinem Studio auf der anderen Straßenseite gelaufen.

Die Füße des Fahrers ragten unter dem Lastwagen hervor. Es schien kaum Hoffnung zu geben, er könne noch am Leben sein. Rodriguez betete auf spanisch, während er versuchte, den Lastwagen von dem Mann herunterzurollen. Jacobsen schrie nach einer Hebevorrichtung.

Rodriguez, fünf Fuß, sieben Inches groß und ein insulinabhängiger Diabetiker, schrie nach Hilfe. Autofahrer kamen mit Stangen und Wagenhebern aus ihren Fahrzeugen zu Hilfe. Als Officer Rick Trado von der Polizei in Miami Beach ankam, mühte sich ein Dutzend Leute, den Lastwagen zu bewegen. Sie schafften es, das Fahrzeug so weit anzuheben, daß Trado darunter kriechen konnte. Der Lastwagen verlor Benzin, und Trado zerschnitt sich die Hände an zerbrochenem Glas, während er auf den bewußtlosen Fahrer zukroch. Dann begann der Lastwagen wegzurutschen, und die selbsternannten Retter kämpften darum, ihn in seiner Lage zu halten. Trado wollte schon wieder hervorkriechen. Er blickte alarmiert um sich und sah, »wie dieser Bursche die Schulter unter den Lastwagen stemmte«. Es war Rodriguez, der laut betete: »Lieber Gott, gib mir die Kraft! Gib uns die Kraft!«

Rodriguez stemmte sich unter den Lastwagen und stöhnte, aber er trug das ganze Gewicht mit seinem Rücken, bis Trado den Fahrer in Sicherheit gezogen hatte. Hinterher zitterte Rodriguez am ganzen Leib, und alles, woran er sich noch erinnern konnte, war, daß er gebetet hatte.

Der Lastwagenfahrer starb später, aber nicht deshalb, weil etwa niemand versucht hätte, ihm zu helfen.

Manche Leute wehren sich gegen Rettungsversuche, und eine unberechenbare Öffentlichkeit weigert sich oft, zu helfen.

Der Taxifahrer James Pearl, mit seinen hundertdreißig Pfund nicht gerade ein Schwergewicht, kämpfte fünfzehn Minuten darum, einen Fremden zu retten, während die Leute ringsum seine Hilferufe ignorierten und ihm die Türen vor der Nase zuschlugen. Ein Kombi schlingerte vor Pearl und einem anderen Taxifahrer kurz nach Einbruch der Dunkelheit quer über die ganze Straße. Die Fahrer traten in die Bremsen und betätigten die Hupen, während der Betrunkene einen geparkten Wagen vor ihm rammte. Der Mann war eine Gefahr. Pearl blieb zurück, während der andere Taxifahrer davon fuhr, um den Unfall zu melden. Der angetrunkene Fahrer kletterte aus seinem demolierten Wagen und fiel hin, kam wieder auf die Füße und fiel wieder hin. Fast hätte ihn ein vorbeifahrender Wagen angefahren. Pearl zerrte den Mann zur Seite und bat einen Lastwagenfahrer, ihm zu helfen, den Betrunkenen wieder in sein Auto zu setzen. Das lehnte der Lastwagenfahrer ab. Pearl bat andere Autofahrer um Hilfe bei dem Versuch, den Mann von der Straße zu bekommen, da ein anders Auto ihn beinahe überfahren hätte. Sie alle fuhren weiter. Pearl versuchte, den Mann in Sicherheit zu bringen, aber »er riß sich so energisch los, daß er beinahe vor ein anderes Auto gefallen wäre«.

Der Fahrer torkelte die Straße hinauf und eine andere hinunter. Pearl folgte ihm und suchte Hilfe bei sechs oder sieben Passanten, die ihn jedoch alle ignorierten. Schließlich klopfte er an ein Haus und bat eine Frau, die Polizei anzurufen. Sie schlug ihm die Tür vor der Nase zu. Er rief einen Wachmann, der vor einem in der Nähe gelegenen Bürogebäude stand. Der Wachmann rief die Polizei, aber der Betrunkene lief weiter bis hinter ein Apartmenthaus drei Blocks von der Unfallstelle entfernt, stolperte auf einen Bootssteg und fiel ins Wasser. Pearl lag in der Dunkelheit auf den Planken und streckte dem umherpaddelnden Mann die Hand entgegen, der nicht einmal zu begreifen schien, daß er in Gefahr war. Pearl fand schließlich einen langen Stab und schob ihn ins Wasser, der Mann griff aber nicht danach. Pearl erzählte mir später, er habe lauter geschrien als die Polizeisirenen — die Leute *müssen* ihn gehört haben —, aber niemand kam ihm zu Hilfe, bis die Beamten da waren. Er wußte, es war zu spät. Polizei und Feuerwehr fischten den Toten schließlich aus dem Wasser.

»Die Leute scheren sich um gar nichts«, erzählte Pearl mir

später voller Verzweiflung. »Das nächste Mal weiß ich es besser.«

Die Handlungsweise der Menschen ist unvorhersehbar. Man weiß niemals, wann man auf sie zählen kann und wann nicht. Mitunter, wenn man es am wenigsten erwartet, handeln sie wie echte Champions. Zu anderen Gelegenheiten, wenn man sie am nötigsten brauchen würde, schlagen sie einem die Tür vor der Nase zu oder gehen einfach weg. Manchmal ist man gezwungen, eine Sache allein zu Ende zu bringen.

Ein nicht gerade vom Glück verfolgter Bursche wurde in der Lobby eines Stundenhotels in South Beach als Geisel festgehalten. Ein geistig verwirrter Vietnamveteran hielt ihm zehn Stunden lang eine Gewehrmündung an den Kopf und verlangte, mit dem Secret Service zu sprechen. Mehr als sechs Stunden wurde sein Flehen ignoriert. »Rufen Sie die Polizei«, bat er eine junge Frau, die vorüberkam. »Ich werde hier als Geisel festgehalten.« »Das ist Ihr Problem. Rufen Sie sie doch selbst«, sagte sie und verdrückte sich.

Der Mann mit dem Gewehr schob einen Drohbrief unter der Tür des Zimmers hindurch, wo er sich mit einer Geisel verbarrikadiert hatte. Ein Zimmerkellner las den Zettel, zuckte die Schultern und meldete das Verbrechen nicht. Als die Polizei endlich benachrichtigt wurde, riegelte sie den Flur ab, ließ zwei Teams der Sondereinheit kommen, leitete den Verkehr um, evakuierte die Nachbarschaft und rief Polizeipsychologen zu Hilfe, um mit dem Geiselnehmer zu verhandeln. Sie wurden enttäuscht. Bevor sie einen Befreiungsversuch unternehmen konnten, rettete sich die Geisel, die nicht mehr an Hilfe von außen glaubte, selbst. Er beschwatzte seinen Peiniger, ein paar Eier zum Abendessen zu kochen, schüttete ihm dann den Topf mit dem kochenden Wasser über den Kopf und rannte um sein Leben.

Das andere Extrem sind jene Bürger, die selbst die Initiative ergreifen und dadurch in allerlei Mißhelligkeiten verstrickt werden, und diejenigen, die sofort bereit sind, das Gesetz in die eigenen Hände zu nehmen. Thomas Hill, 25, ein Verkäufer und ehemaliger Leichtathlet, hörte Schreie und rannte hinter zwei

Räubern her, die eine Frau direkt vor einer Filiale von Sears in der Downtown überfallen hatten. Die Überfallene rannte ebenfalls hinter ihnen her. Ihnen schloß sich ein Angestellter von Sears an. Ein Passant kam herbei und gesellte sich zu den Verfolgern.

Sie alle jagten über das Pflaster, die Frau schrie, die Männer riefen, die Räuber rannten. Die Jagd führte an einer Pension vorbei, wo sich zu diesem Zeitpunkt dreißig Bewohner auf der Veranda aufhielten. Einer sprang auf die Füße und schrie, die flüchtigen Verdächtigen seien dieselben Männer, die auch ihn schon einmal überfallen hätten. In Scharen stürzten sie sich von der Veranda und schlossen sich der Verfolgergruppe an, um dreißig wutentbrannte Bürger angewachsen, die das Paar in einer Sackgasse unter der Autobahn stellte.

Die Räuber waren hocherfreut, Major Philip Doherty, den ersten ankommenden Polizisten, zu sehen. »Mehrere Bürger saßen auf ihnen und hielten sie fest. Es konnte einem richtig warm ums Herz werden«, sagte Doherty zufrieden. »Jung, alt, schwarz, weiß, – die gesamte Nachbarschaft beteiligte sich.«

Einige tragische Helden opfern alles für jemand anderen. Auf ihrem Weg nach Hause von einer Verabredung beobachteten Susan Schnitzer und ihr Verlobter auf der regennassen Autobahn einen Unfall. Er wollte eigentlich weiterfahren, um die Polizei zu benachrichtigen, aber Susan, eine schlanke, blonde Krankenpflegeschülerin, bestand darauf, anzuhalten. Er ging dem nachfolgenden Verkehr entgegen, um die Fahrer an der Unfallstelle vorbeizuwinken. Sie rannte los, um dem schwer verletzten Fahrer zu helfen.

Das Unfallopfer lebte, aber Susan Schnitzer starb Augenblicke später, als sie von der Motorhaube des Fahrzeuges zweier Teenager, die von einem Schulfest nach Hause fuhren, erfaßt und hundertvierzig Fuß mitgeschleift wurde.

Die meisten Helden verschwenden keinen Gedanken an die eigene Sicherheit, auch und gerade dann nicht, wenn die gefährdete Person jemand ist, den sie lieben. Nehmen wir als

Beispiel den neunundfünfzig Jahre alten Mann, einen allenfalls mäßigen Schwimmer, der vollständig bekleidet in einen See in Opa-Locka sprang, um seinen achtzehnjährigen Sohn vor dem Ertrinken zu retten. Sie starben zusammen.

»Er hätte seine Angelrute benutzen können, um sie dem Jungen entgegenzustrecken«, berichtete mir ein Cop später. Aber die Menschen geraten rasch in Panik.

Der gemeinsame Tod von Vater und Sohn war der zweite Fall dieser Art innerhalb von zwei Wochen. Ein 55 Jahre alter Mann und sein achtjähriger Sohn fischten in einem abgelegenen Felsenweiher. Rutschspuren am Ufer deuteten darauf hin, daß der Junge, der nicht schwimmen konnte, zuerst hineinfiel. Sein Vater sprang hinter ihm her in das fünfunddreißig Fuß tiefe Wasser.

Die Welt ist voller couragierter Menschen. Man findet diese Eigenschaft bei unerschrockenen Kindern und bei gebrechlichen, älteren Leuten. Die meisten benehmen sich heldenhaft, weil ihnen ihr Charakter einfach nicht gestattet, anders zu sein. Nur wenige erwarten Dank.

Ein kleiner, untersetzter Lastwagenfahrer war für Officer Milan Pilat an dem Tag da, als sein schlimmster Alptraum wahr wurde.

Als Pilat sich einem falsch geparkten Wagen näherte, schob der Fahrer hastig mehrere Päckchen aus Alufolie in eine Zigarettenschachtel, sprang aus dem Auto, schlug den Cop ins Gesicht und rannte davon. Der Officer holte ihn nach einer Verfolgungsjagd ein, und die beiden Männer wälzten sich am Boden. Es bildete sich eine Menschentraube um sie, und die Leute versuchten, den Verdächtigen zu befreien, indem sie den Polizisten schlugen und nach ihm traten, während dieser unbeirrt seinen Gefangenen und die belastende Zigarettenpackung festhielt. Der Mob wuchs bis auf hundertfünfzig Leute an. Weit entfernt von der Sicherheit seines Streifenwagens und dem Funkgerät, mit dem er hätte Hilfe herbeirufen können, am Boden, geschlagen und getreten, war dieser Cop in echten Schwierigkeiten. Vergebens schrie er in den vorüberflutenden Verkehr hinein. Als die Menge immer bedrohlicher auf ihn eindrang, erklang plötzlich das kreischende Geräusch von Luftdruckbremsen. Ein riesiger Müllwagen stoppte, und der Fahrer sprang aus dem Führerhaus.

»Es war nur ein kleiner Bursche, wirklich — aber alle wichen vor ihm zurück«, sagte Pilat. Der Lastwagenfahrer schob die Leute beiseite und fragte den Cop, ob er in Ordnung sei. Pilat taumelte auf die Füße und hielt seinen Gefangenen noch immer umklammert. Jetzt eilten andere Officers zu Hilfe, die von dem Lastwagenfahrer über CB-Funk alarmiert worden waren. Das Gesicht zerschnitten und voller blauer Flecke, legte Pilat seinem Gefangenen Handschellen an, wandte sich um, dem Lastwagenfahrer zu danken, und mußte feststellen, daß dieser gegangen war.

Er war davongefahren, ohne auch nur seinen Namen zu hinterlassen.

Man weiß nie, wann man selber an der Reihe ist — oder ob man der Situation gerecht wird, sollte sie denn eintreten. Man kann in dem einen Augenblick gerade ein kleines Nickerchen machen und schon im nächsten Amerikas meistgesuchten Flüchtigen im Wohnzimmer haben. Wie würden *Sie* mit einer solchen Situation umgehen?

Linda Major hatte an diesem Tag stechende Kopfschmerzen. Obwohl es in einem Haus voller Kinder unmöglich ist, ein wenig Ruhe zu finden, versuchte sie es dennoch. Aber Major wurde wieder gestört, diesmal von dem fünf Jahre alten Thomas, der völlig außer Atem an ihrer Seite auftauchte. »Mama, ich habe gerade gesehen, wie die Polizei hinter einem Mann herrannte!« Indem sie versuchte, ihn zu ignorieren, sagte sie ihm, er solle still sein.

»Aber«, beharrte der Kleine, »der Mann ist in unserem Haus.«

Das war er in der Tat.

Durch die hintere Tür, die eines der Kinder abzuschließen vergessen hatte, war ein Fremder eingedrungen, ein Flüchtiger, der beschuldigt wurde, in New York City einen Polizisten erschossen zu haben. Objekt einer nationalen Jagd, war er völlig erschöpft. Cops mit Maschinenpistolen waren ihm unmittelbar auf den Fersen. Der Fremde wanderte im Haus umher, da der Wachhund der Familie, ein Pudel namens Monique, sich hinter den Küchenherd geflüchtet hatte. Majors kleine Schwester, dreizehn Jahre alt, warf sich angstvoll zu Boden. Ihre Kinder im Alter von vier, fünf und sechs Jahren und ihre Cousinen im Alter von zehn und zwölf Jahren waren sprachlos. »Verhaltet euch ruhig«, warnte der Fremde. »Verhaltet euch ruhig.«

Major wartete nicht ab, bis sie herausfand, was damit gemeint war. Sie blickte aus einem Fenster und sah Polizisten mit Maschinengewehren. »Meine Kinder kommen jetzt heraus!« schrie sie und trieb ihre Kinder zur Tür. »Rennt zu Großvater, sofort!« sagte sie zu ihnen.

»Zum ersten Mal«, sagte sie später, »taten sie auf der Stelle, was ich ihnen sagte.«

Sechs Paar dünne Beinchen stoben in alle Richtungen davon. Major sah, wie alle Kinder die Straße hinunter in Sicherheit rannten, dann stürzte sie aus der Hintertür und schrie: »Er ist im Haus.«

Der Flüchtige hatte offensichtlich geplant, Geiseln zu nehmen, aber Linda Major war einfach zu schnell gewesen. Als er sich weigerte herauszukommen, schickte die Polizei einen Schäferhund namens Thunder hinein, einen ausgebildeten Polizeihund. Monique, der Pudel, kauerte sich noch immer hinter dem Ofen zusammen, als Thunder vorsichtig das ganze Haus durchstöberte, den Flüchtigen schließlich entdeckte und seine Zähne in ihn grub.

Die Kinder schnatterten später ohne Unterlaß über die Waffen, die die Polizei benutzte. Monique, die sich noch immer zusammenkauerte, mußte hinter dem Ofen hervorgeholt werden, um mit auf ein Familienfoto zu kommen, das von einem Fotografen des *Herald* geschossen wurde. Major erzählte mir, die Aufregung habe ihre Kopfschmerzen vollständig verjagt, und sie versprach, in der nächsten Zeit immer gut zuzuhören, wenn der fünf Jahre alte Thomas ihr etwas Wichtiges mitzuteilen habe.

Tapferkeit kommt in allen Schattierungen vor, und nicht immer sind körperlich starke Helden gefragt. Manchmal erfordert es auch Courage, einfach nur das Richtige zu tun, vielleicht nur ein einfaches Telefongespräch zu führen.

Kurz nach den Unruhen in Miami verirrte sich eine junge Frau, nahm die falsche Abfahrt von der Autobahn, versuchte zu wenden und fand sich bald darauf in einer ihr fremden, von den Unruhen in der vorangegangen Nacht verwüsteten Wohngegend wieder. An einer roten Ampel tauchten plötzlich zwei Männer mit Revolvern neben ihrem Volkswagen auf. Einer griff durch das Fenster, hielt ihr den Revolver an den Kopf und entsicherte ihn. Sie stiegen in das Auto, nahmen ihr das Geld weg und zwangen die völlig verängstigte Frau, sie zum Parkplatz eines Apartmentkomplexes zu fahren. Dort nahmen sie ihr den Schmuck ab, vergewaltigten sie und beschlossen, sie zu töten, indem sie sie in den Kofferraum ihres Wagens sperrten und durch das Blech hindurch erschossen. Sie flehte um ihr Leben, als sie sie zwangen, nackt in den kleinen Kofferraum einzusteigen. Als sich der Deckel nicht schließen wollte, banden sie ihn mit einem ihrer Kleidungsstücke an der Stoßstange fest.

Ein Paar mittleren Alters in einem nahegelegenen Apartment sah und hörte, was vorging. Der Mann beobachtete die Szene weiter, während die Frau zum Telefon rannte. »Kommen Sie sofort her«, sagte sie zur Polizei. Das tat diese auch, gerade noch rechtzeitig. Die Zeugen, die die Frau retteten, waren Schwarze. Die Vergewaltiger ebenfalls. Sie war eine Weiße.

Wieder ein Beweis dafür, wie Sergeant Mike Gonzalez von der Mordkommission später sagte, daß »es noch immer gute Menschen auf dieser Welt« gibt.

Das Alter ist kein Hindernis für Tapferkeit; ganz im Gegenteil scheint oft mit dem Alter der Mut zuzunehmen. Ethel Lottman, eine zweiundsiebzigjährige Witwe aus Miami Beach, behandelte eine mörderische Wahnsinnige mit derselben Umsicht wie ihr Herzleiden und ihre Arthritis.

Eine junge Bankkassiererin war das unschuldige Opfer. Auf

der Suche nach einem Apartment in der Nähe ihrer Arbeitsstätte hatte die Frau um 10 Uhr 30 eine Verabredung mit einem Vermieter getroffen. Während sie mit schnellen Schritten auf das Gebäude zuging, erschien plötzlich eine fremde Frau hinter ihr. »Glauben Sie, Sie werden mich beerdigen?« schrie sie und jagte der jungen Kassiererin ein Stilett in den Rücken.

Das blutende Opfer lief schreiend auf Ethel Lottman zu, die gerade aus ihrem in der Nähe gelegenen Häuschen gekommen war, um einen Termin beim Arzt wahrzunehmen. »Werfen Sie das Messer weg, seien Sie nicht so launisch«, schimpfte die Witwe und trat einen Schritt vor, um die Angreiferin aufzuhalten. »Sie werden Ärger bekommen, falls ein Polizist Sie sieht.«

Die Frau mit dem Messer war einen Augenblick abgelenkt, und ihr Opfer entkam. »Eigentlich sollte ich jetzt dich fertigmachen!« knurrte die Angreiferin Lottman an. Dann floh sie.

Ethel Lottman humpelte in ihren roten und weißen Schuhen hinter der Frau her und ignorierte die Arthritis in ihrem Zeh. Diese »ging langsam und gebückt«, erzählte sie mir später, so daß sie sie in einiger Entfernung verfolgen konnte. Die Frau war eine neununddreißig Jahre alte Psychiatrie-Patientin, die wegen geistiger Unzurechnungsfähigkeit nach fünf vorangegangenen Messerattacken freigesprochen worden war. Als sie einige Blocks weiter in einem Hotel verschwand, betrat Ethel Lottman das daneben liegende Hotel. Sie erzählte dem Mann an der Rezeption von der Messerstecherei und bat ihn, die Polizei zu rufen. Das lehnte er ab.

Lottmans Zehe schmerzte. Enttäuscht und zu spät für ihren Termin ging sie zum Arzt. Auf ihrem Weg nach Hause entdeckte sie einen Polizisten. Er klopfte an die Türen auf der Suche nach Hinweisen. Das Opfer der Messerstecherei lag auf der Intensivstation.

»Sie sind doch niemals in der Nähe, wenn man Sie braucht«, beschwerte Lottman sich bei dem überraschten Officer. Sie nahm ihn mit zu der Angreiferin, die, noch immer das Messer in der Hand haltend, in der Lobby des Hotels herumlungerte und zusammenhanglose Verwünschungen ausstieß. Sie wurde verhaftet und in einer Einzelzelle eingeschlossen, bis die Ärzte wieder einmal entschieden, sie sei vernünftig genug, um auf eine ahnungslose Öffentlichkeit losgelassen zu werden.

Das System mag ja manchmal nicht für die Menschen sorgen, aber glücklicherweise tun das andere Leute.

Wie gute Cops sind Helden mitunter zum rechten Zeitpunkt am richtigen Ort. Das Timing ist einfach alles.

Als der schlimmste Sturm des Jahres Miami heimsuchte und ihnen ihren Angelausflug verdarb, dachten Joyce und Richard Chicvara nur noch daran, ihr Boot sicher vor den verheerenden Winden zu vertäuen.

Das Paar mußte sich mächtig anstrengen, um durch den Regen noch etwas erkennen zu können, der gegen ihre Windschutzscheibe klatschte. Ein liegengebliebener LKW und zwei Wagen der Autobahnpolizei von Florida blockierten die Autobahnausfahrt vor ihnen. Blitze schlugen so nahe ein, daß die beiden Streifenpolizisten sogar ein Kitzeln spürten und schutzsuchend zum nächsten Streifenwagen rannten. Als der Polizist James Benton den metallenen Türgriff anfaßte, fuhr just in diesem Augenblick ein gewaltiger Blitz nieder.

»Ich sah den Polizisten durch die Luft fliegen, sich nach rückwärts überschlagen, auf den Boden fallen und die Böschung hinunterrollen«, sagte Chicvara, ein Sanitäter der Feuerwehr. Seine Frau ist technische Assistentin in einem Krankenhauslabor. Beide stürzten hinaus in das Unwetter und drehten den Polizisten auf den Rücken. Chicvara begann sofort mit Mund-zu-Mund-Beatmung, während seine Frau nach dem Puls suchte. Als der Polizist zu atmen begann, trugen sie ihn in den Wagen des anderen Streifenpolizisten, um ihn so schnell wie möglich ins Krankenhaus zu bringen. Während der Fahrt erlitt der Polizist einen Herzstillstand. Chicvara probierte es wieder und wieder mit Herzmassage, bis schließlich der fünfte Versuch das Herz wieder zum Schlagen brachte. Danach setzte er die Mund-zu-Mund-Beatmung fort.

Der Streifenpolizist überlebte, weil von allen Autofahrern, die in diesem schrecklichen Augenblick hätten vorkommen können, ausgerechnet diese beiden zur Stelle waren, hervorragend dafür ausgebildet, ihn zu retten.

Wer könnte wohl die Mächte erklären, die eine Person im rechten Augenblick an die richtige Stelle bringen?

Als Hilde Madorsky nach Miami zog, mußte sie feststellen, daß ihr neues Apartment noch nicht fertig war. Da sie von der langen Fahrt erschöpft war und nicht wußte, wohin sie hätte gehen können, beschaffte ihr das Management eine Ersatzbleibe im Hafenviertel im 22. Stockwerk eines Gebäudes.

Umgezogen aus Manhattan, »wo nie irgend etwas passiert«, entspannte sie sich und trat auf die Terrasse hinaus, um einen ersten Blick auf Miamis von Sternen gekrönte Skyline zu werfen. Als sie die ganze Herrlichkeit förmlich in sich hineintrank, hörte sie auf einmal Schreie.

Ihr erster Gedanke galt *Miami Vice*.

Die Schreie kamen vom Wasser her und wurden von einem kräftigen Ostwind zum Festland hinüber getragen. »Ich hörte einen von ihnen schreien ›Heilige Scheiße, Michael! Halt fest! Hilfe! Hilfe!‹«. Sie zögerte keinen Herzschlag lang und rannte wieder hinein, suchte in aller Eile nach der Karte, die ihr ein Wachmann gegeben hatte, und wählte die Nummer darauf. Nachdem die Polizei benachrichtigt war, eilten um 22 Uhr 26 zwei Wachleute des Apartmentkomplexes zum Yachthafen. Jetzt hörten sie die Schreie ebenfalls und ließen vorsichtig ein zwanzig Fuß langes offenes Fischerboot zu Wasser. Die Flut lief gerade ab; der Seegang war rauh. Nur mit ihren Bootslaternen ausgestattet, mußten sie sich bei ihrer Suche an der Richtung orientieren, aus der die Schreie kamen. Dann sahen sie die Polizei auftauchen und drehten ab, um sie an Bord zu nehmen. Es war 22 Uhr 28.

»Man konnte Leute draußen in der Bay um Hilfe rufen hören«, sagte Officer Steven Sadowski. Hätte der Wind nicht nach Osten geblasen, niemand hätte die Leute gehört. 22 Stockwerke über ihnen schrie Madorsky den angsterfüllten Leuten zu: »Haltet aus, haltet aus! Hilfe ist schon unterwegs!«

»Ich habe noch nie in meinem Leben so laut geschrien«, sagte sie später. »Mir war, als müsse ich von der Terrasse herunterspringen, um ihnen zu helfen.«

Die Polizisten schalteten ihre Suchscheinwerfer ein.

Sadowski und ein anderer Officer nahmen Taschenlampen und sprangen zusammen mit ein paar Sanitätern auf das Boot. Im Licht der Suchscheinwerfer konnten sie jetzt etwa 100 Yards von der Küste entfernt Arme sehen, die wie wild winkten. Als sie die beiden Jungs erreichten, die sich verzweifelt an ihr gekentertes Aluminiumkanu klammerten, waren die ersten Worte der völlig verschreckten Teenager: »Gott sei Dank.«

Die Jungen im Alter von siebzehn und neunzehn Jahren waren mit ihrem fünfzehn Fuß langen Kanu durch den Kanal und hinaus in die Bay gepaddelt. Als sie umzukehren versuchten, brachte die rauhe See das Kanu zum Kentern. Sie hatten keine Schwimmwesten bei sich. Hätte der Wind nicht aus Osten geblasen, Hilde Madorsky hätte sie nicht gehört.

»Es ist seltsam«, erzählte sie mir, »ich werde sie nie kennenlernen. Und sie werden nie wissen, wer ich bin.« Aber, sagte sie, die beiden Jungen ließen ihre erste Nacht in Miami unvergeßlich werden.

Wilfred Yunque fuhr mit seinem Auto zur Kirche, um seine Mutter abzuholen. Auf dem MacArthur Causeway zwischen Miami und Miami Beach hielt er vor einer roten Ampel an. Der rote Corvair einer jungen Frau röhrte mit etwa 65 Meilen pro Stunde trotz der roten Ampel vorüber. Eine Minute später sah er den roten Wagen wieder — er versank gerade in der Biscayne Bay. Andere Autofahrer verlangsamten ihre Fahrt, starrten hinüber, hielten aber nicht an. Yunque fuhr seinen Vega an den Straßenrand, sprang hinaus und hechtete angezogen ins Wasser. Nicht einmal die Uhr streifte er ab. Der Wasserdruck hinderte ihn daran, die Tür des roten Wagens zu öffnen, aber das Fester war geöffnet. Er faßte nach der Schulter der Fahrerin und versuchte, sie herauszuziehen, aber es ging nicht. Sie war ganz schlaff, bewußtlos und lag quer über dem Sitz. Er kroch durch das Fenster hinein, unfähig, mehr zu unternehmen, bevor das Auto versank und stellte so einen Druckausgleich zwischen Innen und Außen her. Zusammengekauert auf dem Beifahrersitz neben der 23 Jahre alten Frau wartete er, bis das Wasser den ganzen Wagen ausfüllte. Als er vollständig versunken war und langsam auf den Boden der Bay absank, zog er sie aus dem Fenster an die Oberfläche, wobei er die ganze Zeit den Atem anhielt und Mund und Nase der Frau mit seiner Hand schützte.

Die Polizei von Miami Beach, Küstenwache und Polizeiboote, eine ganze Flotte von Ausflugsbooten, diverse Einheiten der Feuerwehr und ein Stadtrat eilten an den Schauplatz, aber Yunque, 49, hatte alles unter Kontrolle.

Ich war beeindruckt. Wie, fragte ich ihn, hatte er tun können, was er gerade getan hatte?

»Ich bin ein alter Seebär«, sagte er bescheiden, »und habe gerade bei der Handelsmarine abgemustert.« Seine neunundsiebzig Jahre alte Mutter wartete geduldig vor der Kirche auf ihn. Er hatte sich nie vorher verspätet.

»Ich mußte anhalten und ein Mädchen aus der Bay holen«, erläuterte er.

»Ich wußte, Gott hatte einen Grund«, sagte sie.

An einem Vatertag sah Lawrence B. Eaton, 52, auf dem Weg zu seinem Teilzeitjob als Wachmann einen verunglückten Pinto am Straßenrand stehen. Der Wagen hatte eine Palme umgefahren. Er hielt an, wendete, ging auf das rauchende Auto zu und hörte ein Geräusch, das ihn bis ins Herz erschütterte: das Schreien eines Babys. Sofort stürzte er auf die Straße und bedeutete vorbeifahrenden Autos, sie sollten anhalten, dann forderte er die Fahrer auf, die Polizei zu rufen. »Im Auto ist ein Baby!«

Er rannte zurück zu dem Pinto und blickte ins Innere. Der Fahrer war hinter dem Steuerrad eingeklemmt und keuchte. Der Nacken war offensichtlich gebrochen. Das Baby, das schon im Krabbelalter war, lag auf der Beifahrerseite auf dem Boden, und ein Teil des Motors hatte sich über es geschoben. Weinend und über und über mit Blut verschmiert, streckte es die kleinen Ärmchen aus. Eaton zog die Wrackteile von ihm herunter und warf sie beiseite. Ein Baum blockierte das halbe Fenster, und er konnte das Baby nicht richtig fassen. Ein anderer Autofahrer hielt an, um zu helfen, bückte sich und hielt die Füße des Babys fest. Eaton schob eine Hand unter den Rücken des Kindes. Gemeinsam hoben sie es aus dem Wagen, ganz langsam und sorgfältig. Sie brauchten fast fünf Minuten dafür. Das Auto war voller Essenstüten, Bierdosen und Müll. Die Windschutzscheibe war herausgeflogen. Einen Babysitz gab es nicht.

Larry Eaton trug das Baby in seinen Armen davon und legte es vorsichtig ins Gras. Er hatte große Angst, das Kind werde sterben. Er dachte an seinen eigenen Sohn, der inzwischen erwachsen war. »Alles, was ich sehen konnte, war ein vernichtetes junges Leben. Ich habe sogar ein wenig geweint.«

Die Sanitäter brauchten eine halbe Stunde, um den Fahrer zu befreien, der für tot erklärt wurde. Larry Eaton ging mit blutverschmierter Uniform zum Dienst. Das schwerverletzte Baby kam ins Krankenhaus. Die Behörden teilten Eaton später mit, daß er das Leben des kleinen Kindes gerettet habe. Die guten Neuigkeiten machten den im übrigen sehr einsamen Vatertag zu etwas Besonderem — er hatte von seinen eigenen Kindern nichts gehört.

Die Identität des verletzten Babys blieb ein Mysterium. Der tote Fahrer war Kenneth Wayne Thrift, 49. Aufgrund seiner Fingerabdrücke erfuhr die Autobahnpolizei von Florida sehr schnell, daß er eine lange Vorstrafenliste hatte. Er hatte einen in Kalifornien ausgestellten Führerschein bei sich, aber die Fahrgestellnummer des Autos wies nach Lakeland, Florida. Die weiteren Ermittlungen verliefen im Sande, und der bittere Verdacht wurde geäußert, das Kind könne Opfer einer Entführung sein. Die Fingerabdrücke des verletzten Babys wurden nach Washington ins Zentrum für vermißte Kinder geschickt, und das Jugendministerium richtete einen Aufruf an die Medien, überall in den Staaten nach den Eltern des Babys zu suchen.

Bevor ich meine Story über das ›geheimnisvolle Baby‹ schrieb, fragte ich zuerst in Lakeland nach, ob dort irgend jemand mit Namen Thrift bekannt war. Schon bald lernte ich Verwandte des verletzten Babys kennen, das demnach keineswegs mehr ein Geheimnis darstellte. Kenneth Wayne Thrift, der auf seinen zwei Jahre alten Neffen Robert hatte aufpassen wollen, hatte sich einverstanden erklärt, einen Freund nach Miami zu fahren. Er hatte den kleinen Robert zu dieser Fahrt mitgenommen. Sie mußten schon auf der Rückfahrt gewesen sein, als der Unfall passierte.

Anders als mit den anderen Leuten, über die ich einmal etwas geschrieben habe, halte ich mit Larry Eaton Kontakt. Hin und wieder meldet er sich bei mir, das erste Mal, um zu sagen, daß die Story über die Rettung des Babys zu einer glücklichen Aussöhnung mit seinem eigenen Sohn geführt hatte.

Es in die Zeitung zu bringen funktioniert.

So viele Menschen verdanken ihr Leben Fremden, die für sie da waren, als es darauf ankam. Manchmal erfordert es viel Mut einfach nur ein bißchen länger an einem bestimmten Ort auszuharren.

Ein junges Mädchen mit Jeansrock und Plateauschuhen saß gelassen auf der Grenze zur Ewigkeit und ließ ihre Füße über den Rand des siebenstöckigen Parkhochhauses am Jackson Memorial Hospital baumeln.

Irgendwo tief unter ihr war Schwester Janet Gilliam trotz ihres freien Tages erschienen, um beim Umzug der Intensivstation in neue Räume zu helfen. Auch zwei Detectives waren dort, um einem Verletzten ein paar Verbrecherfotos zu zeigen. In diesem Moment sah jemand im oberen Stockwerk des nebenan gelegenen Cedars-of-Lebanon-Krankenhauses aus einem Fenster und rannte zum Telefon. Das Mädchen auf dem Sims war nicht mehr länger mit seinen Geheimnissen allein.

Als die Detectives aus dem Auto stiegen, kam über Funk gerade die Meldung eines möglichen Selbstmordversuches. Sie hetzten über die Straße. Detective Ray Vaught rannte die Treppen hinauf. Detective Ozzie Austin rief über Funk die Feuerwehr und die Polizei. Dann folgte er seinem Partner. Es regnete. »Verschwindet!« schrie das Mädchen ihnen entgegen. »Keine Männer!«

Schwester Gilliam sprang freiwillig in die Bresche und rannte die sechs Treppenfluchten hinauf. Das Mädchen auf dem Sims und die Schwester starrten einander an. Sergeant Mike Gonzalez gesellte sich zu den Rettern auf dem Dach und fragte das Mädchen: »Was wollen Sie, was sollen wir tun?«

»Ihr sollt alle verschwinden. Ich will mit ihr reden«, sagte sie und deutete auf die Schwester.

Die Polizei ließ sie allein, und Schwester Gilliam setzte sich zwanzig Fuß von dem Mädchen entfernt auf das Dach. Sie wußte, sie konnte das Mädchen nicht aufhalten, wenn es zu springen versuchte. Sie mußte sich ganz darauf verlassen, mit ihr zu reden und ihr Vertrauen zu gewinnen.

Eine Zeitlang schien das Mädchen auch auf ihre Bemühungen anzusprechen. Sie schwang sogar die Beine wieder nach innen. Aber eine Stunde nachdem sie zum ersten Mal gesehen worden war, hob sie wieder ein Bein über den Sims. Wir alle hielten den Atem an.

»O mein Gott!« rief ein Polizist laut.

Sie sprang nicht. Dreizehn Minuten später glitt sie zurück auf das Dach und ging auf Schwester Gilliam zu.

»Ich hätte so gern nach ihr gegriffen und sie festgehalten – um sie zu beruhigen und einfach nur zu wissen, daß sie sicher in meinen Armen war.« Statt dessen nahm sie nur einfach den Arm des Mädchens, und gemeinsam gingen sie die Treppen hinunter.

»Meine Hände zittern noch immer«, sagte Detective Austin, völlig durchnäßt vom Regen und vom eigenen Schweiß. »Das Kribbeln in meinem Magen war so schlimm, daß ich dachte, mir würde schlecht.«

Heldentum an hochgelegenen Orten ist nicht immer so erfolgreich, aber Menschen mit Verantwortungsbewußtsein versuchen es immer wieder. Ein Held riskierte sein Leben so nah beim Gebäude des *Heralds*, daß ich nicht bis zum Ort des Geschehens zu fahren brauchte. Ich konnte dorthin rennen.

Humberto Alfau, 29, ein Zimmermann, war müde und ausgelaugt auf dem Weg nach unten vom sechsten Stockwerk des großen Omni-Projekts, als er einen Arbeiter auf dem vierten Stockwerk rufen hörte. Er sah eine schöne junge Frau ganz in Weiß.

»Ich konnte es zuerst nicht glauben, was ich sah. Wenn man auf einer Baustelle eine Frau sieht, trägt sie üblicherweise einen

Helm.« Bei diesem Mädchen handelte es sich um eine Krankenpflege-Schülerin, die Tochter eines ehemaligen Polizeibeamten. Sie stand unsicher auf den schmalen Trägern, die um einige Fuß über die Außenmauer des Gebäudes hinausragten. »Ich wußte, hier ging es um Selbstmord. Ich wollte mich hinter sie schieben und sie fassen, aber sie drehte sich um und sah mich.«

Die Frau sagte kein Wort.

»Nun mal ganz ruhig«, sagte er zu ihr. »Ich möchte mit Ihnen reden. Denken Sie noch einmal über alles nach. Tun Sie es nicht. Lassen Sie uns miteinander reden. Warten Sie doch.« Er wollte so lange mit ihr reden, bis er sie mit beiden Händen fassen konnte. Die Frau beachtete ihn gar nicht und kauerte sich nieder. Es war keine Zeit zu verlieren. Sie krümmte sich zusammen wie jemand, der einen Kopfsprung machen will. Alfau, Vater von vier kleinen Kindern, kroch auf die beiden engen Träger hinaus.

Es widerstrebte ihm zutiefst, das zu tun. Er balancierte wie eine Katze auf dem vier mal vier Inches starken Träger, der mehrere Fuß in die Luft ragte. »Ich mußte sie es entweder tun lassen oder etwas unternehmen. Wenn ich es nicht versucht hätte, hätte ich mich den Rest meines Lebens schuldig gefühlt.« Inzwischen hing sie in der Luft und hielt sich nur noch mit beiden Händen an den Trägern fest. Er griff nach ihrem Handgelenk und bekam es in dem Moment zu fassen, als sie losließ. Einen Moment lang schwang sie hin und her, vier Stockwerke über der Straße, während er ihr linkes Handgelenk mit einer Hand gefaßt hielt. Dann machte sie sich mit einer raschen Drehung los und stürzte ab.

Alfau schloß die Augen und schrie nach dem Rettungswagen. »Sie hat sich mir aus den Händen gewunden«, sagte er. »Es war schrecklich, aber ich konnte sie nicht mehr halten. Sie wollte nicht gerettet werden. Der Blick ihrer Augen . . .«

Manchmal ist Überleben bereits heroisch.

Mir kann niemand erzählen, Rose Bennett sei keine Heldin. In ihrer Jugend hatten sie und ihr gutaussehender Ehemann,

Lieutenant Commander Daniel J. Bennett von der Navy, den Globus im Dienste ihres Landes bereist. »Ich liebte das Leben bei der Navy«, erzählte sie mir, als wir uns das ersteMal trafen.

1957 nahm er seinen Abschied, und sie ließen sich in Miami nieder. Sein Ruhestandsgehalt endete mit seinem Leben, als er 1974 an Krebs starb. Ich traf Rose Bennett im Februar 1984, nachdem sie zum drittenmal innerhalb von drei Wochen in ihrem eigenen Haus brutal überfallen, geschlagen, mit dem Tode bedroht, gefesselt und ausgeraubt worden war.

Einbrecher hatten sich neunmal in sechs Monaten gewaltsam Zugang zu dem von ihr gemieteten kleinen Häuschen in der Downtown von Miami verschafft. Ein mitfühlender Cop hatte mich angerufen, um über den jüngsten Fall von Vandalismus zu berichten.

Gefangen in einem Alptraum aus Terror und Gewalt, verlebte die zierliche, achtzig Jahre alte und vierundneunzig Pfund schwere Witwe ihre letzten Jahre in ständiger Furcht und in einem ständigen Kampf ums Überleben.

Sie lebte von hundertfünfundsiebzig Dollar Sozialhilfe im Monat und bewohnte seit fünfundzwanzig Jahren dasselbe Haus. Das Gebäude sollte in wenigen Monaten abgerissen werden. Ihre Miete betrug hundertfünfundachtzig Dollar im Monat, und als ich sie fragte, wie sie denn zurecht komme, erläuterte sie verschämt, sie lebe ›bescheiden‹. Sie war noch immer eine stolze Frau.

Sie schämte sich viel zu sehr, um mir zu erzählen, was ich erst später erfuhr: daß sie sich ihr Essen zwischen den verstreuten Kartons hinter einem nahegelegenen Supermarkt verschaffte, daß sie von Salaten aus überreifen, teilweise verdorbenen Früchten und Gemüsen lebte, daß sie beschädigte Konserven und solche, deren Verfallsdatum abgelaufen war, aus dem Abfall des nicht besonders gutgehenden Ladens sammelte, der schon bald seine Türen schließen sollte.

Sie überlebte, indem sie sich als Babysitterin oder Haushaltshilfe verdingte, leere Flaschen sammelte und Telefonzellen nach vergessenen Münzen absuchte. Sie hatte kein eigenes Telefon wegen der vielen Einbrecher, die ihr Haus so oft heimgesucht hatten. »Das erste was sie tun, ist, sämtliche Drähte durchzuschneiden oder herauszureißen«, stellte sie gelassen fest.

»Vor dieser Welle von Gewalt und Kriminalität hatte ich ein paar gute Freunde«, sagte sie, »aber sie alle sind von hier weggezogen.« Ihr bester Freund, ein pensionierter Ernährungswissenschaftler, war von Einbrechern ermordet worden.

Sie selbst konnte von Glück sagen, daß sie noch lebte. Die Einbrecher, die sie in der Vergangenheit heimgesucht hatten, waren nicht ganz so gewalttätig gewesen. »Wenn sie einbrachen und ich zu Hause war«, berichtete sie, »waren sie geduldig, fast schuldbewußt« – bis vor kurzem.

In der Nacht des 30. Januar hatte sie ein Geräusch gehört, war in ihr Wohnzimmer gegangen und hatte sich dort zwei Fremden gegenübergesehen, die einen Rolladen aufgebrochen hatten und durch ein Fenster eingestiegen waren. Der eine trug ein Messer und schlug sie ins Gesicht. Er zwang sie, sich vollständig auszuziehen. »Wenn du nackt bist, kannst du uns nicht verfolgen«, sagte er zu ihr. Dann verwüsteten sie das ganze Haus und zerstörten alle ihre Besitztümer.

Zwei Wochen später zerbrach morgens um fünf Uhr ein Fenster. Einer der Räuber war zurückgekommen. Er warf sie auf den Fußboden, zerschnitt ihr das Auge, schlug ihr Gesicht blutig, brachte ihr Hautabschürfungen an der Stirn bei, band ihr Arme und Beine zusammen und stopfte ihr dann ein Hemd in den Mund. Er drohte, sie zu töten, dann verwüstete er das Haus. Sie gab der Polizei eine detaillierte Beschreibung bis hin zu seinen fehlenden Vorderzähnen. Das Elend dieser rüstigen und klugen Frau rührte die Officers. Sie fragten sie, warum sie keine Sozialhilfe in Anspruch nehme, keine Lebensmittelmarken oder andere Sozialleistungen beantragte.

»Ich möchte den Leuten von der Wohlfahrt nicht zur Last fallen«, sagte sie. »Wenn man den Leuten zu viel Hilfe gewährt, werden sie nur schwächlich. Ich arbeite gerne und verdiene mir selbst, was ich zum Leben brauche.«

Ralph Garcia vom Kriminallabor rief die Veteranenfürsorge und andere Institutionen an auf der Suche nach Hilfe. Die Feministin Roxcy Bolton rief das Büro der Senatorin Paula

Hawkins an, und man versprach ihr, sich um die Sache zu kümmern. Drei Tage später hörten Nachbarn Rose schreien — der Einbrecher war zurückgekehrt. Er schleuderte sie auf den Fußboden, fesselte sie mit einer Gardinenschnur und begann, ihre Habseligkeiten zu durchwühlen. Eine Nachbarin, selbst sechsmaliges Einbrecheropfer, rannte zur nächsten Telefonzelle, um die Polizei zu rufen.

Diese traf rechtzeitig ein. Der Räuber füllte gerade den Einkaufskorb auf seinem Fahrrad mit der Beute: Rose Bennetts Essensvorräte. Obwohl Gesicht und Augen vom vorangegangenen Überfall noch immer zerkratzt und geschwollen waren, war sie erneut zusammengeschlagen worden. Sie nahm keine medizinische Behandlung in Anspruch. »Sie würden nur wieder eine große Sache daraus machen und mir eine Rechnung über ein paar Tausend Dollar schicken«, sagte sie. Ihre Augenverletzungen behandelte sie mit Hamamelis selber. »Ich wußte, er war gefährlich und brutal«, sagte sie. »Er ist ein gemeiner und brutaler Mann. Ich hoffe nur, sie werden ihn nie wieder aus dem Gefängnis lassen.«

Rose Bennett beseitigte wieder einmal das Durcheinander. Die Diebe hatten ihr Radio, ihren Schmuck, ihre Armbanduhr und eine Kuckucksuhr mitgenommen, die sie und ihr Ehemann in Übersee gekauft hatten. »Man hängt doch an solchen Dingen und verliert sie nicht gerne«, sagte sie nachdenklich, aber ohne eine Spur von Selbstmitleid. Stolz zeigte sie mir Fotos ihres Ehemannes in seiner weißen Uniform. »Er sah so gut aus«, sagte sie. »Er hatte viel Ähnlichkeit mit Gary Cooper.« Seine Asche befand sich in einem Gefäß auf dem Regal und war von einer kleinen amerikanischen Flagge bedeckt. Sie hatten sich in Norfolk, Virginia, kennengelernt und 1932 geheiratet. Seit 1928 war er in der Navy, und 29 Jahre später wurde er pensioniert. Sie hatten keine Kinder. Wäre er heute in den Ruhestand versetzt worden, hätte sie fünfundfünfzig Prozent seines Ruhestandsgehaltes bezogen. Aber als Lieutenant Commander Daniel J. Bennett aus dem Dienst ausschied, gab es noch keine Hinterbliebenenversorgung.

»Es ist erstaunlich, wie sie mit so wenig Nahrung überleben

konnte«, sagte Roxcy Bolton. »Sie ist das klassische Beispiel einer Soldatenfrau, die ihrem Land und ihrem Ehemann gedient hat, und zum Dank dafür muß sie jetzt ihre letzten Tage auf dieser Erde unter solchen Umständen verbringen. So endet das alles.«

Roxcy sagte, sie werde sich darum bemühen, daß Rose in einem Krankenhaus der Air Force behandelt werden könne. Medizinische Versorgung »wäre wundervoll«, sagte Mrs. Bennett zögernd. »Aber sind Sie denn sicher, daß ältere Leute dort auch gut gelitten sind?«

An diesem Tag war ihr Kühlschrank leer bis auf ein Stückchen Weichkäse. »Die Hausarbeit macht mir Spaß«, sagte sie. »Solange ich noch etwas zu tun habe, bin ich glücklich. Ich brauche nichts. Alles, was ich möchte, ist Schutz vor Einbrechern.« Gefragt, ob sie anderen Soldatenwitwen mit ähnlichen Umständen einen Rat geben könne, erwiderte Rose ohne zu zögern: »Sie sollen sich einen Job suchen. Sie würden glücklicher sein, wenn sie einen Job hätten, anstatt sich um eine Pension zu sorgen. Die Menschen sind immer dann am glücklichsten, wenn sie aktiv sind und arbeiten. Sie sollten die Hände nicht in den Schoß legen. Wir können uns bis ins hohe Alter gut selbst unterhalten. Man kann beispielsweise auch in einem Rollstuhl sitzen und Zeitungen verkaufen.« Ihr Vater, ein Geschäftsmann aus Philadelphia, sagte sie, »schenkte all sein Geld den Bedürftigen, nicht den Habgierigen. Er wußte, ich war der Typ, der kein Geld brauchte. Ich konnte es auch so schaffen.«

Nachdem ihre Geschichte im *Herald* erschienen war, brachten Fremde hölzerne Läden an den Fenstern ihres Häuschens an, um Eindringlinge fernzuhalten. Fremde füllten ihre Essensvorräte auf, schickten Gebete, Briefe und Geld. Zwei Frauen brachten warme Mahlzeiten und ein warmes Nachthemd. Ein pensionierter Major schickte einen Scheck über hundert Dollar.

Ich war hocherfreut. Rose war es nicht. »Mir geht es jetzt gut«, klagte sie, »und ich brauche keine weitere Hilfe mehr. Es ist nicht fair von mir, Sachen von Leuten anzunehmen, die diese für sich selber brauchen.«

Die Assistentin von Senatorin Paula Hawkins sagte, seit 1972 seien mindestens vier verschiedene Gesetzesvorlagen beraten worden, die Leuten in ähnlicher Situation wie Rose Bennett geholfen hätten, aber sie seien alle in den Beratungsgremien steckengeblieben. Einige Zeit später, nachdem ich Rose einen Monat nicht gesehen hatte, rief ich die Polizistin an, die sich bemüht hatte, ihr eine neue Wohnung zu suchen. Ich fragte sie nach Rose Bennett. Sie sei tot, sagte sie ein wenig spröde. Sie war aus einem langen Urlaub wiedergekommen, hatte Rose besuchen wollen und mußte dann von Nachbarn hören, daß sie gestorben sei.

Schockiert und voller Trauer wollte ich Näheres wissen. Ich konnte keinerlei Berichte finden, keine Sterbeurkunde, und so klopfte ich an die Türen in der Nachbarschaft. Niemand wußte irgend etwas. Eine Frau sagte, sie glaube, Rose sei in ein Apartment nahe der 12. Straße gezogen.

Ich klapperte die ganze Gegend nach Leuten ab, die ich befragen konnte, und versuchte, mir einen Plan zurechtzulegen, was ich als nächstes tun sollte. Es war heiß und stickig, und auf den Straßen waren nur wenige Leute unterwegs. Einen Block weiter sah ich eine Fußgängerin, eine sauber gekleidete Frau, die einen Einkaufswagen aus einem Supermarkt vor sich herschob. Ermüdet und schon bereit, aufzugeben, fiel mir auf, wie sehr diese Frau Rose ähnelte. Als ich näher kam, glich sie ihr noch mehr. Schließlich hielt ich neben ihr an. Es war Rose Bennett.

Wir umarmten einander zur Begrüßung und setzten uns dann auf die Bank einer Bushaltestelle, um ein wenig miteinander zu reden. Sie können nicht lange bleiben, sagte sie, denn sie sei sehr beschäftigt. Irgendwo hatte sie eine Verabredung. Nein, sagte sie, sie brauche nichts. Alles sei in Ordnung.

Rose Bennett rettet keine Menschen aus brennenden Gebäuden, und sie schwimmt auch keine Rekorde, um jemanden zu retten, und auch sonst tut sie nichts, was Tollkühnheit erfordern könnte — aber mir kann niemand sagen, Rose Bennett sei keine Heldin.

Manchmal ist Überleben bereits heroisch.

Randbemerkung

Kein Held

Heldentum ist der kurzlebigste Beruf auf Erden.

Will Rogers

Manche Leute glauben nicht an Helden.

Ann Siegel glaubt an sie, trotz allem, was passiert ist.

Diebe zertrümmerten ihre Schaufenster und stahlen die Ausstellungsstücke aus ihrem kleinen Geschäft für Schmuck und Handtaschen in Surfside. Ein anderes Mal stemmten sie ein Loch ins Dach und plünderten das ganze Geschäft. Dann drang eines Dienstagabends ein Mann mit einem Revolver in den Laden ein und verlangte ihr ganzes Geld. Sie floh schreiend auf die Straße.

Jeff Miller, einundzwanzig, ging gerade vorbei. »Ich dachte zuerst, sie werde geschlagen oder sonst irgendwie verletzt. Da rannte ich hin, um zu sehen, was ich tun konnte.«

Der Mann mit dem Revolver räumte die ganze Kasse leer, nahm Ann Siegels Handtasche an sich und rannte durch eine Seitenstraße davon. Miller jagte hinter ihm her. Als er sich ihm bis auf ein Fuß genähert hatte, drehte sich der Räuber plötzlich herum und schoß Miller aus kürzester Entfernung in den Hals. Das Mündungsfeuer hinterließ Pulverspuren an seiner Kehle, verfehlte die Hauptschlagader nur knapp und trat an der Rückseite wieder aus. Der Revolverschütze entkam.

Miller taumelte aus der Gasse heraus, brach auf dem Bürgersteig zusammen und wurde in ein Krankenhaus in Miami Beach gebracht. Ann Siegel, einundsechzig, folgte ihm. »Ich bin froh, daß er mich erwischt hat statt Sie«, sagte er zu ihr.

»Er ist ein absolut liebenswerter, netter Junge«, sagte sie. »Ich fühle mich so schlecht. Da ist ein junger Mann, der sich genauso wie alle anderen um seine eigenen Angelegenheiten hätte kümmern können, statt sich einzumischen.« Sie blieb stundenlang in der Notaufnahme des Krankenhauses.

Bevor er niedergeschossen worden war, hatte Jeff Miller nach einem Job Ausschau gehalten, um sich das Reisegeld zurück nach Chicago zu verdienen. Er war erst drei Tage in der Stadt, er fühlte sich allein und verlassen ohne eine Bleibe, ohne Freunde, die ihn allein zurückgelassen hatten. Und jetzt gesellten sich auch noch Schmerzen und Arztrechnungen zu seinen Problemen hinzu.

Ann Siegel brachte ihm Trost, Dankbarkeit und selbstgebackene Plätzchen.

»Sie ist einer der besten Menschen, die ich je getroffen habe«, sagte er. Mit Schmerzen und ohne jedes Gefühl in der rechten Schulter, zeigte er dennoch keinerlei Bitterkeit. »Miami ist wundervoll«, sagte er, »aber es ist eine seltsame Stadt. Sie stimmt einen traurig. Sagt man zu jemandem Hallo, greift er nach deinem Geld und verschwindet. Nein, die Menschen sollten nicht in ständiger Furcht leben müssen.«

Die Geschichte im *Herald* wurde untermalt von einem rührenden Foto von Ann Siegel, wie sie den jungen Burschen in den Arm nahm, der lächelnd in seinem Krankenhausbett saß, angetan mit einem Nachthemd und einem Ausdruck auf dem Gesicht wie ein heimatloses Haustier, die Augen vor Zufriedenheit halb geschlossen.

An dem Tag, als die Geschichte erschien, weinte er, weil er plötzlich mehr Freunde hatte, als er je geglaubt hatte. »Es ist erstaunlich«, flüsterte er, noch immer geschwächt von der Verwundung, »daß die Leute sich solche Sorgen um einen machen.«

Das Fontainebleau Hilton in Miami Beach lud ihn ein, sich dort ein paar Tage nach seiner Entlassung aus dem Krankenhaus zu erholen. »Sie haben mich aufgefordert, im Hotel zu wohnen. Sie werden mich sogar in einer großen Limousine abholen«, erzählte er mir, noch immer voller Unglauben. »Ich bin noch nie zuvor in einer gefahren. Auf jeden Fall werde ich dort der ärmste Mensch sein.« Die Manager des Hotels boten ihm an, seinen Rücktransport nach Chicago zu arrangieren, oder ihm zu helfen, in Miami einen Job zu finden. »Ich arbeite gern. Ich mag nicht einfach nur herumsitzen. Ich möchte mein Leben selbst in die Hand nehmen«, sagte er eifrig, »einen guten Job, eine hübsche kleine Wohnung suchen und vielleicht auch noch zur Uni gehen.«

Seine Mutter war tot, und er war in diversen Waisenhäusern aufgewachsen. Jeff Millers Zukunft versprach, freundlicher zu werden als seine Vergangenheit.

Leser boten Zimmer an, Flugtickets und Geld, um seine medizinische Behandlung zu bezahlen. Von Politikern und Persönlichkeiten aus dem Showbusiness kamen lobende und aufmunternde Worte.

Der Leadsänger der legendären Ink Spots schickte hundert Dollar und lud Miller und Siegel ein, Gäste der Gruppe bei einem Auftritt in Miami zu sein. Geschäftsleute an der Surfside sammelten insgesamt vierhundertfünfzig Dollar. »Er hat mehr getan als seine bloße Pflicht«, schrieb ein Mitglied des Dade County Citizens Advisory Committee und fügte einen Scheck bei.

Die Fontainebleau-Limousine fuhr ihn stilgerecht vom Krankenhaus in seine luxuriöse Suite, ein Dreihundert-Dollar-Penthouse mit Blick auf den Ozean.

Das war der Augenblick, als sich die Dinge zum schlechteren wandten, erinnerte sich Siegel später. »Der Fontainebleau war der größte Fehler. Er ist ihm zu Kopf gestiegen.« Miller lümmelte sich in seine exquisite Suite und fragte sich, wie sie sagte, »ob der Präsident mich wohl anrufen wird.« Er brachte sein neuerworbenes Vermögen damit durch, Fremden Drinks zu spendieren, und einmal betrug eine einzige Rechnung des Zimmerservices neunzig Dollar. Die Manager des Hotels wurden ihres Gastes sehr bald überdrüssig. Siegel redete mit einer Freundin, sie solle Miller zu sich in ihr Haus aufnehmen. Schon bald darauf verschwand der junge Held und mit ihm der Fernseher der Frau. Siegel erzählte es niemandem, aus Angst, die Menschen würden jetzt dem nächsten in Not nicht mehr helfen.

Ruhm und Vermögen schwanden schnell. Als Jeff Miller das nächste Mal in den Schlagzeilen auftauchte, war er wieder in Illinois und auf dem Weg ins Gefängnis. Verhaftet worden war er wegen eines Einbruchs in ein Süßwarengeschäft, aber er wurde gegen Kaution wieder freigelassen. Zwei Tage später faßte ihn die Polizei erneut auf frischer Tat, diesmal in einem Radiogeschäft.

In Miami, wo er die Herzen einer verbrechensmüden Öffentlichkeit gewonnen hatte, wo er hofiert und gefeiert worden war, wo er im Licht der Öffentlichkeit förmlich gebadet hatte, fing die Polizei ebenfalls an, daran zu zweifeln, ob er überhaupt jemals ein Held gewesen sei.

»Er war ein Herumtreiber, ein Tagedieb«, sagte Officer Warren Corbin von der Polizei in Surfside. »Die ganze Sache stank.« Er sagte, er habe schon die ganze Zeit den unausgesprochenen Verdacht gehabt, daß Miller selbst in den Raubüberfall auf Ann Siegels Geschäft verwickelt gewesen war und nur versehentlich von seinem Komplizen angeschossen wurde.

Verurteilt zu fünf Jahren, frischte Miller mit Reportern aus Illinois noch einmal seine kurzzeitige Berühmtheit auf. »Ich war in allen größeren Fernsehstationen in Miami. Die großen Zeitungen – ich war bei ihnen allen. Ich habe Geld von überallher bekommen. Es war wunderschön. Es war zu viel.«

Vielleicht.

Wie auch immer, Ann Siegel blieb standhaft. »Ich werde an seinem Geburtstag und zu Weihnachten an ihn denken. Ich werde ihn wissen lassen, daß es da jemanden gibt, der sich noch immer um ihn sorgt.« Sie lehnte es ab, sich an den Spekulationen zu beteiligen, Miller könne womöglich in den Raubüberfall verwickelt gewesen sein. Laut ihr war er ein Held. »Das schwöre ich. Niemand sonst ist mir zur Hilfe gekommen, nur er.«

Die Zweifler erinnerten mich an etwas, das Miller zu mir auf dem Höhepunkt seines Ruhms in Miami gesagt hatte. »Für mich ist ein Held wie Superman«, hatte er gesagt. »Er existiert nicht, außer in Hollywood.«

Da würde ich nicht zustimmen.

Ann Siegel auch nicht.

TEIL 4

DIE STORYS

15. Kapitel

Lorri

Einige Leute *sind* Charaktere; andere *haben* Charakter.

Lorri Kellog hat Charakter. Sie ist Erzieherin, lacht viel, verfügt über unfaßbare Energien und einen gesunden Menschenverstand. Als furchtlose Frau akzeptiert sie als Antwort kein Nein. Aus ihr wäre eine großartige Reporterin geworden. Wir lernten uns kennen, als militante Feministinnen einen Stapel Matratzen im Playboy Plaza Hotel während einer politischen Großveranstaltung anzündeten. Mit der Brandstiftung hatten wir allerdings beide nichts zu tun.

Lorri war kinderlos geschieden. Und genau diese Kinderlosigkeit war auch ihr Scheidungsgrund gewesen: da sie selber keine Kinder bekommen konnte, wollte sie unbedingt eines adoptieren, aber ihr Ehemann wollte einen biologischen Abkömmling, und deshalb verlangte er die Scheidung.

Lorri zog nach Miami und besorgte sich einen Job als Immobilienmaklerin. Sie wußte ein angenehmes Leben zu schätzen: ein Apartment mit Blick auf die Bay, segeln, tauchen, mit Delphinen um die Wette schwimmen, Tennis spielen, und in ihrer Freizeit wandte sie viel Vitalität für die POW-MIA-Bewegung auf. In Florida gründete Lorri ehrenamtlich eine Organisation, die Petitionen, Handzettel und Armbänder vertrieb. Diejenigen, die diese Armbänder trugen, versprachen, sie nicht mehr zu entfernen, bis der Mann, dessen Name darauf stand, entweder frei oder zur Rechenschaft gezogen worden war. Ich trug mein Armband mit dem Namen von Lieutenant Colonel Brendan Foley über zehn Jahre. Lorris Leben schien ausgefüllt, und doch vermißte sie etwas: Nach dem Kongreß verloren wir uns kurze Zeit aus den Augen, und als ich sie das nächste Mal sah, hatte sie ein neues Anliegen: sie wollte Mutter werden.

Wie so viele Amerikanerinnen hatte sie Art Linkletter bei einer Fernsehshow über koreanische Waisenkinder gesehen, die dringend Nahrung und Kleidung brauchten, und wie so viele andere Amerikanerinnen auch erklärte sie sich einverstanden, die Patenschaft für eines dieser Kinder zu übernehmen. Wochen später erhielt sie ein Foto aus dem Waisenhaus: ein kleines Gesichtchen mit traurigen Augen. Ihr Name war Myung Sook.

Lorri verschlang alles, was sie in den Bibliotheken über Korea und seine Kinder finden konnte. Myung Sook, ein Kind, das in einem Pappkarton vor einem Postamt ausgesetzt worden war, bot ein Bild der Trostlosigkeit. Lorri beschloß, das Kind, das sie unterstützte, zu adoptieren. Es schien so einfach. Aber nichts von Bedeutung ist jemals leicht. Die Möchtegern-Mutter war unverheiratet, und das Kind war ein Ausländer; die Bürokratie errichtete doppelte Schranken, und die internationalen Vorschriften immer neue Paragraphen, die von einer Hürde zur nächsten führten.

Lorri zweifelte nie daran, daß sie eines Tages Erfolg haben würde. Sie gab ihre Karriere auf, um eine Kindertagesstätte zu eröffnen, damit Myung, die in Jaime umbenannt werden sollte, Spielgefährten hatte, wenn sie eintraf. Sie wandte sich um Hilfe an Politiker, Senatoren, Abgeordnete, Reporter und selbst an die Bürokraten.

Irgendwann schaffte sie dann das Unmögliche: Jaime Myung war das erste ausländische Kind, das in diesem Land von einem einzelnen Elternteil adoptiert wurde. Dies wurde durch ein neues Gesetz ermöglicht, das auf Lorris Betreiben hin erlassen worden war. Sie hatte drei Jahre dafür gebraucht.

Jaime kam an einem Abend im April in New York an, völlig verängstigt und ausgelaugt nach einem Flug von siebenundzwanzig Stunden und einer Zeitverschiebung von zwölf Stunden. Sie sprach kein Englisch, trug Schuhe, die nicht paßten, und Winterhosen. Der langersehnte Augenblick kam, als der Angestellte der Fluggesellschaft die schmale Hand des Kindes in die Lorris legte. Die total entsetzte Vierjährige warf nur einen Blick auf ihre neue Mutter und explodierte in einen dreistündigen Ausbruch von Schluchzern, Tritten und hysterischen Schreien.

Und dafür, dachte ich, hatte Lorri ihr gutes Leben aufgegeben.

Sie wiegte das Kind auf den Armen und wiederholte ständig »Uhm-Ma, Uhm-Ma«, das koreanische Wort für Mutter. Nach drei Stunden hörte das Kind auf zu weinen, umarmte Lorri und lächelte.

Jaime benutzte in New York zum ersten Mal eine Toilette und sah zum ersten Mal Fernsehen. Der Film hieß *Brigadoon*, und Jaime versuchte, Gene Kelly mit ihrer Banane zu füttern. Sie und Lorri saßen auf dem Fußboden und aßen Reis in kleinen Portionen.

Um drei Uhr morgens schlief Jaime endlich ein, aber ihre neue Mutter wachte die ganze Nacht über ihr. »Ich wollte wach sein, falls sie mich braucht.«

Als sie dann zwölf Stunden später in Miami ankamen, vertrugen sie sich bereits glänzend. Jaime trug ein Kleid und eine dazu passende Mütze in rot, weiß und blau, Symbol für ihr neues Zuhause.

Jaime war ein verspieltes und liebenswertes Kind. Sie ist es noch immer.

An jenem Frühlingstag 1976 verkündete Lorri ihren neuen Lebensplan: »Disney World, Segeln, sehr viel Liebe und einfach nur ein gutes, glückliches, normales, geschäftiges Familienleben.« Die Zukunft, sagte sie, könnte Jaime eine Schwester bescheren.

Die Zukunft kam ein Jahr später am Muttertag an: Hee Jin Jung, zweiundzwanzig Monate alt, von nun an bekannt als Tarabeth JJ Kellog. Ihre Ankunft war der Gipfel einer chaotischen Woche voller Ärger mit den Visa und verpaßter Flugzeuganschlüsse. »Eine Niederkunft wäre sicher leichter«, schwor Lorri.

»Seelische Schmerzen sind ungleich schwerer zu ertragen.«

Ihr neue Tochter kam in den Armen einer Stewardeß der Eastern Airlines an, die sich bereit erklärt hatte, für das Wohl des Babys zu sorgen. »Eine bessere Art, den Muttertag zu verbringen, kann ich mir gar nicht vorstellen«, sagte die Stewardeß.

Alle weinten, außer Tarabeth. Die winzige Reisende klammerte sich mit trockenen Augen an ihre neue Mom und blickte neugierig auf ihre neue Schwester.

»Ich werde dir helfen, dich um meine neue Schwester zu kümmern«, sagte Jaime, inzwischen fünf Jahre alt, in perfektem Englisch.

Tarabeth war klein und süß. Sie ist es noch immer.

Ein Jahr später wurde Tarabeth die jüngste Neubürgerin Amerikas, als neunhundertsiebenundzwanzig Menschen die amerikanische Staatsbürgerschaft verliehen wurde. Wochenlang hatte sie angekündigt: »Ich werde Amerikanerin.« Ihr Alter ersparte es ihr, den Eid abzulegen, aber sie hob die rechte Hand und leistete ihn trotzdem.

»Ich verspreche es«, sang sie lauthals und machte die Siegeszeichen.

Die Zeremonie war aus mehr als einem Grund einmalig: Jaime hatte erst zwei Jahre nach ihrer Adoption die Staatsbürgerschaft erworben. Lorris Reaktion: »Blödsinn.« Tarabeth, ganz patriotisch in einen marineblauen Rock mit einem amerikanischen Adler darauf gekleidet, brauchte nicht wie ihre Schwester zu warten.

Lorri hatte es wieder einmal geschafft. Dieses Mal hatte sie das Gesetz verändert – mit ein wenig Hilfe von Senator Edward Kennedy und William Lehman, Floridas Vertreter im Repräsentantenhaus.

Der Bundesrichter, der die feierliche Zeremonie leitete, erläuterte, daß Tarabeth jetzt alle Rechte und Privilegien einer geborenen Amerikanerin bis auf eines genoß: sie konnte nie Präsident der Vereinigten Staaten werden.

Na so was, dachte ich, während Lorri sich die Haare sträubten.

Spätestens zu diesem Zeitpunkt war Lorri klar, daß mehr Kinder und noch mehr Möchtegern-Eltern Hilfe brauchten. Sie gründete die Universal Aid for Children, Inc., eine private, nicht am Gewinn orientierte Agentur für die Adoption von im

Ausland geborenen Kindern durch amerikanische Familien und zu dem Zweck, Erholung und medizinische Betreuung für bedürftige Kinder überall auf der Welt sicherzustellen. Tochter Nummer drei sprach ihre ersten englischen Worte, einige Stunden nachdem sie angekommen war. »Coca Cola«, sagte Jillian Catharine Kellog, die frühere Hee Jung Lee, fünf Jahre alt.

»Mir ist, als sei sie schon immer hier gewesen«, sagte Lorri. Jillian und ihre Schwestern spielten, balgten und kicherten die ganze Zeit während ihres ersten gemeinsamen Tages. Wie die anderen auch hatte Jillian nie zuvor ein Telefon oder einen Fernseher, ein modernes Bad, einen Eiswürfel oder Eiscreme gesehen.

Aber sie lernte schnell.

Lorri beschrieb sie glücklich als »sehr typische ›gib mir, hole mir, schenke mir‹-amerikanische Kinder.«

Ein Fotograf des *Herald* schoß Bilder von Lorris Kindern beim Spielen für die Sonntags-Beilage. Dieser Auftrag veränderte sein Leben – für immer.

Monate später warteten wir wieder alle am Flughafen, um seine neue Tochter, Hae Jung Kang, zwei Jahre alt, abzuholen.

Lorri hat viele Kinder zum Zwecke der medizinischen Betreuung in dieses Land gebracht. Ein kleines Mädchen aus El Salvador mit Namen Sarah, acht Jahre alt, war 1983 bei einem Bombenangriff auf ihr Dorf schrecklich verbrannt worden. Seit 1985 hat sich Sarah insgesamt zehn Operationen unterziehen müssen. Zwölf weitere stehen ihr noch bevor. Da Sarah keine Familie hatte und in einem Flüchtlingslager lebte, war es der Wunsch ihrer Großmutter, sie möge in Amerika bleiben. Das ist der Grund, warum Sarah die Kellog-Tochter Nummer vier wurde.

Sarah ist inzwischen dreizehn Jahre alt und hat ihre Großmutter schon mehrmals besucht. Lorri unternimmt viele Reisen nach El Salvador, um dort Rollstühle und Gehhilfen zu verteilen. Eine Dekade lang, während des gesamten Krieges, hat sie mit den Damen der ersten Gesellschaft dieser verwüsteten Nation und deren Hilfskomitees zusammengearbeitet. Lorri besucht Flüchtlingslager und beschafft mit Hilfe ihrer Agentur dringend benötigte Versorgungsgüter für Waisenhäuser. Für gewöhnlich begleitet sie eine ihrer Töchter. Jaime und Tarabeth, acht und fünf Jahre alt, arbeiteten mit ihr zusammen in den Bergen von Honduras. Auch das kleinste Kind kann Windeln falten.

Ich mache mir ständig Sorgen um Lorri, aber sie muß einen Schutzengel haben. Sie entging einem verheerenden Erdbeben nur um anderthalb Tage, einem Überfall auf die Hauptstadt von El Salvador nur um Stunden.

Erst kürzlich kehrte sie aus Rumänien zurück, und jetzt kümmert sie sich auch um Waisen aus diesem Land.

Tarabeth, mein Patenkind, scheint – jedenfalls bis jetzt – keinerlei politische Ambitionen zu haben. Mit ihren sechzehn Jahren ist sie sehr viel mehr an Popgruppen und ihrem neuen Fahrrad interessiert. Sie arbeitet stundenweise in einem Supermarkt. Dasselbe gilt für Jaime, die inzwischen achtzehn ist, und ihre Schwester Jillian, sechzehn, und Sarah.

Als Jaime kürzlich anrief mit der Neuigkeit, Tarabeth sei von einem Lastwagen angefahren worden, als sie mit ihrem Fahrrad unterwegs war, dachte ich im ersten Moment, ich werde gleich einen Herzschlag erleiden. Sie hatte sich das Schlüsselbein gebrochen, erholte sich aber schnell wieder. Kinder sind widerstandsfähig, ich hingegen brauchte Tage, um mich wieder zu erholen. So, dachte ich, mußte wohl Lorris Leben Tag für Tag verlaufen. Wie schafft sie das nur?

Sie zu fragen ist dasselbe, wie mich zu fragen, wie ich meinen Job Jahr für Jahr nur machen kann. Die Antwort ist, da bin ich sicher, dieselbe.

Wie könnte man es *nicht* tun?

16. Kapitel

Anwälte und Richter

In Miami gibt es neuntausendzweihundertsechsundsiebzig Anwälte. Es scheinen jedoch mehr zu sein.

Sie sind alle hier: die Besten, die Schlechtesten, die Extravaganten und die Unauffälligen, die Betrügerischen, die Hinterhältigen, die Guten, die Schlechten und die Häßlichen. Sie alle helfen, Miami zu einer der prozeßwütigsten Städte in Amerika zu machen, zu einem Ort, wo es pro Einwohner mehr Anwälte gibt als in den meisten Städten der Welt.

Und alle sind sie darauf aus, schnell Geld zu machen.

Während meiner ersten Anstellung bei einer Zeitung lernte ich einen Anwalt kennen, der einen bekannten Juwelendieb verteidigte. Er war einverstanden, den Fall mit mir zu diskutieren, und schlug vor, sich in der Bar des Clubs zu treffen, wo er wohnte. Ich hatte nicht zu Mittag gegessen, und es war acht Uhr. Ich rührte meinen Drink kaum an und lehnte einen zweiten ab, während er den Barmann auf Trab hielt. Schon bald standen fünf Drinks, aufgereiht wie Soldaten, auf der Theke vor ihm.

Er schüttete die Drinks herunter und lud mich zum Essen in sein Apartment ein. Als ich es ablehnte und aufstand, lief er mir nach und schlug vor, wir sollten uns in mein Auto setzen und die Sache dort bereden. Er glitt auf den Beifahrersitz des kleinen Triumph I., den ich damals fuhr. Einen Augenblick lang redeten wir auch miteinander. Dann warf er sich ganz plötzlich auf mich – und spießte sich auf dem Schalthebel auf. Seine Schreie waren mitleiderregend.

Das war meine erste Erfahrung mit einem aus Miamis riesiger Armee von Anwälten.

Während meines zweiten Jahres beim *Herald* wurde ich der

Redaktion Prozeßberichterstattung zugeteilt. Ich machte viele Überstunden, um über alle Fälle zu berichten, bevor die fünf Strafrichter (heute sind es fünfundzwanzig) sich mit ihnen befaßten. Am unangenehmsten berührt war ich von der Freude, die manche jungen Vertreter des Pflichtverteidigerbüros dabei zu empfinden schienen, die Staatsanwaltschaft auszupunkten und ihre Fälle zu gewinnen, und davon, welch magische Anziehungskraft ihr Büro auf die begabten jungen Anwälte ausübte.

Ihr charismatischer Chef, der Pflichtverteidiger Phillip Hubbart, vierunddreißig Jahre alt, rekrutierte viele für seinen unterbezahlten und bis zur Aggressivität loyalen Stab aus den Seminaren, die er selbst an der Universität von Miami abhielt.

Hubbart nannte sie eine neue Rasse, und genau das waren sie damals in den frühen siebziger Jahren auch. Sie trugen längere Haare und modischere Kleidung als die meisten anderen Anwälte. Sie waren im Schnitt unter dreißig, traten für die Legalisierung von Marihuana ein und verbrachten einen großen Teil ihrer Zeit in den Gefängnissen, wo sie mit ihren Klienten konferierten. Ihr Leben drehte sich nur um Gewalt, Sieg und Niederlage.

Niemals waren sie langweilig. Stephen Mechanic, angetan mit einem tadellosen Anzug von Christian Dior, der ausgezeichnet zu seiner schlanken Gestalt paßte, verkörperte den Stil eines Fernsehstars und verströmte den Duft von teurem Aftershave. Seine Stiefel aus weichem Leder glänzten, das blonde Haar hing ihm bis auf den Kragen hinunter, während er für seine Klienten mit der Ausdauer eines Straßenkämpfers focht, der sich auch nicht scheute, ab und an unter die Gürtellinie zu schlagen. Er verdiente nicht genug, um seine Frau zu ernähren, aber glücklicherweise besaß sein Vater Hotels in Miami Beach und ein Aktiendepot.

Roy Black, der Sohn eines wagemutigen Rennwagenfahrers, hatte mit der Hilfe eines Sportstipendiums das College besucht. Siebenhundert Absolventen machten mit ihm zusammen das Examen; er war der beste. Früher einmal hatte er so ziemlich alle Schwimmwettbewerbe der Universität von Miami gewonnen, jetzt verbrachte er die Wochenenden im übel riechenden Gefängnis des Dade-County und graste die Ghettos auf der Suche nach Zeugen ab. Als Dennis Holober noch Jurastudent im letzten Semester gewesen war, hatte er den Charakter eines Vergewaltigungsopfers derart negativ darstellen können, daß er für seinen Klienten einen Freispruch erreichte, wofür ihm der vor Wut schäumende Vater des Opfers ein paar Zähne ausschlug.

Arthur Rothenberg verfügte über einen sauber gestutzten Schnurrbart, eine randlose Brille und das korrekte Benehmen eines englischen Gentleman. Er war Anhänger einer natürlichen Ernährung und lebte fast nur von selbstgemachtem Yoghurt. Das College besuchte er aufgrund eines Rhetorikstipendiums.

»Ich entdeckte, daß ich viel zu sehr damit beschäftigt war, Geld zu machen. Das war deprimierend«, sagte Rothenberg mir in dem Versuch, zu erläutern, warum er die private Praxis verlassen hatte, um einen weniger gut bezahlten Posten bei Hubbart anzutreten. »Geld ist es nicht wert, Morgen für Morgen aus dem Bett aufzustehen. Das Leben eines Mannes ist seine Arbeit. Ich wollte die meine immer so gut wie nur möglich machen – ich suchte nicht nach Gold. Das hier füllt meinen Tag aus. Es ist meine Zeit wert. Ich muß jedes Quentchen Energie und Talent aus mir herausholen, Tag für Tag. Von allen Seiten bekomme ich Druck: von den Klienten, den Familien, der Polizei, der Staatsanwaltschaft. Immer steht ein Leben auf dem Spiel.«

»Mir sind die Schwächen und die Eigenheiten der Menschen sehr wohl bewußt – besonders bei den Ignoranten und den Ungebildeten. Wenn man einem Menschen die Wahl ließe, würde er nicht sehenden Auges zum Kriminellen werden. Das Individuum ist Gefangener seiner Umgebung, seiner Erbanlagen. Das im Gefängnis könnte auch ich sein. Ich glaube, der einzelne hat es kaum in der Hand, was aus ihm wird.«

Ray Windsor, jungenhaft und mit einem Lockenköpfchen, stimmte zu: »An einem bestimmten Punkt im Leben ist Geld nicht mehr nötig. Jetzt im Augenblick brauche ich keines. Ich kann mir nicht vorstellen, etwas Faszinierenderes zu tun. Man unterhält sich nur fünfzehn Minuten lang mit einigen von diesen Burschen, und schon ist es schwer zu glauben, daß sie die Schwerverbrechen wirklich begangen haben, von denen man genau weiß, daß sie sie begangen haben. Hat man ihren Hintergrund erst ein wenig durchschaut, begreift man auch, warum sie hier sind. Sie sind die wahren Opfer – sie sind genausogut ein Opfer wie das Opfer des Verbrechens, das sie begangen haben. Der Staat soll der Ankläger sein, aber unsere repressive Gesellschaft könnte sehr oft auf der Anklagebank sitzen und alle die Leute im Gefängnis die Opfer unserer Verbrechen sein.«

Sie meinten es ernst – sehr ernst. Wo nur haben sie diesen Blödsinn gelernt?

Kein Wunder, daß Staatsanwalt Richard Gerstein, ein Held des Zweiten Weltkrieges, der im Kampf ein Auge verloren hat, immer so grimmig dreinschaut.

Zu jener Zeit war sein Büro mehr als dreimal so groß wie das der Pflichtverteidigung. Staatsanwälte hatten mehr Mitarbeiter und wurden zweimal so gut bezahlt. Und doch schien die Moral in Hubbarts Büro stärker zu sein. Verteidiger Tom Morgan, fünfundzwanzig, erklärte das so: »Deren Büro ist sehr viel bürokratischer als unseres.« Er war verheiratet, hatte ein Kind und sagte, er sei Hubbarts Stab beigetreten, weil »die Arbeit nirgendwo interessanter ist.«

Die Atmosphäre war hektisch, die Verantwortung angsteinflößend. Als Roy Black zu diesem Stab traf, war der Rückstand so groß, daß er an einem der ersten Tage in seinem neuen Job dreißig Verhandlungen hatte. Er verteidigte einen steten Fluß von Klienten, die er bis zehn Uhr morgens noch nie gesehen hatte. Er ging nach Hause und schwor, er werde nie wieder zurückkehren, und dann kam er doch zurück – genau wie die anderen, Tag für Tag – in die wenig einladenden, überfüllten Gerichtssäle im vierten Stock, wo jede Minute zählte. In einem System, das in Tausenden von Fällen zu ertrinken drohte, war ständiges Mauscheln auf den Korridoren, in Richterzimmern und bei geflüsterten Gesprächen während der Gerichtsverhandlung im Gange. Auf diese Weise gingen sie in mehr als der Hälfte ihrer Fälle vor.

Die Verteidigung hatte viel mehr Anziehungskraft und Romantik als die Anklagevertretung. »Es ist eine Revolution des Strafrechts selbst«, erläuterte Black. »Der Warren Supreme Court hat das ganze System revolutioniert und es zu einem beliebten Zweig unseres Berufes gemacht statt dem Stiefkind, das es vorher gewesen war.«

Die Polizisten konnten mit sehr viel weniger positiven Eindrücken von den Verfahren aufwarten.

An seinem ersten Tag im Job wurde Holober mit der Verteidigung eines Mannes beauftragt, der des Mordes zweiten Grades angeklagt war. Er plädierte auf nicht schuldig und begann, mit absichtsvoller Langsamkeit die Zeugen ins Kreuzverhör zu nehmen, wobei er die Rückkehr seines Ermittlers abwartete, den er angewiesen hatte, so schnell wie nur möglich den Tatort zu fotografieren.

Der Angeklagte und seine Frau hatten miteinander gekämpft. Er entriß ihr das Messer und ging hinaus, um sich zu beruhigen – das Messer war noch immer in seiner Hand. Ihr Bruder warf sich mit einer Schaufel auf ihn und wurde von einem Messerstich tödlich getroffen, was Holober dann der Jury gegenüber als eine ›Kombination aus Selbstverteidigung und Unfall‹ beschrieb, obwohl auf das Opfer sechsmal eingestochen worden war. Holober selbst kamen ob seiner eigenen Eloquenz die Tränen, während er sein emotionsgeladenes Schlußplädoyer hielt. Die Jury entschied auf ›nicht schuldig‹. In einer Woche vertrat Holober fünf Angeklagte vor Gericht – und erreichte für alle fünf einen Freispruch.

Die Verteidiger schienen ganz besonders begeistert, wenn sie Angeklagte frei bekamen, die ganz offenkundig schuldig waren. Wenn doch nur die Staatsanwaltschaft ebenfalls Anwälte mit solch leidenschaftlichem Einsatz für ihren Beruf rekrutieren könnte.

Ich wußte immer Bescheid, wenn ein Fall, der ein wenig verzwickt lag und dem Büro des Staatsanwaltes einiges Kopfzerbrechen bereitete, aufgerufen werden sollte – und verloren wurde. Redegewandte junge Staatsanwälte suchten mich dann auf und drängten mich, mit ihnen zusammen und in aller Ruhe über einer Tasse Kaffee zu plaudern, nur zu dem Zweck, mich vom Gerichtssaal fernzuhalten, wo sich das nächste Debakel für sie abzeichnete.

Aber dieser Trick funktionierte nie. Es gab immer zu viele Leute, die begierig darauf waren, die Neuigkeiten auszuplaudern: Justizangestellte, Vollzugsbeamte, wütende Zeugen, die Anwälte der Gegenseite, wütende Polizisten und Beobachter in den Zivilprozessen, in der Regel ältere Bürger, die es vorzogen, die Dramen des wirklichen Lebens anstelle von Seifenopern auf dem Fernsehschirm zu verfolgen.

Die Arbeit war niemals langweilig. In den Gerichtssälen herrschte ständiges Chaos — Ausbruchsversuche, Selbstmorde und hysterische Anfälle. Angeklagte kollabierten, versuchten sich umzubringen oder rannten davon. Ein Gefangener brach aus dem Gerichtssaal aus, verfolgt von einer ganzen Horde von Polizisten, Zeugen, Gefängnispersonal und seiner schreienden Familie samt Freunden, die alle gekommen waren, um ihm für sein Verfahren die Daumen zu drücken. Der Flüchtige sprang in einen abwärts fahrenden Paternoster und wechselte dann auf die andere Seite. Er schlug mehrere Sekretärinnen vom Büro der Pflichtverteidigung nieder, die dann von der trampelnden Polizisten-Horde noch einmal niedergewalzt wurden. Officer Robert Weatherholt von der Polizei in Miami holte ihn schließlich mit einem Hechtsprung vom Paternoster herunter. Sie landeten engumschlungen direkt vor den Füßen von Staatsanwalt Gerstein, der den Sprung des Polizisten »der NFL würdig« fand. Der Ausbruchsversuch war der dritte in dieser Woche. Ein Staatsanwalt hatte einen anderen flüchtigen Angeklagten mit einem Fußtritt aus dem Aufzug befördert, und ein dritter war aus dem Fenster im dritten Stock gesprungen.

Solche Krisen waren die Regel, nicht die Ausnahme. Irgend etwas war immer los: die Krise der schnellen Gerichtsverfahren, die Krise in der Abteilung für die Bewährungshelfer, die Krise bei der Geschworenenauswahl, die ewig brodelnde Krise der Gefängnisse und die Krise der Gast-Richter. Wahre Berge von unerledigten Fällen erzeugte eine ständige Notsituation, und Gast- und Interims-Richter wurden herangezogen, um die Berge ein wenig abzuarbeiten. Einer von ihnen war der höfliche Richter George Holt aus Tennessee, ein sehr umstrittener früherer Staatsanwalt. Vor Jahren war er einmal Gegenstand des ersten in Florida anhängigen Verfahrens zur Ablehnung eines Richters gewesen, und die Wogen hatten sich noch immer nicht geglättet. Ein Senatsbeschluß, der notwendig gewesen wäre, um ihn aus dem Amt zu entfernen, kam zu spät. Heute, im Alter von achtundsechzig Jahren und noch immer sehr rüstig, holte man ihn aus seinem Ruhestand in South Carolina, um die Krise an Miamis Gerichtshöfen in den Griff zu bekommen — aus der Bratpfanne direkt ins Feuer.

Holt war gutmütig, ein wenig redselig und eine schillernde Persönlichkeit, um es vorsichtig auszudrücken. Geholt, um ein wenig Schwung in das Gerichtssystem zu bringen, tat er zum Schrecken der Staatsanwaltschaft genau dies. Er lehnte die Anklage gegen einen Verdächtigen mit der Bemerkung ab: »Ich habe keine Lust, mich mit Drei-Dollar-Fällen zu befassen.« In einem Anfall von Groll sagte er die Verfahren eines ganzen Tages gegen bewaffnete Räuber und Drogendealer ab und wies ihre Fälle ab, nachdem er sich mit einem Staatsanwalt gestritten hatte.

Mich hätte auch ein Sonderkommando der Polizei nicht aus seinem Gerichtssaal hinauswerfen können.

Der Richter war gerade dabei, die Verhandlung gegen einen gerichtsbekannten Verbrecher zu eröffnen, der sich zweier Anklagen wegen Raubüberfälle gegenübersah, als seine Blicke von einem Paar kurzen Hosen gefangengenommen wurden. Sie entsprachen nicht den gesetzlichen Vorschriften — sie waren aus Wildleder und sahen scharf aus. Er wollte Recht sprechen und eine Geschworenenjury benennen, aber unter diesen befand sich eine attraktive junge Frau in kurzen Hosen und mit Stiefeln. Richter Holt tat zwei Dinge auf einmal.

»Wie ist ihre Nummer? Ihre Geschworenennummer«, fragte er den Gerichtsdiener vor dem ganzen Gerichtssaal. Der Gerichtsdiener wußte es nicht.

»Finden Sie es heraus«, befahl Seine Ehren.

Ein pflichtbewußter Deputy marschierte nach draußen und gab vor, die Vorladungen überprüfen zu müssen. Er kehrte zurück und berichtete flüsternd: »Sie hat die Nummer neunzehn.«

»Rufen Sie Nummer neunzehn«, ordnete der Richter an.

Die dunkelhaarige Frau trat in die Geschworenen-Box, ohne etwas von der Verschwörung zu ahnen. Der Pflichtverteidiger Tom Morgan und der Staatsanwalt Sky Smith akzeptierten sie sofort. Beide jungen Anwälte waren begierig darauf, den Richter glücklich zu machen.

»Ich wußte, daß sie außer der Reihe aufgerufen worden war«, sagte Smith später, »aber sie war akzeptabel. Und selbst wenn sie es nicht gewesen wäre, hätte ich doch gezögert, sie angesichts der Vorliebe des Richters für sie wieder nach Hause zu schicken.«

Während der routinemäßigen Interviews wurde die Frau gefragt, ob sie auch Holts Instruktionen während des Verfahrens befolgen werde. »Ich werde alles tun, was der Richter mir sagt«, gurrte sie.

Der Richter strahlte über das ganze Gesicht. »Habt ihr das gehört?« Er winkte einem Gerichtsdiener. »Ich glaube, sie mag mich.«

Das Verfahren nahm seinen Fortgang, und die Opfer, ein Pärchen aus Coconut Grove, machten ihre Aussagen über die Nacht, als sie in der Dunkelheit von einer Gestalt am Fußende ihres Bettes geweckt worden waren. Das Gesicht des Eindringlings war durch eine Strumpfmaske grotesk verformt gewesen. In der einen Hand hatte er eine flackernde Kerze gehalten, in der anderen eine abgesägte Schrotflinte. Er feuerte in ihre Matratze. Der Ehemann sprang auf und stürzte sich auf den Schützen, der sie beide mit der Waffe schlug, bevor er diese fallen ließ und floh. Der Eindringling ließ auch seine Jacke zurück.

Die Polizei sagte aus, die Jacke gehöre dem Angeklagten. Eine Patrone, die zu denen in der Schrotflinte paßte, war in seinem Schrank gefunden worden. An seinem Bein befanden sich

Kratzer, die er sich bei dem Kampf zugezogen hatte. Der Verteidiger war mißmutig. Die Staatsanwaltschaft hatte einen absolut wasserdichten Fall.

Der Richter reicherte die Verhandlung mit Scherzen und Redensarten an, die zu einem Schuljungen gepaßt hätten, und ließ Frauen in Miniröcken sich dorthin setzen, wo er ihre Beine sehen konnte. Während er die Geschworenen im Beratungszimmer eingeschlossen ließ, rief er Nummer neunzehn aus dem Besprechungsraum, um sie nach ihrer Telefonnummer zu fragen. Sie flirtete mit ihm, während sie den Bestseller *The Sensuos Woman* diskutierten.

»Wenn Sie mit mir ausgehen, meine Süße, brauchen Sie bestimmt kein Buch«, sagte er vom Richtertisch aus zu ihr.

Schließlich protestierte der Staatsanwalt. »Richter, ich bin schockiert.«

Er schien der einzige zu sein.

Vom Geschworenenzimmer her, wo sich die Mitglieder der Jury bei Gesellschaftsspielen amüsierten, drang Gelächter herüber.

Auf dem Weg zurück vom Lunch vertraute Richter Holt mir an, er denke daran, zweimal neunundneunzig Jahre Gefängnis gegen den Angeklagten zu verhängen.

Das klang vernünftig.

Die Jury brauchte nicht lange für ihre Beratungen.

Nicht schuldig.

Der völlig verdatterte Staatsanwalt und ich verfolgten die Geschworenen nach draußen. »Tut mir leid«, entschuldigte sich einer, »aber wir haben uns gerade viel zu sehr amüsiert, um irgend jemand ins Gefängnis zu schicken.«

Ich schrieb über den Fall und hatte dann zwei Monate später wieder Gelegenheit, darüber zu schreiben, nachdem die Frau eines Eiscremeverkäufers erschossen worden war, das letzte Opfer einer Serie von Raubüberfällen in Coconut Grove.

Man verhaftete den Killer, denselben Mann, der in Richter George Holts Gerichtssaal freigesprochen worden war.

Manche Dinge sind schlimmer als ein voller Terminkalender.

Nehmen wir Richter Murray Goodman; unsicher und voller

Angst vor der Presse, lehnte er es ab, einen spektakulären oder auch kontroversen Fall aufzurufen, wenn ein Reporter anwesend war. Ich gewöhnte mir an, außerhalb seines Gerichtssaales zu bleiben und nur von Zeit zu Zeit einen kurzen Blick hineinzuwerfen. Wenn ein interessanter Fall aufgerufen wurde, schlüpfte ich schnell hinein und setzte mich. Dann blickte der Richter voller Entsetzen auf, verkündete eine kurze Unterbrechung und verließ den Richtertisch.

In dem verzweifelten Versuch, die Seiten seines Kalenders nicht miteinander zu verwechseln, hatte Richter Goodman seine eigene Methode entwickelt und benutzte einen bunten Schreibblock für Kinder mit einem Zahlenregister.

Daniel Fritchie, Angeklagter in Goodmans Gerichtssaal, stand völlig mittellos auf der Straße, als ein Bürger Miamis ihm eine Bleibe anbot. Während der Nacht schlug Fritchie seinem schlafenden Wohltäter eine schwere Bratpfanne über den Kopf und schnitt ihm die Kehle durch. Der Mörder rief selbst die Polizei. Sein Geständnis war detailliert. »Ich bin geistig instabil und muß eingesperrt werden«, sagte er. Richter Goodman befand Fritchie wegen geistiger Unzurechnungsfähigkeit für nicht schuldig und wies ihn in eine Heilanstalt ein. Drei Monate später wieder auf freien Fuß gesetzt, weil angeblich nicht mehr gefährlich, reiste Fritchie nach Los Angeles. Erneut war er obdach- und mittellos, als ein Mann ihm eine Bleibe anbot. Während der Nacht schlug er seinem Wohltäter eine Statue des Heiligen Franziskus über den Kopf und schnitt ihm die Kehle durch. Der Polizei von Los Angeles erklärte er: »Ich bin eine Gefahr für mich selbst und für andere. Ich habe versucht, denen in Miami das zu erklären, aber die haben mich wieder laufenlassen.«

Als ich ihn für meine Story um einen Kommentar bat, sagte Richter Goodman, er könne sich an den Fall nicht erinnern. Das glaube ich ihm sogar.

Die Angeklagte Sherry Ann Gray, achtzehn Jahre alt, war eine der aktivsten Einbrecherinnen des ganzen County. »Sie war schon in mehr Häusern als der Weihnachtsmann«, erzählte mir einer der Ermittler. Die Polizei schrieb diesem blauäugigen

Teenager mehr als vierhundert Einbrüche zu. Das Mädchen war seit ihrem sechzehnten Lebensjahr heroinsüchtig. Sie führte die Detectives an die Tatorte von einhundertfünfzig Verbrechen, an die sie sich noch erinnerte.

Ich sprach mit ihr in ihrer Zelle. Sie war schlank und hübsch, lächelte viel und trug auf ihrem linken Arm das Wort LOVE — mit Streichhölzern ins Fleisch eingebrannt. Sie erzählte mir von den Einbrüchen. »Ich machte drei bis fünf Einbrüche pro Tag. Ich brauchte einhundertfünfzig Dollar täglich für Drogen. Die meiste Zeit war ich high. Ich kannte keine Furcht mehr. Es machte mir auch nichts mehr aus, ob die Leute zu Hause waren und mich vielleicht erschossen, wenn ich dort einbrach.«

Ihre Zellengenossinnen bestanden darauf, sie sei eine Schwindlerin, keine Diebin. Die Behörden stimmten dem zu, doch blieb noch eine Spur eines kleinen Mädchens übrig. Sie war jetzt seit März im Gefängnis, und inzwischen war es Mai geworden. »Ich war noch nie so lange von meiner Mutter weg.«

Sherry, die drogenabhängige Diebin, stahl einen Diamantring im Wert von sechsundzwanzigtausend Dollar und verkaufte ihn für vier Briefchen Heroin im Wert von jeweils zehn Dollar. Sie war kräftiger, als sie auf den ersten Blick aussah, und einmal entwischte sie dem sie verfolgenden Polizisten, obwohl sie einen gestohlenen Farbfernseher unter dem Arm trug. Sie stahl einen Revolver und verkaufte ihn einem Mann in einer Bar. Dieser nutzte die Waffe, um vierundzwanzig Stunden später damit einen Mord zu begehen. Sie war wegen des Mordes an einem Polizisten vernommen worden, und Agenten des FBI wollten sie vor ein Geschworenengericht bringen. Sie suchte nach Druckplatten für Falschgeld, die sie bei einem Einbruch gestohlen hatte.

Sherry, das kleine Mädchen, sagte, sie sei zwölf Jahre alt gewesen, als innerhalb von drei Monaten ihr Vater starb und sie von einem Freund der Familie vergewaltigt wurde. Danach war ihr Stiefvater bei einem Streit mit einem Cousin ums Leben gekommen, und die Familie zog von South Carolina nach Florida.

»Als ich fünfzehn war, schnüffelte ich zum ersten Mal Klebstoff, den ich auf einem Stoffetzen in der Tasche bei mir trug. Es war großartig. Am ersten Tag des neunten Schuljahres schwänzte ich die Schule. Meine Freundin erzählte mir, sie habe Pot geraucht und Erdnußbutter- und Marmeladenbrote an einem Baum hängen sehen. Ich sagte ›Mann, das muß ich auch mal probieren!‹. Ich habe weder Erdnußbutter- noch Marmeladenbrote gesehen. Ich habe einfach nur gelacht. Am nächsten Tag haben mir die Kiefer weh getan vom vielen Lachen. Wir fingen alle an, Pot zu rauchen. Wir konnten es ja jederzeit bekommen.« Dann lernte sie ein paar Jungen bei einer Karnevalsparty kennen. »Sie hatten so komische Tabletten, wie Zucker, und sagten, das sei LSD. Ich hatte einen ganz schlechten Trip. Er dauerte siebenundzwanzig Stunden; ich dachte schon, ich würde nie wieder normal werden. Der Junge, mit dem ich zusammen war, kaute Kaugummi. Ich fühlte mich, als sei ich der Kaugummi. Ich konnte richtig fühlen, wie er mich durchkaute. Ich dachte, er würde mich umbringen. Ich habe geschrien. Alle waren so unbeschreiblich häßlich. Sie brachten mich nach Hause. Die Katze lag direkt neben der Tür; ich dachte zuerst, sie sei ein Löwe. Sie mußten mich festhalten, sonst wäre ich nicht an ihr vorbeigegangen.«

Ihr schlechter Trip schreckte Sherry und ihre Freundinnen jedoch nicht ab. LSD war in einem von Miamis ersten psychedelischen Läden zu kaufen. »Wir schmissen jeden Mittwoch, Freitag und Samstag einen Trip«, sagte sie.

Schon bald wechselte sie zu harten Drogen und tat sich mit zwei Jungen zusammen, die in Häuser einbrachen. Ein Arzt aus Miami schrieb ihnen Rezepte als Gegenleistung für neue Fernseher. Einer der Jungen kam später ins Gefängnis, der andere starb an einer Überdosis.

»Wenn man ein Tütchen Dope braucht, muß man schnell denken«, erläuterte Sherry. Ein Mann »gab mir regelmäßig fünf Tüten Heroin, die ich für ihn für fünfzig Dollar verkaufen sollte. Dann wollte er mir zwei Tütchen als Bezahlung geben. Ich verkaufte ihnen Milchzucker. Hab' die Briefchen einfach geleert, die ich an die Leute verkaufen sollte. Dann machte ich aus Aluminiumfolie ganz ähnliche Briefchen, die genauso aussahen. Ich sagte ihm, Leute drüben im Auto wollten Stoff kaufen, wollten ihn aber zuerst mal sehen. Ich gab ihm dann die falschen Briefchen mit dem Milchzucker wieder und verschwand. Er hat mich nie gekriegt.«

Eine Freundin lieh ihr vierhundert Dollar, um Dope zu kaufen und selbst ins Geschäft einzusteigen. Sie hatte vor, es zu verschneiden, drei zu eins, und dann damit zu dealen, aber sie wurde hereingelegt. »Der Kontaktmann, zu dem ich ging, verkaufte mir Milchzucker und Chinin, vermischt mit ein bißchen Tuinal. Als ich es kochen wollte, quoll es auf. Es war furchtbar! Ich wurde so wütend, daß ich laut losgeschrieen habe.« Sie ging zurück, um Ersatz zu verlangen, aber er wimmelte sie ab. Eines Tages ging sie wieder hin, und er war nicht zu Hause. »Ich hab' einfach die Jalousien herausgerissen. Ich nahm mir seine beiden Farbfernseher, den Stereo-Plattenspieler und seinen .45er Revolver. Ich habe nur versucht, meine vierhundert Dollar wiederzukriegen.«

Das war ihr erster Einbruch. »Ich ging die Straßen ab. Wenn in der Auffahrt kein Wagen stand und das Haus einigermaßen gepflegt aussah, ging ich hin und klopfte an der Tür. Wenn sich jemand meldete, fragte ich nach einem erfundenen Namen. Ich kann jede Jalousietür öffnen. Auch Fenster zum Hochschieben sind leicht. Ich habe mich dabei oft geschnitten. Einmal habe ich mir so tiefe Schnittwunden zugezogen, daß das ganze Haus voller Blut war. Als die Detectives mich später wieder mit in das Haus nahmen, stand die Frau einfach nur da und weinte, weil ich noch so jung war.«

»Ich nahm in der Hauptsache Bargeld, Münzen und Revolver. Ich lernte alles über Revolver. Ich kenne jetzt jedes Modell. Meine Verbindungsleute gaben mir drei oder auch vier Päckchen für jeden. Ich hatte einen alten Mann, der mir für jeden Silberdollar drei Dollar gab. Ein Bursche, der eine Tankstelle betrieb, kaufte allen Schmuck, den ich kriegen konnte. Einmal bin ich in ein Haus eingebrochen, als es regnete. Meine Wimperntusche war verschmiert, deshalb ging ich ins Badezimmer und nahm den Make-up-Entferner der Eigentümerin, als ich etwas Spitzes in dem Tiegel spürte. Eine Hundert-Dollar-Note in einer Aluminiumfolie. Ein anderes Mal fand ich vierundzwanzig Tabletten LSD, neunzehn Tabletten THC, drei Meskalin-Tabletten und acht Unzen Haschisch in einem Kühlschrank. Ich nahm auch die Stereoanlage und ein paar alte Kassetten mit. Ich wette, die waren ganz schön überrascht.«

Sie trug nie Handschuhe. Detective Robert Rossman glaubte, den Grund zu kennen; sie wollte gefaßt werden, sie bettelte auf ihre Art um Hilfe.

Ein Pfadfinder notierte sich ihre Autonummer, und sie wurde zu Miamis meistgesuchter Frau. Sergeant Rossman, Vater von fünf Kindern, verfolgte sie und verpaßte sie mehr als einmal nur um Minuten. »Überall fanden wir ihre Fingerabdrücke«, sagte er. Wegen seiner ansprechenden Erscheinung fiel der hübsche Teenager auch in vornehmeren Wohngegenden nie auf.

Seine Suche endete in einem eingezäunten Wohnwagen-Park, wo Sherry mit der Beute eines ganzen Tages eintraf. Ein Richter stimmte zu, sie in die Obhut ihrer Mutter zu entlassen, wenn sie an der Aufklärung anderer Einbrüche mithelfen werde, gestohlenes Gut wieder herbeischaffte und die Polizei zu einem ihrer Freunde führte, der wegen Polizistenmordes gesucht wurde. Letzteres verweigerte sie.

»Sie war auf Entzug und führte uns im Kreis herum«, sagte Rossman. »Trotzdem hat sie uns geholfen. Sie führte uns zu Dealern.«

Sherry vertraute dem alten Detective immer mehr. »Sie rief mich jeden Tag an«, sagte Rossman. »Das war eine der Regeln. Sie hielt ihr Wort, und ich hielt meines. Wir verstanden einander ganz gut.« In Erfüllung ihres Teils der Abmachung verschaffte sie ihm Informationen und half, gestohlenes Eigentum zurückzuerstatten. Aber nach einem routinemäßigen Treffen wurde sie eines Abends von einem Detective aus Opa-Locka angehalten, der sie in Handschellen legte und wegen einer alten Sache verhaftete.

Sie schwor, Rossmann habe sie betrogen.

Er sagte, das habe er nicht. »Ich habe Sherry behandelt, wie ich auch meine Kinder behandelt wissen möchte«, erzählte er mir. »Als wir sie zum dritten Mal verhafteten, war sie barfuß.

Meine Frau gab ihr ein paar Slipper und einen Sweater« — aber die Verbindung war zerbrochen.

»Ich schmiß einen Trip. Alles, was ich sah, war das Gefängnis, und jeder Mann sah aus wie ein Cop.« Sie floh nach New Mexiko, und die Reise finanzierte sie mit gestohlenen Kreditkarten. In Arizona wurde sie dann verhaftet. Rossman bekam Druck von seinen Vorgesetzten und Sherrys Opfern.

»Sie hat mich im Stich gelassen«, sagte er. »Ich glaube nicht, daß sie genug moralische Stärke hat, um sich von dem Dreck fernzuhalten. Wenn sie das nicht kann, kennt sie nur einen Weg, es zu ertragen.«

»Sherry ist ein klassischer Fall«, sagte ihr Anwalt Steve Mechanic. »Nimm ein im Grunde nettes Mädchen, das gut aussieht, intelligent ist und Eltern hat, die sich um sie kümmern — dann setze sie nur einmal unter Drogen, und ihre einzige Realität ist der nächste Schuß.«

Mechanic vertrat sie in zweiundzwanzig Fällen von Einbruch. Richter Murray Goodman verurteilte sie zu sechs Monaten bis fünf Jahren und sagte dann, er werde die Strafe zur Bewährung aussetzen.

Alle Beteiligten rieten dringend davon ab, mit Nachdruck.

Der Richter unterhielt sich mit Sherry, der Trickreichen, allein in seinem Büro und entschied, sie seien alle im Unrecht. Er schickte sie in ein Rehabilitationsprogramm des Concept House. Dies sei ihre letzte Chance, sagte er ihr. Sie versprach, ihn nicht zu enttäuschen. Sherry ging ins Concept House, verkündete, sie wolle nur mal schnell in den Waschsalon und verschwand. Der Direktor der Einrichtung vermutete, sie könne es sich doch noch einmal anders überlegen und werde zurückkommen.

»Ich würde darauf kein Geld verwetten«, sagte ihr Bewährungshelfer.

»Ich wollte, ich hätte mich geirrt«, sagte Detective Rossman. »Ohne Willensstärke schafft man es einfach nicht. Es tut mir leid. Ich habe ihr die Daumen gedrückt.«

»Sherry muß einen Grund dafür gehabt haben«, beharrte Steve Mechanic, ihr treu ergebener Verteidiger. »Es muß nicht unbedingt ein guter Grund sein, aber irgendeinen muß sie haben.«

Richter Goodman drückte sein Mißfallen aus — und seine Verwunderung. Sherry vertat ihre letzte Chance für acht Tage in Freiheit. Die Polizei entdeckte sie in einem Cadillac mit einem Ex-Sträfling. Sie sah die Beamten, trat mit ihrem Fuß den Fuß des Fahrers herunter, den dieser auf dem Gaspedal hatte, und versuchte, ihnen zu entkommen. Im Gürtel ihrer roten Hose hatte sie einen Revolver. Die drei Polizisten, die notwendig waren, sie zu überwältigen, sagten, sie habe versucht, die Waffe gegen sie zu ziehen.

Diesmal kam Sherry Ann Gray ins Gefängnis.

Als man ihm eine dreihundertfünfzehn Pfund schwere Frau vorführte, die angeklagt war, einen Polizeibeamten mit einem Messer bedroht zu haben, verurteilte Murray Goodman sie zu einer Diät: nehmen Sie drei Pfund pro Woche ab oder gehen Sie ins Gefängnis. Er ordnete an, sie wöchentlich zu wiegen und ihr Gewicht nachzuprüfen, bis sie zweihundertfünfzig Pfund erreicht habe, was sie als ihr Normalgewicht bezeichnete.

Das klang vernünftig für Goodman, war er doch selbst stark übergewichtig.

Ein anderes Mal hielt Richter Goodman einen Mann fest, der verdächtigt wurde, einen Raubüberfall begangen zu haben, jedoch ständig um eine Anhörung bat und fünf Wochen lang im Gefängnis seine Unschuld beteuerte. Als Goodman in Urlaub ging, hielt Richter Alfonso C. Sepe eine Anhörung ab und wies die Staatsanwaltschaft an, zu dieser Anhörung den Geschädigten mitzubringen. Der Geschädigte erschien auch und identifizierte den Angeklagten — als den falschen Mann.

Richte Sepe war ein anderer Typ von Richter. Er hatte innovative Ideen und hielt unvergleichliche Reden zur Urteilsbegründung. Er nutzte Herz und Hirn, um zu sinnvollen Urteilen zu gelangen.

Zwei junge Unruhestifter, die drei alte Damen terrorisiert hatten, verurteilte er zu je zwei Jahren Gefängnis und reduzierte die Strafen dann zu zehn Jahren streng kontrollierter Bewährung. Beide Verurteilten sollten ein College besuchen, mindestens vier Jahre dort bleiben und bis dahin dem Gericht regelmäßig über ihre Fortschritte berichten. Sie mußten eine strikte Ausgangssperre beachten, regelmäßig den Gottesdienst besuchen, alkoholische Getränke ebenso meiden wie den Umgang mit Personen, die Drogen oder Waffen gebrauchten. Jeder von ihnen mußte Entschuldigungsbriefe an die Opfer schreiben. Da die Anwälte der Angeklagten und deren gefühlsbetonte Eltern das Verbrechen einen kindischen Unfug nannten und sie sich zugegebenermaßen auch wie Kinder aufgeführt hatten, ordnete der Richter an, jeder müsse zehntausend mal schreiben *Ich muß Recht und Ordnung achten* und die entsprechenden Zettel binnen dreißig Tagen bei ihm vorlegen.

Einer der Angeklagten kam zu der Überzeugung, diese Bewährungsauflagen seien zu hart. Er zog es vor, seine Zeit abzusitzen. Der andere nahm die Herausforderung an, lebte den Auflagen entsprechend, erwarb ein Diplom im Hotel- und Restaurant-Management und betreibt heute erfolgreich ein Restaurant in Miami Beach.

Sepe verurteilte einen College-Studenten der Universität von Miami, der wegen Besitzes von Kokain angeklagt war, zur Mitarbeit an einer Schule für geistig behinderte Kinder. Seine Strafe wurde zu seiner Karriere. Der Direktor stellte den Verurteilten als Kunstlehrer ein.

Lange bevor der Umweltschutz zu dem herausragenden Anliegen wurde, das er heute ist, organisierte Richter Sepe ein Projekt zur Säuberung des Miami River. Er organisierte Arbeitsgruppen von Verurteilten, die auf Bewährung frei waren, bestimmte einen aus jeder Gruppe zum Vorarbeiter und schickte sie los, den Fluß, den Strand und die Parks zu reinigen.

Mit Logik, gesundem Menschenverstand und Eloquenz fand er Zugang zu den Verurteilten; die meisten waren empfänglich. Sepe verurteilte einige Männer zum Tod und andere zum Leben — vor ihm erscheinen zu müssen war vielleicht das Beste, was ihnen passieren konnte.

Nehmen wir nur den taubstummen Angeklagten. Der Richter zerbrach sich den Kopf über der Frage, wie ein junger Mann, der weder hören noch sprechen konnte, dem Verfahren überhaupt folgen können sollte.

»Ich werde diesen Jungen nicht vor Gericht bringen, bevor er nicht wenigstens verstehen kann, was wir sagen«, sagte Richter Sepe den Anwälten. In einem Universitäts-Zentrum für Behinderte wurde ihm Unterricht erteilt. Nahezu ein Jahr später erschien der Angeklagte, inzwischen der Zeichensprache mächtig, mit seiner Mutter vor Gericht.

»Das ist das erste Mal, daß mein Sohn mich Momma gerufen hat«, sagte sie unter Tränen, in die fast alle übrigen Anwesenden mit einfielen.

Unglücklicherweise kam etwas dazwischen. Inzwischen sieht sich Sepe selbst einer Anklage wegen Korruption und Entgegennahme von Bestechungsgeldern gegenüber. Agenten des FBI fielen mit Durchsuchungsbefehlen in sein Büro und seine Privatwohnung ein und kamen mit ganzen Bündeln von Einhundert-Dollar-Noten wieder heraus. Eine Tragödie für jeden, der damit zu tun hatte – vor allem die Steuerzahler, die ihm vertraut hatten.

Marvin Emory war ein geschäftiger junger Strafverteidiger, dessen Karriere ich während meines Jahres als Gerichtsreporterin verfolgen konnte. Blondhaarig und mit feingeschnittenen Gesichtszügen genoß er einen guten Ruf, war immer gut vorbereitet und aufmerksam. Mit reinem subtilem Humor war er anders als seine eher lautstarken Kollegen, keiner, der auf den Tisch haute. Er hob kaum einmal die Stimme und wurde nie rüpelhaft. Er war maßgeblich an der Änderung von Floridas Abtreibungsgesetz beteiligt. Trotz seines Erfolges blieb er ein stiller, in sich gekehrter Einzelgänger. An einem Wochenende war ich einmal im Büro der Mordkommission von Miami und unterhielt mich mit Sergeant Arthur Beck, als uns ein Anruf erreichte: irgend jemand war vierzehn Stockwerke tief aus Emorys Penthouse-Apartment abgestürzt.

Es hatte ein Handgemenge gegeben. Die Wohnung war ein

Trümmerhaufen, Lampen und Möbel zerschlagen, die Bilder von den Wänden gerissen. Emory lebte, sein blasses Gesicht war gerötet. Er trug Shorts und ein offenes Hemd. Der junge Mann, der von seinem Balkon gestürzt war, war ein früherer Klient mit einer weit zurückreichenden Krankheitsgeschichte wegen seiner psychischen Probleme. Er war ganz unerwartet erschienen und auf einen anderen jungen Besucher losgegangen. Um ihm zu entkommen, versuchte dieser, sich im Schlafzimmer zu verbarrikadieren.

Der Angreifer erwies sich als sehr resolut. Er stellte einen Stuhl auf den Balkon, so daß er das Fenster des Schlafzimmers erreichen konnte. Aber der Stuhl wippte, und er stürzte vierzehn Stockwerke tief in den Tod. Zunächst erschien der Zwischenfall höchst verdächtig. Der Mann, der sich im Schlafzimmer verbarrikadiert hatte, sah seinen Angreifer nicht fallen. Noch immer verschreckt, hatte er eine Lampe aus dem Fenster geworfen, um auf sich aufmerksam zu machen und Hilfe herbeizurufen. Die Familie des Toten wollte später wissen, wann genau die Lampe geworfen und das Opfer von ihr getroffen worden sei. Aber die Augenzeugen bestanden darauf, der Körper sei zuerst gelandet, und kurze Zeit später, Augenblicke bevor wir eintrafen, sei ein Fenster gesplittert und die Lampe inmitten eines Schauers aus Glasscherben heruntergeflogen.

Emory überlebte den unerfreulichen Skandal und wurde eher noch stiller und in sich gekehrter. Man wußte nie genau, was er gerade dachte. Eines Tages kam er am Justizgebäude auf mich zu: »Ich bin sicher, Sie werden erleichtert sein, zu hören, daß ich ein Haus gekauft habe und umgezogen bin. Es hat nur ein Stockwerk.« Nachdem er das gesagt hatte, ging er weg.

Miamis farbigste Richterin, Ellen Morphonios, verdankte ihren Erfolg nur sich selbst. Sie ging den harten Weg: silberne Gabel und Löffel und anderer Flitterkram waren ihr fremd. Sie studierte und nahm ihr Baby in einem Körbchen mit zum Unterricht. Sie war eine hervorragende Gewehrschützin, Ex-Schönheitskönigin und unermüdliche Arbeiterin, die im Büro des

Staatsanwalts Karriere machte — in einer Institution, die damals eine reine Männerdomäne war — bis sie Chefanklägerin wurde.

Als ich vor über zwanzig Jahren zum ersten Mal aus dem Gerichtssaal berichtete, trug sie Bleistiftabsätze und enge Röcke. Das tut sie noch immer. Ihr Haar ist noch immer lang, blond und wellig. Man nennt sie die ›Richterin mit dem Galgen‹, die ›Zeitmaschine‹ und ›Lady Ellen‹. Besonders streng geht sie mit Kriminellen um, die Tiere oder Kinder quälen. Einmal verurteilte sie einen brutalen Räuber zu eintausendsechshundertachtundneunzig Jahren und fügte hinzu: »Er hätte es verdient, jeden einzelnen Tag davon abzusitzen.« In ihrem Büro steht eine kleine Nachbildung des Elektrischen Stuhls, und sie zögert nicht, jeden dorthin zu schicken, der es verdient hat.

Das hat sie neunmal getan.

Gesunder Menschenverstand und vernunftorientierte Rechtsprechung sind ihr Markenzeichen, aber daneben verfügt sie auch über eine große Portion Humor. Eine der Geschichten über sie ist, daß sie, nachdem sie einen Vergewaltiger zu einer langen Freiheitsstrafe verurteilt hatte, ihre schwarze Robe anhob, ihre umwerfenden Beine entblößte und sagte: »Sieh sie dir gut an, Bursche. Sie werden für lange Zeit die letzten sein, die du zu sehen bekommst.«

Sie liebte die Männer und hatte stets eine Schar Verehrer um sich, einschließlich dreier Ehemänner, zweier Söhne und ihres Vaters, der neunzig Jahre alt wurde. Häusliche Schwierigkeiten wirkten sich nie auf ihre Arbeit aus — selbst als ihr für mehrere Tage bewaffnete Leibwächter zugeteilt wurden, nachdem ihr erster Ehemann angeblich wilde Drohungen gegen sie ausgestoßen hatte. Als dieser eines Tages in das Justizgebäude und in ihre Räume eindrang, wies sie seine Bitten um Versöhnung zurück. Er rächte sich, indem er seinen Kopf so lange auf ihren Schreibtisch stieß, bis er blutete.

Nachdem man ihn über eine Hintertreppe auf den Parkplatz geführt hatte, schrie er mit blutender Nase: »Hände weg! Ich bin kein Krimineller.«

Dieser Tag war besonders hektisch für Richterin Ellen Morphonios. Die Presse, wegen eines anstehenden bedeutenden Verfahrens in großer Zahl angetreten, warf sich natürlich voller Freude auf die Geschichte. Ellen hatte ihren kleinen Schimpansen Toto mit zur Arbeit gebracht. Anne Cates, ihre Sekretärin, versorgte den noch im Babyalter befindlichen Toto, während die Richterin an ihrem Platz saß. Vielleicht wegen all der Aufregungen ringsum war Totos Windel im Handumdrehen in einem Zustand, der einen dringenden Wechsel erforderlich machte. Anne versuchte das auch, indem sie ihn wie ein Baby auf einen Tisch legte und die schmutzige Windel wegnahm, aber Toto wehrte sich und bekam einen Wutanfall. Er kniff Anne, jagte sie dann quer durch das Büro, wobei er über Möbel sprang und sich von den purpurfarbenen Vorhängen herunterbaumeln ließ.

Ellen liebte Purpur, und daher ist in ihrem Büro die vorherrschende Farbe Purpur — einschließlich der Tinte, die sie benutzt, um offizielle Schriftstücke zu unterzeichnen.

Toto jagte Anne schließlich aus dem purpurnen Büro. Sie rannte zum Gerichtssaal, um Ellen von dem plötzlich ausgebrochenen Notstand zu unterrichten, aber Toto folgte ihr. Sie rangelte mit dem Tier, das einen haarigen Arm und ein Bein durch die Tür geschoben hatte, und versuchte mit aller Macht, ihn wieder in den Raum zu schieben und ihn einzuschließen, ohne die Aufmerksamkeit der Reporter zu wecken, die auf der Suche nach Spuren des blutenden Ehemanns der Richterin das ganze Gebäude absuchten.

Ellen unterbrach die Sitzung und wechselte Totos Windel, der lieb und brav wie ein Baby war, sich neu wickeln und sich die haarige Kehrseite einpudern ließ.

Ist es ein Wunder, daß ich die Arbeit bei Gericht liebte?

Einmal geriet ich in eine schrecklich peinliche Situation, als der Reißverschluß meines Kleides aufsprang. Richterin Morphonios war auf der Richterbank, und ich flüchtete mich in ihre purpurfarbenen Räumlichkeiten. Anne erinnerte sich, daß im Büro des Gerichtsdieners noch Nähzeug sein müsse.

»Ziehen Sie das Kleid aus«, sagte sie, »ich werde es mitnehmen und wieder in Ordnung bringen.« Sie sagte, sie werde die

Tür abschließen und ich solle warten, bis sie wieder zurück sei. Nur sie und Ellen hatten Schlüssel, versicherte sie mir, und die Richterin war im Gerichtssaal und würde so bald nicht in ihren Räumen zurückerwartet.

Anne verließ mich mit meinem Kleid. Ich fühlte mich ein wenig unwohl, wie ich so zur Mittagszeit in Unterwäsche im purpurfarbenen Büro der Richterin herumlungerte. Als ich Stimmen und einen Schlüssel im Schloß hörte, versteckte ich mich schnell im begehbaren Wandschrank der Richterin. Sie hatte die Sitzung unterbrochen, um allein mit verschiedenen Anwälten zu konferieren. Es schienen fünf oder sechs von ihnen bei ihr zu sein. Wenn ich mich zu erkennen gab, würde ohne Zweifel irgend jemand die Tür des Wandschranks aufreißen. Und das wäre denn doch zu peinlich, dachte ich. Ich verhielt mich ruhig, denn ich rechnete damit, daß sie recht bald wieder in den Gerichtssaal zurückkehren würden. In der Zwischenzeit, so dachte ich, könnte ich vielleicht mit dem Ohr an der Schranktür einige Insiderinformationen über wichtige Fälle erhaschen.

Ich war noch immer unentschlossen, wie ich mich jetzt verhalten sollte, als Anne mit dem reparierten Kleid zurückkehrte. Ganz überrascht verriet sie sich. Es gab nur einen Weg hinaus, und sie fürchtete, ich könnte über den belebten Korridor fortgelaufen sein.

»Wo ist Edna Buchanan?« rief sie und schwenkte mein Kleid vor der Richterin und den versammelten Anwälten.

Schweigen.

Mir schien die Zeit gekommen, das Schweigen zu brechen. »Hier bin ich!« rief ich.

Was mich am meisten beeindruckte, ist, daß mich nie jemand nach einer Erklärung gefragt hat.

Richterin Morphonios wird mit jeder Situation fertig.

Ihr zweiter Ehemann, ein Windhund-Trainer, war schnell aus dem Rennen. Ihre dritte Ehe wurde im Himmel geschlossen, oder wenigstens dachte ich das. Maximum Morphonios brannte an einem Freitag, dem dreizehnten, mit einem hübschen, jungen Polizeileutenant, der für Drogen und Sittenvergehen zuständig war, nach Reno durch. Sie schienen füreinander bestimmt.

Als Cindy, die rothaarige Sekretärin von Richter Sepe, einen Orthopäden heiratete und schwanger wurde, fand die Taufe des Babys in Ellens Haus statt. Der Lieutenant hatte in dieser Nacht Dienst. Die rein weibliche Taufparty war auf dem Höhepunkt, als er plötzlich erschien. Er und seine Einsatztruppe führten gerade eine Razzia in der Nachbarschaft durch. In Tarnkleidung und mit einer Maschinenpistole in der Hand stürmte er ins Zimmer, gab Ellen einen Kuß und stürmte wieder hinaus in die Nacht.

Niemand hob auch nur eine Augenbraue.

Ellen, dachte ich, hatte das große Los gezogen.

Und so war es wohl auch eine Zeitlang. Dann tat er das Unvorstellbare, wie Männer das oft tun. Er verliebte sich — in die junge Frau ihres Sohnes. Beide Scheidungen waren außerordentlich schmerzlich. Das junge Paar hatte Kinder. Der Lieutenant, der inzwischen Jura studiert und die Examina abgelegt hatte, wurde von Ellens Ehemann zum Stiefvater ihrer Enkel.

Es hat auch noch nie jemand behauptet, das Leben sei einfach.

NACHSPIEL

Arthur Rothenberg, Pflichtverteidiger, sagte einmal zu mir: »Wenn ein Mann nur immer an sich selbst denkt, kann er nie wirklich zufrieden sein.« Er verließ Miami und ging nach Yap, eine Insel von neununddreißig Quadratmeilen Größe, wo die Frauen oberhalb der Taille nackt sind und wo noch immer prähistorisches Steingeld in Umlauf ist. Er verpflichtete sich für zwei Jahre, die Eingeborenen von Mikronesien, zweitausendzweihundert tropischen Eilanden, die sich quer über den Pazifik erstrecken, zu verteidigen. Sein Titel lautete Pflichtverteidiger des Distrikts von Yap, der ungefähr siebentausend Menschen auf zwanzig bewohnten Inseln umfaßte, die sich über siebenhundert Seemeilen streuten. Im ganzen Distrikt waren im Jahr zuvor nur zweiundzwanzig Gewaltverbrechen gemeldet worden.

In Miami hatte Rothenberg an einem Tag oft mehr Gewalttäter verteidigt.

»Ich gehe, weil ich meinen Horizont erweitern möchte«, erzählte er mir. »Dade-County ist nicht der Nabel der Welt.«

Aber er kehrte nach Miami zurück, wo er jetzt Bezirksrichter ist.

Eines Nachts, nicht lange nach unserer letzten Unterhaltung, krachte Marvin Emorys neuer Cadillac Seville in einen Hydranten und riß sich dabei den Tank auf. Anschließend schleuderte der Wagen gegen einen Lichtmast. Drähte fielen zu Boden und schlugen Funken, und schon fing der Wagen Feuer. Emory hatte getrunken. Zeugen sagten aus, er habe einfach nur dagesessen und keinen Versuch unternommen, zu fliehen. Die Flammen waren so heiß, daß Reifen und Türgriffe schmolzen, die Lackierung des Autos und sein Name auf seiner Rolex verbrannten. Er war neununddreißig Jahre alt.

Der frühere stellvertretende Pflichtverteidiger Roy Black, heute einer der reichsten und erfolgreichsten Strafverteidiger von Miami erreichte kürzlich einen Freispruch für William Kennedy Smith, gegen den wegen Vergewaltigung Anklage erhoben worden war. Steven Mechanic, Ray Windsor und Tom Morgan haben inzwischen alle erfolgreiche Privatkanzleien eröffnet. Der charismatische Pflichtverteidiger Phillip Hubbart ist jetzt Richter am Berufungsgericht.

Und Toto residiert in einem Zoo in Sanford, Florida, weit weg von der hektischen Betriebsamkeit eines Gerichtshofes.

17. Kapitel

Mrs. Z

Die Fotografien zweier kräftiger, kleiner blonder Jungen und ihrer noch kleineren Schwester Amanda flattern regelmäßig auf meinen Schreibtisch. Amanda ist zweieinhalb Jahre, hat seidige Haare, trägt Rüschen am Kleid und kleine weiße Schuhe.

Sie erinnert sich natürlich nicht daran, aber wir unternahmen ihren ersten Flug gemeinsam, als sie gerade drei Wochen alt war. Wir reisten mitten im Winter von Miami nach Chicago und direkt in einen Schneesturm. Sie war der weitaus bessere Fluggast. Ich hasse das Fliegen, aber wir hatten eine Mission zu erfüllen: Amanda, ihre Eltern und ich.

Wir wollten einen Mord aufklären.

Diese Geschichte unterschied sich in mancher Hinsicht von den anderen, teils wegen meiner persönlichen Betroffenheit. »Vorsicht«, warnte mich mein Verleger. »Werden Sie am besten nicht allzu vertraut mit den Leuten, über die Sie schreiben.«

Eine Lektion, die ich bei der Polizeistreife gelernt habe, ist, daß das Leben billig und Herausgeber trügerisch sind, aber dieser eine hatte recht. Ich habe keine große Familie und habe mich auch nie nach einer gesehnt – Alleinsein ist mein Stil –, aber wenn ich mir eine aussuchen möchte, dann könnte es durchaus diese sein.

Ich war mir nicht bewußt, daß außerhalb des Fernsehschirms derartig enge Familienbande existierten. Einer der Gründe dafür, warum dieser Mord so unverzeihlich ist, liegt darin, daß ausgerechnet die Frau, die allen diesen Leuten Wärme und Zuneigung gab, das Opfer war.

Für den Staat Florida bleibt der Mord an Mrs. Z ein ›unaufgeklärtes‹ Verbrechen. Und doch glaubt jeder, der die Zusammenhänge kennt, daß er weiß, wer es getan hat und warum.

Z steht für Zinsmeister, Evelyn Louise Zinsmeister. Sie war eine hingebungsvolle Großmutter von siebenundvierzig Jahren, sie malte Landschaften, trug um den Hals eine Kette aus Gold mit ihrem Namen *Mrs. Z* darauf und fuhr einen Honda, der eine Plakette mit der Aufschrift Mrs. Z trug.

Irgend jemand drang am Nachmittag des einundzwanzigsten Januar 1985 in ihr Haus in Perrine südlich von Miami ein, verfolgte sie von Zimmer zu Zimmer und schoß wieder und wieder und immer wieder auf sie. Die Kugeln rissen Teile ihres Gesichtes und der rechten Hand weg. Der Mörder ist nicht ins Haus eingebrochen und hat auch nichts gestohlen — ausgenommen ein Leben.

Die Polizei hat keine Zeugen. Am Abend bevor sie starb, sah Evelyn Louise Zinsmeister, wie die Dolphins die neunzehnten Super Bowl verloren. Ihr Ehemann, Charles Frederick Zinsmeister, sah sich das Spiel nicht an. Kurz nach dem Angriff hatte sich sein Pieper gemeldet. Er sagte, es sei ein Ruf der Dade Correctional Institution gewesen, des Gefängnisses, in dem er arbeitete. Er war einer der leitenden Angestellten dort. »Können Sie nicht jemand anderen erreichen?« hörte seine Familie ihn sagen.

Er legte den Telefonhörer auf und sagte, die Polizei des Broward-County habe einen entflohenen Sträfling gefaßt. Z, so wird er genannt, sollte den Gefangenen entgegennehmen.

Aber es gab keinen entflohenen Sträfling.

Statt dessen, so gestand Z später, ging er zu einer Verabredung mit Jane Mathis. Auch sie arbeitete im Gefängnis. Sie war sechsundzwanzig, er einundfünfzig. Sie waren ein Liebespaar.

Diese Geschichte eines Mordes, einer zerstörten Ehe und einer illegitimen Liebe, die in einem Staatsgefängnis aufblühte, hatte bereits achtundzwanzig Jahre früher in Cullmann, Alabama, begonnen.

Dort sind Louise und Frederick Zinsmeister aufgewachsen. Ihre Mütter kannten einander. Sie heirateten am 4. März 1957, er war damals dreiundzwanzig Jahre alt und fuhr zur See, sie war neunzehn, ein Mädchen mit einer glockenreinen Sopranstimme. Sie hatten vier Kinder.

Louise, die pflichtbewußte Soldatenfrau, erhielt eine Auszeichnung, weil sie Vorhänge für das Hausboot eines Admirals genäht hatte. Z liebte das Leben bei der Navy. »Ich war ein E-9«, erzählte er mir, »der höchste Rang, den man auf der Heuerliste erklettern konnte.«

Das Leben änderte sich, nachdem er 1977 seinen Abschied genommen hatte. Z fing an, *Grecian Formula* zu nehmen, und hatte eine Affäre mit einer Neunzehnjährigen.

»Es war die einzige Rache, die ich je in meinem Leben an meiner Frau geübt habe«, verkündete er. Z, der von sich selbst oft in der dritten Person spricht, sagte mir später: »Wenn es je eine Zeit gegeben hat, in der Charles F. Zinsmeister irgend etwas Kriminelles gegen seine Frau unternommen hätte, dann wäre das zu jener Zeit, im Jahre 1977 gewesen.«

Z begann seine Arbeit im Gefängnis am 22. August 1978.

Jane Susan Mathis fing dort am 26. Juni 1981 zu arbeiten an. Sie hatte bei McDonalds und verschiedenen anderen Firmen in Homestead gearbeitet. Sie verließ ihre letzte Stelle, nachdem ein Fehlbetrag von nahezu zehntausend Dollar festgestellt worden war. »Ihr Ehemann kam und zahlte das ganze Geld zurück«, sagte der Geschäftsführer Tim Kent. Das Gefängnis, sagte er, hatte ihn nicht nach Referenzen gefragt. Z und Jane Mathis verliebten sich ineinander. Sie tauschten Botschaften aus. »Wir müssen uns etwas umsichtiger verhalten«, schrieb Z einmal, »und uns von Zeit zu Zeit einfach mal beherrschen – aber wenn das bedeutet, dich ganz für mich zu haben, wenn dies alles erst vorbei ist ... dann hat sich das Warten gelohnt ... ich kann mir meine Welt ohne dich überhaupt nicht mehr vorstellen.«

Sie schrieb: »Ich habe das Alleinsein mit dir genossen ... mein Körper schmilzt unter deiner zarten Berührung dahin.« Sie unterschrieb mit »Dein haariges kleines Kätzchen.«

Im September 1972 ließ Jane Mathis sich nach fünf Jahren Ehe von ihrem Ehemann scheiden. Sie erhielt das Haus. Er bekam den Roadster, Baujahr 1923.

Im Februar 1983 reichte Z die Scheidung ein. Louise erhielt die entsprechenden Papiere ausgerechnet am Valentinstag.

Z und Jane Mathis lebten eine Weile zusammen. Z beschrieb sie als »sehr weichherzig, ganz der Typ, der weint, wenn ein Hund getötet wird.« Obwohl er sich zweimal, solange die Romanze andauerte, ein paar kleinere Verletzungen zugezogen hatte. »Ich habe mir meinen Ellbogen aufgeschlagen«, sagte er. »Wir balgten uns im Bett, und ich stieß mir den Ellbogen. Können Sie sich Jane Mathis vorstellen, eine Frau von einhundertundzehn Pfund, wie sie mir den Ellbogen verletzt?«

Dann kam ein »verdammt dummer Unfall ... ich stieß mir im Gefängnis einen Stock ins Auge. Einen Tag später lag ich auf dem Bett, und ich bat sie, mir meine Brille herüberzureichen. Die Brille stieß gegen meine Hand, prallte ab und traf mein verletztes Auge. Sie hat die Brille nicht mit Absicht in mein Auge geschlagen.«

Im Juli 1984 kehrte Z zu seiner Frau zurück, und noch im selben Monat schloß er Lebensversicherungen auf sich und Louise über je einhunderttausend Dollar ab. Anläßlich der kirchlichen Trauung ihrer Tochter Lisa am 18. August erneuerten sie sogar ihr Ehegelöbnis.

Louise nähte wochenlang am Kleid der Braut, den Kleidern der Brautjungfern und ihrem eigenen, eleganten, dunkelblauen Abendkleid.

Das wiedervereinigte Paar zahlte der Ex-Geliebten zweitausend Dollar. »Es war eine persönliche Schuld«, sagte Z später. »Ich habe genau das Richtige getan.«

In diesem Herbst beschloß Z, seiner Frau das Angeln beizubringen. In der kalten Nacht des 10. November fuhren sie zu einem dunklen und abgelegenen Felsenweiher in Homestead.

Dort ereignete sich ein Zwischenfall.

»Das Gras war schlüpfrig, das Heck rutschte weg, und der Wagen glitt mit der Motorhaube voran in den See«, sagte Z. Sein Alfa Romeo versank in fünfundzwanzig bis dreißig Fuß tiefem Wasser.

»Blubb, blubb, blubb«, erinnerte er sich. »Es war seltsam. Ich schrie ihr zu, sie solle das Fenster herunterkurbeln und rauskommen, aber ich kam an die Oberfläche und sah sie nicht. Ich trug derbe Stiefel, die voll Wasser gelaufen waren, Jeans und eine schwere Jacke. Ich sagte mir ›oh, Scheiße‹ und tauchte wieder hinunter.« Das Wasser war so schwarz wie Tinte. Eine ›höhere Macht‹ müsse sein Führer gewesen sein, sagte Z. »Ich gelangte durch das Fenster ins Innere. Sie saß noch immer da mit diesem verdammten Angelkoffer auf dem Schoß.« Z zog sie auf der Beifahrerseite hinaus. »Ich schob ihre Kehrseite hindurch wie ein Stück Weingummi. Als ich an die Oberfläche kam, war sie nur noch zehn Fuß vom Ufer entfernt und schrie ›Hilfe! Hilfe!‹. Sie hatte ihre Brille verloren.«

Z half ihr auf das Ufer hinauf. »Wir lagen dort und lachten erst eine Weile, um mit der Anspannung fertig zu werden. Dann wurde sie hysterisch.«

Er machte sich lustig über die Hunderttausend-Dollar-Lebensversicherung. Sie machte Witze, sie werde ihr Testament ändern. Ihrer Schwester Joyce Shafer sagte sie: »Er hat mir das Leben gerettet. Ich weiß, er liebt mich.«

Insgeheim aber fragte sie ihre Tochter Tia: »Glaubst du, dein Vater könnte das vielleicht wegen der Versicherung getan haben? Wegen der hunderttausend Dollar?« Louise und ihr Ehemann gaben das Angeln auf.

In diesem Monat ernannte Z Sergeant Mathis zur Gefangenenwärterin des Monats. »Verrichten Sie weiterhin so gute Arbeit«, schrieb er.

Am 21. Januar, am Tag nach der Super Bowl meldete sich Louise auf ihrer Arbeitsstelle in einem Architektenbüro in Coral Gables krank. Sie wollte sich an diesem Tag für einen neuen Job vorstellen.

Z sagte, er habe seine Frau zuletzt um elf Uhr gesehen, dann sei er zum Gefängnis gefahren, um sich mit seinem Mitarbeiter Franklin Tousley zu einer Fahrt nach St. Petersburg zu treffen, wo sie an einem dreitägigen Seminar teilnehmen wollten.

Louises älteste Tochter Tia, 24, rief ihre Mutter gegen 12 Uhr 45 an. Sie wußte, daß ihre Mutter im Büro gesagt hatte, sie sei ›krank‹.

»Bist du krank?« fragte sie.

»Jetzt bin ich es.«

Tia sagte, ihre Mutter habe ihr erzählt, Jane Mathis habe an diesem Morgen angerufen, um zu fragen, ob Z schon zu Hause sei, und bei der Gelegenheit erzählt, sie habe die letzte Nacht mit ihm zusammen verbracht. »Mom war sehr aufgeregt. Sie wirkte wie ausgelaugt«, sagte Tia. »Als sei dies das Ende der Welt.«

Joy, zwanzig, die jüngste Tochter, kam einen Augenblick später mit ihrem Verlobten zum Essen nach Hause. Louise telefonierte gerade mit ihrem Vater. »Ich wußte, daß irgend etwas nicht stimmte«, sagte Joy. »Mom sagte ihm, sie werde sich einen Computerausdruck von sämtlichen Anrufen geben lassen, die vom Haus aus und mit dem Haus geführt worden waren. Sie sagte: ›Dann werden wir es ja wissen‹. Sie saß auf der Couch und schwieg, starrte einfach nur vor sich hin, als sei sie in ihrer eigenen kleinen Welt gefangen.« Joy und ihr Verlobter, Bobby Twisdale, verließen sie um 13 Uhr 10, um an ihre Arbeitsplätze zurückzukehren.

Lisa, dreiundzwanzig, die mittlere Tochter, sah ihren Vater gegen 13 Uhr 30 in der Eisdiele, wo sie arbeitete, etwa eine Meile vom Haus ihrer Eltern entfernt. Lisa sah, daß ihr Dad nervös seine Taschen absuchte. Sie dachte zuerst, er habe seine Schlüssel verloren. »Ich suche nur meine Zigaretten«, sagte er.

Lisa rief ihre Mutter um 13 Uhr 50 an. Keine Antwort. Sie versuchte es den ganzen Nachmittag. Kurz vor 17 Uhr ging sie dann zum Haus. Drinnen hörte sie den Fernseher — laut. Die Tür war nicht verschlossen. Sie öffnete sie und sah ihre Mutter im Foyer liegen.

»Mein erster Gedanke war, was machst du da auf dem Boden?« Sie konnte das Blut nicht sehen, da der Fußboden einen ziegelroten Teppich hatte. Sie fühlte nach ihrem Puls. »Sie war ganz klamm und kalt.« An der Wand sah sie einen Spritzer Blut. Sie zwang sich zur Ruhe und lief zum Telefon, um ihren Ehemann, Jason Peterson, anzurufen. Während sie darauf wartete, daß er den Hörer abnahm, schaltete sie den Fernseher aus.

In dem plötzlichen Schweigen merkte sie, daß das Telefon tot und die Schnur aus der Wand gerissen war.

Lisa floh weinend und mit blutigen Händen aus dem Haus. Sie trommelte gegen die Tür eines Nachbarn. Irgend jemand rief 911 an. Die Polizei kam. Als die Sanitäter kamen, sagte eine Polizistin »Nicht mehr nötig« und schickte sie wieder weg.

Lisa sah den Wagen ihrer Schwester Joy die Straße hinunterkommen. »Ich weinte und schrie immer wieder ihren Namen ›Joy! Joy!‹ Als sie mich sah, weinte sie auch bereits. Sie sagte ›nein, nein‹. Ich sah, wie ihr Mund die Worte formte.«

»Sag mir, daß alles in Ordnung ist«, flehte Joy.

Tia kam etwa eine Stunde später an und brach in den Armen ihrer Schwestern zusammen. Es war die kälteste Nacht des Jahres, knapp unter dem Gefrierpunkt.

Detective John King hatte die Schwestern ins Polizeihauptquartier gebracht.

»Dort saßen wir auf harten Bänken und warteten und warteten«, sagte Tia. »Meine jüngste Schwester wurde fast verrückt. Die Officer machten unentwegt ihre Witzchen, die Nacht sei so kalt, daß die Leichen draußen auf dem Ozean langsam zu Eis würden. Schließlich schrie ich los ›Meine Mutter ist ermordet worden!‹«

»Junge Frau, wir versuchen hier, eine Ermittlung durchzuführen«, wies ein Sergeant sie zurecht.

Lisas Ehemann Jason, 27, schlug vor, die Polizei solle doch die Hände eines möglichen Verdächtigen auf Pulverspuren hin untersuchen. Diese Technik ist allgemein bekannt.

»Wir sind doch hier nicht beim Film«, lautete die barsche Kritik des Detective.

Am Tatort entfernten Leute der Spurensicherung ein großes Stück Wand mit dem Teilabdruck einer blutigen Handinnenfläche. In der Wand hinter dem Sofa war ein Einschuß zu sehen. Ein anderes Projektil durchschlug eine Wand, dann ein Fenster und blieb in der Jalousie des Nachbarhauses stecken.

Auf Louise war aus kurzer Entfernung fünf- oder sechsmal geschossen worden. Ihr Haar wies Schmauchspuren auf.

Z wurde nach Mitternacht verständigt. Ein Detective telefonierte mit dem Dolphin Beach Resort Hotel in St. Petersburg. Tousley, sein Mitarbeiter, war am anderen Ende.

»Z schlief. Ich reichte ihm das Telefon. Er setzte sich auf. Dann schwang er die Beine aus dem Bett. Ich hörte ihn sagen

›O mein Gott! Was sagen Sie?‹ Er sagte ›Meine Frau ist tot. Irgend jemand hat meine Frau umgebracht.‹ Er war außer sich. Er schien unter Schock zu stehen.«

Z erzählte später: »Jemand erzählte mir ständig, meine Frau sei gestorben. Ich dachte, er sei betrunken. Ich wollte schon wieder einhängen.«

Kurz darauf rief die Polizei wieder an. Z gab die Worte des Detective wieder: »Ich darf es Ihnen eigentlich gar nicht sagen, aber eine unserer Verdächtigen ist Ihre Freundin Jane Mathis.«

Z sagte, er habe dem Mann erwidert: »Ich habe keine Freundin. Ich habe eine Frau, und ich möchte darüber nicht mehr reden.« Detective King redete in jener Nacht mit Jane Mathis. Es sollte seine einzige Unterredung mit ihr bleiben. Sie nahm sich einen Anwalt, der sie anwies, mit niemandem zu reden. »Sie beteuert ihre Unschuld und will die Tatsachen für sich selbst sprechen lassen«, sagte er.

Am Tag nach dem Mord fuhren Tia und Joy zu Jane Mathis. Sie sagten, sie hätten einen Ziegelstein und einen nicht geladenen Revolver bei sich gehabt. Sie rissen den Rolladen herunter und trommelten hysterisch gegen die Eingangstür. Jane Mathis fanden sie aber nicht.

Z flog zurück nach Miami. Seine Chefin, Dr. Ana Gispert, holte ihn am Flughafen ab. Sie fuhr ihn direkt aufs Polizeirevier. »Ich wurde eingeliefert, mehr oder weniger als Verdächtiger«, erzählte er mir später. »Aber sie hatten versäumt, mir meine Rechte vorzulesen.«

Der Leichenbestatter bat die Töchter, weiße Handschuhe für ihre Mutter zu bringen. »Ein Finger an ihrer rechten Hand war zerquetscht«, sagte Lisa. »Sie sagten, es würde den ganzen Tag dauern, sie so herzurichten, daß wir sie in einem offenen Sarg liegen sehen könnten.« Die Familie hielt einen Gedenkgottesdienst in der Kirche ab, wo das Paar fünf Monate zuvor sein Ehegelöbnis wiederholt hatte.

Die Beerdigung selbst fand in Alabama statt. »Es war entsetzlich kalt«, sagte der einzige Sohn, Fred, 26. »Mein Dad flog mit der Leiche meiner Mom zusammen.«

Der Sohn holte seinen Vater nicht am Flughafen ab. »Ich

hatte Angst, ich würde mich nicht beherrschen können«, sagte er. »Ich habe Mom immer zu ermuntern versucht, sich von ihm scheiden zu lassen. Aber sie hat Dad wirklich geliebt.«

Eleanor Brown, Louises Schwester, sagte, Z »blieb während der Beerdigung ganz für sich«. Die ganze Familie wußte über Jane Mathis Bescheid. »Niemand hat ihm Vorwürfe gemacht«, sagte sie. »Er beteuerte, das Mädchen habe es nicht getan. Sie sei nicht diese Art von Mädchen. Ich habe noch versucht, ihn zu trösten.«

Z legte ein kleines Bukett auf den Sarg seiner Frau. Auf der Karte stand *Ich liebe dich*.

Bei dem Begräbnis habe sein Vater erläutert, er habe Jane Mathis am Abend des Mordes besucht, um ihr zu sagen, er werde sich nicht wieder mit ihr treffen, berichtete Fred.

Am Tag nach dem Mord erschienen Detectives im Gefängnis. Sie wollten nähere Einzelheiten über Major Z und Jane Mathis in Erfahrung bringen. Außerdem wollten sie sämtliche dort vorhandenen Handfeuerwaffen überprüfen. Der Killer hatte eine Waffe vom Kaliber .38 benutzt. Wurden Waffen dieses Kalibers vermißt? Hätte irgend jemand die Möglichkeit gehabt, einen Revolver zu entwenden, ihn zu benutzen und ihn dann wieder an seinen Platz zu legen, ohne daß es bemerkt worden wäre? Die meisten Gefängnis-Waffen werden in doppelt gesicherten Arsenalen aufbewahrt. Eine kleinere Anzahl, in der Regel vier bis sechs Stück, verbleiben im Kontrollraum des Gefängnisses in einer hölzernen Kiste. Es wurde keine Waffe vermißt.

Die Detectives nahmen mehr als dreißig Waffen mit ins Labor, um mit ihnen ballistische Tests vorzunehmen. Schließlich brachte die Polizei alle Waffen bis auf eine wieder, ein Modell 15 Smith and Wesson, einen Revolver vom Kaliber .38 mit einem vier Inch langen Lauf, Seriennummer 8K45391.

Vor sieben Jahren hatte die Waffe die Steuerzahler dreiundneunzig Dollar und zwei Cent gekostet.

Die Polizei und der Staatsanwalt lehnten es ab, über diesen Revolver zu sprechen oder auch nur öffentlich zu bestätigen, daß sie die Mordwaffe gefunden hatten. Der Gefängnisleitung war es unangenehm, über die Sache zu reden.

»Es ist peinlich für die Institution«, sagte ein früherer Superintendent. »Es hat einen traumatischen Effekt. Wir haben versucht, die ganze Sache so vorsichtig wie möglich zu behandeln.«

Der einstige Superintendent glaubte, der Revolver stamme aus dem Kontrollraum am Ende der Eingangshalle. Sergeant Jane Mathis arbeitete dort jeden Tag von vier Uhr nachmittags bis Mitternacht. Major Z hatte Zugang zum Kontrollraum. Aber das galt auch für zehn andere Angestellte. Revolver werden bei Schichtwechsel überprüft und gezählt. Niemand hatte eine Unstimmigkeit berichtet. Sergeant Mathis hatte am Samstag, dem 19. Januar, bis Mitternacht gearbeitet.

Sie hatte beim Super Bowl am Sonntag und am Montag, dem Tag des Mordes, frei gehabt.

Major Z hatte am Montag abend gearbeitet – bis er zu seiner Fahrt nach St. Petersburg aufgebrochen war. Um 12 Uhr 52 mittags verließ er das Gefängnis. Tousley ging, um eine Kühltasche mit Sandwiches und Softdrinks zu holen. Die beiden Männer verabredeten, sich in fünfzehn oder zwanzig Minuten in der Nähe der First National Bank in Homestead zu treffen. Die Bank liegt ganz in der Nähe der Wohnung von Jane Mathis. Mit dem Auto braucht man allenfalls zwei Minuten.

Tousley sagte, er habe an der Kreuzung auf ihn gewartet. Er folgte Z dreizehn Meilen – bis zu der Eisdiele, wo er den Wagen, den er von seiner Tochter Lisa geliehen hatte, stehenließ.

Tousley erinnerte sich nur an wenige Einzelheiten ihres Gesprächs während der Autofahrt nach St. Petersburg, aber er sagt, Z sprach von ›irgendwelchen Schlüsseln‹.

Der Mord ereignete sich an diesem Nachmittag, vermutlich während Z mit seinem Mitarbeiter unterwegs war, aber der genaue Zeitpunkt des Todes ist unsicher. Joy sah ihre Mutter zuletzt um 13 Uhr 10. Lisa rief gegen 13 Uhr 50 an – und erhielt keine Antwort mehr. Konnten Major Z und Sergeant Mathis sich an jenem Tag gesehen haben – nachdem er das Gefängnis verlassen hatte? Major Z leugnete das.

Am Tag des Mordes kam Sergeant Mathis gegen drei Uhr

nachmittags ins Gefängnis. Eigentlich hatte sie dort nichts verloren. Es war ihr freier Tag. Sie war nicht in Uniform. Sie trug einen Sweater und Bluejeans. Sie sagte, sie sei dort gewesen, um einen Scheck über neun Dollar achtzig Cents auszustellen, einen monatlichen Beitrag zur Krankenversicherung. Die Angelegenheit war nicht sehr dringend. »Ich hatte ihr gesagt, sie solle irgendwann im Laufe der Woche einen Scheck bringen«, sagte Maribel Ortiz vom Personalbüro. Im Laufe ihres Besuchs, sagte das Gefängnispersonal später aus, sei Sergeant Mathis auch im Kontrollraum gewesen.

Die Aufzeichnungen des Hotels in St. Petersburg weisen aus, daß Z an jenem Abend Jane Mathis angerufen hat.

»Direkt von dem verdammten Hotel aus«, sagte Z. »Ich hatte nichts zu verbergen.« Er war um Janes Gesundheit besorgt, sagte er. »Sie hatte eine leichte Bronchitis. Wir haben dann übers Wetter gesprochen.«

Sie haben aber die Unterhaltung recht bald abgebrochen, sagte er. »Sie erzählte mir, sie habe etwas Farbe verschüttet und müsse sie jetzt aufwischen.« Z sagte, er habe an jenem Abend ebenfalls versucht, zu Hause anzurufen, aber es sei besetzt gewesen. »Ich hängte ein und guckte ein wenig Fernsehen.«

Jane Mathis meldete sich am nächsten und auch am übernächsten Tag nicht zur Arbeit. Am dritten Tag ihrer unentschuldigten Abwesenheit sprach der Chef der Personalabteilung, Kril Jackson, mit ihrer Mutter. »Sie sagte, ihre Tochter sei von der Polizei vernommen worden und befinde sich jetzt wegen ihres Nervenzustandes in ärztlicher Behandlung.«

Er schickte jemanden mit einem Kündigungsschreiben zu ihr nach Hause.

Jane Mathis unterzeichnete. Auch Z arbeitete nie wieder auch nur einen einzigen Tag in dem Gefängnis. Sein Boß brachte ihm ein maschinengeschriebenes Kündigungsschreiben.

Z unterzeichnete.

Als die Familie nach dem Mord wieder in das Haus zurückkehren durfte, suchte Z »aufgeregt nach seinen Schlüsseln«, sagte Schwiegersohn Jason. »Er sagte, er habe sie schließlich unter der Spülmaschine gefunden.«

Z sagte, er habe nach dem Mord nie wieder mit Jane Mathis geredet. Er sei wohl an ihrem Haus vorbeigefahren, habe aber nicht angehalten. Das sagte er, hätte »ihr die Hölle, die Verdammnis und die Polizei auf den Hals gehetzt.« Nach dem Tod seiner Frau war das Leben für ihn nicht einfach, sagte Z. Fremde drangen in sein Haus ein, andere jagten ihn mit dem Auto und schossen aus den Wagenfenstern auf ihn. Er wechselte die Schlösser aus und meldete das Telefon ab. Arbeitslosenunterstützung wurde ihm verweigert.

Die Versicherungsgesellschaft hielt die Zahlung der hunderttausend Dollar aus der Lebensversicherung zurück. »Ich werde noch die verdammten Versicherungsgesellschaften verklagen müssen«, sagte Z. Schließlich zahlten sie, aber nicht an ihn.

Das Geld wurde unter den drei Kindern der toten Frau aufgeteilt.

Z war immer klar, daß er und seine frühere Geliebte die Hauptverdächtigen waren. Von sich selbst sagte er: »Es passiert einem nicht jeden Tag, daß man nach einem tadelsfreien Leben des Mordes verdächtigt wird: zwei Strafzettel in zweiundfünfzig Jahren. Ich bin unschuldig. Ich habe genug von Gefängnissen gesehen. Ich hege keinerlei Interesse, in einen Mord verwickelt zu werden. Ich bin an den Todeszellen vorbeigegangen und habe den elektrischen Stuhl gesehen. Mord ist nicht mein Fall. Sie haben hier zwei unschuldige Menschen. Ich habe keine Ahnung, wer meine Frau getötet haben könnte. Es war auf jeden Fall nicht Jane Mathis.«

Jane Mathis wollte über den Fall nicht sprechen. »So weit es uns betrifft«, sagte ihr Anwalt, »ist die Sache erledigt. Es gibt keinen Fall Mathis, absolut kein belastendes Material gegen sie. Sie möchte einfach nur ihr Leben leben.«

Z sagte, es sei kein Verfahren im Gang: »Ganz unter uns beiden und der alten tiefen blauen See −, mir ist, als sei das meiste, was sie haben, weiter nichts als Indizienbeweise.«

Die Staatsanwaltschaft stimmte dem zu.

Niemand wurde angeklagt.

Die Leute, die Mrs. Z geliebt hatten, hörten nie auf, auf Gerechtigkeit zu hoffen. Ich lernte nacheinander Tia und Lisa und deren Ehemänner Terry und Jason kennen. Joy verschob nach dem Mord ihre Hochzeit. Irgendwann heiratete sie dann ihren Verlobten, und die beiden zogen nach Atlanta. Sie sind alle gute und ehrbare junge Leute.

Tia, die Älteste, spricht oft von ihnen allen als von ›uns Kindern‹. Seit dem Mord hat sie sich ihrem Vater entfremdet, und man kann sagen, im Endeffekt haben sie beide Elternteile verloren.

Noch nie hat die Familie eines Mordopfers mehr unternommen, um Gerechtigkeit zu finden. Achtzehn Monate nach dem Mord reisten Mrs. Zs Kinder, Enkel, Schwestern, Nichten, Cousinen und andere Verwandte aus Alabama, Georgia, Fort Lauderdale und Leisure City nach Miami, um herauszufinden, warum es keine Untersuchung gab. Mit selbstgemachten Plakaten in den Händen und schwarzen Armbinden versammelten sie sich im Büro der Staatsanwältin Janet Reno.

Das Gefängnis besetzten sie ebenfalls – oder sie versuchten es wenigstens.

WER HATTE AM 21. JANUAR 1985 DIENST IM KONTROLLRAUM? stand auf einem der handgemalten Transparente.

SCHUSSWAFFENKONTROLLE AUSSER KONTROLLE IM COUNTY-GEFÄNGNIS stand auf einem anderen.

Die Gefängniswärter verweigerten ihnen den Zutritt zu der Straße, die direkt zum Gefängnis führte. Sie versprachen, einer der Beamten werde herauskommen, um mit ihnen zu reden. Aber es kam keiner – nur Gefängnisangestellte, die mit grimmigen Gesichtern Video-Aufnahmen von den Demonstranten mit ihren Transparenten machten.

Die Familie marschierte sogar zum Sitz der Bezirksregierung und bat um Gerechtigkeit.

Sie wurden ignoriert.

In der Nacht des Mordes erzählten Detectives den Kindern von Mrs. Z, daß der Fall so gut wie geklärt sei, daß man den Mörder kenne. Aber die Untersuchungsbehörde lehnte einen Indizienprozeß ab.

Die Familie strengte sogar ein Zivilverfahren gegen das Gefängnis und den Staat an, weil die Angestellten nicht sorgfältig genug überprüft würden und es möglich geworden war, daß ein im Besitz des Staates befindlicher Revolver in die Hände des Mörders ihrer Mutter fallen konnte. Ein Tag vor Gericht, so hofften sie, könnte einen Beweis ans Licht bringen, der helfen würde, eine Strafverfolgung in Gang zu setzen, aber der Staat setzte ihre Anwälte matt. Ich habe mich oft mit Tia unterhalten. Sie vermißte ihre Mom — tut es noch immer. Vielleicht war ich so etwas wie ein Ersatz für sie, jemand, an den sie sich wenden konnte. Die beiden blonden Jungen auf den Fotos sind Tias Söhne. Sie waren zum Zeitpunkt ihres Todes Mrs. Zs einzige Enkelkinder.

Jetzt hat sie sieben. Eines davon ist Amanda, Tias drittes Kind.

Z vermietete das Haus. Seine Kinder fahren von Zeit zu Zeit daran vorbei. »Für uns wird es immer das Haus meiner Mom sein«, sagt Tia.

Viele ›ungelöste Fälle‹ werden in der Vorstellung von Polizisten gelöst, die glauben, den Schuldigen zu kennen. Sie möchten so gern jemanden verhaften — aber Staatsanwälte, ständig besorgt um ihre Erfolgsquote, lehnen den Fall ab. Sie wollen zuerst mehr Beweise sehen. Mitunter gibt es aber keine weiteren.

Die gefährlichsten Mörder begehen ihre Morde nicht vor Zeugen. Sie warten auch nicht, den rauchenden Revolver noch in der Hand, auf die Polizei oder unterschreiben Geständnisse. Es scheint unfair, hier nicht Geschworenen die Entscheidung zu überlassen.

Am Ende des Winters 1988, nahezu drei Jahre nach dem Mord, rief eine Fernsehproduzentin an. Eine Show über ungelöste Mordfälle war geplant, und sie fragte, ob mir solche bekannt seien.

Der erste Mensch, den ich anrief, war Tia.

Sie litt gerade unter postnataler Depression. Amanda war am Heiligen Abend zur Welt gekommen, und Tias Mom war nicht dagewesen wie damals, als die Jungen geboren worden waren. Deren Großvater väterlicherseits lag im Sterben. Aber keine noch so schlechte Nachrichten konnten das Fünkchen Hoffnung zum Erlöschen bringen. Die Familie setzte sich zusammen und beriet. Sie würden alles tun, um den Fall voranzubringen.

Ich nahm meine Notizen über zwei andere Mordfälle mit mir, von denen ich glaubte, sie könnten gelöst werden, wenn sie über das Fernsehen in allen Staaten bekannt würden. Lisa und Jason flogen ebenfalls auf eigene Kosten nach Chicago, um moralische Unterstützung zu bieten. Sie hatten einen früheren Flug genommen. Als wir mit den Tickets, die wir von der Fernsehproduzentin bekommen hatten, am Flughafen in Miami ankamen, schneite es in Chicago, und mehrere Flüge wurden abgesagt. Unserer gehörte dazu. Die Show sollte um neun Uhr am nächsten Tag gesendet werden. Wir mußten also noch in der Nacht hinüberfliegen, um pünktlich da zu sein.

Bei der Eastern Airlines sagte man uns, niemand fliege jetzt Chicago an. Zum Glück verließen wir uns nicht auf ihr Wort und fanden dann doch noch einen Flug der Midway-Fluggesellschaft. Sosehr ich das Fliegen auch fürchte und hasse, besonders durch Eis und Schnee, war ich doch erleichtert. Dies hier war eine Mission.

Tia sah hinreißend aus, und bei der Show war sie wundervoll. Die Moderatorin war phantastisch. Unter den Gästen waren die Eltern eines vermißten Mädchens, von dem man glaubte, es sei Seattles Green-River-Killer zum Opfer gefallen, ein ehemaliger New Yorker Polizist, dessen elf Jahre alte Tochter ermordet worden war, und der Zwillingsbruder eines Anwalts aus Chicago, der von einem Heckenschützen erschossen worden war – alles ungelöste Fälle.

Tia sprach über den Mord an ihrer Mutter, und ich sprach über zwei erstaunliche Fälle: einen kleinen Jungen, den man im Wandschrank eines Apartmenthauses eingemauert gefunden hatte und ein Paar, das zerstückelt im Wasser getrieben hatte. Ich war begierig, Bilder dieser drei unidentifizierten Leichen publik zu machen. Die Identität der Opfer festzustellen wäre ein großer Schritt auf dem Weg zur Aufklärung der Morde. Die Moderatorin kannte keinen von uns, und doch erinnerte sie sich an alle unsere Namen, alle Geschichten, alle Menschen und

Orte, und sie hatte auch mein Buch gelesen, um sich vorzubereiten. Sie verhaspelte sich nicht ein einziges Mal.

Teile des zerstückelten Pärchens waren im April 1985 überall im Dade-County aus den Wasserläufen gefischt worden. Der Mann hatte die Buchstaben LR auf seiner rechten Schulter eintätowiert und trug eine Narbe auf dem Rücken. Die Frau war dunkelhaarig und zierlich und hatte eine Kaiserschnittnarbe.

Irgend jemand dort draußen in Amerikas Wohnzimmern mußte doch ihre Namen kennen.

Der unbekannte Junge war von Arbeitern entdeckt worden, die im Oktober 1983 ein Apartment für einen neuen Mieter renovierten. Als sie Reste von Schlacke und Beton aus einem Wandschrank entfernen wollten, gab dieser die Leiche eines Kindes frei.

Der Junge schien sechs oder sieben Jahre alt gewesen zu sein und war schon seit etwa zwei Jahren tot. Er hatte zwei Milchzähne verloren, und seine zweiten Zähne waren schief. Er mußte eine große Zahnlücke beim Lächeln gezeigt haben.

Der frühere Mieter schwor, er habe das Kind nie gesehen, tot oder lebendig. Er war ein Mann, der oft Freunden und Bekannten erlaubt hatte, seine Wohnung zu benutzen, wenn er nicht da war. Er konnte sich nicht genau erinnern, seit wann dieser Betonblock dort gewesen war. So merkwürdig sich seine Geschichte auch anhörte, er bestand anstandslos den Lügendetektor.

Detective John Butchko hatte sich mit der zentralen Meldestelle für vermißte Kinder in Verbindung gesetzt, mehr als hundert Leute vernommen und einen Experten beauftragt, das Gesicht des Kindes zu rekonstruieren. Ich hatte Bilder bei mir.

Irgend jemand mußte sich doch an diesen kleinen Jungen erinnern.

Im Falle von Mrs. Z hofften wir, eine Bekanntmachung in allen Staaten werde entweder neue Beweise ans Licht bringen oder der Polizei und den Untersuchungsbehörden Mut machen, in Aktion zu treten.

Vom Fernsehstudio aus fuhren wir sofort zum Flughafen, und wir alle schleppten Amandas Sachen. Babys reisen nicht mit leichtem Gepäck. Die Show war live in Chicago ausgestrahlt worden, und als wir an Bord gingen, erkannten uns andere Passagiere bereits wieder. Ein gutes Omen, so hoffte ich. Am nächsten Tag konnte ich es kaum erwarten, in die Redaktion zu kommen. Ich war sehr aufgeregt.

Botschaften lagen zuhauf auf meinem Schreibtisch herum wie Geschenke am Weihnachtsmorgen. Große Computerausdrucke, Namen und Zahlen, Leute, die von überallher angerufen hatten. Welch ein grandioses Gefühl zu wissen, daß irgendwo unter allen diesen Zuschriften und Meldungen die Antwort auf unsere Mysterien lag.

Wieder falsch.

Eine junge Frau aus Texas wollte, daß ich mich um den unaufgeklärten Mord an ihrer Mutter kümmerte, der sich ereignet hatte, als sie und ihr Bruder noch Kinder waren.

Ein verzweifeltes Paar aus Michigan bat mich, den Selbstmord ihrer Tochter, einer Geschäftsfrau aus San Diego, Kalifornien, zu untersuchen. Es gebe da einen Verdächtigen, sagten sie, aber die Detectives hätten nichts getan.

Die Polizei von Vermont wollte Hilfe bei der Suche nach zwei frisch Vermählten, die während der Flitterwochen verschwunden waren.

Eine Witwe aus Los Angeles hoffte, ich könne beweisen, daß der mysteriöse Tod ihres Mannes ein Mord gewesen war.

Meine Laune sank stetig. Niemand bot Hilfe an, *unsere* Opfer zu identifizieren. Alle diese Leute brauchten Hilfe. Da gab es Leben voller Schmerzen und Tragödien. Ich bin nur eine Reporterin — mit genug ungelösten Morden hier in Miami, um mich mein ganzes Leben lang damit zu beschäftigen. Meine Verleger würden unter gar keinen Umständen dulden, daß ich mich um Fälle kümmerte, die außerhalb des Verbreitungsgebietes des *Miami Herald* lagen, Geschichten gar, die noch nicht einmal mit Florida zu tun hatten. Alles, was die Chicago-Mission erbracht hatte, war, daß wir wenigstens für kurze Zeit neue Hoffnung in die Herzen vieler Verzweifelter gelegt hatten.

Ich hatte mich noch nie so hilflos gefühlt.

Im Fall der Ermordung von Mrs. Z gab es keinerlei Fortschritt.

Das tote Paar ist ebenfalls immer noch unidentifiziert. Inzwischen glaube ich, sie sind aus einem anderen Land hierhergekommen.

Der kleine Junge wurde endlich vor zwei Jahren identifiziert — durch einen reinen Zufall.

Maurice war fünf Jahre und stammte aus Minneapolis. Er hatte im Wagen auf seine Mutter gewartet, als sie verhaftet wurde, weil sie eine gestohlene Kreditkarte benutzt hatte. Eine Frau, eine Bekannte der Mutter, kam vorbei und nahm ihn mit. Ihr Name war Arlie Phaneus, und sie war eine Prostituierte.

Als Arlie mit einem Mann namens Nate Mendenhall und verschiedenen anderen Prostituierten nach Miami ging, war die Mutter noch immer im Gefängnis, und daher nahm sie den Jungen mit sich. Arlie war eifersüchtig, weil die Mutter Nates frühere Freundin gewesen war. Sie lehnte es sogar ab, auf der langen Fahrt anzuhalten, damit der Junge eine Toilette aufsuchen konnte. Sie kamen nach Miami, um Drogen zu kaufen, und entschieden sich zu bleiben.

Als die Mutter aus dem Gefängnis entlassen wurde, meldete sie ihren Sohn als vermißt und wandte sich an die Polizei von Minneapolis. Dort stellte man einen Haftbefehl wegen Kindesentführung aus. Nate Mendenhall wurde am 2. September 1981 in einem gestohlenen Wagen in Miami verhaftet. Die Haftbefehle lagen bereits vor, und die Polizei von Minneapolis wurde benachrichtigt, aber dort war man wohl nicht recht im Bilde. Wer immer jedenfalls den Anruf entgegennahm, erklärte irrtümlich, das Kind werde nicht länger vermißt. Dieser Irrtum erwies sich für Maurice als fatal.

Niemand fragte, wo der Junge war, sagte Nate später. Wenn sie ihn gefragt hätten, hätte er es ihnen gesagt. Aber niemand fragte. Während Nate im Gefängnis saß, tötete Arlie das Kind.

Ein Freier ließ die Huren in seinem Apartment wohnen. Er gab Arlie sogar einen Schlüssel. Sie brachte den Leichnam dorthin, während er ausgegangen war, kaufte Werkzeug und Material und baute selbst das Grab für das Kind. Sie blieb zwei Wochen. Als ihr Gastgeber Körperflüssigkeiten auf dem Boden entdeckte, sagte sie, sie habe etwas verschüttet. Als er den üblen

Geruch wahrnahm, dachte er, er komme aus seinen Kleidern. Er arbeitete an einer Tankstelle.

1986 entdeckte die Mutter des Jungen den Fehler der Behörden von Minneapolis, und die zurückgezogenen Suchanzeigen wurden erneut herausgegeben. 1987 aufs neue verhaftet, leugnete Nate, irgend etwas über den Verbleib des Kindes zu wissen. Er wurde zu drei Jahren verurteilt.

Die Polizei in Miami verhaftete Arlie und fragte sie, wo der Junge sei. »In einem Wandschrank im Norden von Miami«, sagte sie.

Sie beschuldigte Nate und sagte, er habe das Kind geschlagen, und am nächsten Morgen sei es tot gewesen. Nate habe einen Wagen gestohlen, um den Leichnam damit fortzufahren, sagte sie, sei aber hinter dem Steuerrad verhaftet worden, bevor er seine Absicht in die Tat umsetzen konnte.

Guter Trick, aber kein Treffer. Die Wahrheit war mit dem Leichnam zusammen in dem Wandschrank eingemauert worden. Die Polizei hatte nämlich eine computergeschriebene Rechnung für die Baumaterialien entdeckt. Das Datum bewies, daß Nate schon im Gefängnis war, als das Kind starb. Arlie bekannte sich im März 1990 schuldig und wurde zu fünfzig Jahren Gefängnis verurteilt. Butchkos detektivische Fleißarbeit hätte den kleinen Jungen ohnehin nicht früher identifizieren können. Es hatte da mehr als nur eine Panne gegeben. Der Name des Jungen war der zentralen Meldestelle für vermißte Kinder niemals mitgeteilt worden. Und seine schief nachgewachsenen Zähne bedeuteten gar nichts. Als Maurice Minneapolis verließ, waren seine Milchzähne gerade und perfekt. Da seine zweiten Zähne unregelmäßig wuchsen, hätte ihn seine eigene Mutter nicht mehr wiedererkannt.

Danny, zehn, und Brandon, sieben, nehmen Klavierunterricht, und Tia lernt Gitarre spielen. Sie hat einen wunderschönen, glockenreinen Sopran, genau wie ihre Mutter. Amanda ist mit ihren zweieinhalb Jahren erstaunlich klug.

Tia vermißt ihre Mutter noch immer. Und sie wird sie immer vermissen. »Ständig hat man ganz alltägliche Sorgen, und man möchte sich an die eigene Mutter wenden«, sagte sie das letzte

Mal, als wir miteinander redeten, »wie damals, als ich sie fragen wollte, was ich jetzt tun sollte, als die Kinder die Windpocken oder Ziegenpeter bekamen. Ich bin jetzt neunundzwanzig Jahre alt, und ich werde niemals zu alt sein, um meine Mutter zu brauchen. Ich brauche sie jetzt so sehr wie damals, als ich vierzehn war.«

»Ich glaube, ich könnte so nicht weitermachen, wenn ich mir nicht immer wieder sagen würde, eines Tages wird alles geklärt sein. So glaube ich weiter tief im Herzen, daß es eines Tages irgendwie Gerechtigkeit geben wird, daß Mom nicht zu jenen Leuten gehören wird, deren Mörder nie zur Rechenschaft gezogen wurde.«

Amen.

Für Mrs. Z und all die anderen.

18. Kapitel

Amy

Ihr Name war Amy, und sie war eine junge Frau auf der Suche nach ihrer Vergangenheit. Sie vermißte nichts im Leben, und doch fühlte sie einen unwiderstehlichen Drang, nach der Frau zu suchen, die sie kurz nach ihrer Geburt zur Adoption weggegeben hatte. Ihre ständige Suche nach ihrer biologischen Mutter sollte einen Mord, tragische Geheimnisse und am Ende Freude an den Tag bringen.

Ihre Story bestand aus zwei Fragen: Kann es eine Mutter-Tochter-Beziehung geben, wenn die beiden füreinander Fremde sind? Und kann eine solche Beziehung selbst über den Tod hinaus lebendig bleiben?

Amys Kindheit war sehr glücklich: sie wuchs in East Meadow, Long Island, in einem wohlhabenden jüdischen Haushalt bei liebevollen Eltern auf. Mit fünf Jahren erfuhr sie zum ersten Mal, daß sie adoptiert worden war. Ihre Eltern erklärten ihr, daß man sie ausgesucht habe, weil sie die beste gewesen sei, die hübscheste und die fröhlichste von allen Kindern. Das machte Sinn für sie. Und doch fiel fortan ein Schatten über ihr Leben. Zwischen dem fünften und dem fünfzehnten Lebensjahr stellte Amy immer wieder Fragen nach ihrer wirklichen Mutter. Ihre Eltern, sonst ehrlich und offen, wurden dann ganz uncharakteristisch zurückhaltend, ihre Geschichten oft widersprüchlich.

Ihr Mutter sei tot, sagte man ihr, von einem Auto überfahren. Ein anderes Mal hieß es, ihre Mutter sei in einem Auto umgekommen, das verunglückt war. Ein drittes Mal hieß es, ihre Mutter sei in einem Flugzeug verbrannt, das vom Himmel gefallen sei.

Warum belogen sie sie? Was war wirklich mit ihrer Mutter passiert? Wer war sie? Amy hatte Tagträume und fing an zu phantasieren. »Ich dachte dann, meine Mutter sei Marilyn Monroe.«

Mit sechzehn war sie aufsässig geworden, eine chronische Ausreißerin. Ihre guten, hart arbeitenden und liebevollen Eltern brachten Amy zu einem Familientherapeuten. Zu ihrer größten Überraschung stellte der Therapeut sich auf Amys Seite. Wenn Amy über ihre Herkunft reden wolle, sagte der Therapeut, dann sollten ihre Eltern dafür offen sein.

»Selbst wenn sie Unerfreuliches erführe?« fragte die Adoptivmutter.

Ja, sagte der Therapeut.

So erfuhr Amy, daß ihre Mutter in Miami ermordet worden war.

Ihre Eltern wußten nur wenig. Die Adoption war vor Amys Geburt arrangiert worden. Im Krankenhaus im Miami Beach sagte der Anwalt, der die Einzelheiten geregelt hatte, daß die Kindesmutter sehr daran interessiert sei, die neuen Eltern kennenzulernen. Das lehnten diese ab. Sie wollten nur einfach das Baby nehmen und wieder gehen. Ein Jahr später informierte derselbe Anwalt sie, daß die Frau tot sei – ermordet.

Mit dreiundzwanzig begann Amy, selbst die Umstände zu erforschen und das Leben ihrer Mutter zu rekonstruieren. Dieses Bedürfnis wurde immer größer. Die Leute, die etwas wissen konnten, könnten ja vielleicht sterben, bevor sie sie gefunden und befragt hatte. Sie begann ihre Suche mit einem Zeitungsartikel, den sie in der öffentlichen Bibliothek von Miami fand. Eine Zeitlang arbeitete Amy für eine Anwaltskanzlei auf Long Island. Da sie geschickt und klug war, erledigte sie ihre Arbeit gut, sehr gut. Aber sie wurde gefeuert, weil sie zuviel Zeit mit der Suche nach Informationen über ihre Mutter verbrachte.

Sie schrieb an Dr. Joseph Davis, den Gerichtsmediziner des Dade-County. Der gab ihr den Namen von Sergeant Mike Gonzalez von der Mordkommission in Miami, der damals der leitende Detective bei der Untersuchung des nunmehr dreiundzwanzig Jahre zurückliegenden Mordes gewesen war. Er und Mike, schrieb der Doktor, seien die einzigen Leute, die sich heute noch an den Fall ihrer Mutter erinnerten. »Alle anderen, die seinerzeit mit den Ermittlungen befaßt waren, sind längst aus dem Dienst ausgeschieden ... ich schlage Ihnen daher vor, daß Sie Detective Gonzalez aufsuchen, dessen fabelhaftes Gedächtnis im übrigen von allen seinen Untergebenen gerühmt wird.«

Mike erinnerte sich an den Fall, als sei er gestern passiert. Von Amys Anruf überrascht, versuchte er, ihr davon abzuraten, in der Vergangenheit herumzuwühlen, aber sie ließ sich nicht entmutigen. Er erzählte ihr, was ihrer Mutter zugestoßen war, und schickte ihr die erbetenen Informationen zusammen mit einem Brief, der folgenden Wortlaut hatte:

> Amy,
> ich übersende Ihnen die beiliegenden Papiere nur unter größten Bedenken.
> Ich bin wirklich der Meinung, Sie sollten diese uralte Tragödie nicht wieder aufleben lassen.
> Vergessen Sie nicht, daß Ihre Eltern diejenigen waren, die Sie großgezogen und in all diesen Jahren geliebt haben.
> Mir scheint, es wird Ihnen sehr schwer fallen, zu dem Leben der Johanna Block Zugang zu finden.
> Ich hoffe nur, diese Berichte werden Sie nicht allzu sehr aufregen. Und ich hoffe weiter, daß ich keinen Fehler mache.
> Ich wünsche Ihnen viel Glück — halten sie den Blick auf die Zukunft gerichtet, nicht auf die Vergangenheit.
> Mit freundlichen Grüßen,
> Sgt. Mike Gonzalez.

Die traurige und schockierende Geschichte vom Leben und Sterben ihrer Mutter erschütterte die gewandte und wohlerzogene junge Frau.

Johanna Block kam als eine deutsche Kriegsbraut nach Amerika und wurde ein Opfer ihres Lebens in Miami. Das Glück verließ sie immer mehr. Ein Richter schickte sie 1953 wegen seelischer Probleme in ein Krankenhaus. Als sie Amy das Leben schenkte, war sie ein Barmädchen, eine Alkoholikerin, dreimal verheiratet und geschieden.

Im Frühjahr 1961 war Johanna Block dreiunddreißig Jahre alt und drauf und dran, einen neuen Start ins Leben zu versuchen. Sie plante, mit Freundinnen nach Kansas City zu ziehen. Sie sprach davon, sich den Anonymen Alkoholikern anzuschließen.

Diese Chance bekam sie nie.

Am letzten Abend ihres Lebens, am 25. Mai 1961, verließ Johanna Block den Club 41, wo sie angestellt war, und ging in ihr nahegelegenes Apartment. Sie hatte getrunken, und zwei Freunde begleiteten sie nach Hause. Es handelte sich um eine Frau mit Namen Mary Bratt, die Tochter eines Captains der Polizei von Miami, und ihren Verlobten, Vernon Edwards, einen stämmigen, großgewachsenen Anstreicher. Das Paar wollte im folgenden Monat heiraten.

Am folgenden Tag antwortete Johanna Block nicht, als Freunde an ihrer Tür klopften. Eine Kollegin kam vorbei, um sie um 13 Uhr zu wecken. Die Tür war nicht verschlossen, und sie trat ein. Johanna Block lag nackt auf dem Boden, mit einem Gürtel stranguliert und erstochen. Eine Schere aus ihrem Nähkorb ragte aus ihrer Brust.

Johanna Block war eine schöne und temperamentvolle Frau gewesen und hatte viele männliche Freunde. Einer ihrer Ehemänner war Buchhalter gewesen, ein anderer ein Ex-Sträfling namens Walter George Zarzycki, der einen Juke-Box-Verleih betrieb. Die Polizei von Miami sagte, sie habe an die zwanzig Verdächtige, aber sie verhaftete nicht einen einzigen. Der Mord vervollständigte die Listen anderer ungelöster Fälle.

Miamis berühmtester unaufgeklärter Mord hatte sich zwei Jahre zuvor ereignet. Ethel Little war eine freundliche, dreiundfünfzig Jahre alte Kirchgängerin und Sekretärin eines ehemaligen Bürgermeisters von Miami. Der brutale Mord an ihr wurde als die sadistischste Blutorgie der Stadt bekannt.

Sie wurde nackt aufgefunden, mit allen vieren an ihr Bett gefesselt, stranguliert mit einem Elektrokabel, entsetzlich zugerichtet, mit einer Taschenlampe vergewaltigt und verstümmelt durch den Killer, der ihr die rechte Brust abgeschnitten und auf einen Spiegel im Schlafzimmer des kleinen Häuschens geworfen hatte, wo sie allein lebte. Der einzige Hinweis, den der Killer zurückließ, war der blutige Abdruck einer Hand auf einem Fensterbrett. Die Polizei hat nie den Mann gefunden, der diesen Abdruck hinterlassen hat.

Kein Detective brachte diese beiden ungelösten Morde in einen Zusammenhang.

Plötzlich wurden beide Morde dreizehn Jahre später durch einen Telefonanruf aufgeklärt.

In Decatur, Georgia, griff die frühere Mary Bratt im Juli 1972 zum Telefonhörer und rief die Polizei an. Ihr Ehemann, Vernon Edwards, hatte getrunken. Er war von Schuldgefühlen geplagt und deprimiert. Er wollte zwei Morde in Miami gestehen. Eines der beiden Opfer war Ethel Little; das andere Johanna Block.

Der Handabdruck auf dem Fensterbrett paßte zu Edwards Handfläche. Die Aufklärung des Mordes an Ethel Little machte Schlagzeilen. Mehr als Postskriptum wurde erwähnt, daß Edwards sich auch zu dem 1961 verübten Mord an dem Barmädchen Johanna Block bekannt hatte.

In der Nacht des Mordes, nachdem Mary Bratt und Vernon Edwards mit Johanna Block zu deren Haus gegangen und sie dort in ihrem Apartment zurückgelassen hatten, fingen die Verlobten zu streiten an. Abgewiesen und wütend ging er aus und betrank sich, sagte Edwards, dann fing er an, an Johanna Block zu denken, betrunken, allein und verletzlich. Sie hatten nie etwas miteinander gehabt. Er war nie in ihrem Apartment gewesen, aber jetzt ging er hin, und der Sinn stand ihm nach Sex. Sie wehrte sich und fing an zu schreien, daher würgte er sie, zuerst mit den Händen, dann mit seinem Gürtel. Er dachte, sie sei tot, aber er mußte sicher sein, daß sie den Vorfall niemals seiner Verlobten erzählen werde. Er nahm die Schere aus ihrem Nähkörbchen auf dem Tisch, stach damit auf sie ein und ließ sie in ihrer Brust stecken. Dann durchsuchte er ihr Zimmer, nahm das wenige Geld an sich, das sie besaß, und ging wieder. Stunden später, kurz vor Sonnenaufgang, merkte er, daß ihm ein Feuerzeug, auf das sein Name graviert war, während des

Kampfes aus der Tasche gefallen war. Er kehrte an den Tatort zurück und fand das Feuerzeug direkt neben ihrer Leiche.

Einen Monat später heiratete er Mary.

Edwards wurde für den Mord an Ethel Little zu lebenslangem Gefängnis verurteilt. Er wurde niemals wegen des Mordes an Johanna Block angeklagt. In ihrem Fall war der einzige Beweis gegen ihn sein Geständnis, während die Polizei in dem sehr viel mehr Aufsehen erregenden Mord an Ethel Little den Abdruck seiner blutigen Handfläche vorweisen konnte. Egal, überlegten sie sich daher wohl, er würde sowieso sein Leben hinter Gittern verbringen.

Amy schrieb an Edwards im Gefängnis in der Hoffnung, von dem Mann, der sie getötet hatte, mehr über ihre Mutter zu erfahren. Er antwortete nicht. Seine Frau ließ sich von ihm scheiden, während er hinter Gittern war. Im Gefängnis heiratete Edwards eine andere Frau. In der Definition unseres Rechtssystems ist das Leben kurz.

Vernon Edwards verließ am 24. Juli 1990 als freier Mann das Gefängnis und fuhr mit seiner strahlenden neuen Braut davon.

Ich war damals im Urlaub. Ein andere schrieb die Story über Vernon Edwards Entlassung. Der Artikel bezog sich fast ausschließlich auf den Fall Ethel Little, ohne Johanna Block oder ihre Ermordung auch nur zu erwähnen.

Aber sie ist nicht von allen vergessen.

Sergeant Gonzalez schickte Amy Schnappschüsse aus seinen Akten. Auf einem von ihnen steht Johanna Block lächelnd in einer altmodischen Küche. Das andere war ein Schnappschuß aus einem Paßbildautomaten. Amy fand ebenfalls ein Foto ihrer Mutter, das sie im Leichenschauhaus im Profil zeigte.

»Ich habe nie zuvor einen Toten gesehen«, sagte Amy, »und schon gar nicht meine Mutter. Es war schrecklich. Einen Augenblick lang habe ich geglaubt, die Zeit stehe still«, erzählte sie mir später. »Ich hatte danach Schwierigkeiten einzuschlafen und bekam ständige Alpträume.«

Jetzt war sie nur um so fester entschlossen, die lange verschütteten Geheimnisse um das Leben und den Tod ihrer Mutter aufzudecken. Die vergilbten Aktenstücke, die sie nach Informationen über ihre eigene Geburt durchstöbert hatte, hatten etwas anderes geweckt, etwas, das ihren Nachforschungen neue Bedeutung gab. Bevor sie geboren wurde, hatte ihre Mutter drei andere Kinder zur Welt gebracht, alles Jungen, geboren in den Jahren 1949, 1952 und 1954.

»Ich möchte sie finden«, erzählte Amy mir. »Wir alle teilen eine gemeinsame Tragödie: das Leben unserer Mutter.«

Es gab noch einen Grund. Amy, inzwischen Hausfrau auf Long Island, war mit ihrem ersten Kind im achten Monat schwanger. Ich schrieb drei Tage vor Weihnachten eine Story, in der es hieß: ›Amys Weihnachtswunsch gilt drei Fremden. Diese wissen womöglich gar nicht, daß es sie gibt. Es sind ihre Brüder.‹

Sie dachte, die sollten wissen, daß sie bald Onkel sein würden. Aufzeichnungen im Krankenhaus hatten darauf hingewiesen, daß Amys Vater, dessen Name unbekannt war, als Gefängniswärter gearbeitet hatte und zur Zeit ihrer Geburt mit jemand anderem verheiratet gewesen war. Amy hatte ohne Erfolg versucht, Walter Zarzycki ausfindig zu machen, möglicherweise der Vater der Jungen.

Die Story im *Herald* wurde auch von Lesern gelesen, die sich noch an die Familie erinnerten, aber an niemanden, der sich ganz genau erinnerte, was aus Johanna Blocks Söhnen geworden war. Die Berichte weisen aus, daß Walter Zarzycki keinerlei Interesse zeigte, als man ihn vom gewaltsamen Tod seiner Ex-Frau in Kenntnis setzte. Johanna Blocks Beerdigung wurde von Freunden bezahlt.

Ganz offensichtlich hatte sie davon sehr viele.

Ich bat den Bibliothekar des *Miami Herald*, den Namen Zarzycki in den Computer einzugeben. Er spie eine kleine Geschichte aus, die in der Ausgabe für die Golfküste erschienen war. Ein gewisser Raymond Zarzycki, 29 Jahre alt, war im vorangegangenen Frühjahr beinahe bei einer Explosion ums Leben gekommen. Er war mit seinem Geländewagen auf einem Feldweg unterwegs, als er über einen Sprengsatz fuhr, der dort von einer Ölgesellschaft aus Houston für seismische Experimente ausgebracht worden war. Die Explosion schleuderte ihn dreißig bis fünfzig Fuß hoch in die Luft. Er erlitt Frakturen an beiden Beinen und Verbrennungen.

Ganz offensichtlich lebte er auf einem Hausboot an der westlichen Ecke der Everglades und hatte kein Telefon. Ich schickte ihm ein Telegramm mit folgendem Wortlaut:

> Falls Sie der Sohn von Walter Zarzycki und Johanna Block sind, sucht Ihre Schwester Amy, geboren 1960 und zur Adoption freigegeben, nach Ihnen und Ihren Brüdern. Sie ist eine sehr charmante, fröhliche Frau, die ganz begierig darauf ist, Sie kennenzulernen. Bitte rufen Sie mich doch an.

Er war es, und er rief an.

»Seit ich dieses Telegramm erhalten habe, zittere ich fast ununterbrochen«, erzählte er mir. Raymond Zarzycki hatte bis zu seinem Unfall im Wasserwirtschaftsamt gearbeitet. Die Explosion hatte sein linkes Bein zerschmettert. Er hatte sich noch immer nicht ganz erholt und mußte Krücken benutzen. Seine Hände zitterten, als wir Amy per Telefon erreichten. Auch seine Stimme zitterte. Es war der 1. Januar. Am Neujahrstag ließ eine fremde Frau, mehr als tausenddreihundert Meilen entfernt, Raymond Zarzycki weinen.

In ihrem Wohnzimmer auf Long Island lachte Amy vor lauter Freude auf. Über das Telefon beschrieb sie ihre ›kleine Nase und die spöttischen Lippen und ein kleines Grübchen in meinem Kinn‹.

Raymond Zarzycki, barfuß und unrasiert in East Naples am Rande der Everglades, hatte dieses Grübchen ebenfalls. Der große Bruder, den sie nie kennengelernt hatte, war ihr Neujahrswunsch, von dem sie gefürchtet hatte, er werde sich nie erfüllen.

»Ich habe dich gefunden!« schrie sie über eine schlechte Telefonverbindung nach Florida.

»Und ich habe dich auch gefunden«, sagte Ray.
»Ich kann gar nicht glauben, daß ich endlich Erfolg hatte.«
»Meine Hände zittern, seit ich von dir gehört habe.«

Amy redete so schnell und temperamentvoll, wie es in New York üblich ist, wo sie aufgewachsen ist. Ray spricht einen südlichen Dialekt, ruhig und langsam. Er besuchte mit Miccosoukee-Indianerkindern zusammen in der Nähe von Frog City die Schule.

Was sie teilen, ist ihre Herkunft und die Traurigkeit des Lebens ihrer Mutter. Raymond und sein Bruder Joseph sind Söhne von Walter Zarzycki. Der dritte Junge mußte aus einer anderen Ehe stammen.

Raymond Zarzycki hatte keinerlei Erinnerungen mehr an seine Mutter. Sein Vater hatte wieder geheiratet und hatte mitten in den Everglades eine Bar gekauft. Später betrieb er eine Kneipe in Naples. Er war schon vor einigen Jahren eines natürlichen Todes gestorben.

Mit seinen Söhnen hatte er nie über die Vergangenheit gesprochen, sagte Ray, ›er hat uns nie erzählt, daß wir irgendwo noch Verwandte hatten‹.

Aber er und sein Bruder hatten Vater und Großmutter öfters belauscht, als sie größer wurden. Ray war überzeugt, er müsse irgendwo eine kleine Schwester haben. »Ich hatte eine ganze Reihe von Hinweisen. Meine Großmutter ließ hier und da ein paar zurück, aber ich wußte nie, wo ich suchen sollte.« Als er zu suchen begann, ohne etwas von der Adoption zu wissen, da suchte er nach einer Schwester mit demselben Familiennamen, den auch er trug.

Die Story im *Herald* vor elf Tagen hatte er nicht gelesen. Aber ein früherer Schulkamerad hatte sie gesehen und Amy ein Klassenfoto von Ray und zwei Schnappschüsse von Ray und Joseph geschickt, wo sie sich im Gras balgten. Der kleine Junge auf dem Schulfoto hat erstaunlich viel Ähnlichkeit mit Bildern von Amy, als sie im selben Alter war.

Sie hatte Angst gehabt, er werde sie vielleicht gar nicht kennenlernen wollen. »Ich wußte ja nicht, wie du denken, wie du reagieren würdest«, sagte sie zu Ray.

Wie reagierte er? Nachdem er das Telegramm erhalten hatte, erzählte er Amy, »habe ich jedem hier erzählt, dies werde das schönste Neujahrsfest werden, das ich je gehabt hatte. Ich habe so intensiv versucht, dich zu finden. Ich komme mir vor wie jemand, der eine lange, lange Zeit im Dunklen gelebt hat. Du bist ein Teil von mir. Es ist immer großartig, jemanden zu finden, der ein Teil von einem selbst ist.«

»Es macht mich so glücklich, daß jemand an mich gedacht hat, daß mein Bruder nach mir gesucht hat.« Ihr ungeborenes Baby bewegte sich heftig, als sie aufgeregt zustimmte: »Dies wird überhaupt das beste Jahr werden. Du solltest hier bei uns auf Long Island leben.«

Er kannte diese Gegend überhaupt nicht. »Solange ich dort auf die Jagd gehen kann«, sagte er unsicher.

»Du schießt doch wohl keine kleinen Tiere, oder?« fragte die Hausfrau aus Long Island.

»Nun ja«, erwiderte der Junge vom Lande. »Ich brate sie in der Pfanne.«

Ihr Bruder Joseph, zweiunddreißig, sagte er, »ist ein Zigeuner«. Das letzte Mal hatte er vor einem Jahr von ihm gehört.

Da er von Johanna Blocks drittem Jungen nichts wußte, war er sehr überrascht, als Amy sagte: »Du mußt wissen, daß wir zu viert sind.«

Die Suche ist noch nicht vorbei.

Zunächst schien es, als werde es noch lange dauern, bis Bruder und Schwester sich von Angesicht zu Angesicht sehen konnten. Amys Baby sollte bald geboren werden. Sie und ihr Ehemann John, ein Barmann, mußten sparen, und Ray, seit der Explosion ohne Arbeit, war pleite.

»Sobald es möglich ist«, sagte er mir, »werde ich dort oben sein, oder sie wird hierherkommen.«

»An diesem Punkt trennt uns nur noch das Geld«, sagte Amy.

Ich hätte wissen sollen, daß sie einander sehr viel schneller sehen würden, als sie selbst das erwarteten. Als die Geschichte von ihrem ersten telefonischen Kontakt im *Herald* erschien, schenkte ein Leser Ray ein Flugticket und sorgte auch für alles, wie zum Beispiel einen Mantel, Schuhe und Taschengeld für den Burschen vom Lande aus Florida.

Amy überhäufte mich mit Anrufen, einem ekstatischen Brief und Schnappschüssen. Gute Neuigkeiten. Zuerst war es wohl ein wenig seltsam, da Amy im neunten Monat schwanger war und Ray nur auf Krücken gehen konnte. Aber als er endlich eintraf, blieben sie die ganze Nacht auf und redeten.

»Wir scheinen beide eine innere Stärke geerbt zu haben, die uns aufrecht hält«, sagte sie. »Ihn zu finden, war das eine, aber Seite an Seite beieinander zu sitzen, wie wir das jetzt tun, das ist etwas ganz anderes.«

Diese Story bedeutete auch für mich einen guten Start in das neue Jahr.

19. Kapitel

Courage

Die Qualität eines Lebens bemißt sich nicht nach seiner Länge, sondern nach der Fülle, mit der wir jeden einzelnen Augenblick genießen.

altes amerikanisches Sprichwort

Wahre Helden sind Leute, die die Courage aufbringen, gegen aussichtslose Situationen anzukämpfen. Manche kämpfen gegen wilde Seen, Stürme oder die Straßen der Großstadt; andere kämpfen einfach nur ums Überleben.

Die tapfersten Leute, die ich je kennengelernt habe, gehören zur Familie Southerland: Ray, ein guter Mann und ein guter Polizist, voll überschäumenden Humors und mit einem spitzbübischen Grinsen; seine Frau Jane, warmherzig, hübsch und immer bereit zu lachen; und ihre gut aussehenden jungen Söhne – die perfekte amerikanische Vorzeigefamilie, was ihr Martyrium nur um so schrecklicher erscheinen läßt.

Ein Killer belauerte sie über Jahre, der brutalste, gnadenloseste Killer der Welt. Sie bekämpften ihn mit beispielloser Courage, mit Würde und Lachen, mit viel Lachen. Sie starrten dem Tod ins Gesicht und verzogen keine Miene dabei. Selbst als sie verloren, waren sie Sieger.

Ray und Jane stammten beide aus dem Mittleren Westen. Sie lernten sich in Terre Haute, Indiana, kennen, wo sie auch heirateten. Gutaussehend und beliebt, führten sie eine gute Ehe und hatten drei lebhafte, kleine Jungen: Stephen, sechs, Jeffrey, drei, und Michael, zwei Jahre.

Michael war erkältet, und Jeffrey schien ein wenig blaß, so daß ihre Mutter sie an einem sonnigen Tag im Juni alle drei zum Hausarzt fuhr. Jeff, blond, hübsch und recht groß für sein Alter, könnte vielleicht ein wenig anämisch sein, dachte der Doktor. Er machte einen Bluttest.

Diagnose: akute lymphatische Leukämie.

Ein achtzehn Monate währender Kampf begann, um den Burschen zu retten, der einen Cowboyhut trug, wenn er hinter seinem Vater herlief, und der eine Menge lachte, genau wie seine Mom. Jeff war zu jung, um diesen Kampf zu verstehen. Ein Kind, sagten sich seine Eltern, weiß nur, was es sehen kann. Wenn alle um ihn herum glücklich sind, so ist er es auch. »Das ist ansteckend«, sagte Jane. »Wenn du liebenswürdig bist, wenn du ihn liebst und ihn streichelst, dann ist das seine Welt. Das ist alles, was er versteht und was er verstehen muß.«

Und so arbeiteten sie daran, so glücklich und normal wie möglich zu sein, und schworen sich, sich niemals in Trauer und Selbstmitleid gehen zu lassen.

Die Ärzte versuchten alles, aber es gab keine Rettung. Jeff verlor Gewicht, seine Kräfte schwanden dahin. Seine Eltern verbrachten lange, erschöpfende Nächte dabei, den schmerzhaft geschwollenen Leib des Kindes zu massieren, der von der Krankheit, der Chemotherapie und den Knochenmarksuntersuchungen immer mehr geschwächt wurde.

Als die Ärzte sagten, jetzt könne nichts mehr getan werden und Jeff bleibe nur noch wenig Zeit, entschlossen sich die Eltern, ein letztes Mal gemeinsam als Familie Urlaub zu machen.

Sie liehen sich dreihundert Dollar, verfrachteten die Jungen in ihren kleinen roten Corvair, Baujahr 1961, und fuhren für eine Woche nach Florida. Sie mieteten sich in einem Motel am Strand ein, schwammen im Golf von Mexiko und besuchten das historische Fort in St. Petersburg. Dann fuhren sie wieder nach Hause und kamen dort mit sechs Dollar und vielen schönen Erinnerungen an.

Steves lebhafteste Erinnerung dreht sich um diese Heimfahrt. Er saß auf dem Rücksitz mit seinen beiden kleinen Brüdern, die schon bald einschliefen und ihre Köpfe rechts und links an seine Schultern lehnten.

Zwei Monate später, im Dezember 1967, saß Jeff teilnahmslos in einer Klinik in Terre Haute neben seiner Mutter, während Michael und Stephen im Wartezimmer herumtobten und Cowboy und Indianer spielten. Stephen, der Cowboy, erschoß Mike, der laut den Spielregeln auf dem Schoß seiner Mutter zusammenbrach. Als sie ihrem jüngsten Sohn zärtlich den Rücken streichelte, entdeckte sie etwas, das bisher dort noch nicht gewesen war — einen kleinen Knoten.

Die Tests begannen noch am selben Tag.

Ein ungläubiger Arzt überbrachte ihnen die Resultate, was ihn sichtliche Überwindung kostete. Wie konnte so etwas derselben Familie zweimal widerfahren?

Michael hatte den seltenen Krebs der Nervenlinien des Rückenmarks.

Ihnen blieb gar keine Zeit, die schlechten Neuigkeiten zu verarbeiten. Am nächsten Tag brachte Ray Jeff zum letzten Mal ins Krankenhaus. Jane sagte ganz sanft zu ihrem Sohn: »Schließ jetzt die Augen und schlaf.« Dann starb er. Er war vier Jahre alt. Jane und Ray waren sicher gewesen, Jeff würde wenigstens noch Weihnachten erleben, seine Weihnachtsgeschenke waren bereits gepackt.

Der große Bruder Steve, fast acht Jahre alt, weinte und war einfach nicht zu trösten. Während Jeffs Krankheit hatte er sich um Michael gekümmert. Jetzt wo Michael krank war, kümmerte Steve sich um seine Eltern. In der jetzt folgenden Krisenzeit pflegte er stets zu sagen: »Ich kümmere mich schon drum, Dad.«

Zwanzig Tage nach Jeffs Beerdigung unterzog sich der dreijährige Michael einer Krebsoperation. »Ich dachte, Mikes Chancen seien gleich null«, sagte Ray. »Ich glaubte, das sei das Ende.« Jane blieb mit Mike im *Cincinnati Children's Hospital* in Ohio, während Ray zwei Jobs gleichzeitig in Terre Haute angenommen hatte. Nachts fuhr er zum Friedhof und ließ den Suchscheinwerfer seines Polizeiwagens über Jeffs Grab leuchten. Konnte Mike gerettet werden, fragte er sich, und falls ja, würde er dann vielleicht ein Krüppel bleiben?

Als Mikes Tumor wiederkam, operierten die Chirurgen erneut und gaben ihm eine dreißigprozentige Überlebenschance. Er erhielt Kobalt-Behandlungen, bis er fünf Jahre alt war.

Die Krise schmiedete die Southerlands enger zusammen. Ray und Jane hatten von Eltern gehört, die sich auseinandergelebt hatten, nachdem sie ein Kind verloren hatten. Sie schlossen einen Pakt: das sollte ihnen nie widerfahren. Wenn einer von ihnen nicht schlafen konnte, blieben sie zusammen wach. In einer schlaflosen Nacht tapezierten sie einmal die ganze Küche neu und wurden erst bei Morgengrauen damit fertig.

Ray und Jane heiterten sich gegenseitig mit Erinnerungen an ihren kurzen Urlaub in der Sonne auf. Sie liebten Florida, und auch die Ärzte meinten, das Klima dort könne für Michaels schwache Gesundheit von Vorteil sein.

Daher zogen sie im Februar 1972 nach Miami. Steve war jetzt elf Jahre. Michael, inzwischen sieben, hatte den Krebs besiegt. Er schien genesen. Die Chancen standen gut, daß es dabei bleiben würde. Ray trat in das Police Departement von Metro-Dade ein. Als ein ranghoher Beamter Radarexperten suchte, traten er und ein anderer Anfänger eifrig vor. Bei ihrem ersten gemeinsamen Einsatz merkten sie dann, daß keiner von ihnen auch nur die geringste Ahnung von Radar hatte. Jeder hatte angenommen, der andere verstehe etwas davon, aber Ray Southerland und Ron Sorensen wurden ein Team und blieben ein Leben lang die besten Freunde. Vielleicht verstanden sie sich deshalb so gut, weil sie, anders als viele Cops, daran glaubten, daß die Menschen im Grunde gut seien. Ray arbeitete als Detective für Raubüberfälle und als verdeckter Ermittler, aber sein geschickter Umgang mit jungen Leuten führte ihn dann zu einer anderen Abteilung, wo er als ›Freund und Helfer‹ auch mit Schulkindern zu tun hatte.

Mike und Steve brachten glänzende Leistungen in der Schule. Jane verkaufte exklusive Kleider in einem größeren Fachgeschäft. Sie erwarben ein Haus in einem Vorort, und beide Jungen betrieben aktiv Sport. Dadurch, daß sie beide arbeiteten, hatten die Eltern ausstehende Rechnungen für medizinische Behandlungen von achtundzwanzigtausend Dollar auf vierhundert Dollar reduziert. Die Southerlands standen fast wieder auf gesunden Füßen. Da passierte es wieder.

»Haben Sie das von Ray Southerlands Sohn gehört?« fragte mich ein Detective der Mordkommission ganz nebenbei. »Es ist eine verdammte Schande«, murmelte er. Was er mir erzählte, konnte nicht schlimmer sein; jedenfalls schien es damals so. Steve, der dreizehn Jahre alte Sohn von Officer Ray Southerland, war wegen Knochenkrebs ins Krankenhaus eingeliefert worden. Dann ließ der Detective die Bombe platzen: Ray und seine Frau Jane hatten drei Söhne gehabt — dies war der dritte, der vom Krebs heimgesucht wurde.

Das kann nicht wahr sein, dachte ich und machte mir Notizen. Das Leben ist niemals so grausam.

Ich fand Ray Southerland in Cincinnati und erfuhr, daß es sich in der Tat so verhielt. Das Unaussprechliche war ihnen bereits zum dritten Mal widerfahren. »Diesmal bringt es mich um«, sagte er. Die Stimme des harten Polizisten zitterte. Steve, ein Einserschüler und Star-Athlet, hatte sich das linke Bein bei einem Football-Spiel verletzt. Die Schmerzen, die auf einen Muskelriß schließen ließen, wollten nicht mehr aufhören. Da offenbarten Röntgenstrahlen einen Tumor.

Ray und Jane waren die ganze Nacht hindurch gefahren, um Steve möglichst schnell in das Krankenhaus in Cincinnati zu bringen. Sie hatten das Gefühl, wenn irgend jemand ein Wunder vollbringen könne, dann die Chirurgen in Ohio, die damals Michael gerettet hatten.

»Es kommt einem wie ein Alptraum vor, wieder hier zu sein«, erzählte mir Ray am Telefon des Krankenhauses. »Das hat all die alten Erinnerungen wieder wach werden lassen. Wenn es je einen Jungen gegeben hat, der es nicht verdient hätte, Krebs zu bekommen, dann er. Er ist ein kleiner Junge, der noch in die

Sonntagsschule geht. Niemand muß ihm sagen, er soll hingehen. Sie alle waren perfekte Kinder, aber Steve ist etwas Besonderes. Er hat uns durch all die Krisenzeiten geholfen. Ich verstehe das einfach nicht.«

Auch die Ärzte waren verblüfft. Ähnliche Tumore kommen schon einmal bei Mitgliedern derselben Familie vor, aber die Bösartigkeiten, die die Southerland-Kinder heimsuchten, waren jede für sich selten, deutlich voneinander verschieden und standen untereinander in keinem Zusammenhang.

Die menschliche Tragödie war zum medizinischen Fall geworden.

»Es geschieht zum ersten Mal in den Vereinigten Staaten, daß diese besondere Gruppe von Krebsarten in derselben Familie auftritt«, sagte Doktor Alvin Mauer. Mauer, medizinischer Direktor am *St. Jude's Hospital*, das sich auf Krebsleiden im Kindesalter spezialisiert hatte, hatte Michael behandelt. Jetzt setzte er sich mit den Chirurgen, die Steve operieren sollten, in Verbindung.

»Es war wie ein Blitz, der nicht nur einmal, sondern dreimal zuschlägt«, sagte er.

»Die Chance, daß drei Kinder derselben Familie völlig verschiedenartige, nicht miteinander verwandte Typen von Krebs entwickeln, ist außerordentlich gering«, sagte Leo Grossmann, ein Kinderarzt in Miami Beach.

»Die Wahrscheinlichkeit ist, in Zahlen ausgedrückt, astronomisch gering«, sagte ein anderer Spezialist für Kinderkrankheiten, »ein geradezu unglaublicher Schicksalsschlag.«

Vielleicht aber hatte es auch nichts mit Glück oder Pech zu tun, sondern mit etwas Ernsterem. »Es ist eminent wichtig herauszufinden, ob es hier einen gemeinsamen Nenner, einen gemeinsamen Faktor gibt«, sagte Doktor Mauer. »Das könnte uns helfen, den Krebs und seine Ursachen besser zu verstehen.«

Der erste Bericht darüber erschien am 17. März 1974 auf der Titelseite des *Miami Herald*, begleitet von einem Familienportrait, einem glücklichen Augenblick aus der Vergangenheit, auf immer in der Zeit eingefroren.

Der Typ des Krebses bestimmt seine Behandlung. Sollte es

sich um einen Ewing-Tumor handeln, konnte Steve zurück nach Florida fahren, um dort mit Bestrahlungen und Chemotherapie behandelt zu werden, was eine zehnprozentige Chance zum Überleben geboten hätte. War er aber osteogen, würde man amputieren müssen, aber dann wären seine Chancen auch doppelt so hoch, nämlich zwanzig Prozent.

»Das reicht, um uns Hoffnung zu geben«, sagte Ray. »Wenn wir Hoffnung haben können, ist es gut. Wir leben jetzt nur noch von einem Tag auf den anderen.«

Diagnose: osteogener Knochenkrebs.

Obwohl entsetzt, gestand Steve doch ein, »daß es um mein Bein oder mein Leben geht.« Ray und Jane küßten seinen linken Fuß, und Steve fuhr voller Hoffnung in den Operationssaal.

»Es gibt nicht viele wie ihn«, sagte seine Mutter. »Wir sind glücklich, seine Eltern zu sein.«

Ich fragte sie, wie sie denn die Rechnungen bezahlen wollten. »Darüber machen wir uns keine Gedanken«, sagte Ray. »Wir haben auch vorher beide gearbeitet und es abbezahlt.«

Die Geschichte erschien in der Zeitung, und plötzlich waren die Southerlands nicht mehr länger allein in ihrem Kampf. Die Reaktion der Leser war überwältigend. Die guten Menschen dort draußen vermögen es immer wieder, den Glauben eines Reporters an die Menschheit wiederherzustellen.

Alle machten sich Sorgen. Die Familiengeschichte über Tapferkeit im Angesicht der Tragödie erschien in Zeitungen und in Radio- und Fernsehsendungen. Die Southerlands wirkten unglaublich anziehend. Irgend jemand sagte einmal, es sei, als ob die Waltons Krebs hätten. Die Polizei von Miami rief einen Fond ins Leben, um die ständig steigenden Behandlungskosten zu decken. Die New York Yankees, im Frühjahrstraining in Florida, spendeten den Reinerlös eines Freundschaftsspiels. Michael, inzwischen neun Jahre alt, warf den ersten Ball. Kinder der Grundschule des Ghettos, wo Ray als Beauftragter der Polizei vor den Gefahren des Drogenmißbrauchs gewarnt hatte, leerten ihre Sparschweinchen, sammelten in der Nachbarschaft und spendeten ihr Taschengeld. Sie bekamen auf diese Weise eine Summe von fünfhundertfünfundachtzig Dollar zusammen, um bei der Bezahlung der Behandlungskosten zu helfen.

»Sie sind furchtbar aufgeregt«, erzählte mir ein begeisterter Lehrer. »Und sie sind ja so stolz auf sich selbst.«

Angestellte eines Restaurants in Miami begingen einen Steve-Southerland-Tag, indem sie die Trinkgelder und ihren Lohn spendeten. Steves Leichtathletikteam gewann eine Bezirksmeisterschaft und schickte ihm die Trophäe. Die Polizisten von San Francisco Bay schickten dreitausendachthundert Dollar und ein Sparschwein, das von ihren Kindern mit Münzen vollgestopft war. Steve erhielt fünftausend Briefe aus allen Teilen der Welt. »Ich weiß nicht, was ich sagen soll«, sagte Ray. »Die Leute sind ja so wundervoll.«

Steve reagiert auf seine Art. Schon einen Tag nach der Operation biß der couragierte Teenager die Zähne zusammen und stand zum erstenmal voller Schmerzen auf seiner ersten Prothese, einem Bein aus Metall und Plastik.

Als man ihm erklärte, die Chemotherapie werde dazu führen, daß sein Haar ausfiele, sagte er, er hätte sein glattes Haar ohnehin nicht gemocht und hätte dann sehr gern eine Lockenperücke. Seine Courage machte ihn beim Krankenhauspersonal beliebt. Seine ersten unsicheren Schritte tat er eine Woche vor dem in Aussicht genommenen Termin und ließ noch zwei weitere folgen, bevor er erschöpft in den Rollstuhl sank. Als ihn ein Aufzug wieder auf seine Etage zurückbrachte, erhob er sich mühsam auf die Füße, bat eine überraschte Krankenschwester, seine wartenden Eltern vorzubereiten, und ging ihnen langsam auf dem Korridor entgegen.

Ärzte, Krankenschwestern und Besucher applaudierten und brachen in Hochrufe aus.

Ein Brief von Teddy Kennedy jun. ließ seine Lebensgeister noch weiter steigen. Der Sohn von Senator Edward Kennedy hatte ebenfalls ein Bein durch Krebs verloren. Der junge Kennedy erwähnte einen Skiausflug nach Colorado und lud Steve ein, mit ihm zusammen in Hyannisport zu segeln, sobald er sich dazu in der Lage fühle.

Steve beantwortete Kennedys Brief und sprach über seine Pläne, einmal Anwalt zu werden. »Mein Vater hat es auf gewisse Weise ja auch mit dem Gesetz zu tun. Und genau das möchte ich auch tun.«

Der Gouverneur von Ohio, John J. Gilligan, sandte seinen Wagen, um Steve zum Eröffnungsspiel der Baseballsaison nach Cincinnati zu fahren. Steve sah, wie Hank Aaron Babe Ruths Rekord einstellte, als er seinen siebenhundertvierzehnten Homerun absolvierte. Er kehrte mit einem von Aaron signierten Baseball ins Krankenhaus zurück, sprach über Sport mit dem Autor George Plimpton, erhielt einen Football mit den Autogrammen der Miami Dolphins und Genesungswünsche vom damaligen Präsidenten der USA, Richard Nixon.

Die Southerlands erregten auch anderweitig Aufmerksamkeit. Interessierte Forscher des National Cancer Instituts (NCI) in Bethesda, Maryland, baten sie, sich einem Familientest zu unterziehen. Die Ärzte hoffen zu erfahren, ob vielleicht irgendeine genetische Störung für die Krebserkrankungen der Jungen verantwortlich sein könne. Die Southerlands waren ohne Zögern damit einverstanden. »Wir hoffen bei Gott, daß sie irgendeinen Hinweis finden, der anderen helfen kann«, sagte Ray.

Selbst auf der Suche nach einer Erklärung, entwickelte Ray eine eigene Theorie, einen Verdacht; etwas, das ihn in seinen Träumen verfolgt hatte, etwas Schreckliches, das vor langer Zeit an einem Herbstnachmittag in Indiana passiert war. Ray und Jane, die damals mit Michael schwanger war, hatten Steve und Jeff mit zu einem kleinen Zoo genommen. Es hieß, die Tiere seien zahm und freundlich, aber als Ray parkte, sprang ein Affe durch das Autofenster, griff Jeff auf dem Schoß seiner Mutter an und biß den Säugling kräftig in den linken Arm, während die entsetzten Eltern auf ihn einschlugen, um ihn wieder zu verjagen.

Die Bißwunden entzündeten sich, und danach war Jeff, der sechs Wochen lang fiebrig und apathisch gewesen war, nie wieder derselbe. Schon bald erkrankte er an Leukämie. Ray hatte gelesen, das Maul eines Affen sei ein fruchtbarer Nährboden für viele Viren. Konnte vielleicht irgendein Virus, übertragen durch den Biß des Tieres, Jeffs Leukämie ausgelöst haben? Und hatte diese Krankheit dann vielleicht die Erkrankungen seiner Brüder ausgelöst?

Unwahrscheinlich, aber das gilt für die ganze Geschichte der Southerlands.

Steve schwor, er werde seinen Geburtstag im Mai in Miami feiern — »und wenn ich den ganzen Weg laufen müßte«. Am 19. April, weniger als einen Monat nach der Operation, hieß ihn eine johlende Menge, darunter die Footballstars Jim Mandich und Bill Stanfill von den Dolphins, am Flughafen von Miami willkommen. Gefragt, wie er sich fühle, erwiderte Steve altklug: »Ich habe ein Bein, auf dem ich stehen kann. Aber ich kann nicht treten, wenn mein Kniegelenk rostet.« Erfreut, wieder zu Hause zu sein, scherzte er über Football, das Wetter und sein neues, künstliches Bein. »Sie behaupten, wenn es nicht innerhalb von dreißig Tagen bezahlt ist, wird es sich selbst zerstören«, sagte er und deutete auf das Bein, das einen Metall-Detektor am Flughafen ausgelöst hatte.

»Wir haben immer gesagt, das einzige, das sich niemals abnutzen wird, ist sein Mundwerk«, sagte sein Vater.

Offen, ja fast fröhlich über die Krankheit zu reden, war zu einer Art Familientradition der Southerlands geworden, begleitet von einem unbezwingbar scheinenden Galgenhumor. »Wir können nicht einfach davonlaufen«, sagte Ray. »Es gibt keinen Ort, wo wir uns verstecken könnten.«

An seinem vierzehnten Geburtstag hatte Steve einen Club für schwerkranke junge Leute gegründet. »Kinder werden damit besser fertig als ihre Eltern«, sagte er. »Außerdem gibt es einige Dinge, über die sie nicht gerne mit ihren Eltern reden.«

In der Schule begegnete er den Krisensituationen mit Humor. Eines Tages rief er aufgeregt zu Hause an. »Daddy, kannst du ganz schnell herkommen? Mein Bein ist abgefallen.«

Ray fragte, welches.

Als die Chemotherapie ihm in der Klasse übel werden ließ, war Steves größte Sorge, was wohl die anderen Kinder denken mochten. Als er einmal hinfiel und ihn ein hübsches Mädchen auffing, nutzte er die Chance, um mit ihr zu flirten. »Das hat Spaß gemacht«, sagte er zu ihr. Er blieb seinem Ziel, Jura zu studieren, treu und vergrub sich in seinen Büchern. Man prophezeite ihm, er werde sein Ziel erreichen. Früher hatte er einmal Footballstar werden wollen, aber: »Quarterbacks mit nur einem Bein machen sich nicht gerade gut«, und er setzte noch hinzu, er sei sicher, eine Goldmedaille zu gewinnen, wenn Hüpfen jemals zur olympischen Disziplin erhoben würde. Er trat in die Schwimmannschaft ein und hielt sich in Form, indem er mit Michael Ringkämpfe ausfocht.

Steve gelang es nie, seinen listigen und schnellen jüngeren Bruder zu besiegen. Die verblüfften Ärzte hätten nie erwartet, Michael so durchtrainiert und athletisch zu sehen nach seiner Krebserkrankung im Kindesalter.

Im Sommer des Jahres 1975 packten die Southerlands ihren gebrauchten Wohnwagen und fuhren zum Grand Canyon, entschlossen, so viele Eindrücke wie nur möglich über neunhundert Meilen und drei Wochen zu sammeln. Die Reise war ein Abenteuer, da Ray alle Instandsetzungsarbeiten an dem Wagen selbst durchgeführt hatte. Als Ergebnis, erinnert sich Jane, »fiel es im Westen Stück für Stück auseinander.«

Sie fuhren auf Wildwasserbächen und sahen den Versteinerten Wald, den Yellowstone National Park und die schneebedeckten Berge. Zwei Wochen ihrer Traumreise waren bereits vergangen, als Ray auf einem Campingplatz im Schatten des Mount Rushmore mit ihrem kleinen Hund einen Spaziergang unternahm.

Er kam nicht zurück.

Besorgt machte Jane sich auf, um ihn zu suchen. Bald stieß sie auf eine neugierige Gruppe um einen Mann, der mit seltsamen Zuckungen auf dem Boden lag. Es war Ray. Er hatte schon zweimal derartige Zusammenbrüche erlitten; dies war bei weitem der schlimmste.

Wieder fanden die Ärzte nichts und schrieben die Vorfälle dem Streß zu, den die Krankheiten seiner Söhne für ihn bedeutet hatten. Er kehrte mit dem üblichen Schwung an seine Arbeit zurück. Diesmal wurde Ray einer als ›schwierig‹ eingestuften Junior-High-School zugewiesen, wo sein Empfang ausgesprochen kühl ausfiel. Die rassisch gemischte zweitausend Mann starke Schülerschaft wollte zunächst nichts mit einem Polizisten zu tun haben. Trotzdem riefen sie ihn bald ›Dad‹, und die Anzahl der Fälle von Gewaltanwendung sank dramatisch fast bis auf null zurück.

Bis zum Jahresende war Steve vier Inches gewachsen, konnte die Chemotherapie abbrechen und schrieb ein Buch über seine Erfahrungen. Der Chronist der Familie, der alles plante, von den Menüs bis zu den Ferien, er war zu ihrem Anfeuerer geworden.

Seine Inspiration wurde bald mehr gebraucht denn je zuvor. Ray, inzwischen neununddreißig Jahre alt, wurde von dem Zwischenfall während des Urlaubs weiter verfolgt. Als ein medizinisches Team in Miami eine ganz neue Methode einführte, mit der man das Gehirn untersuchen konnte, ließ er sich dort testen, nur um ganz sicher zu gehen. Der neue Apparat brachte den wahren Grund für Rays Anfälle ans Licht.

Diagnose: Gehirntumor.

Ray hatte immer gesagt: »Ich möchte, daß keiner meiner Söhne aufgibt.«

Steve, inzwischen fünfzehn, riet seinem Vater: »Du bist keiner, der aufgibt. Du kannst dich der Herausforderung stellen, ganz gleich, worin sie besteht. Das alles könnte Teil eines gewaltigen göttlichen Planes sein, eines großartigen Planes, eine Heilmethode für den Krebs zu finden.« Und es würde außerdem, so sagte er, Stoff für mindestens vier weitere Kapitel seines Buches liefern.

Teddy Kennedy, dessen Sohn noch immer mit Steve korrespondierte, schrieb an Ray: »Müßte noch ein Kapitel in Präsident Kennedys *Profiles in Courage* geschrieben werden, dann würde es von den Southerlands handeln.«

Ray wurde in das National Cancer Institut (NCI) überwiesen. Ich flog mit nach Washington, um bei ihnen zu sein. Sein Partner, Ron Sorensen, war ebenfalls dort.

Wir sahen Ray kurz vor der Operation. Das dichte, dunkle Haar war schon fort, man hatte ihm den Kopf rasiert. »Ich habe mir schon so lange gewünscht, diese elenden Schuppen endlich loszuwerden.«

Inzwischen war es zur Routine geworden, dumme Sprüche und Scherze auf dem Weg zum Operationssaal zu machen. Ray winkte seinem Partner zu und warnte Ärzte und Schwestern: »Wenn ihr jetzt meinen Schädel öffnet, werden alle meine schmutzigen Gedanken und die ganzen nackten Frauen aus ihm herausfliegen.«

Während der sechsstündigen Wartezeit saß Jane im Solarium des Krankenhauses und zerknüllte ein unschuldiges Tischtuch. »Wenn wir Zeit haben und es uns leisten können«, versprach sie Steve, »werden wir endlich einen Nervenzusammenbruch haben.«

Ron Sorensen kaute auf den Fingernägeln und spielte dann Billard. Steve verlor dreimal und fragte schließlich: »Ich habe ja schon ein Handicap — kann ich nicht noch eines haben?«

Endlich erschien ein Chirurg und erklärte, der Tumor gehöre zur harmlosesten und am wenigsten tödlichen von vier Stufen von Astrocytoma, einer Form eines langsam wachsenden Gehirn-Krebses. Sie hatten alles entfernen können. Jane nannte es den »glücklichsten Tag meines Lebens, wie die Antwort auf ein Gebet. Wir hatten eine Pause verdient.«

Ray erzählte sie später, noch immer ganz geschafft, die Operation habe deshalb so lange gedauert, weil die Ärzte fünf Stunden gebraucht hätten, um sein Gehirn zu finden. »Ich hoffe, das ist jetzt das letzte Mal«, sagte Steve erschöpft. »Die Zukunft wird von nun an schön sein.«

Rays einzige Beschwerden am nächsten Tag waren ein leichter Kopfschmerz und sein rasierter Kopf. Acht Tage später ignorierte er den wartenden Rollstuhl und ging, auf dem Kopf einen Kojakhut, um seine Glatze zu bedecken, zurück nach Miami, wo er wie ein Held willkommen geheißen wurde. Mehr als hundert Polizisten, Freunde, Verwandte, Nachbarn und Fremde applaudierten ihm. Eine Frau, die gerade vorüberkam, sah die Fotografen und schrie: »Das ist er! Das ist Telly Savalas!«

Michael, der ein riesiges Willkommensplakat gemalt hatte, kämpfte sich durch die Menge in Rays Arme. »Ich hab's geschafft, Tiger«, sagte sein Vater. »Ich wußte, daß ich zurückkommen würde. Ich hatte geplant zu kämpfen, wie du es nie für möglich gehalten hättest.«

Blumenbuketts und Süßigkeiten, die die Schulkinder für ›Dad‹ gesammelt hatten, warteten auf ihn. Die Schulkapelle gab ein Konzert. Teilnehmer der Schauspielkurse veranstalteten eine Aufführung. Andere steuerten Backwaren und Ballspiele bei. Die Kinder der ›schwierigen‹ Schule sammelten zweitausendfünfhundertzweiundneunzig Dollar, um ihrem Lieblingspolizisten zu helfen.

Ray unterzog sich Kobalt-Bestrahlungen und machte danach eine sechsmonatige Kur. »Ich bin ein glücklicher Mensch«, sagte er. »Mich interessiert nicht, was andere sagen. Die Ärzte haben zwei meiner Kinder gerettet und meinen Krebs rechtzeitig erkannt.«

In diesem Sommer stieg die Familie wieder in ihren Wohnwagen. Diesmal war das Ziel ihrer ›Urlaubsreise‹ das National Cancer Institute, wo sie sich Forschern zur Verfügung stellten, die nach der Ursache der mörderischen Krankheit suchten. Krebs-Forscher sagten, ihre Tests könnten dazu beitragen, die Geheimnisse der Krankheit aufzudecken. Die Southerlands wurden geröntgt, fotografiert, es wurden ihnen Fingerabdrücke abgenommen, sie wurden gestoßen, gezogen, gedrückt und gestochen. Blut, Haut und Koordinationsfähigkeit wurde getestet und die Zähne untersucht. Annähernd zwanzig molekulare und immunologische Tests wurden durchgeführt, von denen viele ausgesprochen unangenehm waren.

Sie gaben nie auf. Sie wollten dem Geheimnis auf die Spur kommen. »Es muß einen Grund geben, warum wir die einzige Familie sind, der das widerfährt«, sagte Ray. »Irgendwo muß das doch einmal enden.« Wissenschaftler untersuchten Rays Familienstammbaum in der Hoffnung, zu erfahren, wann der Killer zum erstenmal aufgetreten war und wie oft er zugeschlagen hatte. Sie befragten und testeten andere Familienmitglieder, einschließlich Rays jüngerer Schwester Nancy, damals dreiundzwanzig Jahre alt und Frau eines Polizisten. Zwei Wochen später erschien eine bösartige Geschwulst auf ihrem Oberschenkel. Das Bein mußte später amputiert werden.

Die Forscher des NCI beauftragten einen professionellen Genealogen, der den Familienstammbaum über sechs Generationen bis ins Jahr 1840 zurückverfolgte. Dieser fand einen verlorengegangenen Zweig der Southerland-Familie. Was er entdeckte, erregte die Aufmerksamkeit der Forscher und stützte ihre Theorie, wonach nicht die äußeren Umstände für diese gehäuften Krebsfälle verantwortlich waren, sondern ein genetischer Defekt.

Die Verwandten, die der Genealoge entdeckte, waren für die Southerlands Fremde, aber nicht für den Killer. Krebs hatte Rays Ururgroßmutter 1865 das Leben gekostet, als sie gerade knapp über zwanzig Jahre alt gewesen war. Die heimtückische Krankheit raffte 1890 ihren Sohn hinweg. Auch dessen Sohn starb an Krebs, sowie drei seiner Töchter. Ein entfernter Cousin erkrankte im Alter von zwei Jahren an Leukämie. »Solche Dinge können sich in Familien aus genetischen oder Umweltgründen verbreiten«, sagte Doktor John Mulvihill, Leiter der genetischen Sektion des NCI. »Man kann keine Verbindung durch Umweltgefahren zwischen solch entfernten Familienzweigen herstellen. Was sie aber mit Sicherheit verbindet, das sind ihre Gene.«

Genug Southerlandblut, -gewebe und -zellmaterial wurde gesammelt und eingefroren, um es auch nach Jahren noch zu Forschungszwecken zur Verfügung zu haben. Die Ärzte suchen »etwas, das in den Zellen dieser Familie anders ist als in denen anderer Leute, und neue Erkenntnisse darüber, warum Leute die Tumore bekommen, die sie bekommen«, sagte Mulvihill. »Da gibt es etwas in ihren Zellen, entweder etwas Genetisches oder etwas Enzymatisches, das eine Eigenheit der Zelle und ihrer Art der Teilung darstellt.«

»Das heißt im Klartext, der Krebs wandert in dieser Familie von einer Generation zur anderen«, sagte Jane. »Es ist, als habe irgendein großer Unglücksfall uns alle betroffen.«

Die Southerlands führten weiterhin ein aktives und glückliches Leben. »Ich will kein Mitleid«, sagte Steve. »Ich möchte nur den Respekt der Leute.«

Und der wurde ihm auch zuteil. Mit siebzehn Jahren initiierte er eine erfolgreiche Petition zur Einrichtung eines Bestrahlungszentrums für Krebspatienten im südlichen Dade-County. Er wurde der erste Teenager, der je von der örtlichen Handelskammer als Bürger des Jahres geehrt wurde.

1987 ging er zur Universität von Florida, fuhr aber an den meisten Wochenenden dreihundertfünfzig Meilen weit nach Hause, um mit seinem kleineren Bruder zusammenzusein und mit ihm ins Kino zu gehen. Sie aßen Popcorn, tranken Coke und brachten ihrer Mutter Blumen nach Hause.

Als Michael vierzehn wurde, wollte er Architekt werden. Seit nahezu zehn Jahren krebsfrei, war er ein herausragender Schwimmer, eine echte Olympiahoffnung, der wie ein Fisch durch das Wasser gleiten konnte und Steve, der ihn das Schwimmen gelehrt hatte, weit hinter sich ließ. Doch gegen Ende des Jahres 1979 veränderte sich Michaels Rückenschwimmstil.

Er hatte Schmerzen in der Seite, wenn er den Rücken durchbog. Das Schlimmste befürchtend, brachten seine Eltern ihn nach Cincinnati.

Diagnose: osteogener Knochenkrebs, offenkundig ausgelöst durch die Bestrahlungen, die zehn Jahre zuvor sein Leben gerettet hatten.

Die Ärzte planten eine Operation, die bisher noch nie in den Vereinigten Staaten gewagt worden war. Michael wußte, daß sie gefährlich war. Er hängte sich seine Medaille, die er beim Rückenschwimmen der Juniorenolympiade gewonnen hatte, über das Bett. »Ich bin bereit. Egal, wie es ausgeht«, sagte er zu seinem Dad, »leg mir die Medaille auf die Brust.«

Er bestand darauf, daß seine Mutter einen handgeschriebenen Zettel auf seinen Rücken klebte, bevor er in den Operationssaal gebracht wurde. Es sollte die Chirurgen daran erinnern:

ICH BIN EIN SCHWIMMER, VERGESST DAS NICHT

Diesmal dauerte die Krankenwache zwölf Stunden. Die Chirurgen entfernten den von Krebs befallenen Rückenwirbel und ersetzten ihn durch ein Stück Metall und Teile seiner Rippen.

Zwei Monate später kam Michael nach Hause, zwanzig Pfund leichter und einen halben Inch kleiner. Bleich und zerbrechlich lag er quer über zwei Sitzen im Flugzeug, eingepackt in ein Gipskorsett, das von den Schultern bis zu den Knien reichte. Auf das Korsett aufgemalt waren eine blaue Krawatte, eine Weste, eine rote Nelke und eine Taschenuhr, die 3 Uhr 30 anzeigte, Schulschluß. Jetzt war er an der Reihe, die Auswirkungen der Chemotherapie unter einem Hut zu verstecken.

Die Presse und eine große Menschenmenge erwarteten ihn. Auch das war schon Tradition geworden. Aus seiner liegenden Position stellte Mike scherzhaft seinen großen Bruder Steve als ›mein Rückgrat‹ vor.

Eine routinemäßige Knochenuntersuchung sechs Wochen später wurde zum Superthriller. Ein Fleck, ein möglicher Tumor, war oberhalb des linken Knies sichtbar. Jane flog nach Cincinnati, um sich dort mit Mike und Ray zu treffen. In Tampa hatte sie eine Zwischenlandung, und als der Jet wieder startete, sah sie die blinkenden Lichter des Motels an der Tampa Bay, wo sie ihren letzten Kurzurlaub als komplette Familie verbracht hatten. »Ich sah das Motel und dreizehn Jahre später war mir, als sei es gestern gewesen«, sagte sie. »Man sollte meinen, irgendwann sei es vorbei.«

Die Ärzte meinten, der Fleck sei durch Michaels Unbeweglichkeit verursacht worden, da er weder sitzen noch sich aufrichten konnte. Er flog so oft nach Cincinnati zur Chemotherapie, daß er mehr Stunden in der Luft verbrachte als manch ein Pilot. Nach drei Monaten stemmte er wieder Gewichte. Nach vier Monaten konnte er erstmals wieder gehen, zunächst zwischen den Stangen eines Barrens, dann mit einem Gehapparat und schließlich mit Krücken. Als er langsam aus dem Flugzeug stieg, den Körper von einem Gipskorsett gestützt, auf dem ein Superman-Kostüm aufgemalt war, hießen ihn die Bewohner Miamis wie einen Helden willkommen.

Vier Monate später überfielen ihn neue Schmerzen. Der Krebs hatte gestreut. »Ich werde ihn bis zum Ende bekämpfen«, schwor er.

»Er ist tapfer«, sagte seine Mutter mit einem Lächeln. »Er legt sich nicht einfach nieder, um zu sterben. Wir geben niemals auf, müssen Sie wissen.«

Ray grinste und hob die Schultern, wenn man ihn nach seinem Befinden fragte. »Gar nicht mal schlecht. Überhaupt nicht schlecht, wenn ich daran denke, daß die ganze Familie Krebs hat.«

Vier Monate später schlugen die Chirurgen einen letzten verzweifelten Versuch vor, Michael zu retten. Sie wollten sein Rückgrat durchtrennen, sieben Rückenwirbel entfernen und dann das vom Krebs zerstörte Rückgrat mit Hilfe von stählernen Gliedern, Plastik und Knochen von seinen Beinen, die er ohnehin nie wieder würde gebrauchen können rekonstruieren.

Michael war einverstanden. In einem Rollstuhl aufzuwachsen, sagte er, sei immer noch besser, als überhaupt nicht aufzuwachen.

Am 1. April 1980 operierte ein Team von siebzehn Chirurgen siebzehn Stunden lang. Der Patient, damals fünfzehn Jahre alt, kehrte für den Sommer nach Hause zurück und machte bereits Pläne für die Zukunft. »Ich möchte erleben, wie Steve sein Studium abschließt. Ich möchte heiraten. Ich möchte Kinder haben. Ich möchte jedes bißchen vom Leben genießen, das ich nur kann.«

Ray bestand eine ärztliche Untersuchung im Herbst. Aber als er im Frühjahr 1981 zu einem routinemäßigen Test zum NCI zurückkehrte, plagten ihn wachsende Zweifel. Irgend etwas stimmte nicht. Miamis schnell sprechender, normalerweise wortgewandter Polizist stotterte bei den einfachsten Worten. Seine rechte Hand wurde mitunter taub.

Die Ärzte kreisten das Problem ein: ein Tumor, ohne jede Verbindung zu dem ersten, breitete sich rasch über die linke Seite seines Gehirns aus. Am 5. Mai, seinem dreiundvierzigsten Geburtstag, sagten sie ihm, sie würden soviel wie möglich davon entfernen, aber ihn voll und ganz zu entfernen hieße, ihm die Sprach- und Koordinationsfähigkeit zu nehmen. Es war eine zweifache Krise. Rays Operation sollte im NCI stattfinden. Michael war bereits für die Operation in Cincinnati vorgemerkt. Geschwüre hatten sein aus Metall und Plastik hergestelltes künstliches Rückgrat freigelegt.

»In der Vergangenheit konnten wir unsere Energien auf ein einziges Problem während einer bestimmten Zeit konzentrieren«, sagte Steve, inzwischen einundzwanzig. »Jetzt überlappen sie sich. Das ist wirklich eine Prüfung.«

Die Familie verbrachte ein glückliches Wochenende zu Hause, voll von Lachen und Erinnerungen. In einem Gespräch von Mann zu Mann erzählte Ray Steve, er habe keine Angst vor dem Tod, der einzige Schmerz liege darin, die Menschen zu verlassen, die man liebe.

Steve nahm Mike mit ins Kino. Inzwischen waren sie an die Fremden gewöhnt, die den Jungen im Rollstuhl anstarrten, der von dem jungen Mann mit nur einem Bein geschoben wurde.

Ray und Jane hielten sich an den Händen, unternahmen gemeinsame Spaziergänge und redeten stundenlang miteinander.

»Ich weiß, ich habe Fehler gemacht, und es tut mir wirklich leid«, sagte sie.

Keine Fehler, sagte er. Sie sei die beste Frau, die ein Mann sich nur wünschen könne.

Er entschuldigte sich dafür, ihr ›dies alles‹ zugemutet zu haben.

Keine Entschuldigung, sagte sie. »Egal, was passiert, ich hätte nicht glücklicher sein können. Ich hätte keinen Mann finden können, der mich mehr geliebt hätte oder den ich mehr hätte lieben können.«

Beide stimmten darin überein, ihre glücklichste Zeit sei gewesen, als sie noch den kleinen roten Corvair und drei kleine Jungs gehabt hatten.

Sie erinnerte sich noch, wie sie in diesem Wagen mit den drei Kindern auf dem Rücksitz gesessen und zu Ray gesagt hatte: »Ich glaube, ich bin so ziemlich die glücklichste Frau auf der Welt. Ich habe alles, was ich mir wünsche.«

Michael und Ray unterzogen sich vierundzwanzig Stunden und fünfhundert Meilen voneinander entfernt ihren Operationen. Ihr dreizehn Jahre währender Kampf wurde nun an zwei Fronten gleichzeitig ausgetragen, in Städten, die weit von der Wärme Miamis, ihrem Zuhause, entfernt lagen.

Jane verbrachte ihren Muttertag am Bett eines ihrer Lieben, der an Krebs erkrankt war, und diesmal pendelte sie auch noch zwischen zwei Krankenhäusern hin und her.

Vater und Sohn erkundigten sich einer nach dem anderen, als sie wieder bei Bewußtsein waren. »Es ist furchtbar«, sagte Rays Chirurg, Doktor Paul Kornblith. »Sie sind so wundervolle Leute mit einer großartigen Einstellung zu der schrecklichen Situation. Sie meistern so viele Krisen, wie ich das noch nie bei einer Familie gesehen habe, und das alles mit einer bemerkenswert optimistischen Einstellung.«

Rays Gehirntumor war über alle Maßen aggressiv und hatte sich in einer Region des Gehirns eingenistet, die mit am schwersten zugänglich ist. »Krebs kann kaum schlimmer sein als dieser hier«, sagte der Arzt.

Michaels Ärzte sagten, der Krebs habe sich bis in seine Lungen ausgeweitet.

»Ich habe keine Angst vor Michaels Tod«, sagte Jane. »Ich weiß, er ist ein gläubiger Christ. Er wird in den Himmel kommen. Aber für mich ist es schwer, ihn gehen zu lassen.«

Michaels letzter Wunsch, wieder nach Hause nach Miami zu kommen, konnte nicht erfüllt werden. In einer Nacht im Juni, während Jane seine Hand hielt, sagte er: »Ich liebe dich, Mommy.« Dann rief er nach seinem kleinen Hund, der mehr als tausend Meilen entfernt war. Er war sechzehn.

Jane und Steve flogen nach Washington, um Ray die schlechten Neuigkeiten zu unterbreiten. Als man ihm zwei Wochen zuvor gesagt hatte, Michael müsse sich einer weiteren Operation unterziehen, war seine Reaktion Wut gewesen. Jetzt reagierte er überhaupt nicht. Der Tumor, der immer stärker wuchs, hatte gesiegt.

Michael kehrte in einem Sarg nach Miami zurück. Die Menschenmengen, die bei früheren Gelegenheiten bei der Heimkehr gejubelt hatten, fehlten diesmal, aber die Einwohner Miamis hatten nicht vergessen. Ein Schild vor einer Bank verkündete:

UNSERE GEDANKEN UND UNSERE GEBETE
SIND BEI DER SOUTHERLAND-FAMILIE

Steve hielt die Grabrede. »Ein Held ist jemand, der mit Mut und Stärke die Ungerechtigkeiten des Lebens erträgt«, sagte er. »Michael ist und war ein Held.«

Er wurde neben seinem Bruder Jeff auf einem Friedhof in Indiana beerdigt.

»Wir haben den Kampf noch nicht verloren«, sagte Steve. »Wir werden Dad durch das alles hindurchbringen.«

Ray kam im Juli mit einer Luftambulanz nach Hause – keine Scherze, keine Menschenmengen. Steve hatte Ray versprochen, daß Außenstehende ihn niemals so hilflos sehen dürften.

Einen Monat später verlor Ray seinen schweren Kampf mit der grausamen Erbschaft, die seine Familie seit einhunderteinundvierzig Jahren belastet hatte. Jane hielt seine eine Hand, Steve die andere. »Er ist mit zwei seiner Jungen im Himmel«, sagte Steve. »Er wird überrascht sein; er wußte gar nicht, daß Michael schon dort war.«

Wie er es gehofft hatte, hatte Ray Southerland eine Erbschaft hinterlassen: »Die Familie hat einen unschätzbaren Beitrag zur Erforschung des Krebses geleistet«, sagte Doktor William Blattner, der Leiter der Forschungsabteilung des NCI. »Und sie hat mir verdammt viel über Menschlichkeit und den Mut des Individuums beigebracht.«

Steve zögerte, wieder an die Universität von Florida zurückzukehren und seine Mutter allein zu lassen, aber sie bestand darauf. Sein Vater hatte gewollt, daß er das College beendete und sein Studium abschloß.

Zurück auf dem Campus, stürzte er sich in die Politik. Die Studenten-Selbstverwaltung der Universität von Florida ist die größte der ganzen Nation. Er gründete die University Student Alliance (USA) und bewarb sich um den Vorsitz des Studentenrates.

Sechs Fuß, drei Inches groß und gut aussehend, arbeitete

Steve unermüdlich, oft achtzehn Stunden am Tag. Am Ende der Kampagne hatte er mehrere Paar Krücken verschlissen, und seine Achseln waren blutig gescheuert. Er trug dunkle Hemden, damit es nicht so auffiel.

Er war der Underdog. Seit dreißig Jahren hatte kein Student mehr gewonnen, der nicht einer der großen Verbindungen angehörte. Und seit zehn Jahren hatte niemand mehr Erfolg gehabt ohne die Unterstützung der einflußreichen Universitätszeitung. Der Sieg schien unerreichbar.

Steve Southerland gewann.

»Daran habe ich nie gezweifelt«, sagte Jane stolz, als er anrief, um ihr die Neuigkeiten mitzuteilen.

Das habe er für Michael und seinen Dad getan, sagte er unter Tränen. Sie wußte, auch diese waren stolz.

Die guten Nachrichten setzten sich, welch wunderbarer Wandel, fort. Der Studentenpräsident Steve Southerland hatte zwei Sekretärinnen, kontrollierte ein Budget von drei Komma sieben Millionen Dollar, verbrachte fünfzig Stunden in der Woche mit seinem Job und begriff, daß Politik die große Liebe seines Lebens war.

Sein letztes Semester verbrachte er in Oxford, dann zog er auf Krücken mit dem Rucksack durch sechzehn Länder. Bei einer fünfzig Mitglieder umfassenden Anwaltskanzlei in Miami angestellt, lernte er eine hübsche blonde Zahnarzthelferin kennen. »Sie sah mich von Anfang an als Mensch, als ganze Person«, sagte er. »Das ist selten.«

In diesem schönen Sommer 1986 hatte sich Steve, inzwischen sechsundzwanzig, darauf vorbereitet, das Staatsexamen abzulegen. Ihm fehlten nur noch zwei Wochen. Doch zunächst kam noch das jährliche Baseballspiel der Anwälte gegen die Teilzeitkräfte in einem Park in Miami. Es herrschte brütende Hitze. Steve spielte im linken Feld mit.

Er spielte Fänger, und zwar ohne Krücken, und hüpfte an den Basen entlang. Während des vierten Laufes sagte er: »Da fühlte ich, wie sich meine rechte Hand verkrampfte und gleich darauf meine ganze rechte Seite. Ich wußte, es war ein Schlaganfall. Ich habe mich in meinem ganzen Leben noch nicht so hilflos gefühlt.«

Sein Kollaps unterbrach das Spiel. »Das hatte natürlich große Auswirkungen«, sagte er später. Die Anwälte rannten zu den Telefonen, um neunhundertelf anzurufen. Die Frau eines Anwalts jagte mit ihrem Auto davon, um einen Polizisten zu finden. Seine Ankunft in einem hiesigen Krankenhaus, flankiert von zwei sehr einflußreichen Anwälten, »erregte Aufsehen.« Steve erlangte in der Notaufnahme das Bewußtsein wieder.

Jeder hoffte, es sei ein Hitzschlag gewesen.

Jane fuhr ins Krankenhaus. Steve hatte noch nie zuvor einen Schlaganfall erlitten, aber er hatte schon welche gesehen. »Ein schreckliches Gefühl«, erzählte er ihr. »Armer Dad — jetzt weiß ich, was er durchgemacht hat.«

Die Ärzte führten Tests durch. Erst erzählten sie es Jane. Niemand sollte es Steve sagen. Als er ihr Gesicht sah, wußte er Bescheid. Er hatte diesen Blick schon einmal gesehen.

Diagnose: Gehirntumor — tief, aber operabel.

»Zu denken, daß es zwölf Jahre später noch einmal wiederkommen würde, um einen erneut heimzusuchen, diesmal an einer derart gefährlichen Stelle ... es hat uns wie ein Donnerschlag getroffen«, sagte er.

Sie entschieden sich für das Krankenhaus in Cincinnati. »Unser altes Schlachtfeld«, sagte Jane. »Man sollte meinen, ich hätte langsam Übung darin, aber das ist nicht so.«

Fraglich war, wie er nach der Operation behandelt werden sollte. Die Therapie, die einst seinen Vater und seinen Bruder geheilt hatte, hatte sie später getötet.

Die Ärzte stellten ihm eine vernichtende Frage: wieviel würde Steve opfern, um am Leben zu bleiben? War er bereit, den Gebrauch seines rechten Beines zu verlieren, seines rechten Armes, seiner Fähigkeit zu sprechen? Der Tumor wuchs in einer Gegend des Gehirns, die genau diese Funktionen kontrolliert.

Wie weit würde er ihnen erlauben zu gehen?

Steves Aussagen waren klar: er brauchte sein rechtes Bein. Es war das einzige, das er noch hatte. »Die Sprache ist wichtig für meinen Beruf, wenn ich Anwalt werden will.« Er sagte, er könne »auf einen Arm verzichten, wenn es nötig sein sollte.«

Sein Leben, entschied er, war mehr wert als der Gebrauch eines Armes.

Glücklicherweise fanden die Chirurgen den mondförmigen Tumor in einer Lage vor, die diese schreckliche Wahl gegenstandslos machte. Wenn auch sehr geschwächt, würde seine Hand doch auf eine Rehabilitationstherapie ansprechen.

Doktor Beatrice Lampkin, eine Onkologin, hat die Familie seit 1967 behandelt. »Dies zeigt wieder einmal, daß es ein Krebs-Gen gibt, das durch bestimmte äußere Anlässe aktiviert wird – nur wissen wir nicht, wodurch. Wir hoffen, ein Studium der Southerlands wird etwas Licht auf die Entstehung des Krebses werfen.«

Eine Woche nach der Operation tauschte Steve bereits muntere Sprüche mit Reportern bei einer Pressekonferenz im Krankenhaus aus. Um seine Kahlköpfigkeit zu kaschieren, trug er einen Schlapphut. Er sagte, er und seine Mutter hätten eine Vereinbarung getroffen. »Wir werden das nicht noch einmal tun. Es wird Zeit für sie, sich von all dem zurückzuziehen und sich neuen Abenteuern zuzuwenden.«

Am Wochenende besuchten ihn fünf junge Anwälte aus seiner Kanzlei. Die Bürger Miamis füllten seinen Raum mit Karten und Blumen. Er hatte das Abschlußexamen verpaßt, aber was bedeutete das schon. »Bevor das passierte, dachte ich immer, es sei das Wichtigste in meinem Leben. Aber jetzt ist das Wichtigste, einfach nur am Leben zu bleiben.«

Er kehrte heim unter unglaublichem Jubel. Als er aus dem Flugzeug stieg, geriet er in einen wahren Sturm von Konfetti. Über das ganze Terminal war ein riesiges gelbes Banner gespannt. Mehr als fünfzig Kollegen jubelten, pfiffen und sangen »For He's a Jolly Good Fellow«. Das Büro hatte für zwei Stunden geschlossen, so daß jeder am Flughafen sein konnte. Die jungen Mitglieder der Kanzlei trugen Filzhüte von der selben Art, wie Steve sie bei seiner Pressekonferenz getragen hatte. Schon einen Schritt weiter, trug er jetzt eine blau und gold gefärbte Kappe und eine Sonnenbrille, um seine Ähnlichkeit mit ›Tom Cruise‹ zu unterstreichen.

Er machte sich lustig über die Stoppeln auf seiner Kopfhaut

und die große Narbe, die noch immer zu sehen war. Im kleinen Kreis gestand er: »Als ich vor zwei Wochen von hier weggegangen bin, da dachte ich, ich würde nie wieder zurückkehren.«

Gelbe Bändchen und Ballons dekorierten die Front des Grundstücks der Southerlands. Er fing an, zu bedauern, daß er das Staatsexamen nicht abgelegt hatte, und sträubte sich, jetzt bis zum Winter warten zu müssen. »Ein Gehirntumor sollte eigentlich eine hinreichende Entschuldigung sein«, sagte er mit der Logik eines Anwalts. »Warum sechs Monate warten? Ich würde das Examen so gern ablegen – als wäre nichts passiert.«

Er kehrte gestärkt zurück, aber die Gehirnoperation machte es ihm schwer, das Examen zu bestehen, und seine Romanze mit der hübschen Zahnarzthelferin begann zu welken. Die große Anwaltskanzlei verschmolz mit einer größeren und umfaßte inzwischen sechshundertachtzig Anwälte. Weil er zum zweitenmal das Staatsexamen nicht bestand, folgte die Kanzlei der allgemeinen Praxis und hielt Steve Southerland nicht länger, auch weil man fest damit rechnen konnte, daß er sich weiterer medizinischer Behandlung werde unterziehen müssen.

Steve gab nicht auf.

Schließlich bestand er das Examen, und ich war bei der kleinen Zeremonie dabei, in deren Rahmen er als Mitglied der Anwaltskammer eingeschworen wurde. Mit seiner Krankengeschichte konnte es keine Anwaltsfirma riskieren, ihn einzustellen. Also machte er sich selbständig und ließ sich mit zwei anderen jungen Anwälten, einem Schwarzen und einem Latino, in einem Arme-Leute-Distrikt nieder.

Jane hatte als Teenager geheiratet und war zweiundzwanzig Jahre lang Rays Frau gewesen. Sie schien damit zufrieden zu sein, auf immer Rays Frau zu sein. »Ich glaube, das gilt für die meisten Menschen, die eine wirklich gute Ehe geführt haben«, sagte sie. »Man ändert doch nicht seine Art zu denken, bloß weil man verwitwet ist.«

Fast sieben Jahre lang konzentrierte sie sich allein auf ihre Karriere als Leiterin der Verkaufsabteilung in dem Warenhaus, wo sie einst Kleider verkauft hatte.

Ende 1987 hatte ich Jane schon seit einiger Zeit nicht mehr

gesehen. Als wir uns trafen, wirkte sie so blühend, so hübsch, daß ich sofort wußte: »Du bist verliebt!«

»Nun ja, es gibt da jemanden«, sagte sie scheu. Sie und ein Freund hatten beim Oktoberfest in einem Bootsclub in Miami Sitzplätze gefunden. Direkt neben ihr saß ein Pilot der Eastern Airlines, Bertram Dawson McMillen III. Der Mann ist nicht im geringsten wie Ray Southerland, der gesellige Schelm, der das Leben und das Lachen liebte. Die beiden hätten einander sicher nicht gemocht. Ray verbarg seine Gefühle hinter Grinsen und unverbindlichen Scherzen. Bert dagegen ist liebenswürdig, sensibel und zurückhaltend.

Bei der kleinen Hochzeitsfeier im Juni in einem eleganten, alten Hotel in Coral Gables spielte ein Harfenist Persichetti, Händel und Pachelbel. »Die Liebe geht immer weiter«, sagte der Pastor. Die einzigen Tränen waren diesmal solche des Glücks.

»Jetzt habe ich nicht nur die Liebe meiner Mutter«, sagte Steve, »sondern auch noch die Freundschaft von jemand, der sie genausosehr wie ich liebt.«

Jane klang glücklich, als ich sie fast ein Jahr später anrief. Sie und Bert waren gerade dabei, das Bad zu tapezieren. Das Leben war für die beiden Jungvermählten nicht gerade leicht gewesen. Bert hatte sich an einem Streik gegen die Eastern Airlines beteiligt. Jane und andere alte Angestellte verloren ihre Jobs, nachdem der kanadische Geschäftsmann Robert Campeau die Ladenkette, in der sie arbeitete, aufgekauft und in den Konkurs getrieben hatte.

Orte, Gesellschaften und Organisationen ändern sich. Und auch verschiedene Menschen ändern sich, nicht aber Jane. Heiter und gelassen wie gewöhnlich, steckte sie voller guter Neuigkeiten: Steve war verliebt, verlobt mit einer Studentin, und plante eine Kandidatur für den Senat des Staates Florida. Sie bat mich, bei ihm nicht durchblicken zu lassen, daß ich es wisse. Steve wollte es mir selbst erzählen. Als er es nicht tat, hoffte ich, das bedeute, er sei zu sehr beschäftigt und habe mehr Arbeit, als er bewältigen könne.

Die Wahrheit kam bei einem nächtlichen Anruf ans Licht, wie das mit schlechten Neuigkeiten immer der Fall ist. Die tiefe, vertraute Stimme von Ron Sorenson, Ray Southerlands altem Partner, klang mir durch den Hörer entgegen. »Jedesmal, wenn wir miteinander reden, hatte ich schlechte Nachrichten«, sagte er. Mein Herz sank. Er rief wegen Steve an. »Wo?«

»Sein Gehirn – die linke Seite.«

Eine Untersuchung in Cincinnati – alle bezeichneten es als einen blinden Fleck bis zur Gewebeentnahme, aber danach hatte keiner Zweifel, worum es sich handelte.

Ich klammerte mich an einen Strohhalm. War es denn möglich, daß dies alles noch einmal passierte? »Auf einer Skala von eins bis zehn«, verlangte ich zu wissen, »wie sind die Chancen, daß Sie sich irren?«

Er zögerte. »Bei jemand anderem würde ich sagen, nun ja, vielleicht. Aber nicht bei dieser Familie.«

»Aber warum, was könnte es ausgelöst haben? Steve trinkt nicht, Steve raucht nicht.«

»Wer weiß... wir haben es nie herausgefunden. Es ist ein Schock. Ein Schock, aber keine Überraschung.«

Ich fragte Jane. »Warum?«

»Weil er ein Southerland ist«, sagte sie leise.

Die Ärzte entschieden sich zunächst für Bestrahlung und Chemotherapie trotz der Langzeit-Risiken, in der Hoffnung, den Tumor weit genug einzudämmen, um ihn entfernen zu können.

Im April 1990, sechs Monate später, aß ich mit Jane und Steve in einem Fischrestaurant zu Mittag. Er sah wundervoll aus, war wieder zu Hause und mit allen Kräften darum bemüht, seine kleine Anwaltskanzlei über Wasser zu halten. Er trug eine Baseballkappe, um die Folgen seiner Behandlung zu verdecken. Seine Verlobte hatte noch vor Weihnachten die Verbindung aufgelöst. Sie sagte, sie werde vielleicht während der Ferien anrufen, aber sie tat es nicht.

Als ich am 18. Mai sein Büro anrief, um ihm zum Geburtstag zu gratulieren, war Steve bester Laune. Die Prognose war besser geworden, und die Behandlung hatte angeschlagen. Eine Operation war nun möglich. Er würde nach Cincinnati gehen. »Es sieht gut aus«, sagte er.

Weitere gute Neuigkeiten: Steve war das jüngste Mitglied des Orange Bowl Comitee von Miami geworden, Jane und Bert hatten ihn an diesem Abend zu einem Geburtstagsessen eingeladen, und Bert hatte Verhandlungen mit der TWA in San Louis aufgenommen.

Ein Freund hatte ihn früher am Abend angerufen, um ihn zu fragen, ob er traurig sei, dreißig Jahre alt geworden zu sein.

Nicht im geringsten. »In dieser Familie bedeutet es eine größere Auszeichnung«, sagte Steve Southerland, »dreißig Jahre alt zu werden.« Wir sprachen kurz über das Überleben und die Wichtigkeit, sich trotz aller Widerstände nach vorn zu orientieren. »Ich möchte nicht eine einzige der Erfahrungen missen, die wir gemacht haben«, sagte er. »Falls es einen Sinn für das alles gibt, so besteht er womöglich darin, andere Leute, die in einer Krise stecken, wissen zu lassen, daß die Qualität des Lebens, das man führt, zählt, nicht seine Länge – egal, was auch passiert.«

Die Operation verlief ungewöhnlich gut.

Steve Southerland ging noch im selben Sommer in das Rennen für den Senat des Staates Florida. Jane sah blendend aus mit ihrem Ehemann an ihrer Seite, als es Steve von seinem Rollstuhl aus bekannt gab. Der alte Partner seines Vaters, Ron Sorenson, war in Uniform erschienen.

Steve sah gut aus, angesichts der Tatsache, daß er sich noch immer rehabilitativen Maßnahmen unterziehen mußte, aber er sagte, der Tumor sei entfernt worden. Er schwor scherzhaft, »bald wieder auf eigenen Füßen zu stehen«.

Er fühlte sich stark, sagte er, und hatte keinen Zweifel, seine Aufgabe erfüllen zu können.

»Dies ist für mich ein ganz besonderer Moment«, sagte er. »Ich hatte immer das Gefühl, als sollte ich der Gemeinschaft etwas zurückgeben.« Vor ihm lag eine harte Kampagne. Als jemand in der Menge darauf hinwies, lächelte der letzte Southerland. Das Rennen nach oben, sagte er, »wird genauso sein wie jeder andere Kampf auch, der es wert ist, gekämpft zu werden«.

Er kämpfte gut. Er sammelte neuntausend Dollar für seinen

Wahlkampffond und nahm seinem Gegner vierundvierzig Prozent der Stimmen ab, obwohl dieser über ein Budget von fünfzigtausend Dollar verfügt hatte. Aber vierundvierzig Prozent waren natürlich nicht genug.

Steve ließ den Kopf nicht hängen. »Das beste an dem Kampf war, daß er mich eine Menge über das Leben und eine ganze Reihe anderer Leute gelehrt hat, wie ich über das Leben denke – und das Beste daraus mache. Selbst wenn man keinen Erfolg hat, ist bereits die Anstrengung ein Erfolg für sich.«

Man sollte immer für die Erfüllung seiner Träume kämpfen.

Steve Southerland ist keiner, der aufgibt, noch ergeht er sich in Selbstmitleid. Dasselbe gilt für Jane. »Ich hatte ein großartiges Leben«, sagte sie. »Sieh dir nur die Leute an, die fünf oder sechs Kinder haben, die dann bei Drogen und Raubüberfällen enden – oder sogar bei Mord. Mich einem solchen Problem gegenüber zu sehen, das wäre wirklich schwer für mich gewesen. Kannst du dir vorstellen, Kinder zu haben, die Drogen nehmen, und zusehen zu müssen, wie sie sich selbst jeden Tag ein wenig mehr töten? Meine haben alle hart darum gekämpft, zu überleben. Ich hatte unglaublich gute Kinder. Bei allem, was sie durchzumachen hatten, kann ich mich nicht erinnern, je Bitterkeit bei ihnen erlebt zu haben. Einst habe ich mich bei Mike und Steve dafür entschuldigt, sie auf diese Welt gebracht zu haben, wo sie so viel erleiden mußten. Sie haben mir beide gesagt, das Leben sei es wert gewesen.«

Wie Steve Southerland schon sagte: »Einfach nur zu leben, das ist das Wichtigste.«

20. Kapitel

Ein neues Kapitel

> *Suche dir einen Job, den du liebst,*
> *und du wirst nicht einen einzigen Tag*
> *in deinem Leben zu arbeiten brauchen.*
>
> Konfuzius

Die Welt ist voller echter Helden, und ich liebe es, ihre Geschichten zu erzählen und von ihren Erlebnissen, ihren Abenteuern und ihren noblen Taten zu berichten.

Ich bin noch immer von Geschichten fasziniert und von dieser einzigartigen Stadt mit ihren unvergleichlichen Menschen. Meine Liebesaffäre mit Miami, die längste in meinem Leben, dauert fort, während die Stadt und ich wachsen und uns verändern.

Miami ist noch immer heiß. Das verschlafene South Beach, einst Wohnviertel älterer Leute, pulsiert jetzt in den lauen Nächten voll jugendlicher Energie, lustvoller und lebendiger denn je. Heiße Körper und die aufregende Schönheit der Stadt begeistern die ganze Welt in Filmen, Modefotografie und erstaunlichen Fotos, die Miamis wirkliche Farben einfangen, atemberaubendes Blau und Schatten wie aus Gold. Jenseits der Bay vibriert die Stadt voller Spannung, eingefangen in ihren Traumata und einem ständigen Wandel. Mitunter scheint die Hitze der Stadt fast schon zu groß, um nicht in Flammen umzuschlagen. Ich halte den Atem an. Die Welt sieht zu. Miami ist entdeckt worden.

Zu einem sehr viel geringeren Grad bin auch ich entdeckt worden und brenne voller Ideen und Geschichten, die noch erzählt werden müssen.

Das Leben ist eine Serie von Geschäften; alles hat einen Preis. Der Preis für den neuen Ruhm einer Stadt sind Verkehrslärm und Parkplatzprobleme, Hetze, Luftverpestung und die Zerstörung unserer herrlichen Umwelt. Die Abenteuer und Profiteure werden immer um uns sein.

Der Kampf endet nie — der Preis für den Fortschritt. An meinen freien Tagen sehne ich mich nach den täglichen Kämpfen, dem Nervenkitzel, wenn ich einer wilden Story auf den Fersen bin, der Erregung auf den Straßen, dem Umgang mit Insidern, Fremden und talentierten Kollegen aus der Nachrichtenredaktion. Ich vermisse das Drängen zu Redaktionsschluß, das sich ganz auf eine bestimmte Story konzentriert und die ganzen sinnlosen und banalen Irritationen des Lebens beiseite läßt, die einen verrückt machen würden, wenn man sich ihnen unterwürfe.

Zu Hause zu arbeiten, allein, ist eine einsame Befriedigung, aber die Träume der Kindheit sind aus dieser selbst gewählten Isolation in die Realität hineingewachsen. Noch bevor ich lesen konnte, sagte ich schon, ich wolle Bücher schreiben, wenn ich erst einmal groß sei. Was ich geplant hatte, war Fiktion, bis ich in diesen Wirbelwind hineingeriet, den man Journalismus nennt.

1990 wurde mein erster Roman veröffentlicht. Ich bin gesegnet. Wie vielen von uns ist es beschieden, zu tun, wovon wir als Kinder geträumt haben?

Ich hatte nie zuvor fiktive Geschichten geschrieben — obwohl man mich dessen in der Vergangenheit einige wenige Male geziehen hat — und entdeckte, daß dies eine Quelle unerwarteter Befriedigung sein kann. Wir alle sehnen uns danach, ein ordentliches Leben zu führen, die losen Enden zusammenzufügen und die verwirrenden Geheimnisse aufzuklären, aber im wirklichen Leben, im Journalismus geschieht das nicht. Morde bleiben unaufgeklärt; Leichen bleiben unidentifiziert; vermißte Menschen sind für immer verloren. Sie leben in unseren Träumen.

Schreibe eine fiktive Geschichte, und du kannst sie ganz erzählen, alle Mysterien lösen, die losen Enden zusammenfügen und darauf achten, daß immer die Guten gewinnen.

So verschieden vom wirklichen Geben und so viel befriedigender.

Natürlich ist nichts leicht, vor allem nicht, fiktive Geschichten in einer Stadt zu schreiben, in der die Wahrheit etwas Fremdartiges ist. Doch einmal begonnen, war es eine Freude, die Imagination sich aufschwingen zu lassen, zu sehen, wie bestimmte Charaktere zum Leben erwachen, auf einen zukommen und sich danach drängen, ihre Geschichte zu erzählen.

Später kehrte ich zu den wirklichen Menschen und dem wirklichen Leben mit diesem Buch zurück in der Absicht, wieder in den Journalismus und den Polizeialltag zurückzukehren. Aber irgend etwas ist passiert: bestimmte Gesichter und bestimmte Stimmen fingen an, mein Bewußtsein zu trüben, imaginäre Charaktere mit Geschichten, die erzählt werden mußten. Die Zeit kam, sich wieder zur Arbeit in den Redaktionsräumen des *Herald* hoch oben über der Biscayne Bay zu melden. Ich zögerte und holte mir meine Post nur an den Wochenenden ab, um den Herausgebern und ihren Fragen, wann ich wieder in den Alltag zurückkehre, zu entgehen. Wie jemand, der sich geheimen Vergnügungen ergeben hat, dachte ich: *Noch nicht, nur eines noch, nur noch ein Buch, ein anderer Roman.*

So dauert die Isolation fort — für einen weiteren Roman, vielleicht auch mehr. Die beiden Lebensstile sind eine Studie in Kontrasten: Reporter kämpfen um Schlagzeilen, verpassen ihre regelmäßigen Mahlzeiten und überleben mit Kaffee, Action und Adrenalin. Autoren machen sich ihren eigenen Stundenplan und arbeiten zu Hause, unglücklicherweise direkt neben dem Kühlschrank.

Polizeireporter sind bei Fremden etwa so willkommen wie Freddy Krueger in einem Mädchenschlafzimmer. Es ist nicht ungewöhnlich, daß Leute die Türen zuknallen, fluchen oder auch davonlaufen, wenn sich ihnen ein Reporter nähert.

Autoren dagegen werden zu literarischen Essen eingeladen oder zum Tee in der Bibliothek, oft genug von Leuten, die niemals mit einem Polizeireporter sprechen würden.

In diesem Fall sind Reporter und Autor ein und dasselbe und fühlen sich nicht ganz wohl bei literarischen Abendgesellschaften und Teestunden. Ich fühle mich wohler, wenn ich an die Tür eines Fremden klopfe, um ihn zu fragen, ob er seine Frau getötet hat, als wenn ich Smalltalk mit Literaten auf einer Cocktailparty machen muß.

Das Leben eines Reporters ist völlig verschieden von dem Leben anderer. Es ist etwas Nobles und Erregendes daran, auf der Suche nach der Wahrheit hinaus in die Welt zu gehen. Kein Tag ist wie der andere. Jeder Tag ist ein neues Abenteuer, ein neuer Kreuzzug. Das ist der Grund, warum ich meine besten Jahre auf diese Weise verbracht habe, und ich möchte es wieder tun, aber jetzt gibt es etwas, das ich nicht weniger liebe.

So also versuche ich, den Klang der Sirenen in der Nacht auszuschalten; ich versuche, die Nachrichten über die letzte Autobombe abzublocken, der Nachrichtenredaktion fernzubleiben, um nicht gefangengenommen zu werden, und mich abzuhärten gegen verführerische Telefonanrufe von Informanten. Mein treuer Begleiter durch viele Jahre, ein tragbares Polizei-Funkgerät, ist in Schweigen verfallen, die Batterien sind längst erschöpft. Statt dessen lausche ich dem Gesang der Vögel und dem Seufzen des Windes, ich beobachte eine wagemutige Spottdrossel, wie sie Eindringlinge verjagt, und den langsamen Paarungstanz zweier liebestrunkener Chamäleons vor meinem Fenster. Ich betrachte die Wolkenberge, eine türkisblaue See und plötzliche Sommerstürme. Keine Piepser, keine Notaufnahme, keine Feuer...

Ich arbeite allein, umgeben von schwer beladenen Obstbäumen und leuchtender Bougainvillea, strahlendgrünem Wasser, meiner Lieblingskatze und einem ständigen Fluß von Geschichten, Geschichten, Geschichten, die wie aus einer inneren Quelle immer aufs neue emporquellen.

Keine Nachrichten-Bulletins aus der Downtown. Für einen Schreiber ist dies das freieste Leben, das er sich vorstellen kann.

Meine Tage scheinen wie ein Traum, weit entfernt von dem gewohnten Durcheinander in der Redaktion. Der *Herald* landet jeden Morgen mit einem ›Plop‹ auf meinem Rasen. Ich lebe ohne eine tägliche Verbindung zu den Lesern, dem Lebenselixier der Kommunikation. Aber ich halte durch. Die Nachrichten gehen auch ohne mich weiter, während ich meine eigene Welt in einem ständig wachsenden Manuskript erschaffe. Es vergeht viel Zeit bis zum Redaktionsschluß. Manchmal, wenn ich in Schweigen zu versinken drohe, sehne ich mich danach, aufzutauchen, möchte ich meiner Isolation entfliehen und wieder von Tür zu Tür gehen, meine Geschichte Fremden mitteilen und sehen, wie sie sie lesen – wenn nötig mit vorgehaltener Pistole.

ENDE

Band 13 613

Paula Kaihla & Ross Laver

Der Mann, der sich Moses nannte

Deutsche Erstveröffentlichung

Gordon Manktelow, ein engagierter Sozialarbeiter, hat Tag für Tag mit den Gescheiterten und Erniedrigten unserer Gesellschaft zu tun. Aber als ihn die junge Gisele im August 1989 um Hilfe bittet, spürt er gleich, daß sie ein besonderes Schicksal erlitten hat.
Gisele wuchs in einem kanadischen Dorf auf und wurde von den Eltern oft vernachlässigt. Ihr erster Freund und Liebespartner erwies sich als ein Aufschneider und Trunkenbold, der sich ständig in schlechter Gesellschaft aufhielt. War Gisele deshalb so anfällig für die wohlgesetzten Worte, das geschliffene Benehmen, mit denen ein Fremder namens Rock Thériault sie auf einem Tanzabend betörte?
Nachdem er ihre Liebe gewonnen hatte, führte er sie in seine Sekte ein, deren Mitglieder ihm blind ergeben waren. Wie die sieben anderen ›Ehefrauen‹, die Thériault sich hielt, ließ auch Gisele sich ungeheure Demütigungen gefallen. Der Mann, der sich selbst Moses nannte und seinen Jüngern biblische Namen gab, berief sich mit seiner Unterdrückung der Frauen auf das Alte Testament. Kultische Exzesse und Trinkorgien gehörten zum Alltag dieser Sekte.

BASTEI LÜBBE

Sie erhalten diesen Band im Buchhandel, bei Ihrem Zeitschriftenhändler sowie im Bahnhofsbuchhandel.